法律硕士专业学位研究生核心课程教材

U0733183

法律职业伦理

- 主　编　许身健
- 副主编　尹　超
- 撰稿人（以撰写章节先后为序）

　许身健　尹　超　韩文生

中国教育出版传媒集团

高等教育出版社·北京

内容提要

本书根据全国专业学位研究生教育指导委员会发布的《法律硕士专业学位研究生核心课程指南》编写而成。基于法律职业伦理的理论共性、不同法律职业的理论和制度个性以及《国家统一法律职业资格考试实施办法》的相关规定，全书分"法律职业伦理总论""法官职业伦理""检察官职业伦理""律师职业伦理（一）：律师职业内部关系""律师职业伦理（二）：律师职业外部关系""其他法律职业伦理"六个专题，讨论不同领域的法律职业伦理问题。同时，基于法律硕士专业学位研究生的教学需要，本书还以二维码的形式，专门对国外相关理论和制度进行了介绍，并设有专门的案例研习，供学生学习参考。

本书既适合法律硕士专业学位研究生学习使用，也适合法学硕士研究生及涉外项目学生学习使用。

图书在版编目（ＣＩＰ）数据

法律职业伦理 / 许身健主编. -- 北京 ： 高等教育
出版社，2023.10（2025.8重印）
ISBN 978-7-04-061209-7

Ⅰ. ①法… Ⅱ. ①许… Ⅲ. ①法伦理学 Ⅳ.
①D90-053

中国国家版本馆CIP数据核字（2023）第183559号

Falü Zhiye Lunli

策划编辑	程传省		责任编辑	程传省	袁阳阳	封面设计	姜 磊	版式设计	徐艳妮
责任校对	张慧玉	刁丽丽	责任印制	刘弘远					

出版发行	高等教育出版社		网　　址	http://www.hep.edu.cn
社　　址	北京市西城区德外大街4号			http://www.hep.com.cn
邮政编码	100120		网上订购	http://www.hepmall.com.cn
印　　刷	天津鑫丰华印务有限公司			http://www.hepmall.com
开　　本	787mm×1092mm　1/16			http://www.hepmall.cn
印　　张	16.75			
字　　数	400 千字		版　　次	2023 年 10 月第 1 版
购书热线	010-58581118		印　　次	2025 年 8 月第 2 次印刷
咨询电话	400-810-0598		定　　价	45.00 元

本书如有缺页、倒页、脱页等质量问题，请到所购图书销售部门联系调换
版权所有　侵权必究
物 料 号　61209-00

全面推进依法治国，建设一支德才兼备的高素质法治队伍至关重要。2017年5月，习近平在中国政法大学考察时强调："立德树人，德法兼修，培养大批高素质法治人才。"2018年8月，习近平在中央全面依法治国委员会第一次会议上再次提出："要坚持立德树人，德法兼修，创新法治人才培养机制，努力培养造就一大批高素质法治人才及后备力量。"

2020年11月，在中央全面依法治国工作会议上，党中央正式提出"习近平法治思想"，明确了习近平法治思想在全面依法治国、建设法治中国中的指导地位。习近平法治思想明确要求正确处理依法治国和以德治国的关系，强调坚持依法治国和以德治国相结合，一手抓法治、一手抓德治，把社会主义核心价值观融入法治建设、融入社会发展、融入日常生活，实现法治和德治相辅相成、相得益彰的良好局面。同时，习近平法治思想强调"坚持建设德才兼备的高素质法治工作队伍"，要求"加强理想信念教育，深入开展社会主义核心价值观和社会主义法治理念教育，推进法治专门队伍革命化、正规化、专业化、职业化，确保做到忠于党、忠于国家、忠于人民、忠于法律"；要求"把拥护中国共产党领导、拥护我国社会主义法治作为法律服务人员从业的基本要求，加强教育、管理、引导，引导法律服务工作者坚持正确政治方向，依法依规诚信执业，认真履行社会责任"；要求"推进法学院校改革发展，提高人才培养质量"。

2022年10月，党的二十大提出必须坚持人才是第一资源，深入实施人才强国战略，强调培养造就大批德才兼备的高素质人才，是国家和民族长远发展大计。在新时代新征程上，必须坚持以习近平法治思想为指导，认真贯彻党的二十大精神，不断完善法治人才培养体系，努力培养大批信念坚定、德法兼修、明法笃行的高素质法治人才。高校作为法治人才培养的第一阵地，必须把习近平法治思想落实到各学科的教材编写和教学工作中，扎实推动习近平法治思想进教材、进课堂、进头脑，不断提高法治人才培养规模和质量。

党中央的一系列重要指示和战略部署，意味着我们迫切需要培育与法治中国建设目标相适应的具有中国特色的法律职业群体。要建设好这个职业群体，需要对法律职业人在法学教育、法律职业准入、职业培训、价值追求和职业伦理等方面进行一体化建设，使得法律职业群体在职业素养上具有一定的同质性。尤其在法律职业伦理方面，我们不仅需要制定科学合理、符合中国法律职业发展实际的职业伦理规范，还要加强法律职业伦理教育，让未来法律职业人形成法律职业伦理意识，明晰法律职业伦理底线。

2018年初，教育部发布的《法学专业类教学质量国家标准》以及教育部会同中央政法委联合印发的《关于坚持德法兼修实施卓越法治人才教育培养计划2.0的意见》，明确要求所有开设法学专业的高校面向法学专业学生开设"法律职业伦理"课程，使法律职业伦理教育贯穿法治人才培养全过程，提高学生的思想道德素养。2023年2月，中共中央办公厅、国务院办公厅印发了《关于加强新时代法学教育和法学理论研究的意见》，提出要健全法学教学体系，注重思想道德素养培育，结合社会实践，积极开展理想信念教育、中华优秀传统法律文化教育，大力弘扬社会主义法治精神，健全法律职业伦理和职业操守教育机制，培育学生崇尚法治、捍卫公正、恪守良知的职业品格。

长期以来，人们对法律职业伦理存在两种错误认识：一种将其视为抽象、空洞的所谓"正义"等观念；另一种认为它只是调整职业关系的行为规范的总称，职业伦理就是"职业行为规则""职业行为法"。实际上，这两种认识都具有一定的片面性。法律职业人应当是一个拥有共同法律知识结构和独特法律思维方式，具有强烈社会正义感和法治理想信念的整体。职业行为规范要行之有效，特别需要法律职业人树立牢固的职业伦理意识，具备运用职业伦理规则处理各种复杂的法律问题的能力，并对法律职业有根植于灵魂深处的神圣感、敬畏感和责任感。因此，法律职业伦理不应只是一套规制法律职业人的法律条文，它还应承载着法律职业人的职业理想与追求。缺乏职业理想的指引，职业行为规则就会成为一纸空文。职业理想与职业行为规则的关系就像卫星导航系统与电子地图的关系——如果卫星导航信号弱，司机便难以使用电子地图。

作为法学教育的重要内容，法律职业伦理教育是内化法律职业伦理理念、规范约束法律职业行为、提高法律职业人职业素养的社会活动。为了增加法律职业伦理教育的效果，有必要将法律职业伦理课程置入思想政治教育的大背景，根据该课程自身的特点，结合中华优秀传统文化和社会主义核心价值观，从法学、哲学、政治学和伦理学等不同学科角度，深入挖掘思想政治教育资源，建立法治人才培养的大思政教育格局。为此，法律职业伦理教育需要坚持以下四个方面的统一：一是坚持理论性和实践性相统一。以法律职业伦理课程的理论和实践教学为依托，把思想政治教育小课堂与社会大课堂相结合，积极开展法治公益服务活动，引导法学专业学生在使用法律知识服务社会过程中树立正确的世界观、人生观、价值观。二是坚持显性教育和隐性教育相统一。在法律职业伦理教学中强化学生的个人品德、职业道德、社会公德和家庭美德教育，培养学生的社会责任感、使命感。三是坚持政治性和学理性相统一。通过法律职业伦理课程学习与法治公益服务实践，融道德养成于法律专业实习实践之中，在专业实习实践中感受法律的公平与正义。四是坚持价值性和知识性相统一。在法律职业伦理相关知识传授过程中，以社会主义核心价值观为引领，通过充满正能量的鲜活司法案例鼓舞和激励学生。

因此，法律职业伦理教育不能只关注相关制度规范的规制，更要重视职业伦理理念的引领。本书从体例上设计了六个专题：第一个专题是"法律职业伦理总论"，主要从理论和制度层面讨论与法律职业伦理相关的基本问题，从而为法律职业伦理教育教学提供理论指引和制度框架；后面五个专题分别是"法官职业伦理""检察官职业伦理""律师职业伦理（一）：律师职业内部关系""律师职业伦理（二）：律师职业外部关系""其他法律职业伦理"，主要基于法律职业分类，讨论不同领域的法律职业伦理问题。这一体例设计既考虑到了法律职业伦理的理论共性，又体现了不同法律职业的理论和制度个性。需要说明的是，根据内容均衡的需要，本书特将内容偏多的律师职业伦理设为两个专题，分别讨论律师职业内部关系和外部关系；同时，将内容较少的公证员、仲裁员和行政执法人员职业伦理，统一放在"其他法律职业伦理"中讨论。

本书主要面向（但不限于）法律硕士研究生、法学硕士研究生。由于还适合涉外项目（比如涉外律师和国际仲裁等）的学生学习使用，本书专门对国外相关理论和制度进行了介绍，并以二维码的形式予以呈现。另外，本书坚持理论与实践相结合的教育教学理念，在相关专题设有专门的案例研习，供学生学习参考。

本书由许身健主编、尹超副主编，具体写作分工如下（以撰写章节先后为序）：

许身健：专题一、二；

尹　超：专题三、四、五；

韩文生：专题六。

许身健

2023年3月

目 录

专题一　法律职业伦理总论

法律职业伦理的历史源自法律职业的历史。古希腊时期，虽然实体法律不够完善，但已经出现一套法律程序，也存在被称为雄辩术（rhetoric）的辩护技巧，在诉讼过程中参与辩论的人也具有类似律师的功能。不过，古希腊并没有发展出律师这一专门职业。一般认为，现代西方国家的法律职业肇始于古罗马。正如亚瑟·英格曼（Arthur Engelmann）所言："代表当事人采取诉讼行动，在罗马共和时代，即已经成为一常规行业。"①古代中国也存在具有律师功能的人，他们被称作"状师"或者"讼师"。但在古代体制造就的法制文化下，辩护并不具备法律程序上的正当性，讼师也不可能是一种崇高的职业。作为后来重要法律职业之一的法官，在古代中国行政和司法合一的封建体制中，也由行政长官兼任。伴随法律职业产生与发展的，一定会有对法律职业的评价或抱怨。不同地区或不同时期对律师的抱怨，表明了抑制律师违法行为、督促律师遵守行业道德义务的要求。最早对律师的抱怨记录可以追溯到13世纪。乔纳森·罗斯（Jonathan Rose）的研究报告显示了部分辩护律师的不道德行为：透过伪造证物、不实指控等手段，欺骗法庭及对造；行贿法庭书记员或其他官员，并与之共谋；与真的或假的当事人密谋，挑唆诉讼（依英国的法律构成持续行为、帮助行为及教会或政府等买卖官位行为等犯罪）；以不同的方法背弃及欺骗当事人，包括收取过当的服务费；等等。②与之相适应，中古世纪各国通过以下方式惩戒或预防律师的不道德行为：禁止律师实施特定的违法行为，否则予以刑事制裁或其他制裁；规定律师执业须具备基本法律能力及正直品德；通过法律职业人组织惩戒违纪律师，包括取消违纪律师的律师会员资格使其不得执业，或要求法庭取消其律师资格；在特定的状况下，要求律师对其不良执业行为承担民事责任；等等。③这些都可以说是法律职业伦理的较早样态。

与传统执业方式不同，现代法律执业是以律师事务所的出现为重要标志的。最早的律师事务所大约在美国南北战争开始前的年代出现。现代大型律师事务所与传统的单独律师或小型法律事务所的执业形态不同，很容易产生特别的法律道德问题。随着律师行业的组织化，律师职业伦理由最初的宣示形态逐渐演变为职业精神和行业守则的形态。1863年，美国第一套法律职业伦理规则——《律师专业行为的五十项决议》（Fifty Resolutions in Regard to Professional Deportment）出版，在此后近200年的时间里，美国

---

① Arthur Engelmann, *A History of Continental Civil Procedure*, Robert Millar trans., Little, Brown, 1927, Book III, chap.1, topic 2.

② Jonathan Rose, "The Legal Profession in Medieval England: A History of Regulation", *Syracuse L. Rev.*, 48（1998）, pp. 49–63. 参见［美］小杰弗里·哈扎德、安吉洛·唐迪：《比较法律伦理学》，李礼仲译，财团法人民间司法改革基金会2011年版，第70页。

③ 参见［美］小杰弗里·哈扎德、安吉洛·唐迪：《比较法律伦理学》，李礼仲译，财团法人民间司法改革基金会2011年版，第72页。

的律师职业伦理逐渐由纯粹的道德教化转向具体规则的制定和实际问题的解决。需要注意的是，美国法学院所讲授的法律职业伦理主要指律师职业伦理，即对律师的规制和监管，对法官的规制和监管与律师是分开的。这是因为：一方面，联邦宪法第3条确立了联邦司法制度，并规定了罢免法官的理由；另一方面，对于州法官来说，各州的法官制度存在差异，有些州通过选举产生法官，有些州则通过任命产生法官。即使在采取选举方式的地方，它们也会在公开选举还是保留选举等方面存在不同。因此，虽然美国的法官往往从执业律师中遴选，但在考虑"lawyer"这一类别时，并没有将法官和其他法律职业混为一谈。

本专题围绕法律职业伦理的基本共性问题展开讨论。第一个论题讨论法律职业伦理的相关基本概念，包括伦理与道德、职业伦理与职业道德、职业伦理与公民道德以及法律职业。第二个论题讨论法律职业伦理的基本问题，包括法律职业伦理的概念、必要性、功能作用以及法律职业伦理的困境。第三个论题讨论法律职业伦理的理论发展，包括美国法律职业伦理的理论发展和我国法律职业伦理的理论发展。第四个论题讨论法律职业伦理规范，介绍法律职业伦理规范的概念、作用以及体系建设的基本情况。

论题一　法律职业伦理相关基本概念

众所周知，法律职业伦理是英文"legal ethics"的中文翻译。但是，"legal ethics"在国内还存在其他翻译，如"法律伦理""法伦理""法律伦理学""法伦理学"等。在美国的法律实践和法律职业伦理教学中，有几个词汇经常与"legal ethics"交替使用，如"professional responsibility"（职业责任）、"professional ethics"（职业伦理）、"canons of professional ethics"（职业伦理准则）等，它们均指向了法律人应该遵守的职业伦理规范，旨在保证法律人的真诚、正义，从而确保其对法治产生正向促进作用。可以说，美国的"legal ethics"更多地对从事律师职业的法律专业人士的职业伦理问题进行思考、探讨和规范，将其直接化约为成文的相关规范，并在实践中形成细节化、技术化的规范机制。从这个意义上说，与其他翻译相比，将美国的"legal ethics"翻译成"法律职业伦理"更能彰显其实践性，因而也更具有适当性。毕竟，美国"legal ethics"的构建理念不是基于法律与道德关系的考量，而是基于对法律人（主要是律师）职业角色的认识。美国律师由于职业原因而承担不同于普通人的社会角色，因而也受到不同于普通道德（或一般道德）的职业伦理的约束和规制。需注意的是，我国的法律职业伦理与美国的"legal ethics"在主体、对象、规范构成、适用方式等方面都存在很大不同。因此，尽管我们所讨论的法律职业伦理也是以不同于普通道德（或一般道德）的"角色道德"为基础概念展开的，但我们所探讨的法律职业伦理除了律师职业伦理，还有法官、检察官、公证员、仲裁员和行政执法人员等法律职业人的职业伦理。本论题从"角色道德"这一核心概念出发，厘清与之相关的伦理、道德、职业伦理、职业道德、法律职业、法律职业共同体等基本概念。

一、伦理与道德的概念

伦理学是关于道德问题的学问，研究的是道德的发生、发展及其规律。[①]研究伦理学以及法律职业伦理，离不开对"伦理"和"道德"概念的考察。在一般意义上，这两个词可以交换使用，甚至可以连在一起成为一个概念，即"伦理道德"。尽管如此，"伦理"和"道德"仍适用于不同的场合。

（一）伦理的基本语义

按照美国职业伦理学者德博拉·罗德（Deborah Rhode）等人的说法，"法律职业伦理"在狭义上是指规范法律职业人员行为的职业法规系统，在广义上则泛指伦理的一种。法律职业伦理的这两个层面是紧密联系的：一方面，只关注法律职业伦理的规范原则而不研究更广泛的伦理原则是毫无意义的，职业行为守则若忽略法律职业人员的道德承诺，就注定失去意义；另一方面，纯哲学的法律职业伦理研究，因为与法律实务的体制脱节，也同样是无效的。[②]从这个角度说，对法律职业伦理的研习，需要在掌握成文的职业行为规范的同时，注重对伦理学基本原理的把握。

对于"伦理"的基本语义，中西方文化中都有充分的阐述和表达。在西方语言文化中，英语中的"伦理"（ethics）在拉丁文中被称为"*ethica*"，在希腊文中被称为"ethos"，意指"风俗""习惯"。[③]据考证，早在古希腊名著《荷马史诗·伊利亚特》中就已经出现了"伦理"这个词，本义是指一群人共居的地方，后来引申为共居的人们所形成的性格、气质以及风俗习惯。通过这些风俗习惯，人们逐渐形成了某些品质或德性。[④]亚里士多德（Aristotle）在《尼各马科伦理学》中认为，德性分为两类：一类是理智的，另一类是伦理的。理智德性主要由教导而生成、由培养而增长，所以需要经验和时间。伦理德性则由风俗习惯沿袭而来，因此把"习惯"（ethos）一词的拼写方法略加改动，就有了"伦理"（ethikee，ethics）这个名称。[⑤]由于"伦理"一词具有上述文化背景，因此在现代英语中，"伦理"概念仍然具有更多的规范、规则等古希腊语中的理性特征。[⑥]

中国传统文化中"伦理"的原始语义，是"伦"与"理"之义的结合。"伦"字有辈分、种类、次序之意，引申为人际关系有次序条理，也称为"人伦"。例如，《孟子·滕文公上》指出："教以人伦，父子有亲，君臣有义，夫妇有别，长幼有序，朋友有信。"其中的"人伦"即人际关系的行为准则，以君臣、父子、夫妻、兄弟、朋友为"五伦"。[⑦]"理"

---

① 参见李建华等：《法律伦理学》，湖南人民出版社2006年版，第3页。

② 参见［美］德博拉·罗德、戴维·鲁本：《法律伦理》（上册），林利芝译，台北民间司法改革基金会2018年版，第3页。

③ 参见林火旺：《伦理学》（修订四版），五南图书出版股份有限公司2004年版，第11页。

④ 参见张传有：《伦理学引论》，人民出版社2006年版，第2页。

⑤ 参见［古希腊］亚里士多德：《尼各马科伦理学》，苗力田译，中国社会科学出版社1990年版，第25页。

⑥ 参见尧新瑜：《"伦理"与"道德"概念的三重比较义》，载《伦理学研究》2006年第4期。

⑦ 参见王冬桦：《为伦理与道德的概念及其关系正本清源》，载《首都师范大学学报（社会科学版）》2011年第2期。

字用于动词则有"修整""整治"之意，用于名词则引申为"条理""道理""世间万物的本原""运动的规律"等。"伦理"一词最早见于《礼记·乐记》："凡乐者，生于人心者也，乐者，通伦理者也。"《现代汉语词典》整合汉语中"伦"与"理"的含义，将"伦理"定义为人与人相处的各种道德准则。[①]现代学者将"伦理"定义为具有社会效用的行为之事实如何的规律及其应该如何的规范。[②]

从中西方语言文化关于"伦理"的解释来看，古代中国"伦理"与西方传统"伦理"存在差异，前者更强调一种"宗法秩序"，而后者更强调一种"治理规则"，具有很强的理性色彩。[③]但是随着西方"伦理"概念的引入，古代中国"伦理"概念的含义也发生了很大的变化，已经基本接近于西方"伦理"的内涵，即人们为追求善良及明智，阐明人与人之间的关系，确立人与人之间的行为标准，而必须遵守的行为规范。

（二）道德的基本语义

在西方语言文化中，"道德"一词对应的英文为"moral"或"morality"，来自拉丁文"*moralis*"，意指"习惯"（manner）、"性格"（character）、"举止得体"（proper behavior），也有规则、规范、行为品质和善恶评价等引申之义。"morality"的定义一直是西方学术界争论不休的话题，一般认为"morality"具有两个方面的内涵：一是描述性意义（descriptive sense），认为道德描述人与人之间的意图、决定、行为适当与不适当之间的区别；二是规范性意义（normative sense），认为道德是从特定的哲学、宗教或文化的行为准则中衍生出来的一种标准或原则。从道德哲学的角度看，关于"morality"的争论大致可以归为两类：一类是自我中心论，将道德定义为对自我完善的追求；另一类是社会中心论，将道德解释为个人对社会的一种义务。

在中国古代文化典籍中，"道"与"德"最初是被分开使用的。先秦时期的老子著有《道德经》，但这是《道经》和《德经》的合体。老子说的"道"和"德"属于两个不同的概念，认为"道者，人之所共由；德者，己之所独得"。许慎在《说文解字》中指出，"道者，路也""德者，得也"。可见，"道"的语义学意义是"道路"，引申为"规范""规矩"。而"德"，古人称"行道，有得于心，谓之德"。"道德"二字连用始于《荀子·劝学》："故学至乎礼而止矣，夫是之谓道德之极。"道和德相统一就是道德，人们按照"道"的规律做事、处事，就是有道德。先秦之后，"道德"一词逐渐有了确定的含义，意指做人的品质、精神境界以及处理人与人之间关系时应当遵守的行为规范和准则等。《现代汉语词典》认为"道德通过人们的自律或通过一定的舆论对社会生活起约束作用"[④]。

在现代，我国还有学者针对道德问题提出了"道德存在"的概念，认为人是物理存

---

① 参见中国社会科学院语言研究所词典编辑室编：《现代汉语词典》（第六版），商务印书馆2012年版，第852页。

② 参见王海明：《新伦理学》（修订版）（上册），商务印书馆2008年版，第4页。

③ 参见尧新瑜：《"伦理"与"道德"概念的三重比较义》，载《伦理学研究》2006年第4期。

④ 参见中国社会科学院语言研究所词典编辑室编：《现代汉语词典》（第六版），商务印书馆2012年版，第269页。

在、精神存在和道德存在的"三位一体"，并且道德存在是人的本质，是社会发展、群体生成和个人成长的本质，人的个体差异反映在道德存在上，主要是人与社会理性、群体理性或职业理性的契合程度不同。良心是人的道德存在的核心内容，良心发挥作用的方式主要是直观和直觉。这种观点反对将道德理解为规范，理解为通过人的内化作用对人的行为发生作用的准则、法则或者人内心的"法"。[①]这对于在中国文化背景下理解"道德"无疑是有意义的，也有助于理解法律职业人职业道德的职业良知取向。

（三）伦理与道德的关系

从语义来看，"伦理"与"道德"之间确实存在差异，但是有关"伦理"与"道德"的关系，国内外学者从不同角度提出了不同的见解。

中国有学者认为，"道德"和"伦理"是伦理学或道德哲学的两个基本概念。无论在中国还是在西方，"道德"和"伦理"两个概念的基本意义相似，都是通过一定的原则和规范的治理、协调，使社会生活和人际关系符合一定的准则和秩序。但是，"道德"和"伦理"毕竟是两个概念，在学术和现实生活中存在较大差别。在伦理学或道德哲学理论中，"伦理"是伦理学中的一级概念，而"道德"是"伦理"概念下的二级概念。二者虽有联系，但在使用时并不能相互替代，因为它们各自有自己的概念范畴和使用区域。伦理指的是整体，包括人们的行为事实如何的规律及其应该如何的规范，更多地具有客观、客体、社会和团体的意味；道德是指个人行为应该如何的规范，更多地或更有可能用于个人，更含主观、主体、个人和个体的意味。[②]还有学者认为，道德概念比较抽象、内在，意指道德性、道德精神、内含的性情品格，是一种关于是非、善恶的判断，是一种诉诸人的良知和内心确信才能真正发挥作用的东西。道德的含义会因时空、场景、人文等诸多不同因素的影响而变化，具有明显的主观性和不确定性。伦理则比较具体、外在，它是道德的外化，是道德落实在人际关系中的具体表现，构成了良善社会生活人际交往的规范准则。道德是自律的，注重自我修炼、自我约束；而伦理更强调他律，强调通过激励与惩罚的制度设计规范人们的行为。道德和伦理是本质与现象的关系，在根本上是统一的，或者说，伦理就是道德规范。[③]

德国哲学家黑格尔（Hegel）在《法哲学原理》中也对伦理与道德进行了区分。他认为，抽象的法、道德、伦理这三个环节中的每一个都是特殊的法或权利，在不同形式和阶段上都是自由的体现，较高的阶段比前一阶段更具体、更真实、更丰富。法的基底一般来说是精神的东西，其出发点是意志。意志是自由的，所以自由就构成了法的实体性和规定性。道德是扬弃抽象的法发展而来的成果，道德是法的真理，是体现于人的主观内心的自由，居于较高阶段，道德的观点就是自为地存在的自由。在黑格尔看来，抽象的法是客观的，道德是主观的，只有伦理才是主观与客观的统一，才是客观精神的真实体现。伦理有其生长发展的过程，它可以分为家庭、社会、国家三个阶段。法和道德本身没有现实性，

---

① 参见张康之：《公共管理伦理学》（修订版），中国人民大学出版社2009年版，第152—176页。

② 参见余仕麟：《伦理学要义》，巴蜀书社2010年版，第9页。

③ 参见张志铭、徐媛媛：《对我国检察官职业伦理的初步认识》，载《国家检察官学院学报》2013年第5期。

它们必须以伦理为基础，作为伦理的体现者存在。对个人而言，个人的权利和道德自由以社会性的、客观的伦理实体为归宿。伦理的规定是个人的普遍本质，是调节个人生活的力量。①

依照上述关于"伦理"与"道德"的阐述，我们大致可以对二者作出如下区分：（1）伦理是就人类社会中人伦关系及其秩序而言的；道德则是在个人体现社会道德规范的主体与精神的意义上使用的。（2）伦理侧重于社会层面；道德侧重于个人道德判断、道德选择以及个人的道德品性。（3）伦理是内在道德的外在化，属于客观行为关系，表现为现实的群体规范，具有外在性、客观性和群体性；道德源于人的内心，属于内在的原则，表现为个体的"应当"，具有内在性、主观性和个体性。（4）伦理多指行为判断标准的理由，它通过对风俗习惯和观念的检验和反省对行为进行判断；道德多指对人的行为的判断标准，是个人内心对于自己品行修养的约束和要求，它按照风俗、习惯和观念直接判定行为是否正当。

二、职业伦理与职业道德

在讨论伦理与道德的概念和关系之后，接下来就要探讨职业伦理与职业道德。与伦理与道德关系的不同表述相适应，不同学者对于职业伦理与职业道德的认识也存在较大差异。

一种观点认为职业伦理与职业道德没有本质区别，职业伦理亦称为职业道德。如前所述，伦理是从社会层面讲的，而道德则是从个人层面讲的。在职业方面，从社会层面讲可以称为"职业伦理"，从个人层面讲则可以称为"职业道德"。对个人来说，职业伦理就是个人的德性在职业行为中的体现。不过，作为人类道德现象的一个基本方面，职业道德有着与其他道德现象不同的基本特征：一是在内容上，职业道德总是鲜明地表达职业行为及其角色行为的道德规范与准则；二是在形式上，职业道德的行为准则的表达形式往往比较具体、灵活、多样，它既可以通过严格的规章制度、严明的作风纪律表达出来，也可以通过简单的标语口号、鲜明的誓词条例和具体的注意事项表达出来；三是在调节范围上，职业道德主要用来指导从事某种具体职业、在某种具体角色岗位上的人们的言行；四是在功效上，职业道德是一定的社会道德的职业化，它既是一种职业活动的道德保障，又是使个人道德通过职业活动得到提升的途径。②

另一种观点则重点阐明职业伦理与职业道德的区别，认为职业伦理是指从事各种特殊或专门职业的工作者或职业人，所应具备的行业道德和所应遵循的基本职业伦理规范；职业道德是指人们在从事各种职业活动的过程之中，思想和行动所应遵循的行为规范和道德准则。职业伦理所具有的这种总体性特点与职业道德的个体性和主观性形成了对照。③一般

---

① 参见［德］黑格尔：《法哲学原理》，范扬、张企泰译，商务印书馆2009年版，第44—49页。

② 参见龚群：《社会伦理十讲》（修订版），西南交通大学出版社2014年版，第133—134页。

③ 参见李宁：《论职业道德对提升职业伦理境界的功能》，载刘邦凡、万长松主编：《中国社会科学研究论丛》（2013卷第2辑），世界图书出版公司2014年版，第29—30页。

认为，职业伦理与职业道德的差异主要体现在以下几个方面[1]：一是从作用的对象来说，与道德更加强调主观、内在、个体性、特殊性相适应，职业道德更多强调职业人个体按照岗位规范对自身的内在要求和自身行为的一种约束；而与伦理更具有客观、外在、社会性、独特性相一致，职业伦理更多强调职业对职业成员的整体性要求，其与职业实践活动密切相关。二是从价值本身来说，道德价值的核心是善和好，其本质是个体心灵秩序的完善、自身的自由追求，因此职业道德的培养与职业人内心信念的形成相关，表现为其内心深处对真善美的追求；而伦理的核心是正当，其本质是社会成员在共处中形成的利益关系的公平与正义，因此职业伦理基于社会成员的整体关系协调发挥作用，诉诸人们对公平与正义的共同价值追求。三是从存在领域来说，道德主要存在于私人精神领域，主要体现为追求利益的个体与自我良知的对话，因此职业道德可以看成职业人个体在职业实践活动中的一种个人的精神修养与信仰追求；伦理主要存在于人的共同体的公共领域，在现代社会主要诉诸个体之间的民主性对话与讨论，因此职业伦理更多是不同群体围绕职业之间的矛盾和冲突，通过教育、对话和讨论达成共识进而产生的共同职业信念。

本书认为，职业伦理与职业道德之间存在差异，二者不宜混同使用，这也是我们将"legal ethics"称为"法律职业伦理"而非"法律职业道德"的重要原因。同时，本书也承认二者之间的联系，因为作为整体的职业伦理要想发挥实效，还需依赖职业人个体去践行和遵守，这时便体现为职业道德，这恐怕是国家统一法律职业资格考试将法律职业伦理部分称为"法律职业道德"的原因之一。

三、职业伦理与公民道德

职业伦理与公民道德（或一般伦理）的关系，也是各国职业伦理学者关注的重点问题，国内外学者都从不同角度进行了解析。在此，本书主要介绍法国学者埃米尔·涂尔干（Emile Durkheim）和英国学者乔纳森·赫林（Jonathan Herring）的相关理论观点，并结合国内学者的理论观点，提出自己的看法。

法国学者涂尔干对于职业伦理与公民道德之间关系的论述，主要体现在其经典著作《职业伦理与公民道德》中。他认为，任何职业活动都必须有自己的伦理，这些伦理与共同意识并无深层的联系，因为它们不是所有社会成员共有的伦理，换言之，职业伦理与共同意识无关。尽管共同道德把社会大众当成它唯一的基质和器官，职业伦理的器官却是多重的。有多少职业，就有多少这样的器官；每个器官都像与社会整体的联系那样彼此关联，都具有相对的自主性，分别处理各自规范的关系。于是，这类道德要比以往的道德显露出更加奇特的性质，道德生活呈现去中心化趋势。公意是共同道德的基础，它弥散在社会各处，用不着我们去甄别它究竟处于何方。而职业伦理则不同，每一种职业伦理都落于一个被限定的区域。[2]在涂尔干看来，职业伦理不同于公民道德，它具有一定的特殊性。

英国学者赫林以律师职业伦理与一般伦理的区别为例，对当前国外法律职业伦理学

---

[1]　参见杨柳、沈楚：《现代职业文化简论》，浙江大学出版社2014年版，第47—48页。

[2]　参见［法］涂尔干：《职业伦理与公民道德》，渠敬东译，商务印书馆2015年版，第8页。

界对于职业伦理与一般伦理关系的见解进行了总结。[①]他认为大致存在四种观点：一是律师职业伦理与一般伦理基础没有什么不同。例如，律师应该对委托人的信息保密这一原则，与在保密环境中获得私人信息的任何人应该遵守的原则没有什么不同——虽然律师可能比其他人更容易得到秘密信息。二是律师适用的基本原则与其他人相同，但作为专业人员，他们是以一种特定的方式适用的，因此，虽然保密的基本理念适用于所有人，但律师负有更多的责任。同样，每个人都必须诚实，但律师不仅要诚实，而且要表现得诚实，并应符合最高的诚实标准。三是律师适用的基本原则与其他人相同，但其基于其专业地位享有特殊豁免。因此，虽然一般来说，人们必须说出真相，但律师必须尽其所能实现委托人的福祉，如果有必要，律师可以突破这一原则。四是律师职业伦理独立于适用于大多数人的原则，律师所承担的特殊责任反映了他们在社会中的独特地位。因此，律师职业伦理不应被简单地看作一般伦理的一种强化形式，而有其自身的特殊基础。

我国也有学者通过论述法律职业伦理与普通道德之间的关系，阐明职业伦理与公民道德之间的相异关系。这种观点认为，法律职业共同体内部都遵守一套职业伦理规范，这套规范标准在技术操作、感情取舍等方面有别于生活伦理，但在与大众道德重合的部分又遵循"英雄标准"。这种伦理规范之所以一方面要有别于普通道德，另一方面又要高于普通道德，原因在于：一是维持职业正常运作，因为法律职业思维往往会与大众思维发生冲突，此时就迫切需要一套明确的、具有可操作性的伦理规范予以指引；二是法律职业有别于其他一般的社会职业，基于公平、公正的立场将法律运用于具体的人和事，因此要求从业人员具备良好的道德品质。[②]这意味着，法律职业伦理与普通道德之间存在交叉关系，并不是完全相互排斥的关系。

本书认为，职业伦理与普通道德（或大众伦理）之间既有区别又有联系，二者都是一般伦理范畴下的一种特殊伦理现象，因此，职业伦理中的很多基本原则都能在基本伦理原则或伦理价值中找到根源。例如，一般伦理中的人道主义原则要求把人以及人的价值置于首位，主张以人为中心，强调人的尊严；而各类职业伦理的基本原则也都强调以人为本，如医师救死扶伤以及律师维护当事人合法权益。但是，伴随着社会分工、职业选择的推进，职业伦理随着各类职业的形成而出现，它必须反映和体现特定职业所具有的特殊性。基于此，职业伦理更多是一种角色道德，是基于不同职业角色而应遵守的特殊伦理道德。在法律职业中，律师一般承担代理人角色，法官则承担裁判者角色。一名律师转行成为一名法官，就意味着他从代理人角色退出而进入裁判者角色，此时他就要开始遵从不同于以往的职业伦理。

▶▶ 四、法律职业

人在社会生活中可能会同时扮演多重角色，有的角色是与生俱来的（如血亲关系中的角色），有的角色则是个人成长过程中必须接受的（如学生角色），还有的角色则是个人选

---

① See Jonathan Herring, *Legal Ethics*, Second edition, Oxford University Press, 2017, pp.28-29.

② 参见孙笑侠、李学尧：《论法律职业共同体自治的条件》，载《法学》2004年第4期。

择的（如职业角色）。所有从事职业活动的人，都需要在职业选择和职业训练过程中使自己进入职业角色。人一旦进入职业角色，他此前通过教育等途径所作出的职业准备，就会转化为现实的职业行动，他在职业准备过程中还处于蛰伏状态的职业意识、职业观念和职业价值等，就会通过其职业角色获得展现。同时，选择一种职业就意味着认可这一职业中的整个价值规范体系。

（一）法律职业的概念

法律职业是法律专业人士以研究、发展和应用法律为内容所从事的职业的总称。一般认为，法律职业群体必须具备以下三项条件：一是坚决维护人权和公民的合法权益，奉行为公众服务的宗旨，以区别于追逐私利的行业；二是在深厚学识的基础上娴熟于专业技术，以区别于仅满足于实用技巧的工匠型人才；三是形成某种具有资格认定、纪律惩戒、身份保障等一整套规章制度的自治性团体，以区别于一般职业。[①] 当然，不同法系国家的法律职业还是存在较大差异的，即使处于同一法系，不同的司法管辖区所用的术语也千差万别。在普通法系国家，法律职业由法律工作者（lawyers）构成。在狭义上，法律工作者指的是律师（attorney），法官往往从执业律师中遴选；在广义上，法律工作者包括律师、法官、检察官和法学教授。在大陆法系国家，法官和检察官是法律职业的主要角色，一般统称为司法官；私人执业的律师以及企业、政府部门雇用的法律顾问传统上属于相对不那么重要的角色。[②]

在我国，有关法律职业的概念尚未达成共识。有学者认为法律职业是指受过专门的法律教育、具备法律预先规定的任职条件、取得国家规定的任职资格而专门从事法律工作的一种社会角色。一般而言，对此可以从广义和狭义两个方面去理解。从广义上讲，法律职业泛指一切以法律为专门工作的职业，大致分为四类：一是法律执行类，主要包括律师、法官、检察官、仲裁员、公证员和行政执法人员等；二是法律技术类，主要包括立法人员、法学教师和法学研究人员；三是法律辅助事务类，主要包括辅助律师、法官和检察官工作的人员；四是基层法律实务类，主要包括基层法律服务工作者。[③] 从狭义上讲，法律职业主要是指专门从事法律适用、法律服务的特定职业，其外延主要包括律师、法官和检察官。[④]

2001年10月31日，最高人民法院、最高人民检察院、司法部共同颁布《国家司法考试实施办法（试行）》，其中第2条规定："国家司法考试是国家统一组织的从事特定法律职业的资格考试。初任法官、初任检察官和取得律师资格必须通过国家司法考试。"国家司法考试统一了法官、检察官、律师的准入资格，成为我国法律职业化的一个具有里程碑意义的制度创新。2018年4月28日，司法部颁布了《国家统一法律职业资格考试实施办法》，其中第2条规定："国家统一法律职业资格考试是国家统一组织的选拔合格法律职业

① 参见季卫东：《法律职业的定位——日本改造权力结构的实践》，载《中国社会科学》1994年第2期。

② 参见杜宴林主编：《法理学》，清华大学出版社2014版，第254—255页。

③ 参见霍宪丹：《法律职业与法律人才培养》，载《法学研究》2003年第4期。

④ 参见张文显、卢学英：《法律职业共同体引论》，载《法制与社会发展》2002年第6期。

人才的国家考试。初任法官、初任检察官，申请律师执业、公证员执业和初次担任法律类仲裁员，以及行政机关中初次从事行政处罚决定审核、行政复议、行政裁决、法律顾问的公务员，应当通过国家统一法律职业资格考试，取得法律职业资格。法律、行政法规另有规定的除外。"比较《国家统一法律职业资格考试实施办法》和《国家司法考试实施办法（试行）》的内容，可以发现法律职业人员的范围有了明显变化，具体表现为由"法官、检察官、律师"扩展为"法官、检察官、律师、公证员、仲裁员以及行政执法人员"。此外，对于报名条件，《国家统一法律职业资格考试实施办法》第9条也明确规定："具备全日制普通高等学校法学类本科学历并获得学士及以上学位；全日制普通高等学校非法学类本科及以上学历，并获得法律硕士、法学硕士及以上学位；全日制普通高等学校非法学类本科及以上学历并获得相应学位且从事法律工作满三年。"因此，本书认为，我国的法律职业人员是指获得法学学位或受过其他形式的法律教育、具备专门法律知识与技能、具有职业伦理素养、取得国家法律职业资格的法律工作者，主要包括律师、法官、检察官、公证员、仲裁员以及行政执法人员六类。

（二）法律职业的特征

在法律职业基本概念的基础上，可以总结出法律职业的以下基本特征：

一是专业性。法律职业人员是具备专门法律知识与技能的专业人员，其专业性主要体现在拥有法律知识与处理纠纷的特殊信息和技术。法律职业不是一个可以自由进入的领域，法律职业人员必须经过特殊训练，获得法学学位或受过其他形式的法律教育，并通过国家统一法律职业资格考试，掌握法律职业所需的特定知识、技能，形成法律职业共同体同质的思维方式。[1]法律职业人员具备的法律知识主要由两部分构成：一部分是制定法中关于规则的知识，另一部分是法律学问中关于原理的知识。[2]

二是公益性。美国学者罗斯科·庞德（Roscoe Pound）曾提出，法律职业包含了三种理想：组织、学习（即追求一种习得的艺术）和公共服务精神，而赚钱维持生计则是较为疏远的观念，并纯具附带性。庞德把公共服务精神看作法律职业的精髓，认为法律职业中的公共服务精神是且应当是一个成熟司法体制的先决条件。[3]此外，不同国家都强调法律职业的公益性。例如，美国律师协会《律师职业行为示范规则》多次提到法律职业的公益性；日本司法制度改革审议会意见书也认为，法律职业是国家司法体系的一个组成部分，也是一个国家主权的重要组成部分，是维护基本人权、实现社会正义的具有社会公益性的崇高职业。这是其他专门职业所不具备的特殊性。[4]我国《法官法》第3条规定，法官必须忠实执行宪法和法律，维护社会公平正义，全心全意为人民服务。这应当是我国法官职业公益性的一种表现。

---

① 参见夏锦文：《法律职业化：一种怎样的法律职业样式——以司法现代化为视角的考察》，载《法学家》2006年第6期。

② 参见王建东、陈林林主编：《法理学》，浙江大学出版社2008年版，第287页。

③ 参见徐卉：《重新认识法律职业：律师与社会公益》，载《中国司法》2008年第3期。

④ 参见裴索：《WTO体制下日本律师业的变化》，载《政治与法律》2000年第3期。

三是独立性。法律职业是一种具有独立性或自主性的职业，它不依附于其他任何一种社会职业。法律职业的独立性不仅表现为法律职业人员拥有一套相对独特的传统、制度、服饰、思维方式、行为方式，更表现为他们能够独立地处理或管理职业领域的事务。因此，法律职业独立性的最本质表现是法律职业人员自主地从事法律活动，不受外部力量的干涉。国际律师协会在很多决议和文件中都认可了法律职业独立性的重要性。《1990年法律职业独立性标准》"前言"部分规定："法律职业的独立性构成了一个对人权的促进与保护的基础性的保障，对于获得有效和充分的法律服务而言是必需的。"[①]我国《法官法》第7条也规定，法官依法审判案件不受行政机关、社会团体和个人的干涉。这既是法律职业独立性的要求，也是法律职业独立性的体现。

四是伦理性。法律是在与人类伦理目标的交互作用中获得公众对其正义性的确信的，并据此获得道德基础和正当性依据。法律职业的伦理性是法律的伦理性的自然延伸，法律职业作为一种基于公平、公正的立场将法律运用到具体的事和人的行业，从追求人类正义的角度出发，必然需要它的成员坚决维护人权和人民群众的合法权益，并注意将自身的活动与追逐私利的商业区别开来。[②]从一定意义上说，法律职业本身就是一项道德事业。我国《律师法》第2条规定，律师应当维护当事人合法权益，维护法律正确实施，维护社会公平和正义。这既是法律职业伦理性的要求，也是法律职业伦理性的体现。

（三）法律职业共同体

法律职业共同体是与法律职业密切相关的概念。对于法律职业共同体的界定，学界并未形成共识。目前，我国学者普遍将其理解为法律职业群体。当一个群体或社会以法律为其联结纽带或生活表现时，可称其为法律共同体。然而，法律职业共同体并不仅仅具有物理学组合上的意义，更重要的意义是寻求一种共同的法治精神和法治理念。建立法律职业共同体的最大意义在于形成一种建立在共同知识训练背景基础上的共同的知识体系、思维方式以及由此上升形成的更高级的共同的理念、共同的价值追求甚至共同的信仰（即对于法治的信仰）。[③]对此，有学者曾提出在法学教育、法律职业资格考试、职业培训、价值追求、职业伦理要求、人事制度和奖惩制度等方面一体设计并使之制度化，以确立"法治一体化"的理念与制度。[④]还有学者就中国法律职业共同体之行为规范建构进行了探索性研究。[⑤]

在现代国家中，法律职业人员越来越具有举足轻重的地位，法律职业共同体在法治

① ［加］麦克尔·崔贝尔考克、［美］罗纳德·丹尼尔斯：《法治与发展》，冯川、郭安康、沈志平译，南京大学出版社2014年版，第307页。

② 参见孙笑侠主编：《法理学》，浙江大学出版社2011年版，第373页。

③ 参见刘作翔、刘振宇：《对法律职业共同体的认识和理解——兼论中国式法律职业共同体的角色隐喻及其现状》，载《法学杂志》2013年第4期。

④ 参见徐显明：《对构建具有中国特色的法律职业共同体的思考》，载《中国法律评论》2014年第3期。

⑤ 参见叶强、徐汉明：《中国法律职业共同体行为规范——以伦理规范为视角》，载《哈尔滨工业大学学报（社会科学版）》2018年第2期。

中的作用也不可取代。其原因不仅在于法律职业人员掌握了专门的法律知识，更在于他们通过法学教育和法治实践所形成的独特思维方式适应了时代需要。这种思维方式的重要性主要体现在以下几个方面：一是这种思维方式表现为一切依法办事的精神。法律职业人员对于暗箱操作和无原则妥协保持高度警惕，努力推进法治从而与权力滥用相抗衡。二是这种思维方式有"兼听则明"的长处。法律职业人员习惯于听取不同意见，从中找出最佳解决方案并通过解释和论证使之成为具有规范效力的共识。三是这种思维方式以三段论推理为基础，力图通过缜密的思维把规范与事实、特殊与普遍、过去与未来织补得天衣无缝。①

从实践来看，法律职业共同体的形成需要以下四个条件：一是法律职业人员具有以系统的法律知识和专门的思维方式为基础的技能，并不间断地培训、学习和进取。二是法律职业人员传承着法律职业伦理，维系着自己以及共同体的社会地位和声誉。三是法律职业人员专职从事法律职业活动，具有相当大的自主性或自治性。四是法律职业人员加入这个共同体须受到认真考察，获得许可，如取得律师资格。②

本书认为，在法律职业共同体的建构过程中，相同的专业知识、思维方式等固然重要，统一的法律职业伦理意识、法律职业伦理规范也至关重要。随着法律职业的形成与法律职业共同体在法治国家中的地位提升，法律职业共同体伦理的基本构造主要呈现为：一是现代法律职业伦理多以成文的、规范的形式表现，诉诸制度化的建构；二是法律职业伦理注重以法律职业共同体中"人"的品格要求为基础，以行为导向加以调整，并将行为作为道德评价的对象；三是法律职业伦理是建立在信念、角色和责任基础上的规则体系；四是法律职业伦理规范在逻辑结构上可以分为由低到高的三个层次，即以"人"的品格要求为基础的道德规范、规则诱导以及纪律约束；五是法律职业共同体伦理因共同体内部分工、角色的不同，对法官、检察官、律师等分别进行规定，提出要求，监督实现。③

论题二 法律职业伦理概述

总体来说，法律职业伦理可以分为两个层面：一是法律职业伦理规范，二是法律职业人员的道德品格。前者反映的是法律职业伦理关系的规范性要求，具有客观性和社会性；后者则是职业伦理规范内化为个体的道德品性，具有主观性和个体性。本论题围绕法律职业伦理的核心概念，讨论其存在的必要性、功能作用和理论困境，强调法律职业伦理在法律职业领域的存在价值。

---

① 参见季卫东：《法律职业的定位——日本改造权力结构的实践》，载《中国社会科学》1994年第2期。
② 参见孙笑侠：《法律家的技能与伦理》，载《法学研究》2001年第4期。
③ 参见常艳、温辉：《法律职业共同体伦理问题研究》，载《河南社会科学》2012年第2期。

一、法律职业伦理的概念

法律职业伦理是法律职业化的伴生物，[1]而法律职业化是社会分工不断发展及法律专门化、专业化的必然结果。因此，从根本上说，法律职业伦理是一种社会伦理现象，它体现并服从伦理的一般性规定。此外，法律职业伦理从属于职业伦理，是职业伦理的一个有机组成部分。就性质而言，一方面，它服从职业伦理的一般规定性；另一方面，它又有自身的特殊性。[2]

在现有的法学研究中，法律职业伦理和法律职业道德是两个比较高频的概念，在大多数情况下，人们都将二者混同使用。在理论研究中，很多学者出版的相关论著均以"法律职业道德"命名。在法治实践中，许多部门发布或制定的规范均以"职业道德"命名。事实上，关于法律职业伦理与法律职业道德之间的关系，目前学界存在不同的观点。一种观点认为，法律职业伦理与法律职业道德并不存在本质上的区别。例如，有学者认为，法律职业伦理更注重理论性，法律职业道德则偏重可操作性。在学术研究领域，法律职业伦理的名称更合适，因为其可以包含法律职业伦理形成的规律以及程序上保障的内容，这些内容并不是可以用道德完全涵盖的。而在司法实践中，从日常习惯的角度看，法律职业道德的名称似乎更合适，因为人们一般说法律人的行为不合乎法律职业道德，而不说不合乎法律职业伦理。因此，法律职业道德与法律职业伦理的区别主要是语境和范围上的区别，不存在高低的区别。[3]另一种观点认为，法律职业伦理与法律职业道德之间存在本质区别。例如，有学者认为，法律职业伦理与法律职业道德存在实质与主观的区分。处于实质层面的属于伦理问题，即究竟应做什么和不得做什么；处于主观层面的属于道德问题，即对某种行为的态度、心理准备、心情、动机等。所以，关于法律职业人员当为或不当为之基准是职业伦理的问题，关于法律职业人员就法律职业伦理内容所产生的态度、心情、动机等为法律职业道德的问题。[4]

基于前述有关"伦理"与"道德"以及"职业伦理"与"职业道德"的区别，本书认为法律职业伦理与法律职业道德之间存在明显区别：法律职业伦理从宏观角度对法律职业道德的各个方面进行分析与归纳，充满了客观性与规范性；而法律职业道德则主要处理法律职业人员在从事法律工作过程中所产生的职业个体之间，职业个体与职业群体、公共社会之间的关系，它交织着理性与感性，充满了主观性与个体差异性。基于以上区别，本书采用"法律职业伦理"作为书名。关于法律职业伦理的概念，目前尚未形成一个统一的定义。一般认为，法律职业伦理是指法律职业人员在其职业实践中必须遵守的一种道德律。而所谓法律职业人员，则是指受过专门的法律训练，具有娴熟的法律技能与法律伦理的人。还有学者认为，法律职业伦理是以法律职业道德为研究对象，有

---

① 我们所说的"法律职业伦理"，在法律英语中或称"legal ethics"，或称"professional responsibility"，一般作为研究领域多称"legal ethics"，而作为实际存在的社会规范多称"professional responsibility"。

② 参见唐永春：《法律职业伦理的几个基本问题》，载《求是学刊》2003年第5期。

③ 参见李本森：《关于法律职业伦理若干基本范畴的探讨》，载许身健主编：《法律职业伦理论丛》（第1卷），知识产权出版社2013年版，第38页。

④ 参见孙晓楼：《法律教育》，中国政法大学出版社1997年版，第15页。

关法律职业共同体从业的法律活动准则、职业道德规范和法律职业信仰的科学。[①]在我国台湾地区一般用"法律伦理学"取代"法律职业伦理",而法律伦理学又有广义和狭义之分:广义的法律伦理学是法律学加上伦理学,如同教育伦理学、政治伦理学、医学伦理学等,须以伦理学为基础,加上个别学科的内容形成个别的伦理学,属于应用伦理学的一支;狭义的法律伦理学则专指研究法律职业伦理议题的学科。[②]本书认为,法律职业伦理是指律师、法官、检察官、公证员等法律职业人员按照其职务角色所应自主遵循的具有强制力的行为规范。

二、法律职业伦理的必要性

现代哲学对人性的分析基本取得了这样一种共识:人既有理性的成分,又有非理性的成分。纯粹的经济人和纯粹的道德人在现实中都是不存在的,正常生活在社会中的人一般既不是绝对利己的人,也不是绝对大公无私的人。在现实生活中,人总是经济人和道德人的混合体,是善与恶、理性与非理性、利己与利他的矛盾统一体,至于哪一种因素在人身上成为主导性因素,可能要视情况因人而异。法律职业人员在人性上跟普通人没有任何区别,而且他们作为掌握专门法律知识与技能的专业人士,更容易利用这些知识与技能获取具有偏私属性的自身利益。人性的这种复杂性,是构建法律职业伦理的人性基础。

职业伦理与职业化密切相关,法律职业伦理的形成与法律职业的职业化发展之间也存在一种动态互惠关系。除此之外,以下因素也使法律职业伦理变得不可或缺,一直推动着法律职业伦理向前发展。

一般个人在进行伦理选择或伦理判断时,往往会遭遇伦理冲突,具体表现为权威的冲突、角色的冲突以及利益的冲突。与一般人相比,法律职业人员遭遇的伦理冲突更为特殊,原因在于法律职业本身就是要解决价值冲突和利益矛盾。因此,有学者认为,法律职业伦理之所以不可或缺,主要有以下三个原因:一是法律规范本身就是各种价值冲突和道德斗争的主战场;二是在对抗式的程序中往往只有一个赢家,或者说,在逻辑上只有一方的价值观会受到支持,而另一方的价值观会受到贬抑或忽视;三是法律职业人员和当事人都很容易陷入"对价性"思维,用金钱购买正义。因此,法律职业人员可能面临偏离职务角色所要求的义务或责任的问题,如律师通过不正当手段使当事人获得胜诉、法官收受贿赂作出不公正判决等。[③]

也有学者从法律工作的特点的角度来回答为什么需要法律职业伦理,具体来说包括以下几点:一是法律工作的道德要求较一般工作更高。法律工作面对的纠纷,至少有一方当事人在社会道德上有欠缺(违法),法律职业人员每天的工作就是要解决这些纷争,当然要遵循比一般水准还要高的道德要求。二是法律工作有私密性的要求。法律职业人员与医生、牧师一样,都会接触到其他人不易得知的秘密,因此要受更严格的伦理规范约束。三

① 参见余其营:《法律职业伦理塑造的体系构建》,载《山东社会科学》2009年第S1期。

② 参见郑津津:《法律伦理学》,五南图书出版股份有限公司2017年版,第14页。

③ 参见孙笑侠:《法律家的技能与伦理》,载《法学研究》2001年第4期。

是法律工作有专业性的自我要求。法律职业人员提供的服务具有很高的专业性，其服务是否优良，只有同行的专业人员才有办法评判，所以需要职业伦理规范确保专业品质。四是法律工作处理的事务权益重大。法律职业人员接触的事务往往涉及社会公众的生命财产安全，需要更高的职业伦理规范进行约束。五是法律职业人员掌握了社会的秩序根源。如果法律职业人员没有秉持其职业伦理以及承担社会责任，而是玩弄和逃避法律，那么法律维持社会秩序、支撑社会运行的功能就会遭到破坏。六是法律职业人员不可破坏社会的信赖感。法律制度关系到社会整体的利益，法律职业人员由于从事法律工作，很容易获得一般民众的信赖，如果法律职业人员破坏这种信赖感，就会使民众对执法者产生怀疑，进而对社会秩序产生怀疑。①

还有学者从"法律的开放性"和"非决定性与不确定性"两个方面，阐述法律职业伦理的必要性。法律的开放性大体表现在两个方面：一是法律本身的开放性。这意味着，无论是法律体系、法律标准还是法律语言，都被允许以多种方式加以理解。二是法律适用过程中的开放性。这意味着，特定的案件被允许给予多种裁判结果。如果法律的开放性无法被否认，那么包括律师在内的法律职业共同体就因为最了解法律开放性而最有能力借助法律的这个性质来获取私利。因此，有必要通过法律职业伦理对法律开放性予以道德限制。此外，法律的开放性决定了法律作为一个标准，其含义是不确定的，但这一标准又是得出特定结果的根据，因此，法律是不确定的，但是具有决定性。这就要求法律职业人员承担"维系法律的道德吸引力"的职业伦理要求。②

三、法律职业伦理的功能和作用

法律职业伦理是法律职业发展过程中不可或缺的组成部分。从功能主义角度看，法律职业伦理对法律职业共同体的形成和发展、法学教育的完善乃至法治国家的建设，都具有重要作用。

第一，法律职业伦理有助于法律职业共同体的构建。法律职业伦理在此意义上的功能主要体现在两个方面：一方面，对于法律职业共同体而言，法律职业伦理是一种职业意识形态。法律职业伦理作为法律职业共同体的主导价值观，可以促进法律职业共同体的同质化，强化法律职业共同体的主体性。另一方面，法律职业伦理具有明显的经济价值，对法律职业共同体的发展及其经济绩效的增长起着重要作用。法律职业伦理的这种"利导性"可以从三个不同角度阐释：（1）法律职业伦理是法律职业共同体的有效激励机制。法律职业伦理不仅可以通过强化法律职业人员在职业活动中的责任心、荣誉感和团结协助精神，促使其发挥工作热情和创造精神，还提供了保障其公正开展职业活动的行为规范，保障了其投入与收益的合理联系，从而激发其对法律职业共同体的认同感。（2）法律职业伦理促使法律职业共同体合作效益的产生。法律职业伦理有助于形成准确的法律预期，从而外在地促进法律职业共同体内部的合作。（3）法律职业伦理促进了法律职业共同体"无形资

---

① 参见王惠光：《法律伦理学讲义》，元照出版有限公司2012年版，第3—6页。

② 参见陈景辉：《忠诚于法律的职业伦理——破解法律人道德困境的基本方案》，载《法制与社会发展》2016年第4期。

产"的增值。法律职业共同体的信誉和美誉度来自其提供的法律服务的质量及其信用，显然这两者都与法律职业伦理有着内在的联系。[1]

第二，法律职业伦理有助于推动法治发展。这集中体现在三个方面：（1）完善法学教育。法学教育的目的是培养优秀的法学人才。当前，法学教育对法科学生的人格涵养关注普遍不足，导致一些法科学生虽然对于许多技术性问题得心应手，却忽略了公平正义的基本法治精神。因此，建立一套系统的法律职业伦理体系，并通过法学教育者传授给法科学生，同时培养其实践能力，有助于将这些学生培养成具备专业素养与品德操守的人才，从而推动形成良好的司法风气。（2）调和法律职业人员所面临的伦理冲突。伦理是人与人之间外在行为的准则，每个人在社会生活中都可能因同时涉及多重社会关系而受到数种伦理的规范。当多重社会关系存在冲突时，伦理规范便可能发生竞合择一的困难。法律职业伦理作为法律人的外在行为规则，可以调和法律职业人员所面临的伦理冲突，帮助其作出正确的价值判断。（3）维护司法尊严与确保法律职业人员的威信。社会公众对司法制度的信任，更多地体现为对法官、律师、检察官等个人的信任，若法律职业人员不遵从伦理底线，因为自身之不当行为而失信于社会，那么司法的尊严将受到贬损，进而危及整个社会秩序。[2]

四、法律职业伦理的困境

法律职业伦理对于法律职业人员，就好比刀鞘对于锋利的刀刃。如果没有法律职业伦理，法律职业人员的职业技术就有可能成为其作恶的工具。比如在美国，如果没有律师的参与，从事大规模的犯罪活动是很困难的。诸如使用会计手段导致《财富》50强公司破产、设计骗局诈骗国库数十亿美元的税收收入的大型犯罪活动，一直伴随着聪明、成熟的律师的积极参与或者默认。法律职业伦理在发展过程中、在处理与普通道德的关系上往往存在困境。

有学者认为，法律职业伦理的理论困境集中体现为非道德性。所谓职业伦理的非道德性，是指职业伦理逐渐脱离大众道德评价和个体道德体验的轨道，与道德的差距变得越来越大，甚至成为与大众道德评价和个体道德体验毫无关联的行为规范。落实到法律职业实践中，法律职业伦理要求法官只需对法律条文负责、律师只需对委托人忠诚，而在正义以及公众利益方面，则不需要承担任何道德义务；通过遵从法律职业伦理的具体规定，法官对于两造当事人、律师对于委托人通过法律手段实现道德上邪恶目的的做法漠然置之，无须对此承担任何道德上的责任。法律职业伦理作为现代职业伦理非道德化的"急先锋"，与道德愈行愈远，使得法律职业伦理与现代法律理论、法律制度一起，最终陷入了某种"价值空洞"的危机之中。[3]

还有学者指出，现代法律职业伦理由于"技术化"与"合规则性"而陷入道德困境。

① 参见陈羽：《法律职业伦理：从意识形态角度的考察》，载《理论学刊》2008年第4期。

② 我国台湾地区将"法律职业伦理"称为"法律专业伦理"，为了保持用语的统一，本书统一称"法律职业伦理"。参见郑津津：《法律伦理学》，五南图书出版股份有限公司2017年版，第15—16页。

③ 参见李学尧：《非道德性：现代法律职业伦理的困境》，载《中国法学》2010年第1期。

这种困境具体表现在三个方面：其一，从律师方面来看，在商业主义浪潮的席卷下，一些律师唯利是图，将法律知识和技能视作"生财之道"，在利益诱惑面前，委托人的合法权益乃至国家法律都位列次席。其二，从公众方面来看，传统文化的影响仍然是根深蒂固的。一方面，人们对结果正义的关注远远超过对程序的重视；另一方面，一些人对律师的认知尚停留在古代中国的讼师甚至"讼棍"的印象，而某些律师"贯彻"商业主义的经济自由而缺乏道德责任感，更加剧了这一误解和反感。其三，就法官这一法律职业而言，由于不被允许脱离法律框架进行道德斟酌，甚至被要求对当事人行为的道德性不作出有偏向性的个人判断，这种鲜明的程序性和中立性也与公众所热衷的一般道德和实质性结果产生排异。①

法律职业人员除了要有职业技能专长（即业务能力），还要有相应的职业伦理，通过职业伦理来抑制其职业技术理性中的非道德成分，克服其"职业病"，将非道德成分控制在最低限度。②从这个角度讲，如何处理法律职业伦理与普通道德的关系，是法律职业伦理理论研究的重要内容，也是解决法律职业伦理上述困境的重要途径。

论题三　法律职业伦理的理论发展

法律职业的发展历史较为悠久，有关法律职业行为的规制和惩戒也有较长的历史，但是法律职业伦理理论的发展却相对较迟。在某种程度上说，律师的角色道德这个问题是最古老的哲学问题之一，甚至可以追溯到柏拉图（Plato）对智者学派（Sophists）的批判。③即使在律师职业发展较为突出的美国，直到20世纪70年代之前，也很少有法学家或者道德哲学家写过律师职业伦理方面的论著。本论题主要介绍美国法律职业伦理的理论发展过程，以及我国法律职业伦理的理论发展状况。

一、美国法律职业伦理的理论发展

从20世纪70年代开始，大量关于法律职业伦理的文章和书籍涌现出来，催生了该领域哲学理论的争鸣与发展。以《乔治城法律职业伦理杂志》（Georgetown Journal of Legal Ethics）的开办为开端，美国有关法律职业伦理的哲学研究经历了两次发展浪潮。④

① 参见董静姝：《论法律职业伦理的现代困境》，载《新疆大学学报（哲学·人文社会科学版）》2016年第4期。

② 参见孙笑侠：《法律家的技能与伦理》，载《法学研究》2001年第4期。

③ See plato, "Gorgias," W. D. Woodhead trans, in Edith Hamilton and Huntington Cairns, eds., *The Collected Dialogues of Plato*, Princeton University Press, 1961.

④ See David Luban and W. Bradley Wendel, "Philosophical Legal Ethics：An Affectionate History", *The Georgetown Journal of Legal Ethics*, Vol.30（2017），p.337. 亦可参见［美］大卫·鲁班、［美］布拉德利·温戴尔：《美国法律职业伦理哲学：温情的历程》，尹超译，载《法律与伦理》2019年第2期。

（一）美国法律职业伦理理论发展的第一次浪潮

长期以来，美国的法律职业伦理领域形成了一种标准概念（standard conception）或主流观点。标准概念的元素总体被理解为三个原则：（1）党派性原则，即律师必须对客户的合法利益付诸排他性专注。（2）中立原则，即如果客户指示他去这样做，律师不能依自己的道德信念拒绝做他认为错误的事情。（3）不追责原则，即只要律师在法律范围内行为，律师的行为便不会在普通道德上被评估，律师因帮助他人而作出不道德的行为也免受道德批评。第一次浪潮中，有的学者对标准概念提出批判，有的学者则是标准概念的拥护者。

第一次浪潮的出现可以追溯至20世纪60年代和70年代更大的社会运动。在这一时期，美国发生了平权运动，掀起了现代女权运动，法学学术界也兴起了批判法学研究（Critical Legal Studies）。第一次浪潮主要从道德哲学的视角看待法律职业，关注作为道德主体的个人律师，并论述了普通道德与律师角色道德之间的张力，其中的代表人物有戴维·鲁本（David Luban）、德博拉·罗德、大卫·威尔金斯（David Wilkins）、托马斯·谢弗（Thomas Shaffer）、查尔斯·弗里德（Charles Fried）、门罗·弗里德曼（Monroe Freedman）、阿贝·史密斯（Abbe Smith）、阿瑟·阿普鲍姆（Arthur Applbaum）等。

理查德·沃瑟斯特罗姆（Richard Wasserstrom）于1975发表的一篇论文——《律师作为专业人士：一些道德问题》[1]，开启了美国法律职业伦理的哲学研究。1978年，威廉·H.西蒙（William H. Simon）发表《辩护的意识形态》[2]，对传统辩护伦理展开激烈批评。德博拉·罗德是第一次浪潮中颇具影响力的学者，她将理论和复杂的多学科分析结合在一起，分析了诸如律师的道德品质要求以及禁止未经授权的执业这样的监管问题；她与凯丽·门克尔-梅多（Carrie Menkel-Meadow）是首批将明确的女权主义观点引入法律职业伦理的理论家。大卫·威尔金斯将法律职业伦理更广泛地置于美国法律思想中，包括法律和经济学以及法律程序，更重要的还有法律现实主义传统。托马斯·谢弗探讨了基督教律师应当如何具体行动的问题。查尔斯·弗里德对标准概念作出辩护，他提出的"律师作为朋友"（lawyer as friend）的隐喻颇引人注目。[3]门罗·弗里德曼为美国宪法中的自治观点赋予了独特基础，这可能限制了其作品在国际上的影响力，但在律师界（尤其是刑事辩护律师界）引起了强烈共鸣。[4]阿贝·史密斯与弗里德曼的合著《理解律师伦理》（Understanding Lawyers' Ethics），为刑事辩护律师的角色提供了同样有力的辩护，尽管史密斯的辩护不仅基于自治权，也基于对刑事司法系统的批判。[5]律师角色范围内的行为描述能否转化为普通道德术语中的行为描述，是法律职业伦理中的一个基本问题，也是阿瑟·阿普鲍姆的经典著作《抗辩伦理》（Ethics for Adversaries）中的一个

---

[1] Richard Wasserstrom, "Lawyers as Professionals: Some Moral Issues", *Human Rights*, Vol.5, No.1（1975）.

[2] William H. Simon, "The Ideology of Advocacy: Procedural Justice and Professional Ethics", *Wis. L. Rev.*, 29（1978）.

[3] See Charles Fried, "The Lawyer as Friend: The Moral Foundations of the Lawyer-Client Relation", *Yale L. J.*, 85（1976）, p.1060.

[4] See, e. g., Monroe H. Freedman, *Lawyers' Ethics in an Adversary System*, The Bobbs-Merrill Company, 1975.

[5] See generally Abbe Smith, "Defending Defending: The Case for Unmitigated Zeal on Behalf of People Who Do Terrible Things", *Hofstra L. Rev.*, 28（2000）, p.925.

主题。

第一次浪潮的学术理论内容可以概括为:(1)法律职业伦理不仅是一个法律原理问题,在最基本的层面上还是道德哲学的一个主题;(2)它必须回答的主要问题是,当律师的职业角色道德与普通道德或一般道德存在冲突时,如何协调两者之间的关系;(3)角色道德主要涉及标准概念问题,根据这一概念,律师必须积极地推进客户的合法目的,同时保持对这些目的的道德中立并确保追求这些目的的手段合法,而且律师对他们在代理中所造成的任何"附带损害"在道德上是不负责任的;(4)关于角色道德的争论围绕着客户与律师关系的道德重要性、客户自主性的价值以及抗辩制的道德意义展开。

(二)美国法律职业伦理理论发展的第二次浪潮

第一次浪潮中关于法律职业伦理的哲学层面的辩论持续不断,在过去的20年里,新一代学者进入了这个领域,并把该领域带向了一个新的方向。他们认为,第一次浪潮所关注的问题——"角色道德如何与普通道德相协调"或者查尔斯·弗里德所说的"一名好律师能是一个好人吗"——是错误的问题。他们反对把法律职业伦理视为道德哲学的一个主题。在他们看来,律师的角色并不是普通道德生活的一部分,就像父母或邻居的角色一样。从根本上说,这是一种以社区治理为目的的政治制度和实践方案的制度部分。第二次浪潮的论述从多元社会中法律制度的政治目的开始。所谓多元社会,是指存在许多不同的、有时是相互竞争的道德和宗教信仰的人的社会。在多元社会里,人们必须就对社区具有重要意义的各种事项作出具体决定,但该社区公民对于什么构成美好生活、什么目标值得追求以及什么事实对这些争议的解决产生影响存在不同意见。这样一个社会面临着约翰·罗尔斯(John Rawls)所说的"判断的负担"。[①]多元主义意味着理性人的判断,即使是对非常基本事项的判断,也不能被期望达成一致,因此就产生了判断带来的"负担",即理性与合理性不能在有争议的道德和政治问题上得出独特的正确答案。解决这个问题的办法是建立一个政治进程,为和平和有秩序地解决冲突创制法律制度。这种机制有时被称为"制度解决"(institutional settlement)——每个社会都需要通过制度解决来生存和发展。很明显,制度解决的要素既包括律师法,也包括伦理和程序规则。即使我们不喜欢解决方案在个案中产生的结果,社会的存在也要求我们无论如何都要遵守解决方案。

第二次浪潮把法律职业伦理作为政治哲学的主题,其中的代表人物包括蒂姆·戴尔(Tim Dare)、凯特·克鲁斯(Kate Kruse)、丹尼尔·马科维茨(Daniel Markovits)、爱丽丝·伍利(Alice Woolley)、诺曼·斯伯丁(Norman Spaulding)和布拉德利·温德尔(Bradley Wendel)等。这些思想家观点彼此非常不同,他们也并不都是传统的辩护者。值得注意的是,第二次浪潮的重要代表人物布拉德利·温德尔批判"律师忠诚于委托人"的法律职业伦理理念,提出了"律师忠诚于法律"的理论观点。他认为,律师必须忠诚于法律,而不是忠诚于客户目标,这种忠诚于法律的义务把法律作为解决多元社会争端所必需的政治制度。[②]他强调,律师应以合理

---

① See John Rawls, *Political Liberalism*, Columbia University Press, 1993, pp.54–58.

② 参见〔美〕W. 布拉德利·温德尔:《法律人与法律忠诚》,尹超译,中国人民大学出版社2014年版,第49—50页。

的谨慎和勤勉，协助客户了解和利用法律制度所赋予的法律权利和特权。

这次浪潮的学术理论是在批判道德哲学取向的基础上，以政治哲学解读法律职业伦理，其内容可以概括为：（1）法律职业伦理是政治哲学而非道德哲学中的一个主题；（2）法律制度的政治功能是解决多元社会中的纠纷；（3）律师应避免对其委托人进行道德判断，理解他们的代理人角色，并遵守伦理准则中的法律义务。目前，行为法律伦理、美德伦理和信义理论等，在美国法律职业伦理学术理论界逐渐产生影响，并在一定程度上预示着美国法律职业伦理理论发展的未来。

美国法律职业伦理理论发展总结

二、我国法律职业伦理的理论发展

在我国，21世纪以来，特别是从法律职业伦理被确定为法学专业的必修课和国家统一法律职业资格考试的内容以来，我国学者关于法律职业伦理的学术研究呈现出强劲的发展态势。

（一）法律职业伦理的理论发展

自20世纪70年代末80年代初以来，随着改革开放的深入推进和法治建设的步伐不断加快，法治实践中的道德问题随之凸显，法律职业伦理问题逐渐成为法学研究者和伦理学研究者共同研究、争辩、探讨的热点问题。40多年来，大量的论著提出了许多颇具建树性的学术观点，许多有关的研究机构和学术团体也相继成立，展现了我国法律职业伦理研究的蓬勃发展。总体而言，我国法律职业伦理理论的发展大致可分为两个阶段：一是从1978年到20世纪90年代中期的初步发展阶段，二是从20世纪90年代中期至今的繁荣与加速发展阶段。①

在我国，法律职业伦理研究首先是作为法哲学的一个分支出现的，这是因为法哲学的研究本身就蕴含了对法律的道德论证、反思及批判。我国法律职业伦理研究在初步发展阶段，主要围绕法律和道德的关系这一基本问题展开。在此期间所取得的标志性研究成果是提出了法（律）伦理（学）的概念。从现有文献资料来看，我国最早提出"法律伦理"概念并对法律伦理展开研究的是何勤华先生，他于1984年在《文汇报》上撰文并首次提出了"法学伦理学"②。随后，他又在《法律伦理学体系总论》一文中，进一步将"法学伦理学"一词规范为"法律伦理学"，并认为法律伦理学的理论体系可以分为总论和分论两个部分。其中，总论部分涉及法律与道德的概念和本质、法律规范与道德规范、法律关系与道德关系、违法行为与不道德行为、关于人们行为的法律评价与道德评价等方面的基本理论问题；分论部分则分析我国实际生活中的法律与道德问题。③1988年，文正邦在《法伦

---

① 参见李建华、周灵方：《法律伦理学研究的时代使命——国内法律伦理学30年研究综述及展望》，载《中南大学学报（社会科学版）》2009年第5期。
② 参见何勤华：《法学伦理学》，载《文汇报》1984年7月20日，第3版。
③ 参见何勤华：《法律伦理学体系总论》，载《中州学刊》1993年第3期。

理学研究的战略意义》一文中，提出了"法伦理学"的概念，认为法伦理学是以解决法和道德的关系为中心，研究整个立法、执法、司法、守法和护法过程所包含和涉及的各种伦理关系和道德问题，研究和建构司法人员职业道德的科学体系。[①]此时，学者们将法律和道德的关系作为法（律）伦理学研究的核心内容或基本问题进行研究，并都认为法（律）伦理学从属于法哲学的范畴。

20世纪90年代中期以后，有学者开始把法律职业伦理归属到应用伦理学研究领域，并将其视为法学和伦理学的一个交叉学科，极大地推动、繁荣和丰富了我国伦理学研究。1995年由李建华所著的《法律伦理学论纲》一文对法律伦理学的概念、性质等予以厘清，提出"法律伦理学是以法律关系和道德关系的相互交叉、关联、作用为基础，研究法现象中伦理道德问题的一般规律的学问"[②]，并对法律伦理学的学科性质和研究对象、立论依据和研究价值、理论体系和研究方法等进行了深刻论证。2002年，由李建华和曹刚等著的《法律伦理学》，对法律伦理学的构建原理、法律和道德的分合理论、依法治国和道德重建问题、立法伦理与人文精神、法律实践领域的道德问题等内容均作了深入论证。在法律伦理学构建理论方面，石文龙在《法伦理学诞生的现实基础与时代机缘》中提出了建立法律伦理学的必要性和重要意义。曹刚在《伦理学、应用伦理学和法伦理学》一文中提出，法伦理学的最大使命是对法律的道德批判；法伦理学的主题是人的存在和发展；法伦理学的任务就是通过对法律的道德论证、反思和批判，确定法律实践应遵循的道德原则，从而维护人生价值，推进人的全面发展。[③]2008年，曹刚与徐新在《法伦理学研究论纲》一文中提出，法伦理学研究旨在为中国的法治建设提供道德正当性的论证，涉及法伦理学的一般原理研究、宪法的伦理问题研究、民法的伦理问题研究、社会保障法的伦理问题研究、司法的伦理问题研究等几个方面的内容，此项研究还必须为解决中国法治实践中的问题提供伦理学方面的咨询。[④]值得注意的是，法律职业伦理作为伦理学向法学领域的一个延伸，其研究的侧重点是伦理而非法律，其研究对象主要为法律现象中的伦理道德问题而非道德现象中的法律问题。

21世纪以来，随着全面推进依法治国基本方略的确立，法律职业伦理研究呈现出从抽象的学理向具体的实践深入，并与中国法治实践中的现实问题紧密结合起来的特点。从事法律职业伦理研究的学者，有的从宏观层面研究法律职业伦理的元理论问题，对法律与伦理的互动原理进行了探究；有的从微观层面思索法治实践中的伦理问题，对不同法律职业的职业伦理问题进行了探究。这一时期，中国法律职业伦理的研究主题与社会生活日益贴近，问题意识日益突出，研究方法日益多样。法律职业伦理学术研究平台也在全国范围内建立，不仅组织翻译出版了一批有关法律职业伦理的著作，而且多次组织召开法律职业伦理学术研讨会，形成了一系列创新性研究成果，法律职业伦理学科建设和人才培养也呈现蓬勃发展的态势。总之，法律职业伦理研究越来越注重法学、哲学、伦理学等不同学科的交叉融合，强调务实的学科理念、"实践—理论—实践"的学科逻

---

① 参见文正邦：《法伦理学研究的战略意义》，载《探索》1988年第5期。
② 李建华：《法律伦理学论纲》，载《江西社会科学》1995年第9期。
③ 参见曹刚：《伦理学、应用伦理学和法伦理学》，载《学习与探索》2007年第3期。
④ 参见曹刚、徐新：《法伦理学研究论纲》，载《伦理学研究》2008年第3期。

辑和注重实操的学科风格，从务虚逐渐走向务实，在理论与实践的紧密结合中推动了法律职业伦理的理论与制度的发展。

（二）我国台湾地区的法律伦理学

如前所述，我国台湾地区将"legal ethics"翻译为法律伦理学。[①]我国台湾地区法律伦理学的发展经历了两个快速发展的时期：第一次是1990年前后，第二次是2005年之后。

20世纪90年代，受美国法律职业伦理的影响，我国台湾地区的法律伦理学获得实质性进展。黄瑞明律师于1990年首次在东吴大学开设"法律伦理学"课程，该课程也在1991年第一次被列入法律系的必修科目，随后有关法律伦理学的教材编纂、学术研讨和理论研究等陆续开展起来。台湾地区的法律伦理学是研究区别于普通道德的法律人职业伦理的学科，旨在帮助法律人解决法治实践中可能面临的道德难题，为法律人确立职业伦理价值。客观地说，美国的法律职业伦理理论和实践对我国台湾地区法律伦理学的创设和发展产生了深刻影响，最显著的是，我国台湾地区的法律伦理学以法治实践为关注焦点，具有强烈的务实倾向。在我国台湾地区，法律伦理学作为一门独立学科，呈现出综合发展的趋势，不但将法律人扩展至企业法务人员、法学从教人员、公证人甚至更广泛群体，还将实务诉求的研究拔擢至理论高度，探讨了伦理学、法律人定义、专业伦理和社会责任等话题。[②]

第二次发展则得益于台湾地区本土事件的推动。多年来，台湾地区律师、法官、检察官的贪渎事件层出不穷，使民众对法律人和法治的信心每况愈下。2005年后的法律伦理大讨论实质性地推动了台湾地区法律伦理学的发展，学术界开展大量相关学术研讨、教材编纂、著作翻译或撰写等活动，实务界也加强了对法律伦理的探讨，相关部门亦将法律伦理列为司法专业人员相关考试之必考科目，这些都使得台湾地区的法律伦理学取得了实质性进展。这一时期，也出现了一系列研究成果，总体包括三种类型：一是翻译域外相关著作或介绍域外相关做法。这些著作在学科兴起之初便已出现，对我国台湾地区法律伦理学的建构起到了非常重要的示范作用。例如，被称为台湾地区"第一本讨论现代法律伦理的书"的《美国法律伦理》[③]，介绍美国法律伦理相关规定和做法的《法律伦理的50堂课——美国律师职业行为规范与实务》[④]，结合德国律师伦理和台湾地区实际对律师专业伦理问题进行专题探讨的《律师伦理法》[⑤]等，都是其中的代表性作品。二是学理性研究的资料或成果。这些著作的出现体现了台湾地区学界为构建本土法律伦理学所作出的努力。例如，由黄裕凯编译、将台湾地区法律伦理的基础规范和主要国家

---

① 对于我国台湾地区的法律伦理学，宁洁和胡旭晟两位学者曾在其《比较法视野中的中国台湾法律伦理学》一文中有专门的论述。

② 参见宁洁、胡旭晟：《比较法视野中的中国台湾法律伦理学》，载《比较法研究》2011年第2期。

③ ［美］布莱恩·甘洒迪：《美国法律伦理》，郭乃嘉译，商周出版社2005年版。

④ 王进喜：《法律伦理的50堂课——美国律师职业行为规范与实务》，五南图书出版股份有限公司2008年版。

⑤ 姜世明：《律师伦理法》，新学林出版股份有限公司2008年版。

法律伦理规范汇编成集的《法律伦理基本文件（律师、法官、检察官）》，作为台湾地区第一本法律伦理学教材的《法律伦理学》[①]，以及《法律伦理核心价值探讨》[②]等。三是对现实生活中法律人伦理问题的反思和应对，《法律人，你为什么不争气？——法律伦理与理想的重建》[③]是最典型的代表。

　　整体来看，我国台湾地区的法律伦理学比较重视对法律职业伦理理论和实践较为发达的国家或地区的相关理论的引介和研究，从实践中的法律人角度出发，以规范法律人伦理行为、培育法律专业伦理为取向，是一门从实践中来到实践中去的务实学科。

论题四　法律职业伦理规范

　　简单地说，法律职业伦理是对法律职业人员的职业行为的伦理道德规制，这种规制途径大致可以分为内在控制和外在控制。内在控制以职业价值、精神及伦理意识维持职业人员的责任行为；外在控制通过设立种种限制、要求、界限、标准及许可来取代说服、教育及主观感受。可见，为充分发挥法律职业伦理的规制引导作用，有必要加强法律职业伦理规范的建设，这是对法律职业人员行为进行外在控制的重要载体。而且，从内在控制来看，法律职业伦理教育不仅需要确立正确的职业伦理观念，也需要建构完善的职业伦理规范体系。本专题围绕法律职业伦理规范展开，对国内外法律职业伦理规范建设情况予以介绍，以此明确相关制度框架体系。

一、法律职业伦理规范的概念和作用

　　伦理道德中最常使用的词语是对的或错的、好的或坏的、善的或恶的、应该或不应该、有德的或邪恶的、义务或责任、公正与不公正等，这些词语涉及对行为实践的规范和要求，用来影响行为人的行为，命令或要求人们从事或不从事某些行为。[④]毕竟，伦理道德涉及"价值"（value）的问题，而价值观念具有社会性及客观性，即以经形成的社会价值观对社会行为进行价值判断，这就体现出伦理的规范性。法律职业伦理具有一般伦理的特征，因而也具有规范性。法律职业伦理规范是基于法律职业行为的本质和运作产生的伦理准据，其内涵具有高度浓厚的伦理色彩，对职业行为具有高度的伦理要求。法律职业伦理规范是伦理规范性的体现与要求。

　　法律职业伦理既是法律职业共同体的职业意识形态，又带有经济利导性。法律职业伦理规范作为成文化的法律职业伦理，对于法律职业共同体的发展意义重大。可以说，法律职业伦理规范不仅是法律职业的指标，也是法律职业人员的行为指引。法律职业伦理规范

---

① 姚孟昌、林火旺等：《法律伦理学》，新学林出版股份有限公司2009年版。

② 王惠光等：《法律伦理核心价值探讨》，新学林出版股份有限公司2007年版。

③ 陈长文、罗智强：《法律人，你为什么不争气？——法律伦理与理想的重建》，法律出版社2007年版。

④ 参见林火旺：《伦理学》，五南图书出版股份有限公司1999年版，第12—13页。

的意义（作用）主要体现在以下几个方面：

第一，法律职业伦理规范的凝聚作用。法律职业伦理规范凝聚了法律职业共同体的基本伦理道德要求，这些道德要求包括但不限于：基于从事法律专业要求的美德；基于追求社会正义要求的美德；基于法律专业本身建立在纪律和信任之上而要求法律职业人员应当具备的良好品格与声誉的美德；服膺于"法治"而成为维护法治传统、捍卫自由民主价值秩序的中坚力量应具有的美德。[①]

第二，法律职业伦理规范的指引作用。这是指法律职业伦理规范通过规定法律职业人员的权利和义务，以及违反规定应该承担的责任，来调整法律职业人员的个体行为，从而对法律职业人员发挥"向导"作用。

第三，法律职业伦理规范的评价作用。这是指法律职业伦理规范作为人们对法律职业人员行为的评价标准所起的作用，其作用的对象是法律职业人员的行为。法律职业人员接触的事务往往涉及社会公众的生命财产安全，具有很强的公益性，因此，其行为更容易受到社会的广泛关注，并接受社会的评价。法律职业伦理规范为社会公众、法律职业人员、行业协会、司法行政机构等各方主体对法律职业人员的行为进行评价提供了具体、客观的标准。

第四，法律职业伦理规范的强制作用。这是指法律职业伦理规范对于不当职业行为的威慑、惩罚或制裁作用。法律职业人员除了要遵守宪法、法律等，还要遵守相应的法律职业伦理规范。在中国，法律职业人员的行为除了要接受审判机关、监察机关的评判，还要受到行业协会的监管，这些都体现了法律职业伦理规范的强制作用。

第五，法律职业伦理规范的教育作用。这是指法律职业伦理规范对法律职业人员的价值取向产生的积极影响。在法律职业人员接受大学法学教育的阶段，研习法律职业伦理规范，能够让法律职业人员明确自己的职业底线，树立正确的职业理想。在法官培训、律师培训等继续教育阶段，法律职业伦理规范既能对法律职业人员实际遇到的现实伦理问题作出回应，也能对他们的行为以及观念起到适时纠偏的作用。

二、我国法律职业伦理规范体系

（一）我国法官职业伦理规范体系

法官职业伦理规范体系建构是法官职业伦理建设的重要环节。法官的职业性质及其在法治社会中的地位和作用，使人们有理由对其提出更高的职业伦理要求。[②]我国的法官职业伦理规范主要包括《法官法》《法官行为规范》《法官职业道德基本准则》。

1.《法官法》

1995年2月28日，全国人民代表大会常务委员会审议通过了《法官法》，其后分别于2001年、2017年和2019年进行了修正。《法官法》是目前我国法官制度的基本法，也是我国法官职业伦理规范的重要组成部分。根据《法官法》的规定，法官仅限于人民法院内经

---

① 参见东吴大学法学院主编：《法律伦理学》，新学林出版股份有限公司2009年版，第13—15页。

② 参见王晨光：《法官职业化和法官职业道德建设》，载《江苏社会科学》2007年第1期。

依法任命的具体承担审判工作的人员，人民法院内从事司法行政工作的人员如行政、后勤人员，从事其他辅助性司法工作的人员如书记员等不属于法官。为了进一步明确法官的范围，《法官法》还采用列举的方式规定，法官包括最高人民法院、地方各级人民法院和军事法院等专门人民法院的院长、副院长、审判委员会委员、庭长、副庭长和审判员。除了《法官法》明确列举的人员，其他人员均不属于法官。

在《法官法》中，与法官职业伦理密切相关的条文主要包括：第一章"总则"，第二章"法官的职责、义务和权利"，第六章"法官的考核、奖励和惩戒"等。其中第一章"总则"第3条规定："法官必须忠实执行宪法和法律，维护社会公平正义，全心全意为人民服务。"如前所述，忠诚于法律是法律职业人员基本的职业伦理理念。《法官法》以明文方式规定了法官对宪法和法律忠诚的要求。这一方面是因为法官的职责就是通过审判活动将国家法律适用到现实生活中，法官依法行使审判权本身就使得国家法律得以贯彻执行。另一方面，法官在审判活动中严格遵守法律对于当事人和其他社会成员具有重要的示范作用和教育意义。①

2.《法官行为规范》

2005年11月4日，最高人民法院发布了《法官行为规范（试行）》，要求全体法官和其他工作人员认真学习，切实执行。2010年12月6日，最高人民法院对《法官行为规范（试行）》进行了修订，发布了《法官行为规范》。与《法官法》相比，《法官行为规范》的规定更加具体，集中体现在对法官行为的控制上，从立案到涉诉信访处理，涵盖了法官职务行为的方方面面。此外，它还涉及法官的非职务行为，即第八章"业外活动"。在第一章"一般规定"中，《法官行为规范》给出了一些抽象性的关键词，如忠诚坚定、公正司法、高效办案、清正廉洁、一心为民等，这些可以被视作法官职业伦理的基本要求。总体而言，《法官行为规范》系统全面、客观公正、便于操作，在详细规范司法活动各阶段法官行为的同时，更加突出法官的自律意识和职业道德观念，为各级人民法院进一步强化队伍建设、改进司法作风、树立良好形象提供了基本依据和遵循。②

3.《法官职业道德基本准则》

2001年10月18日，最高人民法院发布了《法官职业道德基本准则》。2010年12月6日，最高人民法院对《法官职业道德基本准则》进行修订并重新发布。从其框架内容来看，《法官职业道德基本准则》基本上是对《法官行为规范》第一章"一般规定"的具体化。《法官行为规范》侧重于法官职业伦理的规范性，而《法官职业道德基本准则》侧重于法官职业伦理的伦理性或道德性。

关于我国法官职业伦理规范的发展，有学者就其具体体系设计提出了以下几个方面的建议：（1）法官职业伦理规范要跳出旧有的法律与道德截然分开的窠臼，既要制定基本的行为规范，又要制定追求完美的道德规范；（2）在明确法官职业伦理规范体系应包括两类规范的同时，可以在技术上分别制定不同的规范文件，其中主要起道德指引作用的规范可以制定得较为宽泛，以"道德准则"等名称命名；（3）在具体操作规范上以基本行为规范为主，以道德规范为指引；（4）对于法官的违法、违纪或不当行为，可以分别由检察机关、

---

① 参见胡康生主编：《中华人民共和国法官法释义》，法律出版社2001年版，第5页。

② 参见郭念华、左石：《中美法官行为规范比较》，载《人民法院报》2011年4月29日，第5版。

纪检监察机关及法院等按照法定程序处理。[①]

（二）我国检察官职业伦理规范体系

检察官职业伦理规范主要采取了规定义务或者行为禁止的方式，从纪律约束及管理方面对检察官行为予以规制。对于检察官职业伦理规范而言，规范的限定性决定了检察官职业伦理行为的规则化，这在一定程度上也决定了检察官职业伦理规范的核心要义，就是规则应当被遵守。[②]我国检察官职业伦理规范主要包括《检察官法》《检察官职业行为基本规范（试行）》《检察官职业道德基本准则》。

1.《检察官法》

全国人民代表大会常务委员会于1995年2月28日制定了《检察官法》，并分别于2001年、2017年和2019年进行了修正。《检察官法》是我国检察官制度的基本法律，也是我国检察官职业伦理规范的重要组成部分。据宪法和法律，我国人民检察院是国家法律监督机关，其职责是依法实施法律监督，对公诉案件审查起诉，对依法由检察机关直接受理的案件实施侦查。

《检察官法》第2条对"检察官"进行了界定，即检察官是依法行使国家检察权的检察人员。根据这一规定，检察官仅限于人民检察院内经依法任命的，具体承担检察工作的人员。人民检察院内从事司法行政工作的人员如行政、后勤人员，从事其他辅助性司法工作的人员如法警、书记员等不属于检察官。为了进一步明确检察官的范围，《检察官法》还采用列举的方式规定，检察官包括最高人民检察院、地方各级人民检察院和军事检察院等专门人民检察院的检察长、副检察长、检察委员会委员和检察员。除了《检察官法》明确列举的人员，其他人员均不属于检察官。

在《检察官法》中，与检察官职业伦理密切相关的条文包括第一章"总则"、第二章"检察官的职责、义务和权利"、第六章"检察官的考核、奖励和惩戒"等。其中第一章"总则"第3条规定："检察官必须忠实执行宪法和法律，维护社会公平正义，全心全意为人民服务。"这是因为，检察官的职责就是通过开展检察活动，执行国家法律，而检察官能否忠实执行国家宪法和法律，直接关系到法律能否得到切实的贯彻与执行。

2.《检察官职业行为基本规范（试行）》

2010年10月9日，最高人民检察院发布了《检察官职业行为基本规范（试行）》，目的在于"规范检察官职业行为，保障和促进检察官严格、公正、文明、廉洁执法"。《检察官职业行为基本规范（试行）》在结构上分为职业信仰、履职行为、职业纪律、职业作风、职业礼仪、职务外行为、附则等部分。相对来说，其内容具有较强的抽象性和原则性，不涉及具体执法行为的规范要求，是制定检察官执法行为、语言着装、廉洁从检等具体行为规范的依据。

3.《检察官职业道德基本准则》

早在2002年2月，最高人民检察院就曾出台《检察官职业道德规范》，不过全文仅167

---

① 参见王晨光：《法官职业化和法官职业道德建设》，载《江苏社会科学》2007年第1期。

② 参见宋远升：《论检察官职业伦理的构成及建构》，载《法学评论》2014年第3期。

个字，更多是一些宣言性、倡导性、号召性的内容。[①]最高人民检察院于2009年9月3日通过了《检察官职业道德基本准则（试行）》，后于2016年11月4日对其进行修订，发布了《检察官职业道德基本准则》。

从《检察官职业道德基本准则》的内容来看，"忠诚、为民、担当、公正、廉洁"等词具有很强的概括性与抽象性，同时也体现了很强的伦理性或道德性，成为检察官职业伦理的基本内核。换言之，忠诚、为民、担当、公正、廉洁是检察官所应遵从的"角色道德"，应该贯穿其整个职业生涯。检察官职业伦理具有道德要求和行为规范相结合的性质，既有原则性和倡导性，也有可操作性和规范性，甚至许多要求还具有强制性。它既指引检察官的职业行为，也制约检察官实施的与其职责相关的职务外行为；既关注检察官内心对检察职责的认识和思维活动，也为检察官行使职权提供具体的行为标准。

关于我国检察官职业伦理规范体系的未来建设，有学者提出，我国检察官职业伦理规范体系存在着层次混乱、内容模糊等方面的问题，为增强检察官职业伦理的规范性和指导作用，有必要对其进行整理和重构。因此，主张纵向区分底线伦理和德行伦理，充分发挥检察官职业伦理的惩戒和激励功能；以检察官的特有职业伦理为中心，以职业内容为源点，构建从核心到外围逐步展开的伦理规范体系。[②]

（三）我国律师职业伦理规范体系

自改革开放以来，我国律师职业伦理规范建设大致经历了从纪律走向规则、从规则确立走向规则实施的转型发展。[③]目前，《律师法》是律师职业伦理的基础性规范，是司法行政机关制定律师职业管理规范，以及律师协会制定律师职业行业规范的依据。迄今为止，我国的律师职业伦理规范主要包括《律师法》《律师执业管理办法》《律师执业行为规范（试行）》《律师职业道德基本准则》等。

1.《律师法》

1980年8月26日，全国人民代表大会常务委员会通过了《律师暂行条例》。这是改革开放以后，我国第一次从国家层面制定的有关律师的法律规范。1996年5月15日，全国人民代表大会常务委员会通过了《律师法》，并先后于2001年、2007年、2012年、2017年进行了修改。目前，《律师法》是我国律师行业的基本法，也是我国律师职业伦理规范的重要组成部分。

《律师法》第1条规定了该法的立法目的，即"完善律师制度，规范律师执业行为，保障律师依法执业，发挥律师在社会主义法制建设中的作用"。《律师法》第2条第1款规定了"律师"的内涵："本法所称律师，是指依法取得律师执业证书，接受委托或者指定，

---

① 《检察官职业道德规范》规定："忠诚。忠于党、忠于国家、忠于人民，忠于事实和法律，忠于人民检察事业，恪尽职守，乐于奉献。公正。崇尚法治，客观求实，依法独立行使检察权，坚持法律面前人人平等，自觉维护程序公正和实体公正。清廉。模范遵守法纪，保持清正廉洁，淡泊名利，不徇私情，自尊自重，接受监督。严明。严格执法，文明办案，刚正不阿，敢于监督，勇于纠错，捍卫宪法和法律尊严。"

② 参见张柳、李美福：《我国检察官职业伦理规范的反思与重构——以伦理规范的多层次划分为视角》，载《湖北警官学院学报》2014年第12期。

③ 参见吴洪淇：《律师职业伦理规范建设的回顾与前瞻》，载《交大法学》2018年第2期。

为当事人提供法律服务的执业人员。"第2条第2款规定了律师职业的宗旨："律师应当维护当事人合法权益，维护法律正确实施，维护社会公平和正义。"此外，《律师法》第四章"律师的业务和权利、义务"与律师的职业行为密切相关，是对律师职业行为的具体指引，体现了极强的律师职业伦理规范特质。

2.《律师执业管理办法》

2008年7月18日，司法部发布了《律师执业管理办法》，并于2016年进行了修订。《律师执业管理办法》第1条规定了该办法的制定目的，即"规范律师执业许可，保障律师依法执业，加强对律师执业行为的监督和管理"。《律师执业管理办法》是我国司法行政机关管理律师职业的具体指导与依据，也是我国律师职业伦理规范的组成部分。

总体来说，《律师执业管理办法》是对《律师法》的具体化，其中第四章"律师执业行为规范"对律师的职业行为提出了明确的要求，第五章"司法行政机关的监督管理"则主要规定了司法行政机关对律师的行政处罚权限及程序。

3.《律师执业行为规范（试行）》

2004年3月20日，中华全国律师协会制定了《律师执业行为规范（试行）》，并分别于2009年、2017年进行了修改。该规范第1条规定了制定目的，即"规范律师执业行为，保障律师执业权益"。由此可见，《律师执业行为规范（试行）》与《律师执业管理办法》的制定目的存在相似和相异之处，《律师执业管理办法》更加突出"监督与管理"这一目的。目前，《律师执业行为规范（试行）》是我国律师执业最为重要的职业伦理规范。

《律师执业行为规范（试行）》是律师协会为律师执业行为提供的具体指引，其第二章"律师执业基本行为规范"对律师执业的基本价值取向、理想追求等带有强烈伦理性的内容进行了规定。此外，律师协会还制定了一些其他规范，如《律师协会会员违规行为处分规则（试行）》《律师职业道德和执业纪律规范》等，这些是对《律师执业行为规范（试行）》的重要补充，共同构成了律师职业伦理规范。

4.《律师职业道德基本准则》

2014年6月，为贯彻落实《司法部关于进一步加强律师职业道德建设的意见》，中华全国律师协会制定了《律师职业道德基本准则》。该准则共6条，分别从坚定中国特色社会主义理想信念、始终把执业为民作为根本宗旨、坚定法治信仰、把维护公平正义作为核心价值追求、牢固树立诚信意识、热爱律师职业等方面作出了规定。总体来看，《律师职业道德基本准则》具有很强的概括性与抽象性，主要表现为一种强烈的道德性。[①]

（四）我国公证员职业伦理规范体系

公证是由法律授权的专业人员或机构对法律行为、有法律意义的事实和文书进行的证明活动。公证员是公证制度健康运转的关键，公证员是否具备职业伦理，关系到公证制度的目的能否有效实现。我国对于公证员职业伦理规范也作了很多规定，主要包括《公证法》《公证员执业管理办法》《公证员职业道德基本准则》《公证员惩戒规则（试

---

① 参见李学尧：《非道德性：现代法律职业伦理的困境》，载《中国法学》2010年第1期。

行）》等。

1.《公证法》

2005年8月28日，全国人民代表大会常务委员会通过了《公证法》，并于2015年、2017年进行了修正。《公证法》是我国公证制度的基本法，也是公证员职业伦理规范的重要组成部分。

从《公证法》的内容框架来看，与公证员职业伦理密切相关的条文主要包括第一章"总则"、第三章"公证员"以及第六章"法律责任"。第一章"总则"第3条规定："公证机构办理公证，应当遵守法律，坚持客观、公正的原则。"该条不仅是公证机构办理公证事务时应遵循的基本原则，也是公证员职业伦理的基本内涵。这些内涵包括：一是守法，即公证证明的法律行为或者有法律意义的事实和文书的内容、形式及取得方式符合国家法律、法规、规章的规定，不违反有关政策和危害社会公共利益。二是客观，即公证的对象必须客观存在，公证员能够通过直观方式或人证、物证予以确认，而且事实的内容与公证证明的内容相符。三是公正，即公证员扮演的是第三人角色，他要考虑的是当事人双方的利益，是社会的公共利益。①

2.《公证员执业管理办法》

2006年3月14日，司法部发布了《公证员执业管理办法》，其目的是"加强对公证员的任职管理和执业监督，规范公证员的执业行为"。《公证员执业管理办法》既是司法行政部门的管理依据，也是公证员规范自身执业行为的依据。

从《公证员执业管理办法》的框架内容来看，与公证员职业伦理密切相关的条文包括第一章"总则"、第五章"公证员执业监督管理"、第六章"法律责任"。第一章"总则"第4条规定："公证员应当遵纪守法，恪守职业道德和执业纪律，依法履行公证职责，保守执业秘密。"除了《公证法》提出的"守法、客观、公正"三原则，这里尤其提出了"保守执业秘密"。

3.《公证员职业道德基本准则》

2002年3月3日，中国公证员协会发布了《公证员职业道德基本准则》，并于2010年由中国公证协会进行了修订。由此可知，《公证员职业道德基本准则》的制定要早于《公证法》。《公证法》作为我国公证员职业伦理规范的重要组成部分，对公证员职业伦理提出了新的要求。《公证员职业道德基本准则》于2010年进行了修订，回应了一段时间以来公证员职业伦理出现的现实问题，也进一步完善了公证员职业伦理的内容。

从内容框架来看，《公证员职业道德基本准则》除序言和附则外，共分为四个部分，对我国公证员的职业道德作了具体明确的规定，包括忠于法律尽职履责、爱岗敬业规范服务、加强修养提高素质、廉洁自律尊重同行。

4.《公证员惩戒规则（试行）》

2003年12月24日，中国公证员协会发布了《公证员惩戒规则（试行）》。该规则的制定目的是"切实履行公证员协会的职责，发挥行业自律的作用，规范对公证员的惩戒工作，维护公证行业执业秩序"。这是我国惩戒公证员违反法律、法规、规章、执业纪律和职业道德等行为的基本依据。

---

① 参见吴凤友主编：《中华人民共和国公证法释义》，中国法制出版社2005年版，第13—14页。

从内容框架来看，《公证员惩戒规则（试行）》共36条，主要涉及公证员惩戒机构的构成与职责、惩戒的种类及其条件，以及惩戒的相关程序等。

（五）我国仲裁员职业伦理规范体系

仲裁作为一种纠纷解决机制，也是一种国家法律所认可的争议解决方式。在我国，仲裁员的职业伦理规范主要包括三类：一是由全国人民代表大会常务委员会制定的《仲裁法》；二是中国国际经济贸易仲裁委员会与中国海事仲裁委员会发布的《中国国际经济贸易仲裁委员会、中国海事仲裁委员会仲裁员守则》；三是各地方制定的仲裁员守则，如《北京仲裁委员会仲裁员守则》《上海仲裁委员会仲裁员守则》等。

1.《仲裁法》

一般认为，仲裁法是调整仲裁关系的法律规范的总称，有狭义和广义之分。所谓狭义的仲裁法，主要是指专门调整仲裁关系的单行仲裁法或仲裁法典。在我国，主要是指1994年8月31日第八届全国人民代表大会常务委员会第九次会议通过的《仲裁法》，该法分别于2009年、2017年进行了修正。它不仅是当事人参与仲裁活动的法律依据，也对仲裁员的职业伦理作出了规定，是仲裁员必须遵守的规范性文件。

从《仲裁法》的框架内容来看，与仲裁员职业伦理密切相关的条文主要是第一章"总则"。例如，《仲裁法》第7条规定："仲裁应当根据事实，符合法律规定，公平合理地解决纠纷。"第8条规定："仲裁依法独立进行，不受行政机关、社会团体和个人的干涉。"第13条规定："仲裁委员会应当从公道正派的人员中聘任仲裁员。"这些条文背后所隐含的诸如"公平""公正""独立"等价值都成为仲裁员职业伦理的价值基础，是仲裁员在执业行为中必须遵循的道德原则。

2.《中国国际经济贸易仲裁委员会、中国海事仲裁委员会仲裁员守则》

中国国际经济贸易仲裁委员会，又名中国国际商会仲裁院，原名是中国国际贸易促进委员会对外贸易仲裁委员会。它是中国国际贸易促进委员会根据中央人民政府政务院1954年5月6日的决定，于1956年4月设立的仲裁机构，其职能是专门解决对外贸易契约及交易中可能发生的争议。中国海事仲裁委员会，原名中国国际贸易促进委员会海事仲裁委员会，是中国国际贸易促进委员会于1959年1月设立的。为了使海事仲裁更能适应国内及国际海事交往的发展需要，国务院于1988年将中国国际贸易促进委员会海事仲裁委员会改名为中国海事仲裁委员会。

1993年4月6日，中国国际经济贸易仲裁委员会与中国海事仲裁委员会联合制定了《中国国际经济贸易仲裁委员会、中国海事仲裁委员会仲裁员守则》，并于1994年5月6日进行了修订。该守则主要对仲裁员在参与仲裁活动中应该遵守的职业伦理进行了规定。

3.《仲裁员行为考察规定》

2003年12月，中国国际经济贸易仲裁委员会制定通过了《仲裁员行为考察规定》，并于2009年1月8日进行了修改。《仲裁员行为考察规定》共计16条，其制定的目的主要是加强仲裁员管理，保证仲裁员独立、公正、勤勉、审慎地履行职责。相比于《中国国际经济贸易仲裁委员会、中国海事仲裁委员会仲裁员守则》，《仲裁员行为考察规定》的规定更加具体，直接对仲裁员可能面临的职业伦理问题进行规定，并提供了指引。[①]

4.《北京仲裁委员会仲裁员守则》

《北京仲裁委员会仲裁员守则》是由北京仲裁委员会制定的，该守则历经多次修订，最近一次修订是2006年，文本由26条变为14条，在内容上也进行了大幅修改，主要体现为：（1）明确了该守则的定位。以往的《北京仲裁委员会仲裁员守则》从未涉及过"规则定位"问题，而这恰恰是仲裁员守则内容庞杂、缺少逻辑性的重要原因。此次修改在参照上述仲裁员行为规范的基础上，明确了守则的定位在于为仲裁员提供道德行为规范指引。例如，《北京仲裁委员会仲裁员守则》第1条规定："本守则属于仲裁员道德准则，不是《北京仲裁委员会仲裁规则》（以下简称《仲裁规则》）的组成部分。"（2）从三个阶段强调了仲裁员的职业伦理：一是接受选定或指定时应披露"可能引起当事人对其公正性或独立性产生合理怀疑的任何事由"，以及保证付出当事人期望的时间与精力完成案件的审理（第3条、第5条）；二是在审理案件过程中，应平等、公允地对待双方当事人，独立、公正、毫不迟延地推进仲裁程序（第6条至第10条）；三是公正独立地制作裁决书，并对整个案件审理情况承担保密义务（第11条、第12条）。

相较于律师、检察官、法官等的职业伦理规范，我国的仲裁员职业伦理规范建设略显滞后，目前缺乏统一的仲裁员职业伦理规范。目前，国外一些仲裁机构和协会均通过制定类似的规则来对仲裁员的行为进行引导和规范。例如，美国仲裁协会（American Arbitration Association）和美国律师协会（American Bar Association）制定了《商事争议中仲裁员的职业伦理守则》（The Code of Ethics for Arbitrators in Commercial Disputes）；国际律师协会（The International Bar Association）制定了《国际仲裁员职业伦理》（Ethics of International Arbitrators）；英国皇家御准仲裁员学会（Chartered Institute of Arbitrators）制定了《仲裁员职业伦理守则》（Code of Professional and Ethical Conduct for Members）。本书认为，我国应该适时制定全国统一的仲裁员职业伦理规范，强化仲裁员的职业伦理建设，确保仲裁员能够独立、公正、勤勉、审慎地履行职责。

[①]　例如，《仲裁员行为考察规定》第11条规定："仲裁员在聘期内有下列情形之一的，本委员会有权取消其仲裁员资格：1.对本委员会《章程》《仲裁规则》认同度不高，公开反对或消极抵制本委员会《章程》《仲裁规则》实施，或者故意做出有损本委员会声誉行为的；2.受到刑事处罚的，或者因违法行为受到严重行政处罚的，或者近5年受到严重警告级别以上（不含）党纪政务处分的；3.故意隐瞒应当回避的事实，导致严重后果的；4.在案件审理中，违背仲裁员公正立场，多次受到本委员会警告的；5.对案件审理严重迟延负有主要责任的；6.向当事人透露仲裁员看法或仲裁庭合议情况的；7.违反仲裁员勤勉审慎义务，不认真阅卷，不熟悉案情，严重不负责任的；8.徇私舞弊，枉法裁决的；9.私自会见当事人或其代理人，接受当事人或其代理人请客、馈赠或提供的其他不当利益的；10.代人打听案件情况、请客送礼、提供好处和不当利益的；11.故意曲解事实和法律的，或执意支持或坚决反对一方当事人的请求和主张，且不能说明理由的；12.私下联络同案仲裁员，不顾事实和法律，人为制造多数意见，为当事人谋求不当利益的；13.本委员会仲裁员评价和反馈机制反映问题比较集中的，或者办案能力明显不足、不能胜任仲裁员工作的；14.未按照仲裁员培训规定参加培训的；15.存在故意或者重大过失行为，导致仲裁裁决被撤销或者不予执行的；16.被其他仲裁机构解聘，经核实确实存在不宜续聘情形的；17.近5年以来，从未与仲裁委员会有过工作联系的，包括但不限于：未参加仲裁业务培训，也未在《仲裁与法律》等指定刊物上发表文章，且未按要求宣传推广本委员会等；18.其他不宜继续担任仲裁员的情形。"

（六）我国行政执法人员职业伦理规范体系

长期以来，行政执法人员职业伦理并未引起法律职业伦理学者的重视，传统意义上被归入行政伦理的范畴。2018年4月，司法部印发了《国家统一法律职业资格考试实施办法》，明确规定，行政机关中初次从事行政处罚决定审核、行政复议、行政裁决、法律顾问的公务员，应当通过国家统一法律职业资格考试，取得法律职业资格。依此，从事行政复议、行政裁决等的行政执法人员被纳入我国法律职业人员群体，他们也必须遵守相应的法律职业伦理规范。

行政执法人员的职业伦理必须考虑到行政执法人员的特殊性：一方面，他们是行政机关的工作人员，必须遵守国家公务员的相关行为规范；另一方面，他们是法律职业人员的组成部分，必须遵守法律职业伦理规范。从目前的规定来看，行政执法人员的职业伦理规范主要包括以下几个部分：一是全国人民代表大会常务委员会制定的《公务员法》《行政处罚法》《行政复议法》等法律中的相关规定；二是国务院制定的《行政机关公务员处分条例》；三是人力资源和社会保障部（原人事部）制定的《国家公务员行为规范》；四是各地方政府或行政机关制定的行政执法人员行为规范（职业道德规范或职业伦理规范），如《上海市行政执法人员执法行为规范》。

1.《公务员法》

公务员法是关于国家公职人员人事管理的综合性法律。2005年4月27日，全国人民代表大会常务委员会通过了《公务员法》，其后于2017年、2018年进行了修订。这是新中国成立以来由国家立法机关制定的第一部公职人员基本法，其立法目的是规范公务员的管理，保障公务员的合法权益，加强对公务员的监督，促进公务员正确履职尽责，建设高素质专业化公务员队伍。关于《公务员法》的适用对象，《公务员法》第2条作了明确规定："本法所称公务员，是指依法履行公职、纳入国家行政编制、由国家财政负担工资福利的工作人员。"由此可知，行政机关中从事行政处罚决定审核、行政复议、行政裁决、法律顾问的公务员也属于《公务员法》的适用对象，也应当遵守《公务员法》的相关规定。

从《公务员法》的框架内容来看，与行政执法人员职业伦理相关的条文主要包括"公务员的条件、义务与权利""监督与惩戒""申诉与控告""法律责任"等内容。《公务员法》第14条规定："公务员应当履行下列义务：（一）忠于宪法，模范遵守、自觉维护宪法和法律，自觉接受中国共产党领导；（二）忠于国家，维护国家的安全、荣誉和利益；（三）忠于人民，全心全意为人民服务，接受人民监督；（四）忠于职守，勤勉尽责，服从和执行上级依法作出的决定和命令，按照规定的权限和程序履行职责，努力提高工作质量和效率；（五）保守国家秘密和工作秘密；（六）带头践行社会主义核心价值观，坚守法治，遵守纪律，恪守职业道德，模范遵守社会公德、家庭美德；（七）清正廉洁，公道正派；（八）法律规定的其他义务。"这些是所有公务员必须履行的义务，行政执法人员也不例外。

2.《行政处罚法》

《行政处罚法》是由第八届全国人民代表大会第四次会议于1996年3月17日通过的，并分别于2009年、2017年和2021年进行过三次修订，其立法目的是"规范行政处罚的设定和实施，保障和监督行政机关有效实施行政管理，维护公共利益和社会秩序，保护公民、法人或者其他组织的合法权益"。《行政处罚法》共八章，除总则和附则外，还包括行政处罚的种类和设定、行政处罚的实施机关、行政处罚的管辖和适用、行政处罚的决定、行政处罚的执行、法律责任等内容。其中，有关行政处罚的事实认定、法律适用和程序遵循等内容，都涉及行政执法人员的职业伦理。

3.《行政复议法》

《行政复议法》是由第九届全国人民代表大会常务委员会第九次会议于1999年4月29日通过的，并分别于2009年和2017年进行过两次修订，其立法目的是"防止和纠正违法的或者不当的具体行政行为，保护公民、法人和其他组织的合法权益，保障和监督行政机关依法行使职权"。《行政复议法》共七章，除总则和附则外，还包括行政复议范围、行政复议申请、行政复议受理、行政复议决定和法律责任等内容。在《行政复议法》中，相关行政执法人员也要遵循相应的职业伦理，因此《行政复议法》也是规制行政执法人员行为的重要规范性文件。

4.《行政机关公务员处分条例》

《行政机关公务员处分条例》是由国务院于2007年4月通过的，其目的是严肃行政机关纪律，规范行政机关公务员的行为，保证行政机关及其公务员依法履行职责。从内容来看，它主要规定了行政机关公务员的处分问题，包括处分权限、处分程序、处分事由等。这些规定同样适用于行政机关中从事行政处罚决定审核、行政复议、行政裁决、法律顾问的公务员。

5.《国家公务员行为规范》

《国家公务员行为规范》是由原人事部于2002年2月制定发布的，其目的是建设具有公仆意识、廉洁、勤政、高素质、专业化的公务员队伍。《国家公务员行为规范》主要有八个方面的内容：政治坚定、忠于国家、勤政为民、依法行政、务实创新、清正廉洁、团结协作、品行端正。《国家公务员行为规范》对国家公务员的行为提出的基本要求，同样适用于行政机关中从事行政处罚决定审核、行政复议、行政裁决、法律顾问的公务员。

6.《上海市行政执法人员执法行为规范》

2010年6月，上海市人民政府办公厅发布了《上海市行政执法人员执法行为规范》。《上海市行政执法人员执法行为规范》共22条，对行政执法人员从事行政检查、行政强制以及行政处罚等行政执法行为提出了基本要求。例如，第5条规定："行政执法人员从事行政执法活动，应当仪表整洁、语言文明、举止得体、方式得当。行政执法人员在行政执法中，不得使用粗俗、歧视、侮辱以及威胁性语言，不得刁难当事人或者做出有损行政执法人员形象的行为。"第7条规定："行政执法人员从事行政执法活动，应当遵守法定程序，严格按照法定的方式、步骤、顺序、期限等实施。行政执法人员从事行政执法活动时，应当向当事人出示行政执法证件；除适用简易程序外，必须两人以上共同进行。行政执法人员与案件有利害关系、可能影响公正处理的，应当回避。"

行政执法人员职业伦理水平的高低直接关系到社会公众对政府的评价，因此，必须加强行政执法人员的职业伦理建设。目前，我国尚未在国家层面专门制定行政执法人员职业伦理规范，行政执法人员职业伦理规范散见于各类法律法规中。为了能够提高行政执法人员职业伦理规范的实效性，强化行政执法人员的职业伦理意识，有必要制定全国统一的行政执法人员职业伦理规范。

国外法律职业伦理规范概述

思考题：

1. 为什么说法律职业伦理是必要的？
2. 法律职业伦理与日常的普通道德存在什么样的关系？
3. 请谈谈角色道德这一概念在法律职业伦理中的重要性。
4. 律师应当对客户忠诚还是对法律忠诚，或者二者兼有？
5. 中国法律职业领域是否存在统一的法律职业伦理理念？

在法律职业伦理中，居于核心地位的当数法官职业伦理，法官职业伦理失效可以说是司法活动的最大失败。美国法学家德沃金（Dworkin）曾指出，一位法官的点头给人们带来的得失往往比国会或议会的任何一般性法案带来的得失更大。[①]英国哲学家培根（Bacon）也曾说："一次不公正的裁判比多次不平的举动为祸尤烈。因为这些不平的举动不过弄脏了水流，而不公的裁判则把水源败坏了。"[②]如果法官的裁判行为出了问题，那么即使代理、起诉乃至侦查等活动都是合法的，整个案件也将无法获得公正的结果，这不仅会破坏当事人和其他诉讼参与人的利益，而且会破坏国家的法治。公平正义是法官审理案件所应追求的基本价值，为了保证法官裁判的公正性，在司法制度的建构之外，还需要强调法官严格遵守职业伦理。本专题围绕法官职业，讨论法官的角色定位、职业属性、职业伦理规范及职业责任与惩戒。

论题一　法官职业伦理概述

法官是依照法律规定的程序产生，并作为中立第三方居中解决法律纠纷的裁判者。为了确保裁决的公正性与合法性，法官在行使自由裁量权时必须遵守严格的法律程序与法律标准。严格意义上，我国古代不存在法官职业，我国的法官职业是在近代才确立的。在古代中国，法官并不是一个独立的职业，司法往往由地方行政长官兼理。中举的人做了官常常身兼行政和司法两职，被称为廷尉、大理、推事、县令、知府等，从事书吏、刑名幕友、讼师等社会地位低并为人轻视的职业的人也经常参与审判。[③]正因为古代司法与行政是一体的，所以司法文化也更多地被政治文化所影响和塑造。儒家伦理道德要求法官必须具备高尚的道德人格。

现代意义上的法官职业是伴随着西方资产阶级革命而兴起的。西方资产阶级革命完成后，司法成为专门化的公共事业，社会中出现了一个受过良好法律专业训练、具有娴熟的运用法律的能力和技巧的法官职业群体。法官作为专门行使国家司法权的主体，必须经过专业训练才能胜任高度理性化、系统化的裁判工作。与其他职业相比，法官职业具有独立、理性、公共性等特点，这一特殊的职业角色要求法官不仅需要具备精准的专业法律技能，更要遵循与其职业活动相适应的行为规范和道德标准来保证法律的良好实施。法官职

---

① 参见［美］德沃金：《法律帝国》，李常青译，中国大百科全书出版社1996年版，第1页。
② ［英］弗·培根：《培根论说文集》，水天同译，商务印书馆1983年版，第193页。
③ 参见胡建淼主编：《公权力研究——立法权·行政权·司法权》，浙江大学出版社2005年版，第434页。

业伦理是法官在业内业外活动中所应一体遵循的行为规范、理念、信念及价值选择的总和，是伴随着法官职业的形成、发展及社会需要而产生的一种特殊的社会意识形态和行为准则。法官职业伦理问题需要从法官的自身行为、法官与其他法律职业人员之间的关系、法官与当事人之间的关系这三个方面来展开。本论题以法官的角色为中心，讨论法官的角色定位、职业属性、职业发展和职业伦理。

一、法官的角色定位与职业属性

（一）法官的角色定位

如前所述，角色道德是法律职业伦理的核心概念之一。探究法官的职业伦理，首先需要廓清法官的角色定位，而法官的角色定位与其基本职责密切相关。一般来说，法官的基本职责是在具体案件的裁判中，准确适用法律，保护合法，制裁违法，实现社会的公平正义。首先，法官的基本职责是查清案件事实，司法上称之为事实审，其基本原则是"以事实为依据"。这一职责要求法官当庭充分听取双方当事人的发言，根据庭外的调查取证和庭审双方当事人的陈述，查清与案件有关的每一个事实和情节，尽可能地恢复案件事实，诉讼活动中的直接言词原则即体现于此。审判活动是审和判的活动，审理是裁判的前提，查清案件事实是审判活动的一个关键环节，因此查清案件事实也就是法官的首要职责。其次，法官的基本职责是正确适用法律，司法上称之为法律审，其基本原则是"以法律为准绳"。这一职责要求法官在查清案件事实的基础上，运用自己的法律专业知识，判断案件应该适用的法律。在这个过程中，法官应该是独立的，他作出裁判的依据只能是案件事实，而不能受任何其他因素的干扰；也就是说，法官在裁判的过程中，每个环节都要受到法律的支配，要严格依法判决。一个判决是否合法、公正，很大程度上取决于司法审判人员是否严格执行法律程序，是否针对特定的客观的事实正确地援引并解释法律。最后，法官必须依靠案件事实和相应的法律规范作出合理判决。选定要适用的法律之后，其适用程度必须恰当。比如，在刑法中，在定罪的前提下，适当的量刑幅度一般需要法官行使自由裁量权，这个环节要求法官不偏不倚地作出合理的判决。

但在现实中，法官的职责不限于庭审案件。例如，我国《法官法》第8条规定，法官还应当履行庭审案件以外的"法律规定的其他职责"，主要是指《人民法院组织法》《刑事诉讼法》《民事诉讼法》《行政诉讼法》等法律规定的除审判职责以外的其他职责。这些职责可以分为两类：一类是法律规定的、与审判案件密切相关但又不具有审判属性的司法工作职责，主要包括依法审查起诉以决定是否立案、依法裁定予以减刑或假释、依法裁定采取诉前保全或者先予执行措施、依法裁定采取诉讼保全措施、依法对妨害诉讼者决定给予强制措施、依法解决下级法院之间管辖权争议、依法指导下级法院工作、依法向有关单位提出司法建议等。另一类是法律规定的、与人民法院的审判活动没有直接联系的工作职责。例如，《人民法院组织法》第25条规定，基层人民法院除审理第一审案件外，还对人民调解委员会的调解工作进行业务指导。又如，《仲裁法》第20条、第46条、第58条规定，人民法院负有以下职责：依法裁定仲裁协议是否有效；受理并裁定仲裁委员会提交的仲裁申请人的证据保全申请；裁定撤销仲裁委员会的裁决，受理仲裁申请人执行申请；根据行政诉讼法的规定受理并审查决定执行已经生效的行政行为；等等。

尽管法官有多种职责和多种角色，但司法裁判者的角色永远都应当是首要的。司法改革的目的是实现司法权的合理配置与独立运行，让法官角色回归司法本质。为此，应当遵循以下三项原则：一是法官的角色定位应当围绕人民法院这一整体性的司法权载体进行思考，确立人民法院在诉讼程序中保持中立第三方的地位。人民法院不得主动启动司法程序，不得自主设定纠纷处理的范围，不得主动干预当事人（控辩）双方之间的争讼，而只应予以适当引导。二是任何一种角色的扮演都应以体现法律职业人员的职业化和专业化为底色。面对角色冲突，法官应当本着原则性与灵活性相结合的态度，运用其专业的法律思维和司法技术，将其他角色行为纳入司法范畴。三是法官职权的配置应当由宪法、人民法院组织法等法律规定，政府部门不得以政策、指令等形式影响法官的审判活动。同时，要厘清人民法院与人民检察院、公安机关的职能区别，确立司法审查原则，保证法官角色的独立性与权威性。[①]

（二）法官的职业属性

有学者认为，法官的职业属性主要包括客观性、公正性、中立性、正当性、便利性。其中，客观性是指法官在合法地审查全部证据和听取辩论之前，绝不能轻易作出判决；公正性是指法官要平等对待诉讼当事人，不偏袒任何一方，对所有人平等适用法律；中立性是指法官审理案件具有独立性，既不能受诉讼当事人（包括律师）意志的支配，也不能受公众舆论的控制；正当性是指正当的目的必须通过正当的手段体系来实现；便利性是指司法程序应当方便人民群众实现诉权，保护实体权利，同时也要讲究诉讼效率。[②]还有学者认为，法官应具有保守性、平等性和专业性。保守性是法官的职业特色。在现代文明社会，司法权威越来越多地依赖于公众对司法的信任，因此，法官要严格约束自己的业务活动，尽量减少业务活动与司法职责的冲突，以最大限度地树立法律的权威，而这必然形成法官保守的职业风格。平等性是指法官之间的平等。法官之间不存在领导与被领导的关系，不存在权力高低大小之分。法官之上不允许再有法官凌驾，法官有资格深浅之别，并不意味着资深法官就可以命令资浅法官。专业性是法官职业的必然要求。法官的司法工作是一项专业性很强的工作，特别是随着社会的快速发展，纠纷数量越来越多，法律关系越来越复杂，这势必要求法官更加强化和提升其专业技能。[③]

本书认为，法官作为法律职业的重要组成部分，其职业属性与法律职业本身的特征密切相关。因此，法官的职业属性主要体现为独立性、中立性与专业性。其中，法官的独立性主要体现在法官的身份独立和法官的职业判断独立两个方面。法官的身份独立是指为了确保法官不受政府干涉，法官职位的条件及任期等应当有适当的保障。法官的职业判断独立是指法官在面对案件时应当根据自己的知识、技能、良知独立作出判断，不受其他干

① 参见黎晓露：《论我国法官的角色定位》，载《法商研究》2016年第3期。
② 参见张朝华：《法官的角色定位和职业特性》，载《人民法院报》2001年1月28日，第3版。
③ 参见谭世贵等：《中国法官制度研究》，法律出版社2009年版，第18—19页。

涉。法官的中立性主要是指法官在审理过程中要做到不偏不倚，不倾向于控辩双方的任何一方当事人，不对控辩双方的任何一方存有偏见，而应当在控辩双方之间保持中立。因为法官所形成的偏见和预断有可能会妨碍纠纷的公平处理，所以在诉讼中只有保持中立、无私的地位，才能使案件得到公正处理。法官的专业性来源于法律职业本身的专业性。法律职业不同于其他职业，法律职业人员与一般人的不同之处，主要在于其具有特殊的职业技能，这种职业技能是一种理性技术，不同于其他技术，需要经过完整及系统的训练与学习才能习得与掌握。[①]

▶▶ 二、法官职业的发展概况

法官是一种从事审判活动的职业，审判具有自身的规律，只有具有专门知识与经验的人才能胜任法官职位。在古代社会，法律尚不发达，纠纷主要依据习俗、伦理加以调解，虽然也会诉诸法律，但法律上的裁判并不复杂，因而从事法律裁判并没有成为一个专门的职业，裁判只是一种从属性的事物。随着法律在社会生活中的作用逐步增强，法律逐渐成为一种专门知识，无此知识就不能从事法律职业。特别是在现代社会，随着法治的不断发展，法律的专门化程度来越高，这对法官职业化提出了更高的要求。如果说"法是善良和公正的艺术"，那么法官则是这一理念最直接的载体。通常认为，司法是社会正义的最后一道屏障，法官运用其职业伦理来捍卫司法的神圣与庄严。法官职业伦理是否得到遵守在很大程度上取决于法官是否严格地依法审判，是否遵从自己内心善的召唤。

如前所述，在古代中国，法官并不是一个独立的职业，司法往往由地方行政长官兼理。廉洁是古代中国官员的普遍职业道德，清官意味着案件的公平审理、公正判决，贪官则代表着徇私枉法。德行的高低成为官员行为的评价标准。

1902年，清政府派沈家本等人参酌各国法律，修订大清律例，当时徐谦提出要使法律保护人民权益且不受行政干涉，首要工作就是使司法与行政互相分离。1910年，清政府颁布了《法院编制法》，首次明确规定专门性的法律考试是选任法官的先决条件，其后所附的《法官考试任用暂行章程》详细规定了法官考试的具体办法，依照规定，法官须经两次考试，合格者始准任用。但是这部法律未及颁行，清朝就灭亡了。[②]1912年3月中华民国临时参议院颁布的《中华民国临时约法》是中国历史上第一部宪法性文件。该法明文提出了法官独立审判的基本原则，根据其第48条至第50条的规定，法院由临时大总统及司法总长分别任命的法官组成，法院依法律审判民事诉讼及刑事诉讼案件，且法院审判须公开。1915年，北洋政府颁布《司法官考试令》和《关于司法官考试令第三条甄录规则》，其中《司法官考试令》对司法官的考试资格规定了具体的年龄条件、学历条件以及考试程序。1932年10月，南京国民政府公布《法院组织法》，其第六章第33条对法官、检察官的任职资格作出了规定。[③]

---

①　参见孙笑侠：《法律家的技能与伦理》，载《法学研究》2001年第4期。

②　参见施玮：《法官制度近代化研究》，载《武汉科技大学学报（社会科学版）》2014年第2期。

③　参见施玮：《法官制度近代化研究》，载《武汉科技大学学报（社会科学版）》2014年第2期。

新民主主义革命时期，革命根据地的司法机关就已初具雏形，但当时的司法机关完全隶属于革命政府，司法理念集中表现为：司法工作是政权工作的一部分。1949年10月1日新中国成立后，我国的法官制度进入新的发展阶段。1954年《宪法》和《人民法院组织法》的颁布实施，标志着我国人民司法制度及法官制度建设进入了新的发展时期。从1957年下半年开始，由于受"左"倾思想和法律虚无主义的影响，《宪法》《人民法院组织法》中规定的一些司法原则和制度遭到错误批判。"文化大革命"期间，随着"公、检、法"被砸烂，法官制度也遭到严重破坏。1978年后，我国法官制度进入恢复发展时期，1979年重新制定的《人民法院组织法》，对以往的经验教训进行了总结。现行《法官法》于1995年颁布实施，对法官的职责、义务、权利以及法官的条件、任免等内容作了比较详细的规定。此外，最高人民法院也颁布了一系列规定和办法，采取了诸多措施，对促进我国法官的职业化发展发挥了重要的作用。

根据我国《法官法》第2条的规定，法官是依法行使国家审判权的审判人员，包括最高人民法院、地方各级人民法院和军事法院等专门人民法院的院长、副院长、审判委员会委员、庭长、副庭长和审判员。根据该法第12条的规定，担任法官必须具备下列条件：（1）具有中华人民共和国国籍；（2）拥护中华人民共和国宪法，拥护中国共产党领导和社会主义制度；（3）具有良好的政治、业务素质和道德品行；（4）具有正常履行职责的身体条件；（5）具备普通高等学校法学类本科学历并获得学士及以上学位；或者普通高等学校非法学类本科及以上学历并获得法律硕士、法学硕士及以上学位；或者普通高等学校非法学类本科及以上学历，获得其他相应学位，并具有法律专业知识；（6）从事法律工作满5年，其中获得法律硕士、法学硕士学位，或者获得法学博士学位的，从事法律工作的年限可以分别放宽至4年、3年；（7）初任法官应当通过国家统一法律职业资格考试取得法律职业资格。适用前述第五项规定的学历条件确有困难的地方，经最高人民法院审核确定，在一定期限内，可以将担任法官的学历条件放宽为高等学校本科毕业。此外，根据《法官法》第13条的规定，下列人员不得担任法官：（1）因犯罪受过刑事处罚的；（2）被开除公职的；（3）被吊销律师、公证员执业证书或者被仲裁委员会除名的；（4）有法律规定的其他情形的。

根据我国《法官法》第18条的规定，法官的任免，依照宪法和法律规定的任免权限和程序办理。（1）最高人民法院院长由全国人民代表大会选举和罢免，副院长、审判委员会委员、庭长、副庭长和审判员，由院长提请全国人民代表大会常务委员会任免。（2）最高人民法院巡回法庭庭长、副庭长，由院长提请全国人民代表大会常务委员会任免。（3）地方各级人民法院院长由本级人民代表大会选举和罢免，副院长、审判委员会委员、庭长、副庭长和审判员，由院长提请本级人民代表大会常务委员会任免。（4）在省、自治区内按地区设立的和在直辖市内设立的中级人民法院的院长，由省、自治区、直辖市人民代表大会常务委员会根据主任会议的提名决定任免，副院长、审判委员会委员、庭长、副庭长和审判员，由高级人民法院院长提请省、自治区、直辖市人民代表大会常务委员会任免。（5）新疆生产建设兵团各级人民法院、专门人民法院的院长、副院长、审判委员会委员、庭长、副庭长和审判员，依照全国人民代表大会常务委员会的有关规定任免。

国外法官职业的发展概况

▶▶ 三、法官职业伦理的内涵

司法是实现社会公平正义的最后保障。法官依据事实、法律和个人良知对案件进行公正审理和裁决，不是一个机械适用法律的过程，而是一个能动的过程，是对国家法律和个人道德综合运用的过程。可以说，法官的职业伦理素质在很大程度上决定着裁决的公正性。因此，如果说司法是维护社会正义的最后一道防线，那么法官的职业伦理则是这最后防线得以发挥作用的保证。法官除了要有非常专业的法律技能和丰富的审判经验，还要有较高的职业伦理素质。

（一）法官职业伦理的概念

法官职业伦理是审判人员在履行职责过程中所应具备的优良的道德品质，以及在调处各种社会关系时所应遵循的优良的道德规范的总和，是审判人员在职业活动中必须遵守的一种价值准则和行为规范。法官职业伦理以对法律的忠诚为第一要素，强调法官对于公平正义、廉洁奉公等价值的追求，其最终实现的意义在于克服司法的不确定性对法官实施法律所产生的负面影响。在现代法治国家，法官职业伦理主要体现在：维护司法行为的实质公正；保持司法行为形式上的中立；确保司法的廉洁；不断提升自身的修养。不论是实质公正，还是形式上的中立，抑或是司法的廉洁和自身的修养，都是为了确保法官在行使审判权时能够实现司法公正，促进社会正义。这意味着，法官在从事审判的过程中是要承担一定的职业责任的。

法官的职业伦理责任是法官作为裁判者所应承担的伦理责任，这种伦理责任不同于一般人的伦理道德要求，是法官在实施法律的过程中应当遵守的司法伦理，具体表现为：一是对当事人的尊重。法官只有在审判过程中表现出对当事人足够的尊重，才能够主动保障当事人行使各项权利，真正做到司法为民。二是对法律的忠诚。法官要以哈特（Hart）所谓的"内在观点"看待法律，当存在对现有案件、法规和其他可适用法律规范的多个合理解释时，法官要慎重考虑，并得出他认为的最佳结论。三是对公正的追求。法官要对公正始终心存敬畏，独立、平等地对待所有当事人，准确适用法律，努力让当事人感受到公平正义。四是对诚信的坚守。法官只有诚实地履行职责和义务，具有敬业和乐业的精神，才能及时制止当事人的不诚信行为，保障弱势群体的合法权益。五是对自身的节制。法官要有谦和与自律的精神，树立正确的物欲观、交友观和情趣观，自觉维护自身的尊荣感和正义形象。

法官职业伦理不仅强调法官职业伦理责任，还表现为法官职业伦理规范。法官职业伦理规范呈现给法官的是不与外部制裁相联系的规范，对于法官违反职业伦理规范的行为，主要由法律职业共同体以强制手段进行制裁。也就是说，一般道德规范是非制度化的，而法官职业伦理规范是制度化的；一般道德规范是柔性的，是一种软约束，而法官职业伦理规范则是刚性的，是一种硬约束，不允许法官有任何违反职业伦理的行为，否则将被惩戒。①

---

① 参见王申：《法官的道德理性论》，法律出版社2017年版，第53页。

（二）法官职业伦理的特征

从根本上说，职业伦理属于角色道德，是不同职业角色应当遵从的伦理道德规范。相对于其他职业伦理，法官职业伦理因为法官的裁判者角色而具有一些比较突出的特征。

一是主体特定。一般而言，法官职业伦理的主体是在法院专门行使审判权的职业法官，并不包括法院的其他组成人员。因为这些人员的职业特性和职业任务与法官存在本质区别，其职业伦理要求也不相同。这里需要注意的是，陪审员是否应遵循法官职业伦理，应当视情况而定。目前，世界各国的陪审制度大致可分为两种：一种是英美法系国家实行的陪审团制度，另一种是大陆法系国家实行的陪审员制度（参审制）。在陪审团制度中，陪审团集体负责认定案件事实，审案法官负责适用法律。陪审团主要依靠普通民众的良心和理性对案件事实进行一般判断，对法官的审判理性形成制约和影响。在这种情形下，一般的陪审团成员基本上是普通公民，因此陪审团成员不应成为法官职业伦理的主体。然而，在陪审员制度中，陪审员和法官共同审理案件，在裁判的过程中享有与法官相同的权力，而且一般要求陪审员尽可能熟悉法律知识和业务，从而对法官对案件的判断进行补充。在这种情形下，陪审员实际上承担了部分裁判职责，可以看作对审判职业法官的补充。因此，陪审员在履行陪审职责时，也应当遵循法官职业伦理的要求。根据我国《民事诉讼法》第40条第3款的规定，陪审员在执行陪审职务时，与审判员有同等的权利义务。根据我国《法官职业道德基本准则》第27条的规定，人民陪审员依法履行审判职责期间，应当遵守《法官职业道德基本准则》；人民法院其他工作人员（包括人民法院的行政人员和法警）参照执行《法官职业道德基本准则》。

二是对象特定。法官职业伦理的对象是法官职业行为及其各种社会活动。法官职业伦理是与法官职业紧密关联的，它产生于法官的职业活动中，是对法官职业活动的行为规范和道德要求。因此，法官职业伦理首先调整的是法官的职业行为。例如，公正的伦理义务要求法官在诉讼中自觉地遵守回避制度，在有可能影响案件公正审理的情况下应当主动回避；中立的伦理义务要求法官在诉讼中平等地对待双方当事人。在社会公众看来，法官是公平正义的符号和象征，是法律的代言人，因而法官的言行对人们的思想、行为具有指导和参考作用，能够引导社会伦理风尚。与普通公民的伦理道德不同，法官的职业伦理要求其具有更高的道德使命感和责任感。

三是内容特定。法官职业伦理的内容是特定的，其核心是公正司法。根据《法官职业道德基本准则》第2条的规定，法官职业道德的核心是公正、廉洁、为民。廉洁、为民在某种意义上体现了法律职业伦理的共性，但法官职业伦理的特点在于，它是围绕着公正司法展开的。因为，作为一种特殊的社会职业，法官的任务是通过司法裁决解决争端，服务社会。要实现这一目的，根本在于确保当事人和社会公众从内心相信法官，认为法官能够通过公正司法实现公平正义。法官职业伦理为法官职业确立标尺的主要目的，就是要确保法院在审理案件的过程中做到公正无私，确立诉讼参与人及社会公众对法院司法公正的信心，从而使公正司法成为法官职业行为追求的最崇高的目标，成为法官职业伦理的核心内容。

论题二 法官职业伦理要求

法官作为依法行使国家审判权的主体，是化解社会矛盾、维护社会秩序、实现社会正义的法律专家。法官依靠经验、逻辑和良知裁判案件，因此法官具有良好的职业道德，对于确保司法公正、维护国家法治尊严至关重要。在一定意义上讲，法官的职业道德水平决定着法律实施的效果。但是在现实中，遵循法官道德法则的意向出自法官的司法义务，而非法官的自愿与好感，而法官能够处于其中的那种道德状况，其实就是法官德性，也就是法官司法中的道德意向。法官德性的真正力量就是法官道德法则的强制。[①]因此，法官职业伦理是借助具体的伦理规范要求，激发法官自身的道德需要，消解法官活动中可能产生的消极影响和不利因素，引导法官作出良心裁判。本论题依托法官职业伦理规范，介绍法官职业伦理的相关要求。

一、法官职业伦理的规范性要求

我国法官职业伦理的基本要求主要体现在《法官法》《法官职业道德基本准则》和《法官行为规范》等规范性文件之中，具体内容如下：

（一）《法官法》规定的法官义务

我国《法官法》对法官职业伦理提出了最基本的要求，其中第10条规定，法官应当履行下列义务：（1）严格遵守宪法和法律；（2）秉公办案，不得徇私枉法；（3）依法保障当事人和其他诉讼参与人的诉讼权利；（4）维护国家利益、社会公共利益，维护个人和组织的合法权益；（5）保守国家秘密和审判工作秘密，对履行职责中知悉的商业秘密和个人隐私予以保密；（6）依法接受法律监督和人民群众监督；（7）通过依法办理案件以案释法，增强全民法治观念，推进法治社会建设；（8）法律规定的其他义务。随着法官职业化水平的提高，制定一部更加具体详细的法官职业伦理规范成为必要。

（二）《法官职业道德基本准则》中的道德准则

根据现行《法官职业道德基本准则》的规定，法官职业伦理的基本要求包括：忠诚司法事业、保证司法公正、确保司法廉洁、坚持司法为民、维护司法形象。

一是忠诚司法事业。根据《法官职业道德基本准则》第4条至第7条的规定，法官应当牢固树立社会主义法治理念，忠于党、忠于国家、忠于人民、忠于法律，做中国特色社会主义事业建设者和捍卫者。坚持和维护中国特色社会主义司法制度，认真贯彻落实依法治国基本方略，尊崇和信仰法律，模范遵守法律，严格执行法律，自觉维护法律的权威和

---

① 参见王申：《法官德性是法治之力量》，载《东方法学》2016年第2期。

尊严。热爱司法事业，珍惜法官荣誉，坚持职业操守，恪守法官良知，牢固树立司法核心价值观，以维护社会公平正义为己任，认真履行法官职责。维护国家利益，遵守政治纪律，保守国家秘密和审判工作秘密，不从事或参与有损国家利益和司法权威的活动，不发表有损国家利益和司法权威的言论。

二是保证司法公正。根据《法官职业道德基本准则》第8条至第14条的规定，法官应当坚持和维护人民法院依法独立行使审判权的原则，客观公正审理案件，在审判活动中独立思考、自主判断，敢于坚持原则，不受任何行政机关、社会团体和个人的干涉，不受权势、人情等因素的影响。坚持以事实为根据，以法律为准绳，努力查明案件事实，准确把握法律精神，正确适用法律，合理行使裁量权，避免主观臆断、超越职权、滥用职权，确保案件裁判结果公平公正。牢固树立程序意识，坚持实体公正与程序公正并重，严格按照法定程序执法办案，充分保障当事人和其他诉讼参与人的诉讼权利，避免执法办案中的随意行为。严格遵守法定办案时限，提高审判执行效率，及时化解纠纷，注重节约司法资源，杜绝玩忽职守、拖延办案等行为。认真贯彻司法公开原则，尊重人民群众的知情权，自觉接受法律监督和社会监督，同时避免司法审判受到外界的不当影响。自觉遵守司法回避制度，审理案件保持中立公正的立场，平等对待当事人和其他诉讼参与人，不偏袒或歧视任何一方当事人，不私自单独会见当事人及其代理人、辩护人。尊重其他法官对审判职权的依法行使，除履行工作职责或者通过正当程序外，不过问、不干预、不评论其他法官正在审理的案件。

三是确保司法廉洁。根据《法官职业道德基本准则》第15条至第18条的规定，法官应当树立正确的权力观、地位观、利益观，坚持自重、自省、自警、自励，坚守廉洁底线，依法正确行使审判权、执行权，杜绝以权谋私、贪赃枉法行为。严格遵守廉洁司法规定，不接受案件当事人及相关人员的请客送礼，不利用职务便利或者法官身份谋取不正当利益，不违反规定与当事人或者其他诉讼参与人进行不正当交往，不在执法办案中徇私舞弊。不从事或者参与营利性的经营活动，不在企业及其他营利性组织中兼任法律顾问等职务，不就未决案件或者再审案件给当事人及其他诉讼参与人提供咨询意见。妥善处理个人和家庭事务，不利用法官身份寻求特殊利益。按规定如实报告个人有关事项，教育督促家庭成员不利用法官的职权、地位谋取不正当利益。

四是坚持司法为民。根据《法官职业道德基本准则》第19条至第22条的规定，法官应当牢固树立以人为本、司法为民的理念，强化群众观念，重视群众诉求，关注群众感受，自觉维护人民群众的合法权益。注重发挥司法的能动作用，积极寻求有利于案结事了的纠纷解决办法，努力实现法律效果与社会效果的统一。认真执行司法便民规定，努力为当事人和其他诉讼参与人提供必要的诉讼便利，尽可能降低其诉讼成本。尊重当事人和其他诉讼参与人的人格尊严，避免盛气凌人、"冷硬横推"等不良作风；尊重律师，依法保障律师参与诉讼活动的权利。

五是维护司法形象。根据《法官职业道德基本准则》第23条至第26条的规定，法官应当坚持学习，精研业务，忠于职守，秉公办案，惩恶扬善，弘扬正义，保持昂扬的精神状态和良好的职业操守。坚持文明司法，遵守司法礼仪，在履行职责过程中行为规范、着装得体、语言文明、态度平和，保持良好的职业修养和司法作风。加强自身修养，培育高尚道德操守和健康生活情趣，杜绝与法官职业形象不相称、与法官职业道德相违背的不良嗜好和行为，遵守社会公德和家庭美德，维护良好的个人声誉。法官退休后应当遵守国家相关规定，不利用自己的原有身份和便利条件过问、干预执法办案，避免因个人不当言行对法官职业形象造成不良影响。

（三）《法官行为规范》中的行为规则

根据现行《法官行为规范》第1条至第8条的规定，法官在职业活动中应该遵循以下基本行为规则：

一是忠诚坚定。坚持党的事业至上、人民利益至上、宪法法律至上，在思想上和行动上与党中央保持一致，不得有违背党和国家基本政策以及社会主义司法制度的言行。

二是公正司法。坚持以事实为根据、以法律为准绳，平等对待各方当事人，确保实体公正、程序公正和形象公正，努力实现办案法律效果和社会效果的有机统一，不得滥用职权、枉法裁判。

三是高效办案。树立效率意识，科学合理安排工作，在法定期限内及时履行职责，努力提高办案效率，不得无故拖延、贻误工作、浪费司法资源。

四是清正廉洁。遵守各项廉政规定，不得利用法官职务和身份谋取不正当利益，不得为当事人介绍代理人、辩护人以及中介机构，不得为律师、其他人员介绍案源或者给予其他不当协助。

五是一心为民。落实司法为民的各项规定和要求，做到听民声、察民情、知民意，坚持能动司法，树立服务意识，做好诉讼指导、风险提示、法律释明等便民服务，避免"冷硬横推"等不良作风。

六是严守纪律。遵守各项纪律规定，不得泄露在审判工作中获取的国家秘密、商业秘密、个人隐私等，不得过问、干预和影响他人正在审理的案件，不得随意发表有损生效裁判严肃性和权威性的言论。

七是敬业奉献。热爱人民司法事业，增强职业使命感和荣誉感，加强业务学习，提高司法能力，恪尽职守，任劳任怨，无私奉献，不得麻痹懈怠、玩忽职守。

八是加强修养。坚持学习，不断提高自身素质；遵守司法礼仪，执行着装规定，言语文明，举止得体，不得浓妆艳抹，不得佩带与法官身份不相称的饰物，不得参加有损司法职业形象的活动。

国外有关法官职业伦理的规范要求

⟫ 二、法官职业伦理的具体要求

（一）保障司法公正

公正是人类社会共同的价值目标。司法作为维护社会正义的最后一道防线，在社会生活中发挥着消除矛盾、定分止争的作用，因此公正也是一切司法工作的本质特征和生命线，是法官必须遵循的基本准则。具体而言，保障司法公正主要包括以下内容：

一是独立行使审判权。根据《法官职业道德基本准则》第8条的规定，法官应当坚持和维护人民法院依法独立行使审判权的原则，客观公正审理案件，在审判活动中独立思考、自主判断，敢于坚持原则，不受任何行政机关、社会团体和个人的干涉，不受权势、人情等因素的影响。根据《法官职业道德基本准则》第14条的规定，法官应当尊重其他法官对审判职权的依法行使，除履行工作职责或者通过正当程序外，不过问、不干预、不评论其他法官正在审理的案件。《法官职业道德基本准则》第26条规定，法官退休后应当遵守国家相关规定，不利用自己的原有身份和便利条件过问、干预执法办案。具体而言，除非基于履行审判职责或者通过适当的程序，不得对其他法官正在审理的案件发表评论；不得对与自己有利害关系的案件提出处理建议和意见；不得擅自过问或者干预下级人民法院正在审理的案件；不得向上级人民法院就二审案件提出个人的处理建议和意见。法官在裁判过程中，应当有独立判断的意识，运用自己的法律专业知识和技能作出正确的判断，排除各种不利的影响和干扰，坚持观点，坚守职责。

二是中立裁决纠纷。根据《法官职业道德基本准则》第13条的规定，法官应当自觉遵守司法回避制度，审理案件保持中立公正的立场，平等对待当事人和其他诉讼参与人，不偏袒或歧视任何一方当事人，不私自单独会见当事人及其代理人、辩护人。根据《法官行为规范》第40条和第42条的规定，法官在与一方当事人接触时，应当保持公平，避免他方当事人对法官的中立性产生合理怀疑。当事人坚持不愿调解的，不得强迫调解。根据《人民法院组织法》等法律的规定，法官还应充分注意到由于当事人和其他诉讼参与人的民族、种族、性别、职业、宗教信仰、教育程度、健康状况和居住地等因素而可能产生的差别，切实采取措施保障诉讼各方的诉讼地位，保障他们充分行使诉讼权利和维护好实体权利。法官也不得在宣判前通过言语、表情、行为等流露出自己对裁判结果的观点或态度。根据《法官职业道德基本准则》第17条的规定，法官不得从事或者参与营利性的经营活动，不在企业及其他营利性组织中兼任法律顾问等职务，不得就未决案件或者再审案件给当事人及其他诉讼参与人提供咨询意见。

三是恪守公开原则。根据《法官职业道德基本准则》第12条的规定，法官应当认真贯彻司法公开原则，尊重人民群众的知情权，自觉接受法律监督和社会监督，同时避免司法审判受到外界的不当影响。公开原则要求法官在履行职责过程中，除法律规定不应该公开或可以不公开的情况以外，其他司法活动都应当以公开的方式进行。公开的内容应当在法律规定的范围之内。向当事人和社会公开的案件，法官应当允许公民旁听，允许新闻媒体采访，只要公众接触案件的方式符合法律规定，法官都应当对其行为给予适当的尊重。法官在司法裁判活动中应当避免主观擅断、滥用法官职权和枉法裁判等行为。对涉案当事人的诉讼权利的限制应当依法说明原因，避免出现因主观臆断而武断地得出结论。公开原则是诉讼活动中的一项基本诉讼原则，是确保司法公正的重要方式，还体现在司法裁判的说理过程中。司法裁判本身就包含着一定的推理过程，对法律观念和法律价值的选择对于案件的裁断是必要的，对其进行科学合理的阐释有助于公众正确地理解国家的司法活动和由衷地接受司法裁判的结果，同时还有利于加强司法权威。根据《法官行为规范》第51条第3款的规定，法官应当对证明责任、证据的证明力以及证明标准等问题进行合理解释。诉讼过程中的诉讼文书是法律运用于实践的典范，法官应当将法律允许公开的司法文书公之于众，接受公众对司法裁判活动的监督和普通民众的正义观念的检验，真正做到以理服人。

四是坚守司法公正。根据《法官职业道德基本准则》第9条的规定，法官应当坚持以事实为根据，以法律为准绳，努力查明案件事实，准确把握法律精神，正确适用法律，合理行使裁量权，避免主观臆断、超越职权、滥用职权，确保案件裁判结果公平公正。在具体的案件审理上，法官不仅要坚持实体公正，程序公正也是法官职业伦理的重要目标。根据《法官职业道德基本准则》第10条的规定，法官应当牢固树立程序意识，坚持实体公正与程序公正并重，严格按照法定程序执法办案，充分保障当事人和其他诉讼参与人的诉讼权利，避免执法办案中的随意行为。实体公正是程序公正的目的，程序公正是实体公正的保障。《法官职业道德基本准则》将程序公正独立出来的价值在于表明法治更多的是程序/规则之治，程序公正和实体公正是法官司法活动的基本要求。除此之外，法官职业伦理还要求法官在司法实践中做到形象公正。法官在裁决案件过程中，应尽量做到客观中立，避免公众对司法公正产生合理的怀疑，这既是裁判中立的要求，也是司法公正的要求。法官的行为代表司法职业的形象，法官的言行体现了国家公职的严肃和庄重，形象公正能够产生程序公正和实体公正所不具有的作用，能够强化司法的权威和公信力。《法官职业道德基本准则》第3条规定，法官应当自觉遵守法官职业道德，在本职工作和业外活动中严格要求自己，维护人民法院形象和司法公信力。

（二）提高司法效率

迟来的正义非正义。司法裁决只有保持一定的效率，才能实现其定分止争的社会功效。提高司法效率既是对法官业务的要求，也在法官职业伦理中占据着重要的地位。具体而言，提高司法效率主要包括以下内容：

一是勤勉敬业。根据《法官行为规范》第7条的规定，敬业奉献是法官应具备的基本精神，法官应当热爱人民司法事业，增强职业使命感和荣誉感，加强业务学习，提高司法能力，恪尽职守，任劳任怨，无私奉献，不得麻痹懈怠、玩忽职守。因此，在日常的业务实践和学习中，法官应当增强责任感和使命感，忠于职守，勤恳工作，尽职尽责，树立良好的工作作风，端正工作态度，遵守工作要求的各项纪律，努力掌握和熟练应用法官所必需的法律知识和司法实务技能。

二是守时。在规定的时限内审结案件，以及在法定时间内完成特定司法文书的制作和执行，这些都是提高司法效率、实现司法公正的重要保障。根据《法官职业道德基本准则》第11条的规定，法官应当严格遵守法定办案时限，提高审判执行效率，及时化解纠纷，注重节约司法资源，杜绝玩忽职守、拖延办案等行为。因此，法官应当合理安排各项审判事务，提高诉讼效率，足够重视各项司法职责的履行，保证投入足够的、合理的时间、精力，注重在实践中团队合作的有效性。

三是注重效果。这里说的效果，既包括法律效果，也包括社会效果。根据《法官行为规范》第3条的规定，法官应当高效办案，树立效率意识，科学合理安排工作，在法定期限内及时履行职责，努力提高办案效率，不得无故拖延、贻误工作、浪费司法资源。根据《法官职业道德基本准则》第20条的规定，法官应当注重发挥司法的能动作用，积极寻求有利于案结事了的纠纷解决办法，努力实现法律效果与社会效果的统一。《法官行为规范》第2条也规定，法官应当努力实现办案法律效果和社会效果的有机统一，不得滥用职权、枉法裁判。可见，在保证效率的基础上，法官的司法活动还要追求法律效果和社会效果的统一。

（三）保持清正廉洁

清正廉洁也是法官职业伦理的要求之一。根据《法官职业道德基本准则》第15条的规定，法官应当树立正确的权力观、地位观、利益观，坚持自重、自省、自警、自励，坚守廉洁底线，依法正确行使审判权、执行权，杜绝以权谋私、贪赃枉法行为。具体而言，保持清正廉洁主要包括以下内容：

一是禁止获取不正当利益。根据《法官行为规范》第4条的规定，法官应当遵守各项廉政规定，不得利用法官职务和身份谋取不正当利益，不得为当事人介绍代理人、辩护人以及中介机构，不得为律师、其他人员介绍案源或者给予其他不当协助。当然，法官在薪酬之外，也可以有自己正当合法的业外收入，如合法投资、稿酬、遗产继承等，但是法官不得获得可能影响司法公正与廉洁的收入，更不得取得法律禁止取得的收入。

二是限制从事业外活动。根据《法官职业道德基本准则》第17条的规定，法官不得从事或者参与营利性的经营活动，不在企业及其他营利性组织中兼任法律顾问等职务，不得就未决案件或者再审案件给当事人及其他诉讼参与人提供咨询意见。对法官的业外活动作出限制，是为了保证法官在司法活动中处于中立超然的地位。

三是保持正当的生活方式。清正廉洁的法官形象要求法官保持一种与其职业身份和合法收入相称的正当生活方式。因此，根据《法官职业道德基本准则》第25条的规定，法官应当加强自身修养，培育高尚道德操守和健康生活情趣，杜绝与法官职业形象不相称、与法官职业道德相违背的不良嗜好和行为，遵守社会公德和家庭美德，维护良好的个人声誉。

四是约束家庭成员的行为。根据《法官职业道德基本准则》第18条的规定，法官应当妥善处理个人和家庭事务，不利用法官身份寻求特殊利益。按规定如实报告个人有关事项，教育督促家庭成员不利用法官的职权、地位谋取不正当利益。按照该条规定，法官必须告知其家庭成员有关法官的行为规范和职业伦理要求，并监督其家庭成员遵守相关规定，不得违反，以防法官的家庭成员利用法官的职位和身份获取不正当利益，影响司法公正和法官形象。

（四）遵守司法礼仪

所谓司法礼仪，是指司法活动的主体（包括法官、检察官、律师、当事人、其他诉讼参与人以及其他参与司法活动的官员、旁听人员等）在司法活动中所应当遵守的礼节、仪式和其他交流与行为的态度和方式。根据《法官职业道德基本准则》第24条的规定，法官应当坚持文明司法，遵守司法礼仪，在履行职责过程中行为规范、着装得体、语言文明、态度平和，保持良好的职业修养和司法作风。具体而言，遵守司法礼仪主要包括以下内容：

一是保持适当的自身仪表。法官被称为"运送正义的使者"。与法官的职业和身份相称，法官职业伦理对法官的礼仪和形象也提出了一定要求。根据《法官职业道德基本准则》第23条的规定，法官应当坚持学习，精研业务，忠于职守，秉公办案，惩恶扬善，弘扬正义，保持昂扬的精神状态和良好的职业操守。

二是遵守法庭礼仪。法官的法庭礼仪主要表现在法庭司法活动中，根据《法官行为规范》第29条的规定，出庭时注意事项包括：（1）准时出庭，不迟到，不早退，不缺席；（2）在进入法庭前必须更换好法官服或者法袍，并保持整洁和庄重，严禁着便装出庭，合议庭成员出庭的着装应当保持统一；（3）设立法官通道的，应当走法官通道；（4）一般在当事人、代理人、辩护人、公诉人等入庭后进入法庭，但前述人员迟到、拒不到庭的除外；（5）不得与诉讼各方随意打招呼，不得与一方有特别亲密的言行；（6）严禁酒后出庭。此外，《法官行为规范》第三节"庭审"还对庭审中的言行、宣判时注意事项等其他法庭礼仪作了详细规定。

三是对相关人员以礼相待。此处所说的"相关人员"，主要是指当事人和其他诉讼参与人。法官应当尊重当事人和其他诉讼参与人的权利，以礼貌、文明、善意的态度对待他们以及旁听人员，为其能够正常、顺利参与庭审提供良好的条件。根据《法官职业道德基本准则》第21条的规定，法官应当认真执行司法便民规定，努力为当事人和其他诉讼参与人提供必要的诉讼便利，尽可能降低其诉讼成本。根据《法官职业道德基本准则》第22条的规定，法官应当尊重当事人和其他诉讼参与人的人格尊严，避免盛气凌人、"冷横硬推"等不良作风；尊重律师，依法保障律师参与诉讼活动的权利。根据《法官行为规范》第5条的规定，法官应当一心为民，落实司法为民的各项规定和要求，做到听民声、察民情、知民意，坚持能动司法，树立服务意识，做好诉讼指导、风险提示、法律释明等便民服务，避免"冷硬横推"等不良作风。《法官行为规范》还规定了法官在不同的情况下对待当事人和其他诉讼参与人、旁听者等的态度和行为规范。

（五）加强自身修养

法官是一个高度专业化的职业群体。法官要裁决纠纷，要保证裁决的公正合理，要确保法律文书的权威性得到公众的认可，就必须拥有丰富的法律知识、敏锐的观察力和分析能力，能够精准地发现事实、分析问题，并适用法律解决问题。这就需要法官不断加强自身修养，提高自身综合素质。根据《法官职业道德基本准则》第25条的规定，法官应当加强自身修养，培育高尚道德情操和健康生活情趣，杜绝与法官职业形象不相称、与法官职业道德相违背的不良嗜好和行为，遵守社会公德和家庭美德，维护良好的个人声誉。具体而言，法官应当从以下三个方面加强自身修养：

一是良好的政治素质。良好的政治素质是法官恪尽职守、公正司法的先决条件。法官应当有坚定的政治信念、政治立场和政治操守，这要求法官经常关注党和国家政策，不断提升自己对政治情势的分析和思考的能力，提高政治水平。

二是良好的业务素质。良好的业务素质是法官职业水平和裁判质量的基本保障。法官在任职期间，需要不断地补充法律知识，掌握法律技能，熟悉新颁布的法律法规和司法解释，研习法理，提高庭审能力和制作裁判文书的水平。我国《法官法》第31条第1款明确规定，对法官应当有计划地进行政治、理论和业务培训。《法官行为规范》第7条也明确规定，法官应当加强业务学习，提高司法能力。

三是良好的个人品行。一个合格的法官，应当严于律己，注意自己的言行，培养崇高的道德操守，遵守社会公德和家庭美德。对此，我国台湾地区史尚宽先生曾言："虽有完美的保障审判独立之制度，有彻底的法学之研究，然若受外界之引诱，物欲之蒙蔽，舞文弄墨，徇私枉法，则反而以其法学知识为其作奸犯科之工具，有如为虎傅翼，助纣为虐，是以法学修养虽为切要，而品格修养尤为重要。"[①]

（六）约束业外活动

法官的业外活动往往会对法官的职业行为、工作态度和司法职责等产生影响。树立法官公正无私、独立中立的形象，需要严格限制法官的业外活动，尽量减少法官个人利益与社会公益相冲突的机会。根据我国《法官法》第22条的规定，法官不得兼任人民代表大会常务委员会的组成人员，不得兼任行政机关、监察机关、检察机关的职务，不得兼任企业或者其他营利性组织、事业单位的职务，不得兼任律师、仲裁员和公证员。根据该法第46条的规定，法官不得从事或者参与营利性活动。这些规定都是对法官业外活动的限制。《法官行为规范》第八节专门规定了"业外活动"。具体而言，法官应从以下四个方面约束自己的业外活动：

一是严格遵守保密义务。法官在审判活动中，不可避免会接触国家机密、商业秘密、个人隐私和其他不能公开的信息。对于工作过程中接触到的这些信息，法官不能有意或者无意地公开，否则会损害国家利益或当事人的合法权益。根据《法官法》第10条的规定，法官应当保守国家秘密和审判工作秘密，对履行职责中知悉的商业秘密和个人隐私予以保密。根据《法官行为规范》第83条第2项的规定，法官在写作、授课过程中，应当避免对具体案件和有关当事人进行评论，不披露或者使用在工作中获得的国家秘密、商业秘密、个人隐私及其他非公开信息。根据《法官行为规范》第84条的规定，法官接受新闻媒体采访，必须经组织安排或者批准，并且不得发表有损司法公正的言论，不对正在审理中的案件和有关当事人进行评论，不披露在工作中获得的国家秘密、商业秘密、个人隐私及其他非公开信息。

二是培养健康的爱好和习惯。健康良好的个人爱好和生活习惯，对于培养高尚的情操至关重要。奢侈浪费、虚荣自私的个人品行不可能培养出公正无私、秉公执法的法官。因此，法官职业伦理要求法官培养健康的爱好和习惯。根据《法官行为规范》第82条、第85条和第88条的规定，法官不得接受有违清正廉洁要求的吃请、礼品和礼金；在本人或者亲友与他人发生矛盾时，法官应当保持冷静、克制，通过正当、合法途径解决，不得利用法官身份寻求特殊照顾，不得妨碍有关部门对问题的解决；法官不得参加邪教组织或参加封建迷信活动，应当向家人和朋友宣传科学，引导他们相信科学，反对封建迷信，对利用封建迷信活动违法犯罪的，法官应当立即向有关组织和公安部门反映。

三是谨慎参与社会活动。法官参加社会活动应当谨慎。根据《法官行为规范》第81条、第82条的规定，法官在受邀请参加座谈、研讨活动时，对与案件有利害关系的机关、

---

① 史尚宽：《宪法论丛》，荣泰印书馆1973年版，第336页。

企事业单位、律师事务所、中介机构等的邀请应当拒绝，对与案件无利害关系的党、政、军机关、学术团体、群众组织的邀请，经向单位请示获准后方可参加；法官在受邀请参加各类社团组织或者联谊活动时，确需参加在各级民政部门登记注册的社团组织的，应当及时报告并由所在法院按照法官管理权限审批。根据《法官行为规范》第83条第1项和第3项的规定，法官在业余时间从事写作、授课等活动，应以不影响审判工作为前提，对于参加司法职务外活动获得的合法报酬，应当依法纳税。根据《法官行为规范》第87条的规定，法官不得乘警车、穿制服出入营业性娱乐场所。根据《法官行为规范》第89条的规定，法官因私出国（境）探亲、旅游，应当做到：如实向组织申报所去的国家、地区及返回的时间，经组织同意后方可出行；准时返回工作岗位；遵守当地法律，尊重当地民风民俗和宗教习惯；注意个人形象，维护国家尊严。

四是退休后自我约束。法官不仅在履职期间要对自己的行为进行自我约束，在离职之后的一定时期内也不得从事与其原有职业身份相关的一些活动。根据《法官职业道德基本准则》第26条的规定，法官退休后应当遵守国家相关规定，不利用自己的原有身份和便利条件过问、干预执法办案，避免因个人不当言行对法官职业形象造成不良影响。

论题三　法官职业责任与惩戒

亚里士多德将伦理称为"正确生活"与"正确行为"的哲学，据此，法官职业伦理可理解为"正确的法官生活与法官行为"。相应地，法官职业伦理规范就是一系列对法官具有普遍约束、引导、教育和奖惩功能的行为规则的总和，它被外化为各种形式，如法律、法规、政策、纪律以及其他规范性文件等。职业伦理规范通过对法官职业行为的规制来引导法官自觉形成遵守职业伦理的习惯，职业伦理责任则可以保证这种作用的实现。本论题主要讨论法官职业责任和惩戒制度。

一、法官职业责任

法官职业责任，是指法官因违反法官职业伦理，触犯了国家公务员管理纪律或者法律法规的规定，而应承担的不利后果。它既可以发生在法官办案过程之中，也可以发生在工作之余，规制的主要是法官与自身职业伦理有关的行为。法官职业责任具有以下特点：

第一，承担责任的情形具有特定性。法官违反法官职业伦理的情形，主要包括两种：一是法官因业务水平、能力和经验的局限，在事实和法律上对负责的案件作出错误判断。在这种情形下法官一般不需要承担职业责任。二是法官由于行为不当违反了法官职业伦理，触犯了组织纪律或法律法规规定。在这种情形下，法官需要承担职业责任。我国《人民法院工作人员处分条例》第二章明确规定了法官需要承担法官职业责任的七类行为。

第二，责任追究的主体具有特定性。人民法院独立行使审判权，是受到法律保障的。为摆脱各种社会团体和个人的干涉，避免司法为舆论和公众操纵，法官在履职过程中或在离职后行为不当的，应当由特定的主体追究其职业责任。特殊的责任追究主体一般是熟悉法律知识的司法公职人员或资深律师，他们精通法律业务，能够更好地就法官违反法官职业伦理和法律法规、纪律的不当行为进行调查和区分，以确立其职业责任。

第三，责任追究的程序具有特定性。基于司法形象的庄严和神圣性，世界各国在追究法官职业责任时一般都非常慎重，对追究程序规定得也十分细致和严格。对法官职业责任的追究，无论是弹劾程序还是惩戒程序，都必须遵循程序正义和实体正义的基本要求，尽量做到公开、公平、公正，保证涉案法官享有正当程序的保障。《人民法院工作人员处分条例》第3条规定，人民法院工作人员依法履行职务的行为受法律保护。非因法定事由、非经法定程序，不受处分。

》》 二、法官惩戒制度

2014年10月，党的十八届四中全会通过的《中共中央关于全面推进依法治国若干重大问题的决定》提出："明确各类司法人员工作职责、工作流程、工作标准，实行办案质量终身负责制和错案责任倒查问责制，确保案件处理经得起法律和历史检验。"为贯彻落实党的十八届四中全会精神和党中央关于深化司法体制改革的决策部署，建立健全符合司法规律的审判权力运行机制，优化审判资源配置，明确审判组织权限，落实办案责任制，确保法官依法独立公正履行审判职责，党中央先后印发《保护司法人员依法履行法定职责规定》《关于加强法官检察官正规化专业化职业化建设全面落实司法责任制的意见》《关于政法领域全面深化改革的实施意见》《关于深化司法责任制综合配套改革的意见》等文件，对法官惩戒的相关问题作出规定。在此基础上，最高人民法院先后印发《关于完善人民法院司法责任制的若干意见》《关于进一步全面落实司法责任制的实施意见》《关于深化司法责任制综合配套改革的实施意见》等文件，对建立法官惩戒制度、追究法官违法审判责任提出明确要求，但未形成相对完整的法官惩戒工作程序性规则，亟须出台系统的规范性文件，指导全国法院开展法官惩戒工作。为扎实推动法官惩戒工作落地落实，经最高人民法院党组审议通过，并报经中央政法委审核同意，最高人民法院于2021年印发了《法官惩戒工作程序规定（试行）》（以下称《程序规定》）。《程序规定》规范了法官惩戒委员会组成，明确了惩戒对象、违法审判线索受理、调查核实、提请审议、作出惩戒决定及当事法官申诉复核等相关工作的办理程序，为依法依规追究法官违法审判责任提供了制度保障。《程序规定》共7章44条，包括总则、职责和任务、管辖和回避、受理和调查、听证和审议、处理和救济、附则。

（一）法官惩戒的事由、主体和对象

1. 惩戒事由

关于惩戒事由，《程序规定》第4条明确规定："法官在履行审判职责过程中，故意违反法律法规办理案件，或者因重大过失导致裁判结果错误并造成严重后果，需要予以惩戒的，依照本规定办理。"第40条规定："本规定适用于人民法院履行主体责任，对法官涉嫌违反审判职责的行为进行调查和惩戒。"也就是说，《程序规定》仅对法官涉嫌违反审判

职责的行为启动惩戒程序，法官违反审判职责以外的其他违纪违法行为，则依据其他法律法规及有关纪律规定办理。

2. 惩戒主体

根据最高人民法院、最高人民检察院印发的《关于建立法官、检察官惩戒制度的意见（试行）》第3条的规定，法官惩戒工作由人民法院与法官惩戒委员会分工负责。《程序规定》第6条进一步规定，人民法院按照干部管理权限对法官涉嫌违反审判职责行为进行调查核实，根据法官惩戒委员会的审查意见，依照有关规定作出是否予以惩戒的决定，并给予相应处理。法官惩戒委员会根据人民法院调查的情况，负责从专业角度审查认定法官是否存在《法官法》第46条第4项、第5项规定的违反审判职责的行为，提出构成故意违反职责、存在重大过失、存在一般过失或者没有违反职责等审查意见。《程序规定》第8条第2款还规定了法官惩戒委员会的人员构成，明确法官惩戒委员会委员应当从政治素质高、专业能力强、职业操守好的人大代表、政协委员、法学专家、法官、检察官和律师等专业人员中选任，其中法官委员不少于半数。

3. 惩戒对象

《程序规定》第42条规定："本规定所称法官，是指按照《中华人民共和国法官法》选任并实行员额制管理的法官。"也就是说，法官惩戒的对象限于实行法官员额制后进入员额的法官，司法辅助人员以及其他工作人员不属于法官惩戒的对象。人民法院负有监督管理职责的人员因故意或者重大过失，怠于行使或者不正当行使审判监督权和审判管理权导致裁判错误并造成严重后果，应当承担监督管理责任的，依照干部管理的有关规定和程序追究其监督管理责任，即院（庭）长因监督管理责任造成裁判错误的，也不适用法官惩戒程序。此外，法官在违反审判职责的同时，亦存在其他违纪违法行为的，只对违法审判的行为启动法官惩戒程序，对其他行为不适用法官惩戒程序。违反审判职责行为经惩戒委员会审议，认为应当予以追责的，可与其他违纪违法行为一并处理，也可以分开处理。造成错案既有法官违法审判的原因，也有院（庭）长监督管理不当等原因的，只对违反审判职责的法官启动法官惩戒程序，对其他人依据其他的法律法规追责。

（二）法官惩戒的管辖对象、线索受理和调查主体

1. 管辖对象

《程序规定》第12条规定，各级人民法院按照干部管理权限，对本院法官违反审判职责的行为进行调查和惩戒。《程序规定》第13条规定，最高人民法院法官惩戒委员会负责审查最高人民法院提请审议的法官是否具有违反审判职责的行为，并提出审查意见。省、自治区、直辖市法官惩戒委员会负责审查高级人民法院提请审议的法官是否具有违反审判职责的行为，并提出审查意见。

2. 线索受理

《程序规定》第16条规定，各级人民法院机关纪委或承担督察工作的部门按照干部管理权限受理反映法官违反审判职责问题的举报、投诉，以及有关单位、部门移交的相关问题线索。人民法院在审判监督管理工作中，发现法官可能存在违反审判职责的行为，需要追究违法审判责任的，由办案部门或承担审判管理工作的部门对案件是否存在裁判错误提

出初步意见，报请院长批准后移送机关纪委或者承担督察工作的部门审查。

3. 调查主体

依据《公务员法》《公职人员政务处分法》《人民法院组织法》《法官法》等相关法律的规定，人民法院作为任免单位和管理机关，可以对本院法官违规违纪问题开展调查。同时，考虑到各级法院内设机构设置的实际情况，这些法律对法官惩戒工作的调查主体进行了明确，即当事法官所在法院设有机关纪委的，由机关纪委承担调查职责；当事法官所在法院未设机关纪委的，由承担督察工作的部门负责调查。据此，《程序规定》第17条规定，人民法院机关纪委或承担督察工作的部门经初步核实，认为有关法官可能存在违反审判职责的行为，需要予以惩戒的，应当报请院长批准后立案，并组织调查。

（三）法官惩戒调查结束后的处理、提请审议和补充调查程序

1. 调查结束后的处理程序

关于调查结束后的处理程序，《程序规定》第21条第1款区分了三种情形：（1）没有证据证明当事法官存在违反审判职责行为的，应当撤销案件，并通知当事法官，必要时可在一定范围内予以澄清；（2）当事法官存在违反审判职责行为，但情节较轻无需给予惩戒处理的，由相关部门进行提醒谈话、批评教育、责令检查，或者予以诫勉；（3）当事法官存在违反审判职责行为，需要惩戒的，人民法院调查部门应将审查报告移送本院承担督察工作的部门，由承担督察工作的部门制作提请审议意见书，报院长审批后，按照程序提请法官惩戒委员会审议。

2. 提请审议程序

鉴于法官惩戒委员会仅在最高人民法院和省一级设立，与四级人民法院并非完全对应，《程序规定》第22条第1款规定，最高人民法院法官违反审判职责的，由最高人民法院提请最高人民法院法官惩戒委员会审议；高级人民法院法官违反审判职责的，由高级人民法院提请省、自治区、直辖市法官惩戒委员会审议；中级人民法院、基层人民法院和专门人民法院法官违反审判职责的，层报高级人民法院提请省、自治区、直辖市法官惩戒委员会审议。此外，该条第2款规定，上级人民法院认为下级人民法院提请审议的事项不符合相关要求的，可以要求下级人民法院补充完善，或者将提请审议的材料退回下级人民法院。

3. 补充调查程序

为保障惩戒案件的质量，《程序规定》对补充调查程序作出了规定。其中，第29条规定，法官惩戒委员会认为惩戒事项需要补充调查的，可以要求相关人民法院补充调查。相关人民法院也可以申请补充调查。人民法院应当在1个月内补充调查完毕，补充调查以2次为限。第30条规定，人民法院补充调查后，认为应当进行惩戒的，应重新提请法官惩戒委员会审议。

（四）法官惩戒的听证、审议和异议审查程序

1. 听证程序

根据《程序规定》第25条的规定，法官惩戒委员会审议惩戒事项时，应当组织听证。

当事法官对人民法院调查认定的事实、证据和提请审议意见没有异议，明确表示不参加听证或无故缺席的，可直接进行审议。因特殊情况，惩戒委员会主任可以决定延期听证。根据《程序规定》第26条的规定，听证由法官惩戒委员会主任主持，或者由主任委托副主任或其他委员主持。同时，该条明确了听证开始、申请回避、举证质证、个别询问、发表意见、最后陈述等具体听证程序。

2. 审议程序

为增强惩戒工作的权威性，《程序规定》就审议程序作出了一系列明确规定。其中，第24条规定，法官惩戒委员会审议惩戒事项，应当有全体委员4/5以上出席方可召开。第27条规定，法官惩戒委员会应当在听证后进行审议，并提出审查意见。审议时，法官惩戒委员会委员应当对证据采信、事实认定、法律法规适用等进行充分讨论，并根据听证的情况独立发表意见。发表意见按照委员、副主任、主任的先后顺序进行。第28条规定，法官惩戒委员会审议惩戒事项，须经全体委员2/3以上多数通过，对当事法官是否构成违反审判职责提出审查意见。经审议，未能形成2/3以上多数意见的，由人民法院根据审议情况进行补充调查后重新提请审议，或者撤回提请审议事项。

3. 异议审查程序

为充分发挥惩戒工作保护当事法官的功能效用，《程序规定》明确规定了异议审查程序。其中，第31条规定，法官惩戒委员会的审查意见应当书面送达当事法官和相关人民法院。当事法官对审查意见有异议的，可以自收到审查意见书之日起10日内以书面形式通过承担督察工作的部门向法官惩戒委员会提出。第32条规定，当事法官对审查意见提出异议的，法官惩戒委员会应当对异议及其理由进行审议，并作出书面决定：认为异议成立的，决定变更原审查意见，作出新的审查意见；认为异议不成立的，决定维持原审查意见。异议审查决定应当书面回复当事法官。

（五）法官惩戒的决定程序和当事法官权利保障

关于法官惩戒的决定程序，《程序规定》第34条规定："法官惩戒委员会经审议，认定法官存在故意违反审判职责行为，或者存在重大过失导致案件错误并造成严重后果，应当予以惩戒的，由人民法院根据干部管理权限作出惩戒决定：（一）给予停职、延期晋升、调离审判执行岗位、退出员额、免职、责令辞职等组织处理；（二）按照《中华人民共和国公务员法》《中华人民共和国公职人员政务处分法》《中华人民共和国法官法》《人民法院工作人员处分条例》等法律规定给予处分。上述惩戒方式，可以单独使用，也可以同时使用。"

关于当事法官在法官惩戒工作中的各项权利保障，《程序规定》也作出了一系列明确规定。其中，第3条规定，法官依法履行审判职责受法律保护。非因法定事由，非经法定程序，不受追究。第20条规定，人民法院对法官涉嫌违反审判职责行为进行调查的过程中，当事法官享有知情、申请回避、陈述、举证和辩解的权利。调查人员应当如实记录当事法官的陈述、辩解和举证。第23条规定，法官惩戒委员会受理惩戒事项后，相关人民法院承担督察工作的部门应当在受理后5日内将提请审议意见书送达当事法官，并告知当事法官有权查阅、摘抄、复制相关案卷材料及证据，有陈述、举证、辩解和申请回避等权利。第36条规定，当事法官对惩戒决定不服的，可以自知道惩戒决定之日起30日内向作出决定的人民法院申请复核。当事法官对复核结果不服的，可以自接到复核决定之日起15日内向上一级人民法院提出申诉；也可以不经复核，自知道惩戒决定之日起30日内直接提出申诉。第38条规定，上一级人民法院经审查，认定惩戒决定有错误的，作出惩戒决定的人民法院应当及时予以纠正。

国外法官惩戒制度概述

法官惩戒制度是司法体制改革的新生事物，没有先例可循，需要在中央确定的制度框架内积极探索、不断完善，通过明确惩戒主体、规范惩戒程序、严格惩戒标准，建立权责一致的违法审判责任追究机制，真正实现"让审理者裁判、由裁判者负责"。同时，需要压紧压实主体责任，统筹安排部署，探索完善法官惩戒制度的配套措施，积极推动法官惩戒制度落地落实。既要规范法官惩戒委员会的设立，健全法官惩戒工作程序，不断完善线索受理、立案调查、提请审议、组织听证、作出惩戒、权利救济等程序规则，又要坚持惩戒与保护并重的原则，严格区分办案质量瑕疵责任与违法审判责任，细化法官和审判辅助人员的责任划分，谋深谋实谋细各项工作任务，提高法官惩戒工作的透明度、专业性和公信力，助力法官惩戒制度走实、走深、走远。另外，还需要围绕惩戒工作中出现的新问题、新情况，准确把握惩戒工作的规律特点，完善线索发现机制，理顺法官惩戒与纪检监察、干部管理的关系，推动案件评查与法官惩戒相贯通、法官惩戒与法官退额相衔接。要强化司法责任制条件下的廉政风险防控，扎实推进法官惩戒各项工作有序开展，充分利用惩戒制度优势，堵塞审判管理制度漏洞，不断提高惩戒工作科学化、规范化、法治化水平。

案例研习

思考题：

1. 案件处理中法官与律师的角色差异是什么？
2. 法官与律师的角色差异对各自的法律职业伦理产生什么实质影响？
3. 我国法官职业伦理制度对法官有哪些规范性义务要求？
4. 我国法官惩戒制度的适用条件是什么？
5. 我国法官惩戒有哪些实施程序？

专题三　检察官职业伦理

从内容和实质的角度看，中国古代存在着检察制度的雏形——御史制度。[①] 御史制度作为中国特有的政治、法律现象，是中国源远流长而又行之有效的监察制度，它贯穿于整个封建社会，经历了监察御史、御史台、都察院等不同形式，于清末被改为都御史而名存实亡。御史机构的主要职权是对违法失职的官吏进行纠劾、与审判机关一起参与审理重大案件，以及对错审、错判的申告案件进行纠正。[②] 然而，由于司法权和行政权的混同、公诉权和审判权的合一，以公诉权为核心的西方检察权在中国没有产生的土壤和条件。直到清末，引进了西方的审检分离，进行诉讼民主化改革，中国的检察制度开始以公诉权为内容建立和发展。与此同时，源于御史制度的监察制度也在不断变革并向前延伸，最终在新中国的检察机关和检察职权中找到归宿，完成历史实质意义上的检察权与现代形式意义上的检察权的重合，也完成了中国传统检察权与西方传来检察权的融合。[③]

现代意义上的检察官可以说是欧洲启蒙思想和法国大革命的产物，其从诞生之日起就肩负着"废止封建纠问式诉讼、防范警察国家重现"的使命。这一职业使命，使检察官成为掌控侦查并严把审判"入口"的程序枢纽，成为履行"国家权力之双重控制"职能的法律守护人。由于效忠宪法、捍卫法治，检察官被誉为"法治国的守护人"和"法治国最忠实的仆人"。检察官的职业角色决定了其职业伦理，而它势必与法官职业伦理存在着差异。本专题主要围绕检察官的职业角色，讨论其角色定位、职业属性、职业伦理规范及职业责任与惩戒。

论题一　检察官职业伦理概述

检察官职业伦理是检察官在履行职责过程中应遵循的行为规范，也可以称为检察官职业道德。检察官职业伦理是世界各国检察界共同关注的问题。检察官的角色定位和职权定位不同，检察官职业伦理的内容也不同。在我国，检察官是从事检察事务（即法律监督事务）的国家官员。检察官职业的这一特殊性决定了检察官职业伦理的内容有别于其他法律职业伦理。本论题主要从检察官的职业角色入手，讨论检察官的角色定位与职业属性、职业发展和职业伦理。

---

① 参见熊先觉：《中国司法制度新论》，中国法制出版社1999年版，第86页。

② 参见章武生、左卫民主编：《中国司法制度导论》，法律出版社1994年版，第111页。

③ 参见刘树选、王雄飞：《关于中西检察权本源和属性的探讨》，载《国家检察官学院学报》2002年第4期。

一、检察官的角色定位与职业属性

检察官的角色定位，是指检察官在国家公职人员中的性质与地位。由于各国的司法体制不尽相同，检察官的角色定位也存在差别。自检察制度创立以来，检察官就一直处在法官与警察两大山谷的"谷间带"。检察官不愿成为"侏儒法官"，也不愿成为"司法警察"，如何定位检察官，一直是各国检察制度的难题。①

关于检察官的一般定位，一直存在"行政官说"和"司法官说"两种相互对立的观点。"行政官说"认为，检察官系行政官。一方面，根据检察机关"检察一体制"的组织体制和组织原则，检察机关上下形成一个整体。②另一方面，在国家法（宪法）上的权力划分中，检察官不属于立法者，也不属于法官，而是受上级指令约束的公务员，是代表第二权（行政权）对第三权实施监督的机关。这种类别划分能实现司法结构的合理性与国家基本结构的同构性。"司法官说"则认为，检察官是与法官具有等同性的司法官。将检察官视作司法官，能够防范行政不当干预刑事司法。现代检察官制是资产阶级革命的产物，因此，防止有"革命之子"之称的检察官制成为行政的工具，是创设该制度以来的基本要求。③

对于我国检察官的具体定位，理论界也存在不同的观点，主要包括以下四种：

第一种观点从我国的政治体制和现行法律规定出发。这种观点认为，我国检察机关独立于行政机关和审判机关，是国家法律监督机关，检察机关行使的检察权实质上是一种法律监督权。检察官作为国家机关工作人员，具有独立性，既不是行政官，也不是法官，其基本定位应当是护法官，即法律监督官员，是专门维护法律统一和正确实施的官员。这意味着，检察官是国家官员（行使一定国家权力，区别于一般公民），是国家法律官员（通过行使检察权处理法律案件，区别于行政官员、立法官员），是法律监督者（以侦查和提起诉讼这种积极的行动方式适用法律，区别于作为裁判官的法官）。④

第二种观点从检察官职责的角度出发。这种观点认为，我国检察官是依法在检察机关行使国家检察权的法律职业人员，属于专事国家法律监督职责的官员，其核心职责是进行法律监督，目的是维护国家法律的统一正确实施。基于此，我国检察官的角色定位具体表现为：（1）检察官是法律秩序的积极守护者。与法官作为裁判角色被动维护法律秩序不同，也与律师基于当事人请求维护当事人合法权益（以此实现对法律秩序的维护）不同，检察官积极主动地监督法律的正确实施。（2）检察官是司法公正的忠实捍卫者。公正是检察机关司法属性和法律监督属性的必然要求。（3）检察官是国家和人民权益的客观代表者。检

---

① 参见林钰雄：《谈检察官之双重定位》，载《刑事法杂志》1998年第12期。

② 具体体现于四项制度：1."阶层式建构"和上级的"指令权"。各国检察机关普遍实行仿效行政机关的"阶层式建构"，上级机关对下级机关、上级检察官对下级检察官有指挥监督的"指令权"，而下级则有服从义务。2.职务收取和职务转移制。上级有权亲自处理属于下属检察官承办的案件和事项，同时上级检察官有权将下属检察官承办的案件和事项转交其他下属检察官承办。3.官员代换制。参与诉讼、出席法庭的检察官即使中途替换，对案件在诉讼法上的效果并无影响。4.首长代理制。各级检察机关所属检察官在对外行使职权时，系检察首长的代理人。

③ 参见龙宗智：《试论检察官的定位——兼评主诉检察官制度》，载《人民检察》1999年第7期。

④ 参见李瑜青等：《法律社会学理论与应用》，上海大学出版社2007年版，第260—261页。

察官为了发现真实情况，不应站在当事人的立场上，而应站在客观的立场上进行活动。[1]

第三种观点从检察官司法化的角度出发。这种观点认为，从宪法的规定来看，我国《宪法》将检察官定位为法律监督官；从有关法律、法规、规章等规定来看，检察官是司法官。[2]检察官、法律监督官和司法官名异实同。因此，我国应坚持"大司法"框架下的检察官司法官化道路，实现我国检察官角色定位的司法回归：公正、客观、理性、独立。该观点进一步认为，检察官职能内容上的共性是检察官的本质特征，当今世界上绝大多数法治国家都将公诉、职务犯罪侦查和司法行为监督作为检察官的三大基本职能，我国检察官的法律监督职能也是通过上述三大职能实现的。从这个意义上讲，检察官与法律监督官抑或法律守护官（人）只是称谓不同。而各国所谓的行政监督官、准司法官、行政官、公益代表人等，也只是给检察官披上了不同的角色"外衣"。将检察官称为司法官，是在广义的司法概念下的定位，表现出检察官与法官的职能行使和品格有着共性的要求。可以说，检察官司法官化，是对穿着不同角色"外衣"的检察官的共同、最高要求。[3]

第四种观点从维护公共利益的角度出发。这种观点认为，我国检察官是诉讼当事人、法律守护人和公益代表人。在刑事诉讼中，检察官（机关）首先是诉讼之一方当事人。检察官通过侦查、公诉、监督及刑罚执行等职能，维护法律权威和尊严，维护社会公平正义，尊重保障人权。在现代社会，检察官以维护公共利益作为自己的崇高使命。[4]

可以发现，上述关于检察官角色定位的不同观点，采取的基本上是一种"倒推式"进路，即通过检察权的性质来倒推检察官的角色定位，或者通过法定职责来倒推检察官的角色定位。本书认为，无论对检察官作何种角色定位，首先要确定的是检察官属于法律职业人员，是法律职业共同体的组成部分。因此，可以选择一种"语境式"或"情境式"界定模式，也就是把检察官放在具体的情境中，进而确定其准确的角色定位。对于法律职业人员而言，其最主要的职业行为是"法律服务行为"；对于检察官而言，其最重要的职业行为是参与诉讼，检察官作为一方诉讼当事人，其所要代表或维护的是公共利益、国家利益。以这种方式对检察官进行定位，进而确定检察官应该遵循的职业伦理，更有针对性。

如果从法律职业的角度认定检察官的职业属性，检察官与法官、律师等便具有共性：受过系统的法律职业教育和训练；有着以权利义务为中心概念的知识体系，理性的、专业的话语，以及独特的推理方法；以维护社会正义和自由，维护法律权威为价值追求。但是，检察官因其角色特点又有诸多区别于法官、律师的职业特性。从中国检察官的法律监督角色看，检察官职业具有以下特性：一是主动性。法治对检察官的角色定位要求检察官代表国家而非基于当事人的请求，主动对违反法律秩序的犯罪行为进行追诉，并对诉讼中的其他违法行为进行纠正。从检察官独具的主动追诉的职能看，检察官是法律秩序的积极守护者。二是客观性。检察官适用法律要恪守客观性义务。检察官不仅代表国家对犯罪行

① 参见胡尹庐、胡卫列主编：《检察官职业素养教程》，中国检察出版社2015年版，第122—123页。
② 我国《宪法》规定，中华人民共和国人民检察院是国家的法律监督机关，人民检察院依照法律规定独立行使检察权。我国《刑法》多处涉及"司法"的概念，其中第94条规定："本法所称司法工作人员，是指有侦查、检察、审判、监管职责的工作人员。"我国《刑事诉讼法》《治安管理处罚法》《行政处罚法》均涉及"司法"的概念，其他法律、法规、规章中也多有涉及。
③ 参见刘万丽、黄在国：《我国检察官角色定位问题研究》，载《中州学刊》2013年第11期。
④ 参见段明学：《检察改革论略》，中国检察出版社2016年版，第137—140页。

为进行追诉，维护法律秩序，还负有保护人权之责。这就要求检察官为了发现真实情况，不应站在当事人的立场上，而应站在客观的立场上开展活动，检察官不是也不应是片面追求打击犯罪的"诉狂"，而是依法行动、客观公正的守护人。①

二、检察官职业的发展概况

在中国，现代意义上的检察制度在近代以前并没有出现。自周代至清代，能够与现代检察制度存在某种关联的制度，是纠察百官、监督制约权力的御史制度。自1906年开始，清政府采取一系列措施改革官职、变法修律。1906年底，清政府在听取日本法学学者对中国司法制度建构模式的意见后，颁布了《大理院审判编制法》，规定新的审判机构采用四级三审制，各级审判厅附设检察局，各检察局设置检察长1人，负责刑事案件的公诉、监督审判和监视判决执行。1907年，清政府颁布《高等以下各级审判厅试办章程》，对检察制度作了进一步的规定。不仅明确除法律规定必须亲告案件外，凡刑事案件，无论因被害者告诉、他人告发、警察的移送或检察官自行发觉，都由检察官提起公诉，还明确规定了检察官的具体职权。此后，清政府又于1909年颁布了《法院编制法》，于1910年颁布了《检察厅调度司法警察章程》，为检察制度的发展奠定了基础。辛亥革命后，南京临时政府基本沿用了晚清改制后的司法体制。北洋政府时期，也基本沿用清末的司法体制，实行四级三审制，后来又改为三级二审制，在各级审判厅辖区内单独设立检察厅。同时改了一些旧的称谓：总检察厅首长由厅丞改为检察长，各级检察厅的典簿、录事改为书记官长、书记官。②

1949年，中国人民政治协商会议第一届全体会议通过了《中央人民政府组织法》，该法第28条明确规定："最高人民检察署对政府机关、公务人员和全国国民之严格遵守法律，负最高的检察责任。"1951年，中央人民政府委员会通过了《中央人民政府最高人民检察署暂行组织条例》和《各级地方人民检察署组织通则》，各级人民检察机关相继建立。1954年9月，第一届全国人民代表大会第一次会议召开，制定并通过了《宪法》，其中第81条至第84条对我国检察制度作了规定，包括最高人民检察院的职权、领导关系和检察长的任期，以及垂直领导原则。这次会议还通过了《人民检察院组织法》，比较系统地规定了检察机关的设置、职权、组织原则、检察人员的任免等。1957年，反右派斗争开始，并进一步扩大化，法律虚无主义泛滥，检察制度被错误地批判，一些制度也没有得到很好的实施。"文化大革命"期间，检察制度陷入中断，检察官群体也被推到边缘。③

1979年，我国重新制定了《人民检察院组织法》，明确规定人民检察院为国家法律监督机关，恢复了新中国成立之初的双重领导体制，确立了人民检察院在我国政治体制中的独立法律地位。1995年《检察官法》颁布，给我国检察官职业发展带来了新气象，该法后于2001年、2017年和2019年被修改。此外，我国还制定了《检察官职业道德基本准则》《最高人民检察院关于完善检察官权力清单的指导意见》《最高人民法院、最高人民检察院关于建

---

① 参见最高人民检察院政治部编写组编：《中国特色社会主义检察制度学习材料》，中国检察出版社2006年版，第155—156页。

② 参见孙谦主编：《中国特色社会主义检察制度》（修订版），中国检察出版社2015年版，第89—90页。

③ 参见张思卿主编：《中华人民共和国检察业务全书》，吉林人民出版社1991年版，第5页。

立法官、检察官惩戒制度的意见（试行）》《最高人民检察院关于完善人民检察院司法责任制的若干意见》《检察官职业行为基本规范（试行）》等，建立起一系列配套制度。

根据我国《检察官法》第2条至第4条的规定，检察官是依法行使国家检察权的检察人员，包括最高人民检察院、地方各级人民检察院和军事检察院等专门人民检察院的检察长、副检察长、检察委员会委员和检察员。检察官必须忠实执行宪法和法律，维护社会公平正义，全心全意为人民服务。检察官应当勤勉尽责，清正廉明，恪守职业道德。根据《检察官法》第12条的规定，担任检察官必须具备下列条件：（1）具有中华人民共和国国籍；（2）拥护中华人民共和国宪法，拥护中国共产党领导和社会主义制度；（3）具有良好的政治、业务素质和道德品行；（4）具有正常履行职责的身体条件；（5）具备普通高等学校法学类本科学历并获得学士及以上学位；或者普通高等学校非法学类本科及以上学历并获得法律硕士、法学硕士及以上学位；或者普通高等学校非法学类本科及以上学历，获得其他相应学位，并具有法律专业知识；（6）从事法律工作满5年。其中获得法律硕士、法学硕士学位，或者获得法学博士学位的，从事法律工作的年限可以分别放宽至4年、3年；（7）初任检察官应当通过国家统一法律职业资格考试取得法律职业资格。适用前述第5项规定的学历条件确有困难的地方，经最高人民检察院审核确定，在一定期限内，可以将担任检察官的学历条件放宽为高等学校本科毕业。此外，根据《检察官法》第13条的规定，下列人员不得担任检察官：（1）因犯罪受过刑事处罚的；（2）被开除公职的；（3）被吊销律师、公证员执业证书或者被仲裁委员会除名的；（4）有法律规定的其他情形的。

根据《检察官法》第18条的规定，检察官的任免，依照宪法和法律规定的任免权限和程序办理。（1）最高人民检察院检察长由全国人民代表大会选举和罢免，副检察长、检察委员会委员和检察员，由检察长提请全国人民代表大会常务委员会任免。（2）地方各级人民检察院检察长由本级人民代表大会选举和罢免，副检察长、检察委员会委员和检察员，由检察长提请本级人民代表大会常务委员会任免。地方各级人民检察院检察长的任免，须报上一级人民检察院检察长提请本级人民代表大会常务委员会批准。（3）省、自治区、直辖市人民检察院分院检察长、副检察长、检察委员会委员和检察员，由省、自治区、直辖市人民检察院检察长提请本级人民代表大会常务委员会任免。（4）省级人民检察院和设区的市级人民检察院依法设立作为派出机构的人民检察院的检察长、副检察长、检察委员会委员和检察员，由派出的人民检察院检察长提请本级人民代表大会常务委员会任免。（5）新疆生产建设兵团各级人民检察院、专门人民检察院的检察长、副检察长、检察委员会委员和检察员，依照全国人民代表大会常务委员会的有关规定任免。

国外检察官
职业的发展
概况

根据《检察官法》第14条的规定，初任检察官采用考试、考核的办法，按照德才兼备的标准，从具备检察官条件的人员中择优提出人选。人民检察院的检察长应当具有法学专业知识和法律职业经历。副检察长、检察委员会委员应当从检察官、法官或者其他具备检察官条件的人员中产生。

三、检察官职业伦理的内涵

检察官职业伦理是检察权行使的重要保障，是司法公信得以建立的基础，更是建设法治国家必不可少的基本价值。在法治中国建设背景下，检察官职业伦理的养成对推动检察官职业化建设，维护检察官职业公信力与凝聚力，回应法治中国对检察官"法律守护人"的角色定位具有重要意义。

（一）检察官职业伦理的概念

检察官职业伦理，是指检察官职务内和职务外行为需遵循的准则。从理论上讲，检察官职业伦理可以进一步分为检察官的外部伦理和内部伦理。所谓检察官的外部伦理，是指检察官基于职务行使及其特殊身份在对外联系中需遵循的行为准则。检察官的外部伦理旨在约束检察官的对外行为，包括检察官在履行职务过程中应当恪守的行为准则和检察官基于其特殊身份在私人活动和社交活动中应当遵守的行为准则。所谓检察官的内部伦理，是指检察官在检察机关内部工作中应当遵循的行为准则。检察官的内部伦理旨在约束检察官在检察机关内部的行为，包括检察官与上级检察首长的行为关系准则，以及检察官与同僚的行为关系准则。[1]

在结构意义上，检察官职业伦理并不是单个因素的结构，它由作为职业伦理关系主体的检察官、检察官职业伦理关系、检察官职业伦理规范以及检察官职业伦理秩序四种要素构成。检察官职业伦理是检察官与其职业相关主体之间的一种客观交往关系，这种交往关系受控于检察官职业伦理规范，而检察官职业伦理秩序是其职业伦理关系的一种客观表达。可以说，正是检察官职业伦理各种构成要素的相互作用，使得检察官职业伦理关系的相关主体能够产生稳定的预期，检察官职业伦理才能对内形成稳定的关系，对外发挥积极的行动规则的功用。在功能意义上，检察官职业伦理产生于检察官职位本身，又对检察官个体具有濡化作用。检察官可能并没有感知，但这种濡化过程却实实在在地发挥着作用。因此，检察官职业伦理可以在很大程度上优化检察官职业的内在结构，将检察官职业巩固为一种稳定的关系，并使得检察官职业共同体成员的认同感由法律认同感提升至伦理认同感，从而保证检察官职业群体的有效互动及其效能的发挥。[2]

（二）检察官职业伦理的特征

基于检察业务的特殊性，检察官职业伦理与其他职业伦理相比具有一些比较突出的特征：

第一，检察官职业伦理的主体具有特定性。按照检察院内部的机构设置和职责分工，除检察官外，检察院内部还设有书记员、内勤等行政人员等。这些工作人员的任务是协助检察官行使检察权，但他们毕竟不是检察官，所应遵循的职业伦理与检察官也大不相同。例如，检察院内部的聘任制书记员，只需要遵守基本的司法行政人员的职业伦理即可。因此，检察官职业伦理的主体只能是在检察院专门行使检察权的检察官，并不包括检察院的其他组成人员。

---

[1] 参见万毅：《检察官职业伦理的划分》，载《国家检察官学院学报》2014年第1期。
[2] 参见宋远升：《论检察官职业伦理的构成及建构》，载《法学评论》2014年第3期。

第二，检察官职业伦理的规范对象具有特定性。检察官职业伦理的规范对象主要是检察官的职业行为及其各种社会活动。例如，"忠诚"要求检察官忠于党、忠于国家、忠于人民，忠于事实和法律，忠于人民检察事业，恪尽职守，勇于奉献；"公正"要求检察官树立"正义"的理念，独立行使检察权，坚持法律面前人人平等，自觉维护程序公正和实体公正；"严明"要求检察官在执法活动中"严格执法，文明办案，刚正不阿，敢于监督，勇于纠错，捍卫宪法和法律的尊严"；等等。检察官是社会正气的表率，代表着法律公正无私的形象。因此，检察官的一言一行必须谨慎，不管在日常的职业活动中，还是在业外活动中，检察官均应模范地遵守法律职业伦理，尤其是检察官职业伦理，成为公民行为的道德楷模。

第三，检察官职业伦理的内容具有特定性。检察官职业伦理内容的核心是公正司法。检察官的任务是通过行使检察权，追究犯罪嫌疑人的刑事责任，保护人民群众的生命、财产和健康安全，保障公民的人身权利、民主权利和其他权利，维护正常的社会秩序。同时，检察官还应通过自己的司法实践，教育公民自觉地遵守宪法和法律，积极同违法犯罪行为作斗争。

论题二　检察官职业伦理要求

检察官是公平正义的守护者，检察官的职业素质和道德素养高低直接决定了公平正义这一司法目标能否实现。因此，制定检察官职业伦理规范，规制检察官职业行为，提升检察官职业伦理水平，是法治中国建设的必然要求。在司法体制改革的背景下，检察官职业伦理的养成需要通过培育职业化的检察官群体、建构制度化的检察官职业伦理规范、完善科学化的检察官职业保障和职业责任机制等多维路径来实现。本论题围绕检察官职业伦理规范，介绍检察官职业伦理的相关要求。

一、检察官职业伦理的规范性要求

我国检察官职业伦理的基本要求主要体现在《检察官法》《检察官职业道德基本准则》和《检察官职业行为基本规范（试行）》等规范性文件之中，具体内容包括：

第一，《检察官法》中的法定义务。根据《检察官法》第10条的规定，检察官应当履行下列义务：（1）严格遵守宪法和法律；（2）秉公执法，不得徇私枉法；（3）依法保障当事人和其他诉讼参与人的诉讼权利；（4）维护国家利益、社会公共利益，维护个人和组织的合法权益；（5）保守国家秘密和检察工作秘密，对履行职责中知悉的商业秘密和个人隐私予以保密；（6）依法接受法律监督和人民群众监督；（7）通过依法办理案件以案释法，增强全民法治观念，推进法治社会建设；（8）法律规定的其他义务。

第二，《检察官职业道德基本准则》中的基本准则。2016年11月，最高人民检察院通过了《检察官职业道德基本准则》，对检察官应该遵守的职业道德基本准则规定如下：（1）坚持忠诚品格，永葆政治本色。（2）坚持为民宗旨，保障人民权益。（3）坚持担当精神，强化法律监督。（4）坚持公正理念，维护法制统一。（5）坚持廉洁操守，自觉接受监督。

第三，《检察官职业行为基本规范（试行）》中的基本规范。2010年10月，最高人民法院发布了《检察官职业行为基本规范（试行）》，其目的是规范检察官职业行为，保障和促进检察官严格、公正、文明、廉洁执法。根据《检察官职业行为基本规范（试行）》第1条至第8条的规定，检察官应该遵守的基本规范包括以下内容：（1）坚定政治信念，坚持以马克思列宁主义、毛泽东思想、邓小平理论和"三个代表"重要思想为指导，认真学习中国特色社会主义理论体系，深入贯彻落实科学发展观，建设和捍卫中国特色社会主义事业。（2）热爱祖国，维护国家安全、荣誉和利益，维护国家统一和民族团结，同一切危害国家的言行作斗争。（3）坚持中国共产党领导，坚持党的事业至上，始终与党中央保持高度一致，自觉维护党中央权威。（4）坚持执法为民，坚持人民利益至上，密切联系群众，倾听群众呼声，妥善处理群众诉求，维护群众合法权益，全心全意为人民服务。（5）坚持依法治国基本方略，坚持宪法法律至上，维护宪法和法律的统一、尊严和权威，致力于社会主义法治事业的发展进步。（6）维护公平正义，忠实履行检察官职责，促进司法公正，提高检察机关执法公信力。（7）坚持服务大局，围绕党和国家中心工作履行法律监督职责，为改革开放和经济社会科学发展营造良好法治环境。（8）恪守职业道德，铸造忠诚品格，强化公正理念，树立清廉意识，提升文明素质。

国外有关检察官职业伦理的规范要求

二、检察官职业伦理的具体要求

总结起来，《检察官法》《检察官职业道德基本准则》《检察官职业行为基本规范（试行）》对检察官职业伦理提出了树立职业信仰、公正客观履职、规范业外活动、遵守检察礼仪等具体要求。

（一）树立职业信仰

一般来说，得到普遍认可的信仰概念可以简洁地表述为：对某人或某种主张、主义、宗教极度相信和尊崇，并把它奉为自己的行为准则。相应地，职业信仰是这样一种情感体验和精神追求，即职业人员在职业形成过程中，对于其所从事职业的意义、规律、原则的极度相信和尊崇，并奉之为自己的行为准则和活动指南。职业信仰是一个人信仰的集中体现，它使一个人将信仰与自己的职业联系在一起，从而在职业中自觉地追求利己、利人和利群的高度统一。[①]检察官职业信仰是检察官执行职务活动时内在的最高的道德标准。树立职业信仰，是指检察官个体对于检察官职业的意义、规律、原则极度相信和尊崇，并将其作为自己行为和活动的指南。根据《检察官法》《检察官职业道德基本准则》《检察官职业行为基本规范（试行）》的规定，树立职业信仰包括如下内容：

一是坚定信念。检察机关是国家的法律监督机关，检察官是行使国家检察权的国家工作人员，是中国特色社会主义事业的建设者、捍卫者，是社会公平正义的守护者和公共利

---

① 参见任者春：《敬业：从道德规范到精神信仰》，载《山东师范大学学报（人文社会科学版）》2009年第5期。

益的代表。因此，检察官职业信仰的重要内容之一便是坚定信念。信念是信仰的起点，信仰由信念发展而来。[1]根据《检察官职业行为基本规范（试行）》第1、2、3、7条的规定，坚定信念主要体现在以下几个方面：（1）坚定政治信念，坚持以马克思列宁主义、毛泽东思想、邓小平理论和"三个代表"重要思想为指导，认真学习中国特色社会主义理论体系，深入贯彻落实科学发展观，建设和捍卫中国特色社会主义事业。（2）热爱祖国，维护国家安全、荣誉和利益，维护国家统一和民族团结，同一切危害国家的言行作斗争。（3）坚持中国共产党领导，坚持党的事业至上，始终与党中央保持高度一致，自觉维护党中央权威。（4）坚持服务大局，围绕党和国家中心工作履行法律监督职责，为改革开放和经济社会科学发展营造良好法治环境。当然，必须指出的是，只拥有坚定的信念还不够，必须将信念转化为实际行动，否则所有的理论都会变得毫无价值。

二是执法为民。我国《宪法》第2条第1款明确规定："中华人民共和国的一切权力属于人民。"与这一宪法原则相呼应，《宪法》第27条明确要求，一切国家机关和国家工作人员必须"努力为人民服务"。检察机关是国家机关的组成部分，检察官是国家工作人员的组成部分，因此，执法为民是对宪法原则的具体实践。根据《检察官职业行为基本规范（试行）》第4条的规定，执法为民主要体现在：坚持执法为民，坚持人民利益至上，密切联系群众，倾听群众呼声，妥善处理群众诉求，维护群众合法权益，全心全意为人民服务。

三是维护法治。检察官在法治国家中担任着重要角色，代表国家追诉犯罪，维护国家、公民的利益和权利，监督违法，保障国家法律统一正确实施，法治思维是检察官履行法律监督职责的底线思维。[2]根据《检察官职业行为基本规范（试行）》第5条的规定，维护法治主要体现在：坚持依法治国基本方略，坚持宪法法律至上，维护宪法和法律的统一、尊严和权威，致力于社会主义法治事业的发展进步。

四是追求正义。什么是正义？古今中外有很多与之相关的论述，但仍旧充满分歧。根据美国哲学家罗尔斯和庞德提出的社会正义（即社会基本结构的正义）理论，社会基本结构的正义包括两个层面：（1）社会各种资源、利益以及负担的分配上的正义；（2）社会利益冲突之解决上的正义。前者可谓"实体正义"，后者可谓"形式正义"或"诉讼正义"。[3]至于如何实现正义，一般认为，法律是实现正义的手段，法律对正义的实现作用总体上体现为：（1）分配权利以确立正义；（2）惩罚罪恶以伸张正义；（3）补偿损失以恢复正义。[4]检察官有责任确保适当的人因适当的罪行而被追诉，并在可能的情况下将违法者绳之以法。根据《检察官职业行为基本规范（试行）》第6条的规定，追求正义主要体现为：维护公平正义，忠实履行检察官职责，促进司法公正，提高检察机关执法公信力。

（二）公正客观履职

检察官的职务行为主要体现为履行职责的行为。根据《检察官法》第7条的规定，检

---

① 参见陈新汉：《核心价值体系论导论》，上海大学出版社2016年版，第214页。
② 参见石少侠、胡卫列主编：《初任检察官培训专题讲义》（修订版），中国检察出版社2014年版，第38页。
③ 参见张文显主编：《法理学》，高等教育出版社2003年版，第255页。
④ 参见张文显主编：《法理学》，高等教育出版社2003年版，第257页。

察官的职责包括：（1）对法律规定由人民检察院直接受理的刑事案件进行侦查；（2）对刑事案件进行审查逮捕、审查起诉，代表国家进行公诉；（3）开展公益诉讼工作；（4）开展对刑事、民事、行政诉讼活动的监督工作；（5）法律规定的其他职责。《检察官职业行为基本规范（试行）》第11条至第15条对此作了进一步规定，要求检察官做到以下几点：（1）坚持打击与保护相统一，依法追诉犯罪，尊重和保护诉讼参与人和其他公民、法人及社会组织的合法权益，使无罪的人不受刑事追究。（2）坚持实体与程序相统一，严格遵循法定程序，维护程序正义，以程序公正保障实体公正。（3）坚持惩治与预防相统一，依法惩治犯罪，立足检察职能开展犯罪预防，积极参与社会治安综合治理，预防和减少犯罪。（4）坚持执行法律与执行政策相统一，正确把握办案力度、质量、效率、效果的关系，实现执法办案法律效果、社会效果、政治效果的有机统一。（5）坚持强化审判监督与维护裁判稳定相统一，依法监督纠正裁判错误和审判活动违法，维护生效裁判既判力，保障司法公正和司法权威。根据《检察官职业行为基本规范（试行）》的相关规定，检察官在履行职务行为时，需要遵守如下基本规则：

一是树立正确执法理念。执法理念是执法人员对法律的功能、作用和法律实施所持有的态度和观念，其具有稳定性，对执法活动及执法效果具有决定性作用。根据《检察官职业行为基本规范（试行）》第17条至第20条的规定，检察官在将执法理念外化为职务行为时，应该遵循以下基本规则：（1）坚持理性执法，把握执法规律，全面分析情况，辩证解决问题，理智处理案件。（2）坚持平和执法，平等对待诉讼参与人，和谐处理各类法律关系，稳慎处理每一起案件。（3）坚持文明执法，树立文明理念，改进办案方式，把文明办案要求体现在执法全过程。（4）坚持规范执法，严格依法办案，遵守办案规则和业务流程。

二是依法履行职务行为。作为行使检察权的国家工作人员，检察官的行为具备宪法及法律基础，不受行政机关、社会团体和个人的干涉，但同时其也应严格按照规定的权限和程序认真履行职责。《宪法》第136条规定："人民检察院依照法律规定独立行使检察权，不受行政机关、社会团体和个人的干涉。"根据《检察官法》第6条的规定，检察官依法履行职责，受法律保护。根据《检察官法》第10条的规定，检察官负有"严格遵守宪法和法律"的义务。《检察官职业行为基本规范（试行）》第9条进一步规定，坚持依法履行职责，严格按照法定职责权限、标准和程序执法办案，不受行政机关、社会团体和个人干涉，自觉抵制权势、金钱、人情、关系等因素干扰。

三是保持公正性。一般认为，公正的基本内涵是指从一定的原则和准则出发对人们的行为和作用所作的相应评价，也指一种平等的社会状况，即按同一原则和标准对待相同情况的人和事。[①]司法公信力的确立与提高，有赖每一位司法者的公正，需要在每一个具体的案件中去实践与体现。根据《检察官法》第10条的规定，检察官应当"秉公执法，不得徇私枉法"。《检察官职业行为基本规范（试行）》第10条进一步规定，坚持客观公正，忠于事实真相，严格执法，秉公办案，不偏不倚，不枉不纵，使所办案件经得起法律和历史检验。

四是履行客观义务。检察官的客观义务是指检察官为了发现真实，不应站在当事人的

---

① 参见辞海编辑委员会编纂：《辞海》（1999年版缩印本），上海辞书出版社2000年版，第770页。

立场，而应站在客观的立场进行活动。①日本学者松本一郎的这一论述对国内学者产生了很大的影响，国内有关检察官客观义务的许多论述都体现了松本一郎的核心观点。中国检察制度有必要确立"检察官客观义务"这一概念并作出相应的制度安排。根据《检察官法》第10条的规定，检察官应当"秉公办案，不得徇私枉法""维护国家利益、社会公共利益，维护个人和组织的合法权益"。《检察官职业行为基本规范（试行）》第16条进一步规定，坚持重证据，重调查研究，依法全面客观地收集、审查和使用证据，坚决杜绝非法取证，依法排除非法证据。

五是保守职业秘密。检察官在履行职务的过程中也会获得国家秘密、商业秘密以及个人隐私，这些信息在广义上可以统称为检察官的职业秘密。各国检察官职业伦理都要求检察官保守职业秘密，我国也不例外。根据《检察官法》第10条的规定，检察官应当"保守国家秘密和检察工作秘密"。国家秘密是关系国家安全和利益，依照法定程序确定，在一定时间内只限一定范围的人员知悉的事项。《宪法》第53条将"保守国家秘密"作为公民的一项基本义务予以规定。《保守国家秘密法》第3条规定："国家秘密受法律保护。一切国家机关、武装力量、政党、社会团体、企业事业单位和公民都有保守国家秘密的义务。任何危害国家秘密安全的行为，都必须受到法律追究。"检察官作为国家工作人员，基于工作原因有更多机会接触国家秘密。因此，检察官必须遵守国家法律的规定，保守国家秘密，这不仅是职业伦理的要求，也是宪法及法律的要求。此外，与国家秘密相比，对于检察官在履行职务过程中获得的诸如商业秘密、个人隐私等职业秘密，虽然没有系统性的立法规定，但也散见在诸多法律条文中，检察官同样负有保守秘密的义务。

六是提升职业素质。检察官的职业素质主要包括以下几个方面的能力：（1）新形势下群众工作能力。（2）维护社会公平正义能力。（3）新媒体时代舆论引导能力。（4）科技信息应用能力。（5）拒腐防变能力。②《检察官职业行为基本规范（试行）》第21条至第23条、第25条对这些能力作出了规定：（1）重视群众工作，了解群众疾苦，熟悉群众工作方法，增进与群众的感情，善于用群众信服的方式执法办案。（2）重视化解矛盾纠纷，加强办案风险评估，妥善应对和处置突发事件，深入排查和有效调处矛盾纠纷，注重释法说理，努力做到案结、事了、人和，促进社会和谐稳定。（3）重视舆情应对引导，把握正确舆论导向，遵守舆情处置要求，避免和防止恶意炒作。（4）精研法律政策，充实办案所需知识，保持专业水准，秉持专业操守，维护职业信誉和职业尊严。

七是自觉接受监督。根据我国宪法和法律的规定，各级人民检察院都由本级人民代表大会产生，对它负责，受它监督。权力机关主要监督检察机关及其工作人员是否独立行使职权，依法办案；有权对于检察官的违法活动提出批评和质询，并有权罢免和撤换不称职的检察官。接受法律监督，是检察官职务上的义务，不得违反。要求检察官自觉接受群众监督，目的是使其严格依法办事，更好地惩治违法犯罪，保护人民合法权益。根据《检察官法》第10条的规定，检察官应当"依法接受法律监督和人民群众监督"。《检察官职业行为基本规范（试行）》第24条进一步规定，自觉接受监督，接受其他政法机关的工作制约，执行检务公开规定，提高执法透明度。

---

① 参见［日］松本一郎：《检察官的客观义务》，郭布、罗润麒译，载《环球法律评论》1980年第2期。

② 参见张耕主编：《检察文化初论》，中国检察出版社2014年版，第197页。

（三）规范业外活动

作为特定的法律职业人员，检察官职业工作之外的个人生活同样被社会关注并寄予较高的期望。检察官的职务外行为虽然是个人的事情，但在一定程度上直接或间接地反映了检察官的司法良知和职业素养，如不加以正确引导和约束，必然会产生不良后果，削弱公众对检察官、检察机关的信任，甚至会引发社会公众对整个司法制度的质疑，进而影响社会稳定与和谐。[①]在我国，检察官属于公务员，其社会活动同时受到《公务员法》《检察官法》《检察官职业行为基本规范（试行）》的规范。

一是慎重社会交往。根据《检察官职业行为基本规范（试行）》第45条的规定，检察官应当慎重社会交往，约束自身行为，不参加与检察官身份不符的活动。从事教学、写作、科研或参加座谈、联谊等活动，不违反法律规定、不妨碍司法公正、不影响正常工作。由此可知，检察官在进行社会交往活动时需要注意以下几点：（1）社交活动谨慎。维持和加强公众对检察官及司法制度的信任，是检察官的职业义务。一旦检察官所将参与的社交活动会影响公众对检察官公正性的信任，检察官就应该拒绝参与。（2）交往对象要慎选。为了避免社会交往结果引发外界对检察官职权行使公正性的质疑，检察官在选择社会交往对象时需要小心谨慎。（3）不影响司法公正。检察官可以参加符合法律规定的、不妨碍公正和维护司法权威、不影响检察工作的学术研究和其他社会活动。

二是谨慎发表言论。根据《检察官职业行为基本规范（试行）》第46条的规定，检察官应当谨慎发表言论，避免因不当言论对检察机关造成负面影响。遵守检察新闻采访纪律，就检察工作接受采访应当报经主管部门批准。一般情况下，检察官谨慎发表言论需要遵守如下规则：（1）保守国家秘密和检察工作秘密，不披露履职过程中获得的商业秘密和个人隐私。（2）不评论其他司法人员经办的案件。（3）避免对检察机关的公信力产生不良影响的言论。检察官以案释法，同样需要遵循相关的职业伦理。根据《最高人民检察院关于实行检察官以案释法制度的规定》第2、4条的有关规定，检察官以案释法，是指检察官对所办理案件的事实认定、法律适用和办案程序等问题进行答疑解惑、释法说理，开展法治宣传教育的活动。检察官以案释法应当遵循四项原则：（1）合法规范原则；（2）及时有效原则；（3）协同配合原则；（4）保守秘密原则。此外，在新媒体时代，检察官还应当注意处理好与各种社交媒体（微博、微信、QQ等）的关系，严格约束自己在社交媒体上的言论，做到谨言慎行。

三是保持健康生活方式。检察官保持生活充实、身心健康、个人与社会和谐的健康生活方式，是检察官职业伦理的要求，也是培养自身高尚情操的重要条件。根据《检察官职业行为基本规范（试行）》第49条的规定，检察官应当培养健康情趣，坚持终身学习，崇尚科学，反对迷信，追求高尚，抵制低俗。具体而言，保持健康生活方式主要体现在以下几个方面：（1）培养健康情趣。检察官因为身份特殊，在培养自身的兴趣爱好时，应注意这种兴趣爱好应有助于提高自身素养，丰富精神世界，不能导致公众基于此而对检察官公正性产生怀疑。（2）坚持终身学习。当今世界，终身学习已成为人们生活方式的一部分。对于检察官而言，前期的职业训练只是检察官职业的开始而非终点。现实社会是复杂而多

---

① 　参见张耕主编：《检察文化初论》，中国检察出版社2014年版，第200页。

变的，检察官面对的法律问题也具有很多不确定性，这就要求检察官与时俱进，除了要了解法律的最新发展，还要对整个社会知识更新有一定的了解。

四是严格约束近亲属。实践中，无论从检察机关查处的贪污、受贿等职务犯罪案件来看，还是从检察机关内部一些检察人员的违法违纪案件来看，有不少问题出在近亲属或其他关系密切的人员身上。为避免检察官因近亲属或其他关系密切的人员而违纪违法犯罪，检察官应当向近亲属或其他关系密切的人员告知检察官职业伦理的要求，教育近亲属等人模范执行有关清正廉洁的规定。对近亲属等人严格要求，是检察官保持自身廉洁的重要保障，也是检察官对其近亲属等人的关心、爱护、负责任的表现。[①]

五是离职后继续保持良好操守。作为履行法律监督职责的国家工作人员，检察官也应遵守公务员辞职或退休后一定期限内规避原权力的规定。根据《公务员法》第107条的规定，公务员辞去公职或者退休的，原系领导成员、县处级以上领导职务的公务员在离职3年内，其他公务员在离职2年内，不得到与原工作业务直接相关的企业或者其他营利性组织任职，不得从事与原工作业务直接相关的营利性活动。根据《检察官法》第37条的规定，检察官从人民检察院离任后2年内，不得以律师身份担任诉讼代理人或者辩护人。检察官从人民检察院离任后，不得担任原任职检察院办理案件的诉讼代理人或者辩护人，但是作为当事人的监护人或者近亲属代理诉讼或者进行辩护的除外。此外，根据《刑法》的规定，离职的检察官或者其近亲属以及其他与其关系密切的人员，利用该离职的检察官原职权或者地位形成的便利条件，实施影响力受贿行为的，要承担刑事责任。这些都要求检察官在离职后依然要谨慎、适度、守法，继续保持良好的操守，维护其良好形象和检察官职业的公信力。

（四）遵守检察礼仪

检察礼仪是司法礼仪的一种具体职业礼仪，是指检察机关及其工作人员在检察活动及各种场合下应当遵守的体现检察文明、维护检察形象的职业形象设计与行为准则。[②]一般认为，检察礼仪具有如下作用：（1）塑造司法权威，增强司法公信度。检察官严格遵守比一般礼仪要求更高的检察礼仪，有助于增强社会公众对司法的信任，从而增强全社会尊法学法守法用法意识。（2）彰显司法公正，维护社会公平正义。检察官通过严格遵守检察礼仪约束自己的言行，有助于公平地对待当事人。（3）提升司法效率，传播司法亲和力。检察官遵守检察礼仪，能够增强自身的亲和力，进而有助于平稳当事人的情绪，使当事人产生依赖感和信任感。（4）强化职业道德，促进检察官职业化。检察礼仪是一整套的形象设计与行为规范。检察官遵守检察礼仪，对外可以使公众形成统一的检察职业专业、严肃、权威的良好印象，对内可以使检察官形成对检察职业的认同感。[③]根据《检察官职业行为基本规范（试行）》的规定，检察礼仪的内容主要包括以下几个部分：

一是职务行为中的礼仪。根据《检察官职业行为基本规范（试行）》第41条至第43

---

① 参见最高人民检察院政治部编：《检察官职业道德读本》，中国检察出版社2010年版，第58页。

② 参见张坤明主编：《人民检察礼仪引论》，中国检察出版社2014年版，第33页。

③ 参见张坤明主编：《人民检察礼仪引论》，中国检察出版社2014年版，第37—41页。

条的规定，检察官在执行职务过程中，应该遵守如下礼仪规范：（1）遵守工作礼仪，团结、关心和帮助同事，爱护工作环境，营造干事创业、宽松和谐、风清气正的工作氛围。（2）遵守着装礼仪，按规定着检察制服、佩戴检察徽标。着便装大方得体。（3）遵守接待和语言礼仪，对人热情周到，亲切和蔼，耐心细致，平等相待，一视同仁，举止庄重，精神振作，礼节规范。使用文明礼貌用语，表达准确，用语规范，不说粗话、脏话。

二是职务外行为中的礼仪。检察官在职务外活动中，应当注重职业荣誉，约束自己的言行，不使用有损检察职业形象的语言，不做有损检察官身份的事情，不穿着检察正装、佩戴检察标识到营业性娱乐场所进行娱乐、休闲活动或者在公共场所饮酒，不参与赌博、色情、封建迷信活动以及其他不健康、不文明的活动，避免公众对检察官公正执法和清正廉洁执法产生合理怀疑，避免对履行职责产生负面作用，避免对检察机关的公信力产生不良影响。① 此外，根据《检察官职业行为基本规范（试行）》第44条的规定，检察官应当遵守外事礼仪，遵守国际惯例，尊重国格人格和风俗习惯，平等交往，热情大方，不卑不亢，维护国家形象。

论题三　检察官职业责任与惩戒

检察官职业伦理是一种基于检察官的职业身份的角色规范，是称职良善的检察官所应遵循的道德标准或专业领域的行为规则，调整的是检察官自身以及其与同行、法官、律师、警察和当事人等主体之间的关系。检察官违反检察官职业伦理，将影响案件个案正义的实现，往往会因触犯纪律、法律法规而承担纪律责任或法律责任。本论题主要讨论检察官职业责任和惩戒制度。

一、检察官职业责任

检察官职业责任，是指检察官因违反检察官职业伦理进而违反国家公务员管理纪律或者法律法规，而应承担的不利后果。明确检察官职业责任，有助于加强检察官队伍的自身建设，促进检察官依法行使职权。因此，科学合理地界定检察官职业责任，是检察制度改革的重要任务。检察官职业责任具有以下特点：

第一，承担责任的情形具有特定性。检察官违反检察官职业伦理的情形主要有两种：一是检察官因业务水平、能力和经验的局限，难以在事实和法律上对案件进行正确的判断，从而发生工作上的失误。在这种情形中，检察官在主观和客观上都不存在过错，不需要承担职业责任。二是检察官确实实施了违反检察官职业伦理的行为，触犯了组织纪律或者法律法规，因而需要受到处罚。《检察人员纪律处分条例》分别对检察人员违反政治纪律、组织纪律、办案纪律、廉洁纪律、群众纪律、工作纪律以及生活纪律行为的处分进行了规定。

---

① 参见最高人民检察院政治部编：《检察官职业道德读本》，中国检察出版社2010年版，第73页。

　　第二，责任追究的主体具有特定性。检察院依法独立行使检察权，检察官的地位受法律保护。检察官在履职过程中或离职后行为不当的，应当由特定的主体来追究其职业责任。特定的主体一般是熟悉法律知识的司法公职人员或资深律师，他们精通法律业务，能够更好地就检察官违反检察官职业伦理和法律法规、纪律的不当行为进行区分、调查，以确定其职业责任。

　　第三，责任追究的程序具有特定性。检察官代表国家监督法律的实施和执行，对检察官职业责任的追究，应遵循程序正义和实体正义的基本要求，尽量做到公开、公平和公正，保证涉案检察官享有基本的人权保障。根据《检察人员纪律处分条例》第2条和第5条的规定，检察机关的纪律处分工作，应当坚持全面从严治检、实事求是、纪律面前一律平等、处分与违纪行为相适应、惩戒与教育相结合的原则。检察人员依法履行职责和其他合法权益受法律保护，非因法定事由、非经法定程序，不受纪律处分。

二、检察官惩戒制度

　　党的十八届四中全会提出，"完善司法管理体制和司法权力运行机制，规范司法行为，加强对司法活动的监督"，"实行办案质量终身负责制和错案责任倒查问责制，确保案件处理经得起法律和历史检验"。司法责任制是司法改革的核心内容之一，事关改革成败。建立法官、检察官惩戒制度是司法责任制改革的重要一环，也是重大制度创新。2016年10月，最高人民法院、最高人民检察院联合印发了《关于建立法官、检察官惩戒制度的意见（试行）》，明确了制度基本框架，对法官、检察官惩戒工作的相关问题作出原则性规定，要求最高人民法院、最高人民检察院根据此意见，结合实际，分别制定法官、检察官惩戒工作办法。2019年修订的《检察官法》从法律层面对检察官惩戒制度的核心内容予以明确，并就检察官惩戒委员会审议惩戒事项的具体程序，授权最高人民检察院商有关部门确定。

　　为贯彻落实党的十八届四中全会精神和党中央决策部署，最高人民检察院积极探索，印发了《关于完善人民检察院司法责任制的若干意见》等文件，对严格司法责任认定和追究，建立检察官惩戒制度提出明确要求。在此基础上，认真开展调研，总结各地经验做法，广泛征求中央有关单位、各级人民检察院和专家学者意见建议，深入研究司法责任追究和检察官惩戒工作的顶层制度设计，稳步推进追责惩戒相关文件的起草工作。2020年10月，最高人民检察院印发《人民检察院司法责任追究条例》（以下简称《司法责任追究条例》），明确了违反检察职责线索受理、调查核实、追责情形、责任划分、责任豁免、处理方式等方面的具体要求，并适用于检察官惩戒工作。2022年3月，根据《公务员法》《公职人员政务处分法》《人民检察院组织法》《检察官法》等法律及有关文件规定，最高人民检察院印发了《检察官惩戒工作程序规定（试行）》（以下简称《程序规定》），专门就检察官在司法履职中实施违反检察职责的行为，经检察官惩戒委员会审议程序，追究司法责任予以惩戒的程序性事项作出规定，为人民检察院依规依纪依法追究检察官司法责任提供了制度依据。《程序规定》的出台，标志着人民检察院司法责任追究和检察官惩戒制度基本完成了顶层设计。

（一）《司法责任追究条例》的主要内容

1. 检察人员司法责任追究的管辖和范围

关于责任追究的管辖，《司法责任追究条例》第6条规定，人民检察院司法责任追究工作由检务督察部门承担。未设检务督察部门的基层人民检察院，由承担检务督察职能的部门负责。根据该条例第4条的规定，人民检察院开展司法责任追究工作应当主动接受纪检监察机关的监督，加强沟通协调，形成监督合力。上述规定确立了检务督察部门与纪检监察机关的关系，即检务督察部门的追责工作接受纪检监察机关的监督。这意味着，随着国家监察体制改革的推进，纪检监察机关及其派驻机构在检察机关中的角色地位进一步明晰。

关于责任追究范围，《司法责任追究条例》确立了三种司法责任：故意违反法律法规责任、重大过失责任和监督管理责任。

第一，故意违反法律法规责任。根据《司法责任追究条例》第7条的规定，检察人员在行使检察权过程中，故意实施下列行为之一的，应当承担司法责任：（1）隐瞒、歪曲事实，违规采信关键证据，错误适用法律的；（2）毁灭、伪造、变造、隐匿、篡改证据材料或者法律文书的；（3）暴力取证或者以其他非法方式获取证据的；（4）明知是非法证据不依法排除，而作为认定案件事实重要依据的；（5）违反规定立案或者违法撤销案件的；（6）包庇、放纵被举报人、犯罪嫌疑人、被告人，或者使无罪的人受到刑事追究的；（7）违反规定剥夺、限制当事人、证人人身自由的；（8）违反规定侵犯诉讼参与人诉讼权利的；（9）非法搜查、损毁当事人财物或者违法违规查封、扣押、冻结、保管、处理涉案财物的；（10）办理认罪认罚案件存在诱骗、胁迫等违法行为的；（11）对已经决定给予国家赔偿的案件拒不赔偿或者拖延赔偿的；（12）不履行或者不正确履行刑事诉讼监督、刑罚执行和监管执法监督等职责，有损司法公正的；（13）不履行或者不正确履行民事诉讼监督、行政诉讼监督、公益诉讼等职责，造成不良后果的；（14）违反法律规定应当回避而不自行回避，造成不良影响的；（15）泄露国家秘密、商业秘密、个人隐私等案件信息的；（16）其他违反诉讼程序或者司法办案规定，需要追究司法责任的。

第二，重大过失责任。根据《司法责任追究条例》第8条的规定，检察人员在行使检察权过程中，有重大过失，怠于履行或者不正确履行职责，造成下列后果之一的，应当承担司法责任：（1）认定事实、适用法律等方面出现错误，导致案件错误处理的；（2）遗漏重要犯罪嫌疑人或者重大罪行的，或者使无罪的人受到刑事追究的；（3）对明显属于采取非法方法收集的证据未予排除造成错案的；（4）违反法定条件或者程序造成错误羁押或者超期羁押犯罪嫌疑人、被告人的；（5）发生涉案人员自杀、自伤、行凶、脱逃、串供或者案卷、证据、涉案财物遗失、毁损等重大办案事故的；（6）在履行审查逮捕、审查起诉、出席法庭等职责中作出错误决定，造成严重后果或者恶劣影响的；（7）在履行刑事诉讼监督职责中未及时纠正侦查、审判活动违法或者错误裁判，造成严重后果或者恶劣影响的；（8）在履行刑罚执行和监管执法监督职责中，服刑人员被违法减刑、假释、暂予监外执行或者监管场所发生在押人员脱逃、非正常死亡等严重事故的；（9）在履行民事诉讼监督、行政诉讼监督、公益诉讼等职责中，造成国家利益、社会公共利益、当事人利益重大损失或者恶劣影响的；（10）泄露国家秘密、商业秘密、个人隐私等案件信息，造成严重后果或者恶劣影响的；（11）其他造成严重后果或者恶劣影响的。

第三，监督管理责任。根据《司法责任追究条例》第9条的规定，在行使检察权过程中，检察长、副检察长、业务部门负责人以及其他负有监督管理职责的检察人员，因故意或者重大过失怠于行使或者不当行使监督管理权，在职责范围内对检察人员违反检察职责的行为失职失察、隐瞒不报、措施不当，导致司法办案工作出现严重错误的，应当承担相应的司法责任。

此外，《司法责任追究条例》确立了两种不追究司法责任的情形：

第一，没有故意或重大过失。根据《司法责任追究条例》第10条的规定，检察人员在司法履职中，虽有错误后果发生，但尽到必要注意义务，对后果发生没有故意或者重大过失，具有下列情形之一的，不予追究司法责任：（1）因法律法规、司法解释发生变化或者有关政策调整等原因而改变案件定性或者处理决定的；（2）因法律法规、司法解释规定不明确，存在对法律法规、司法解释理解和认识不一致，但在专业认知范围内能够予以合理说明的；（3）因当事人故意作虚假陈述、供述，或者毁灭、伪造证据等过错，导致案件事实认定或者处理出现错误的；（4）出现新证据或者证据发生变化而改变案件定性或者处理决定的；（5）因技术条件限制等客观原因或者不能预见、无法抗拒的其他原因致使司法履职出现错误的；（6）其他不予追究检察人员司法责任的事由。检察委员会作出错误决定的，检察委员会委员根据错误决定形成的具体情形和主观过错情况，承担相应的司法责任；主观上没有过错的，不承担司法责任。

第二，司法瑕疵。根据《司法责任追究条例》第12条的规定，检察人员在事实认定、证据采信、法律适用、办案程序、文书制作以及司法作风等方面不符合法律和有关规定，但不影响案件结论的正确性和效力的，属于司法瑕疵，不承担司法责任。

2. 检察人员承担司法责任的方式

根据《司法责任追究条例》第25条的规定，检察人员承担司法责任的方式主要有组织处理和处分两种，这两种方式可以视情况单独适用或者合并适用。因此，实际上检察人员承担司法责任的方式有三种：一是组织处理，二是处分，三是组织处理与处分合并适用。

《司法责任追究条例》这一规定，基本上直接延续了2016年《最高人民法院、最高人民检察院关于建立法官、检察官惩戒制度的意见（试行）》的规定。根据该意见第10条的规定，法官、检察官违反审判、检察职责的行为属实，惩戒委员会认为构成故意或者因重大过失导致案件错误并造成严重后果的，人民法院、人民检察院应当依照有关规定作出惩戒决定，并给予相应处理：（1）应当给予停职、延期晋升、免职、责令辞职、辞退等处理的，按照干部管理权限和程序依法办理；（2）应当给予纪律处分的，依照有关规定和程序办理。

《司法责任追究条例》的规定，也基本上延续了2015年《最高人民检察院关于完善人民检察院司法责任制的若干意见》的规定。根据该意见第44条的规定，对经调查属实应当承担司法责任的人员，根据《检察官法》《检察人员纪律处分条例（试行）》《检察人员执法过错责任追究条例》等有关规定，分别按照下列程序作出相应处理：（1）应当给予停职、延期晋升、调离司法办案工作岗位以及免职、责令辞职、辞退等处理的，由组织人事部门按照干部管理权限和程序办理；（2）应当给予纪律处分的，由人民检察院纪检监察机构依照有关规定和程序办理；（3）涉嫌犯罪的，由人民检察院纪检监察机构将犯罪线索移送司法机关处理。

应当注意到，上述两个文件中规定的"纪律处分"，在《司法责任追究条例》中变为"处分"；启动处分的管辖部门，由检察院纪检监察机构变为检察院内设的检务督察部门。

第一，组织处理。《司法责任追究条例》规定的组织处理方式，包括停职、延期晋升、降低等级、调离司法办案工作岗位以及免职、责令辞职、辞退。这七种组织处理方式，与党组织对领导干部的"组织处理"方式在实际内涵上较为接近，但并不完全相同。《中国共产党组织处理规定（试行）》第3条规定："本规定所称组织处理，是指党组织对违规违纪违法、失职失责失范的领导干部采取的岗位、职务、职级调整措施，包括停职检查、调整职务、责令辞职、免职、降职。"该规定适用于各级党的机关、人大机关、行政机关、监察机关、审判机关、检察机关以及事业单位、群团组织中担任领导职务的党员干部。组织处理可以单独适用，也可以和党纪政务处分合并适用。

上述七种组织处理方式与党纪处理也不是一回事。根据《中国共产党纪律处分条例》第10条的规定，对党员的纪律处分分为警告、严重警告、撤销党内职务、留党察看和开除党籍五种。

检察人员司法责任追究中的"组织处理"显然不限于党组织的处理，还包括检察机关作为国家机关的处理。具体而言，处理主体应当为组织人事部门，处理的种类和内容不限于党内职务，还包括机关职务。

第二，处分。根据《司法责任追究条例》第25条第1款第2项的规定，追究检察人员司法责任，检察机关党组研究作出处理决定给予处分的，要按照《公务员法》《公职人员政务处分法》《检察官法》等法律规定。

《公务员法》和《公职人员政务处分法》分别规定了处分和政务处分的种类。根据《公务员法》第61条和第62条的规定，公务员因违纪违法应当承担纪律责任的，依照该法给予处分或者由监察机关依法给予政务处分。对同一违纪违法行为，监察机关已经作出政务处分决定的，公务员所在机关不再给予处分。处分分为警告、记过、记大过、降级、撤职、开除。《公职人员政务处分法》适用于监察机关对违法的公职人员给予政务处分的活动。该法第二章、第三章适用于公职人员任免机关、单位对违法的公职人员给予处分。根据该法第3条、第16条和第17条的规定，监察机关发现公职人员任免机关、单位应当给予处分而未给予，或者给予的处分违法、不当的，应当及时提出监察建议。对公职人员的同一违法行为，监察机关和公职人员任免机关、单位不得重复给予政务处分和处分。公职人员有违法行为，有关机关依照规定给予组织处理的，监察机关可以同时给予政务处分。根据该法第7条和第15条的规定，政务处分分为警告、记过、记大过、降级、撤职、开除六种。公职人员有两个以上违法行为的，应当分别确定政务处分。根据该法第10条的规定，有关机关、单位、组织集体作出的决定违法或者实施违法行为的，对负有责任的领导人员和直接责任人员中的公职人员依法给予政务处分。

《检察官法》第六章规定了检察官的考核、奖励和惩戒。其中第47条规定，检察官有下列行为之一的，应当给予处分；构成犯罪的，依法追究刑事责任：（1）贪污受贿、徇私枉法、刑讯逼供的；（2）隐瞒、伪造、变造、故意损毁证据、案件材料的；（3）泄露国家秘密、检察工作秘密、商业秘密或者个人隐私的；（4）故意违反法律法规办理案件的；（5）因重大过失导致案件错误并造成严重后果的；（6）拖延办案，贻误工作的；（7）利用职权为自己或者他人谋取私利的；（8）接受当事人及其代理人利益输送，或者违反有关规定会见当事人及其代理人的；（9）违反有关规定从事或者参与营利性活动，在企业或者其他营利性组织中兼任职务的；（10）有其他违纪违法行为的。检察官的处分按照有关规定办理。第49条规定，最高人民检察院和省、自治区、直辖市设立检察官惩戒委员会，负责从专业角度审查认定检察官是否存在本法第47条第4项、第5项规定的违反检察职责的行为，提出构成故意违反职责、存在重大过失、存在一般过失或者没有违反职责等审查意见。检察官惩戒委员会提出审查意见后，人民检察院依照有关规定作出是否予以惩戒的决定，并给予相应处理。

3. 司法瑕疵的处理方式

根据《司法责任追究条例》第12条的规定，检察人员对司法瑕疵不承担司法责任，可以视情节对其进行谈话提醒、批评教育、责令检查、通报或者予以诫勉。

谈话提醒、批评教育、责令检查、通报或者予以诫勉，无论是在党务范畴，还是在政务范畴，均属于对轻微违纪违法问题的处理方式。根据《公职人员政务处分法》第12条第2款的规定，公职人员违法行为情节轻微，且具有该法规定的可以从轻或者减轻给予政务处分的情形的，可以对其进行谈话提醒、批评教育、责令检查或者予以诫勉，免予或者不予政务处分。根据《公务员法》第57条第2款的规定，机关对公务员监督发现问题的，应当区分不同情况，予以谈话提醒、批评教育、责令检查、诫勉、组织调整、处分。可见，谈话提醒、批评教育、责令检查、诫勉虽然不是处分，却仍属于对公务员违法违纪行为的处理方式。对于不按照规定条件进行公务员奖惩的，由县级以上领导机关或者公务员主管部门按照管理权限，对负有责任的领导人员和直接责任人员，根据情节轻重，给予批评教育、责令检查、诫勉、组织调整、处分。

此外，《中国共产党纪律检查机关监督执纪工作规则》第15条规定："纪检监察机关应当结合被监督对象的职责，加强对行使权力情况的日常监督，通过多种方式了解被监督对象的思想、工作、作风、生活情况，发现苗头性、倾向性问题或者轻微违纪问题，应当及时约谈提醒、批评教育、责令检查、诫勉谈话，提高监督的针对性和实效性。"《中国共产党党内监督条例》《党委（党组）落实全面从严治党主体责任规定》《中共中央关于加强对"一把手"和领导班子监督的意见》中，也规定了对领导干部苗头性、倾向性问题、轻微违纪问题提醒谈话、诫勉谈话的处理方式。

（二）《程序规定》的主要内容

1. 检察官惩戒的原则、主体和事由

第一，惩戒原则。根据《程序规定》第2条的规定，检察官惩戒工作应当坚持党管干部原则；坚持遵循司法规律，体现检察职业特点；坚持实事求是、客观公正；坚持严肃追责与依法保护有机统一；坚持责任与过错相适应，惩戒与教育相结合。

第二，惩戒主体。根据《程序规定》第4条的规定，检察官惩戒工作由人民检察院与检察官惩戒委员会分工负责。人民检察院依照《司法责任追究条例》的规定，按照干部管理权限对检察官涉嫌违反检察职责的行为进行调查核实，并根据检察官惩戒委员会的审查意见，依照有关规定作出是否予以惩戒的决定，并给予相应处理。检察官惩戒委员会负责从专业角度审查认定检察官是否存在《检察官法》第47条第4项、第5项规定的违反检察职责的行为，提出构成故意违反职责、存在重大过失、存在一般过失或者没有违反职责等审查意见。

《程序规定》还规定了检察官惩戒委员会的设置、人员构成与分工。根据第5条的规定，最高人民检察院和省、自治区、直辖市设立检察官惩戒委员会。检察官惩戒委员会委员应当从政治素质高、专业能力强、职业操守好的人大代表、政协委员、法学专家、律师、检察官和法官等专业人员中选任。其中，委员总人数应为单数，检察官委员不少于半数。根据第7条的规定，检察官惩戒委员会审议惩戒事项实行分级负责制。最高人民检察院检察官惩戒委员会负责审议最高人民检察院检察官的惩戒事项，省、自治区、直辖市检察官惩戒委员会负责审议辖区内检察官的惩戒事项。

第三，惩戒事由。如前所述，根据《程序规定》第4条的规定，检察官惩戒委员会主要针对《检察官法》第47条第4项、第5项规定的违反检察职责的行为提出审查意见，因此，检察官惩戒事由主要指《检察官法》第47条第4项、第5项规定的情形。《检察官法》第47条第4项、第5项规定的是检察官"故意违反法律法规办理案件"和"因重大过失导致案件错误并造成严重后果"而应给予处分或追究刑事责任的情形。

2. 检察官惩戒的线索受理、调查处理和提请审议

关于线索受理，《程序规定》第9条规定，人民检察院承担检务督察工作的部门依据《人民检察院检务督察工作条例》《人民检察院司法责任追究条例》等规定，负责受理检察官司法责任追究的线索，调查核实检察官涉嫌违反检察职责行为。

关于调查处理，《程序规定》第10条规定，人民检察院承担检务督察工作的部门经调查终结，认为当事检察官存在违反检察职责的行为，相关事实已经查清，应当追究司法责任予以惩戒的，制作提请惩戒审议意见书，报检察长批准后，提请检察官惩戒委员会审议。提请惩戒审议意见书应当列明案件来源、受理依据、当事检察官的基本情况、反映涉嫌违反检察职责的主要问题、调查认定的事实及依据、当事检察官的陈述和申辩、调查结论及意见建议、承担检务督察工作的部门审查意见等。

关于提请审议，《程序规定》第11条规定，最高人民检察院和省级人民检察院检察官的惩戒事项由本院提请同级检察官惩戒委员会审议。省级以下各级人民检察院检察官惩戒事项，应当层报省级人民检察院检察长批准，由省级人民检察院提请本省、自治区、直辖市检察官惩戒委员会审议。

3. 检察官惩戒的听证、审议和异议审查程序

第一，听证程序。《程序规定》第13条规定，对人民检察院调查认定的事实和证据存在异议的，检察官惩戒委员会应当组织当事检察官、调查人员及其他相关人员进行听证，当事检察官有权进行陈述、举证和辩解。人民检察院承担检务督察工作的部门应当提前3日将听证的时间、地点通知当事检察官、调查人员和其他相关人员。第14条规定，听证由检察官惩戒委员会主任主持，或者由主任委托的副主任主持，按照下列程序进行：（1）主持人宣布听证开始，宣布审议事项；（2）询问当事检察官是否申请回避，并作出决定；（3）人民检察院承担检务督察工作的部门派员宣读提请审议意见书；（4）当事检察

官陈述；（5）调查人员与当事检察官分别举证、质证；（6）检察官惩戒委员会委员询问；（7）调查人员、当事检察官分别发表意见；（8）当事检察官最后陈述。调查组和当事检察官可以向惩戒委员会申请相关人员到听证现场作证或说明情况，是否同意，由惩戒委员会主任决定，或者由主任委托的副主任决定。

第二，审议程序。《程序规定》第12条规定，检察官惩戒委员会审议惩戒事项，应当有全体委员4/5以上出席方可召开。委员因故无法出席的，须经惩戒委员会主任批准。第13条规定，检察官惩戒委员会受理提请审议事项后，应当在5日内将提请审议意见书送达当事检察官。当事检察官有权申请回避。第15条规定，检察官惩戒委员会对当事检察官是否存在违反检察职责行为进行审议，认为惩戒事项事实清楚、证据确凿的，应当在审议后作出决议；认为事实不清、证据存疑的，可以退回人民检察院，由承担检务督察工作的部门负责补充调查。人民检察院承担检务督察工作的部门应当在30日以内补充调查完毕。补充调查以2次为限。第16条规定，检察官惩戒委员会经过审议，应当根据查明的事实、情节和相关规定，经全体委员2/3以上的多数表决通过，认定检察官是否存在违反检察职责的行为，提出构成故意违反职责、存在重大过失、存在一般过失或者没有违反职责等审查意见。经审议未能形成2/3以上多数意见的，由人民检察院根据审议情况进行补充调查后重新提请审议，或者撤回提请审议事项。第17条规定，检察官惩戒委员会审议形成审查意见后，应当在10日内制作审查意见书，送达当事检察官、相关人民检察院以及有关单位、部门。

第三，异议审查程序。《程序规定》第18条规定，当事检察官对审查意见有异议的，应当在收到审查意见10日内以书面形式向检察官惩戒委员会提出。检察官惩戒委员会审查异议期间，相关人民检察院应当暂缓对当事检察官作出惩戒决定。检察官惩戒委员会应当在收到当事检察官异议申请的60日内对异议及其理由进行审议并作出决定。认为异议不成立的，作出维持原审查意见的决定；认为异议成立的，应当变更原审查意见。第19条规定，检察官惩戒委员会提出审查意见后，人民检察院应当依照《人民检察院司法责任追究条例》等规定作出是否予以惩戒的决定，并给予相应处理。第20条规定，人民检察院作出惩戒决定和相应处理，应当制作惩戒决定书，列明惩戒决定和处理意见的相关依据并阐释理由，在10日内送达当事检察官，并将惩戒决定及执行情况通报检察官惩戒委员会。

4. 当事检察官在惩戒程序中享有的权利

第一，申请回避权。根据《程序规定》第8条的规定，检察官惩戒委员会委员、惩戒案件审查调查人员有下列情形之一的，应当自行回避，当事检察官也有权要求其回避：（1）本人是当事检察官或检察官的近亲属；（2）本人或者其近亲属与办理的惩戒事项有利害关系；（3）担任过调查事项的证人，以及当事检察官办理案件的辩护人、诉讼代理人；（4）有可能影响惩戒事项公正处理的其他情形。惩戒委员会副主任和委员的回避，由惩戒委员会主任决定；主任的回避，由惩戒委员会全体委员会议决定。惩戒案件审查调查人员的回避由检察长决定。

第二，听证、陈述、举证和辩解权。根据《程序规定》第13条的规定，对人民检察院调查认定的事实和证据存在异议的，检察官惩戒委员会应当组织当事检察官、调查人员及其他相关人员进行听证，当事检察官有权进行陈述、

国外检察官惩戒制度概述

举证和辩解。

第三，提出异议、复核和申诉权。根据《程序规定》第18条的规定，当事检察官对审查意见有异议的，有权在收到审查意见10日内以书面形式向检察官惩戒委员会提出。第21条规定，当事检察官对惩戒决定及处理不服的，可以提出复核和申诉，按照《人民检察院司法责任追究条例》规定程序办理。

案例研习

思考题：

1. 在案件处理中检察官与法官的角色差异是什么？
2. 检察官与法官的角色差异对各自的法律职业伦理产生什么实质影响？
3. 我国检察官职业伦理制度对检察官有哪些规范性义务要求？
4. 我国检察官惩戒制度的适用条件是什么？
5. 我国检察官惩戒有哪些实施程序？

专题四　律师职业伦理（一）：律师职业内部关系

中国古代并没有真正意义上的律师职业，近代的研究者习惯将早期的"讼师"作为律师的渊源。有人认为中国律师的"祖师爷"是春秋末期的邓析。据《吕氏春秋》记载，邓析最早从事专业的法律咨询，并收取咨询费用。不过，邓析所处的时代，正是法律从不成文到成文的转型时期，在封建君主与诸侯的夹缝中并没有律师的生存空间。甚至在整个封建帝国时期，在法律制度上并没有形成过官方性质的代理收费的律师模式，也从来不存在一个以法律服务为生的食利阶层，因此也就没有出现真正意义上的律师职业。也就是说，"讼师"并非真正的律师，他们仅仅是一种不具普遍性的存在，不构成一种职业，不为国家所认可，与律师及律师职业现象所应有的含义和属性相去甚远。究其原因，一方面，律师职业具有很强的商业色彩，在古代中国重农抑商的政治环境下，律师行业缺乏制度上的生存空间；另一方面，古代社会以血缘为纽带，民间纠纷主要由血缘关系中的男性权威进行调解，诉讼制度上从未形成对代理律师的个体需求。当事人遇到纠纷，大的通过由官府垄断的诉讼解决，小的则交由血亲中的权威调解。此时，公权严禁具有商业意义的专业人士染指法律，强大的集权文化与弱势的讼师阶层在单一官僚文化范式下塑造着中国的诉讼模式。这种模式在中国受到西学东渐影响之前从未发生质的变化，所谓的律师职业也就很难与现代律师职业同日而语。

中国的现代律师制度源于西方，是与近现代西方政治、经济和文化交往的产物。20世纪初，清政府开始变法图存，任命沈家本、伍廷芳为修律大臣，修改律例，大规模变革传统法制，以日为师，同时大量引入和学习西方法律制度。律师制度也受到了沈家本、伍廷芳的高度重视。1906年，在引入西方司法经验的基础上，沈家本编撰了《大清刑事民事诉讼法草案》，引入西方的律师制度与陪审制度。1907年试行的《各级审判厅试办章程》和1909年颁行的《法院编制法》规定了律师的代理和辩护，从法律上确认律师活动的合法性。然而，就在西方法律制度蓬勃发展之际，清政府最终还是因沉溺于皇权而错过了最佳改良时机，西学东渐的立法大多胎死腹中。虽然新中国成立之初，我国也曾试行律师制度，但律师职业其实是伴随着改革开放的不断深入而快速发展的。

在所有法律职业中，律师职业伦理内容体量最大，基于体例结构均衡的需要，本书将律师职业伦理分为两个专题进行讨论。其中专题四主要讨论律师职业内部伦理关系，专题五主要讨论律师职业外部伦理关系。本专题主要在律师职业基本概念的基础上，讨论律师与律师、律师事务所、律师协会之间的职业伦理关系。

论题一　律师职业伦理概述

　　律师职业伦理是一名合格律师所必须遵循的道德要求。在很长一段时期内，我国法学教育中的法律职业伦理教育存在缺失，法律人的法律工具主义观念滋生蔓延，尤其是律师职业产生了严重的商业化和功利化倾向。有的律师为了当事人的利益会采取严重损害社会公共利益的手段甚至实施违法犯罪行为，律师行贿导致的司法腐败等问题也经常出现，这些都反映出律师职业伦理问题的严重性，以及加强律师职业伦理建设的紧迫性。本论题主要围绕律师的职业角色，讨论律师的角色定位、职业属性、职业发展、职业责任、职业伦理要求等内容。

一、律师的角色定位与职业属性

（一）律师的角色定位

　　新中国成立后，1954年颁布的《宪法》明确规定被告人有权获得辩护，这标志着社会主义中国的律师制度初步产生。后来由于受各类政治活动的影响，中国的律师制度直到20世纪80年代才重新确立下来。伴随着我国民主法治建设的进步和律师职业的发展，总体来看，我国律师的角色定位主要经历了以下演变过程：

国外律师的角色定位

　　一是作为"国家的法律工作者"。1980年8月26日通过的《律师暂行条例》，被认为是新中国有关律师制度的第一部法律，标志着我国律师制度的恢复和重建。该条例第1条规定："律师是国家的法律工作者，其任务是对国家机关、企业事业单位、社会团体、人民公社和公民提供法律帮助，以维护法律的正确实施，维护国家、集体的利益和公民的合法权益。"这肯定了律师作为"国家的法律工作者"的身份，使之与公、检、法工作人员具有同等的社会地位。

　　二是作为"为社会提供法律服务的执业人员"。1996年5月15日通过的《律师法》将律师定义为"为社会提供法律服务的执业人员"。该法第2条规定："本法所称的律师，是指依法取得律师执业证书，为社会提供法律服务的执业人员。"此时，随着我国改革开放的不断深入和社会主义市场经济建设的发展，律师在职能上与公、检、法工作人员明显不同，律师更多以个人名义为社会提供法律服务，而非代表国家从事法律工作。

　　三是作为"为当事人提供法律服务的执业人员"。2007年10月28日修订后的《律师法》把律师定位为"为当事人提供法律服务的执业人员"。该法第2条规定："本法所称律师，是指依法取得律师执业证书，接受委托或者指定，为当事人提供法律服务的执业人员。律师应当维护当事人合法权益，维护法律正确实施，维护社会公平和正义。"这重新确定了律师的职业定位，明确了律师的社会角色和社会责任。

　　四是作为"社会主义法治工作队伍"。2014年10月23日通过的《中共中央关于全面推进依法治国若干重大问题的决定》把律师定位为"社会主义法治工作队伍"中的"法律服务队伍"。中共中央办公厅、国务院办公厅于2016年印发的《关于深化律师制度改革的意见》进一步指出，律师队伍是落实依法治国基本方略、建设社会主义法治国家的重要力量，是社会主义法治工作队伍的重要组成部分。

（二）律师职业的属性

一般来说，律师职业的属性主要是指律师职业的性质和特点，它回答的是律师职业在国家和社会生活中究竟应该占据何种位置、发挥何种作用的问题，反映的是律师职业区别于其他职业的特性。律师职业的属性往往与其职业定位存在密切联系。根据《中共中央关于全面推进依法治国若干重大问题的决定》关于律师是社会主义法治工作队伍中的法律服务队伍的职业定位，律师至少应具有政治属性、社会属性和专业属性等职业属性。

1. 律师的政治属性

从中外律师制度的发展历程来看，律师的存在和发展往往离不开相应的政治环境和背景，本质上是与政治共存的。在西方国家，律师是国家政治制度中的一种制约力量，是国家政治生活的参与者，其直接参与并实际影响着国家民主政治制度的运作过程。[①]许多国家的国家元首、政府首脑、部长、国会议员等成员都是律师出身，这种律师参政、议政、从政现象在美国政治制度中表现得尤为明显。按照美国历史学家亨利·斯蒂尔·康马杰（H. S. Commager）的观点，美国的政治实质上是律师接管的政治。[②]法国学者卢西恩·卡尔皮克（Lucien Karpik）则指出，律师职业是一项真正的政治运动，律师群体具有与众不同的律师集体人格的特点：他们是公众的发言人，他们公正无私，他们树立起了与"法学精神"相符的法律能力的集体形象。[③]

在中国，律师与法官、检察官共同组成法律职业共同体，是社会主义法治工作队伍的重要组成部分，是落实全面依法治国基本方略、建设社会主义法治国家的重要力量。律师执业活动与检察官法律监督活动、法官审判活动在一个国家的司法制度中具有同等重要的地位且不能互相替代。从这个政治定位出发，律师的政治属性主要体现在律师广泛参与政治生活。例如，根据司法部发布的统计数据，截至2021年底，律师担任"两代表一委员"的共10 964人，其中担任各级人大代表的有3 704人，担任各级政协委员的有6 614人，担任各级党代会代表的有646人。[④]

2. 律师的社会属性

不管是基于1996年《律师法》第2条关于律师是"依法取得律师执业证书，为社会提供法律服务的执业人员"的规定，还是基于现行《律师法》第2条关于律师是"依法取得律师执业证书，接受委托或者指定，为当事人提供法律服务的执业人员"的规定，律师执业都具有明显的社会性。也就是说，律师是一种"社会性职业"，律师职业具有很强的社

---

① 参见郭春涛：《律师性质初论》，载《中国司法》2008年第11期。

② 参见王中华：《当代中国律师政治参与研究》，南京大学出版社2012年版，第4页。

③ 参见［法］利奥拉·伊斯雷尔：《法律武器的运用》，钟震宇译，社会科学文献出版社2015年版，第35页。

④ 参见《2021年度律师、基层法律服务工作统计分析》，载中华人民共和国司法部网站，http：//www.moj.gov.cn。

会属性。律师职业的社会属性具体体现在以下几个方面：

一是身份的社会性。从1980年《律师暂行条例》中的"国家的法律工作者"，到1996年《律师法》中的"为社会提供法律服务的执业人员"，再到2007年《律师法》中的"为当事人提供法律服务的执业人员"，律师职业的属性随着职业身份的变化逐渐转向社会性。这种社会性具体表现在律师职业活动的非公务性上。也就是说，律师不再是"国家的法律工作者"，而转化成"社会人"，以当事人代理人的身份维护委托人的"私权"，这与法官、检察官行使"公权"的职业属性明显不同。

二是服务对象和领域的社会性。随着市场经济的发展和民主法治的进步，社会对于律师的需求也在发生变化。律师的业务范围由刑事辩护和诉讼代理扩展到金融、房地产、保险、证券、商标、专利、海事海商、知识产权保护、反倾销等非诉讼业务领域，律师的服务对象也拓展到社会各阶层和各领域。律师服务对象和领域的社会性决定了律师需要具备一种服务社会的精神，积极为社会作贡献。这就意味着，律师不仅是一种谋利的职业，还是稳定社会秩序、维护社会公正的重要力量。

三是服务方式的社会性。与公、检、法代表国家行使"公权"不同，律师代表的是委托人的"私权"，其权利来源于委托人的授权。这种不同的权利来源决定了律师的法律服务方式具有社会性：一方面，律师为了赢得更多的案源，必须用自己的知识和技能赢得社会的信任和认可；另一方面，律师服务的社会性决定了其所提供的法律服务是有偿的，这也是律师生存的物质基础。

3. 律师的专业属性

国家对律师职业是设有"门槛"的，从事律师职业需要具备国家相关法律所规定的条件。也就是说，律师是作为法律专业人士为当事人提供法律服务的，这明确体现了律师职业的专业性。律师的专业属性具体表现在以下几个方面：

一是律师资格条件的专业性。根据《律师法》第5条第1款的规定，申请律师执业，应当具备下列条件：（1）拥护中华人民共和国宪法；（2）通过国家统一法律职业资格考试取得法律职业资格；（3）在律师事务所实习满1年；（4）品行良好。而且，参加国家统一法律职业资格考试也需要满足具有法律专业知识的条件要求。[①]这就是说，取得律师执业资格的律师是具有法律专业知识和能力的专业人士，律师资格条件具有鲜明的专业性。

二是律师业务范围的专业性。亚当·斯密（Adam Smith）在《国富论》中说过，效率来自分工，分工来自规模。这个规律对于律师职业同样适用。在一些大型律师事务所中，律师分工程度较高，不仅业务分工很细，职能分工也很细。例如，金融业务、证券业务、公司业务、房地产业务、知识产权业务、刑事业务、离婚业务等，都由不同的律师团队来负责。不同的业务领域和案件的不同环节，都需要律师具备过硬的专业素养。律师分工的本质就是赋予律师部分法律事务的垄断权，这要求处理法律事务的必须是具备专门知识的职业人士。

三是律师执业技能的专业性。律师不仅需要有相应的法律专业知识，还需要有一定的专业技能。可以说，专业技能是律师与法科生和法学者的最大区别。律师职业的专业性不仅表现在取得律师资格需要具备专业知识，更表现在律师执业过程中，要不断接受业务培

---

① 高等院校法律专业本科毕业或者高等院校非法律专业本科毕业并具有法律专业知识，是国家统一法律职业资格考试报名条件之一。

训，不断提升专业技能和业务水平。

二、律师职业的发展概况

中国律师职业的发展不足百年，而且是"舶来品"。在此之前，中国古代社会存在着一种以帮助他人处理诉讼事务为业的人，这种人被称为"讼师"。讼师的行为往往各有不同：行正义之事，可被称为讼师；教唆人诉讼，以从中牟利，则被称为讼棍。讼师素为官府所疑忌，亦为社会舆论所不容，但其毕竟艰难地生存了下来。"律师"一词在中国历史上出现得很早，但此前都未曾用于表述法律工作者。西汉时期，佛教传入中国，"律师"只是对通晓律藏（"三藏经"之一）僧人的特定称呼。发展到唐代，不仅佛教僧人有"律师"的称呼，道士也可称"律师"。直到清代，有人将传授法律知识的人称为"律师"，"律师"才摘去了宗教用语的帽子，与法律有了一些联系。

国外律师职业的发展概况

如前所述，在晚清变革的潮流中，1906年由沈家本、伍廷芳（我国第一位获准在英国殖民地担任律师的中国人）主持的《大清刑事民事诉讼法草案》引入了律师制度，而且有具体的设计。但该草案最终没有付诸实施。清政府于1907年和1909年先后颁布的《各级审判厅试办章程》和《法院编制法》，则以法律的形式确立了律师存在的合法性。1911年，修订法律馆又以日本的刑事诉讼法、民事诉讼法为蓝本，完成了《大清刑事诉讼法草案》和《大清民事诉讼法草案》，其中明确了律师的代理、辩护等职能。但这些草案还没有送资政院讨论，清廷即已告终。1912年1月，南京临时政府司法部提法司任命陈则民等32名政法学堂毕业生为公家律师，并指出如有原告或被告聘请他们，他们便可上法庭为其辩护。这是最早由中华民国政府公布的中国本土律师名单，他们可谓近代中国律师业的拓荒者。

1912年3月，孙中山在关于《律师法草案》的饬令中提出："律师制度与司法制度相辅为用，夙为文明各国所通行。"他主张尽快审议《律师法》，以建立中华民国律师制度。时任司法总长的伍廷芳，一方面主张效仿西方，全面建立新的法律体系，包括建立律师制度；另一方面还利用司法总长的身份，在有关律师立法尚未出台、律师制度尚未正式建立的情况下，在具体审判活动中率先推行律师辩护制度。1912年9月，北洋政府颁布实施了中国历史上第一部关于律师制度和律师业的单行法规——《律师暂行章程》，它延续了清末关于律师制度构建的基本思路，标志着中国律师制度的正式建立。1912年12月，上海成立了律师公会，这是中国近代史上人数最多、影响最大的律师行业组织。至北洋政府垮台，全国约有3 000人从事律师业务，多集中于上海、南京、武汉、天津等大城市。南京国民政府成立后，在1927年颁布了《律师章程》及《甄别律师委员会章程》，并在1941年颁布了《律师法》。这些法律以《律师暂行章程》为基础，完善了原有的律师制度，使律师业有了较大的发展。此时，出现了一大批具有社会影响力的律师，他们以维权为己任，不怕邪恶势力，不畏高官强权，仗义执言，维护公理，成为社会正义的守护神。

1949年10月1日，中华人民共和国成立，标志着一个新时代的开始，中国律师职业也步入了新的历史发展阶段。从历史发展的角度看，主要包括以下几个时期：

（一）初步确立时期（1949年至1957年）

新中国成立后，根据《中国人民政治协商会议共同纲领》第17条的规定，中央人民政府彻底废除了旧的司法制度，同时通过颁布法律建立新的司法制度。1950年，中央人民政府司法部草拟了《京、津、沪三市辩护人制度试行办法（草案）》，并发出《关于取缔黑律师及讼棍事件的通报》，由此开始了律师制度的除旧立新。

1953年，上海市人民法院设立"公设辩护人室"，帮助刑事被告辩护；次年又改为"公设律师室"，职能扩大到为离婚妇女提供法律帮助。1954年7月，司法部发出《关于试验法院组织制度中几个问题的通知》，指定北京、上海、天津、重庆、武汉、沈阳等大城市试办法律顾问处，开展律师工作。同年9月颁布的《宪法》和《人民法院组织法》都规定了被告人的辩护权和律师辩护制度，使新的律师制度开始在中国各大中城市及部分县、市推行。

1956年3月，司法部召开第一次全国律师工作座谈会，讨论了《律师章程》和《律师收费暂行办法》两个草案；同年7月，国务院批转司法部《关于建立律师工作的请示报告》，规定了律师的性质、组织、任务等，并颁布了《律师收费暂行办法》。到1957年6月，中国已有19个省、自治区、直辖市建立了律师协会（更可信的说法是筹备会），建立法律顾问处800多个，有专职律师2 500多人，兼职律师300多人；律师业务包括刑事辩护和民事代理、担任法律顾问、代写法律文书、解答法律询问等。

（二）全面否定时期（1957年至1977年）

1957年至1977年这段历史时期，由于受到"反右派斗争扩大化""文化大革命"等影响，我国的律师工作基本处于被全面否定的状态。一大批律师被错误地划分为"右派"，法律顾问处也名存实亡，未发挥实际作用，与律师职业相关的制度、规范也未得到落实或完善。

（三）恢复重建时期（1978年至2016年）

1978年3月，五届全国人大通过的《宪法》恢复了刑事辩护制度。1979年4月，全国人大常委会法制委员会成立负责起草律师条例的专门小组；7月，《刑事诉讼法》颁布，该法专列"辩护"一章，标志着律师制度在立法上的重新确立；9月，司法部重建，具体承担了律师条例的起草工作，并开始在各地组建律师机构开展工作；12月，司法部发出了《关于律师工作的通知》，明确宣布恢复律师制度。

1980年8月，五届全国人大常委会第十五次会议通过了《律师暂行条例》。该条例是当代中国第一部有关律师制度的"基本法"，它规定了律师的性质、任务、职责和权利、资格条件及工作机构，使我国律师制度的建立和发展走上了法制化轨道。1986年7月，第一次全国律师大会在北京召开，宣告成立中华全国律师协会，并通过了《中华全国律师协会章程》，这意味着中国律师开始有了自己的组织，迈出了行业自治的第一步。1988年6月，司法部下发《合作制律师事务所试点方案》，打破了由国家包办律师事务所的传统格局，合作制、合伙制律师事务所开始出现。1992年10月，司法部发布了《律师惩戒规则》，其目的是保障律师事业的健康发展，维护律师惩戒工作的严肃性。1993年12月，司法部印发了《律师职业道德和执业纪律规范》，明确了我国的律师职业道德。1993年底，国务院批准了司法部《关于深化律师工作改革的方案》，这一方案确立了当代中国律师制度的基本框架。中国律师业的改革全面展开，逐步建立起多形式、多层次结构的专业化律师工作队伍。

1996年5月，八届全国人大常委会第十九次会议全票通过了《律师法》，成为我国首部真正意义上针对律师群体制定的法律。随后，我国又分别对《律师法》进行了四次不同程度的修改，基本形成了覆盖律师执业和律师管理工作各方面、各环节的律师法律制度和配套规章体系。司法部还相继颁布和修订了《律师事务所管理办法》《律师执业管理办法》《律师和律师事务所违法行为处罚办法》等一系列规范性文件。2004年，中华全国律师协会通过了《律师执业行为规范（试行）》，对律师的职业伦理行为进行了规定。

（四）深化改革时期（2016年至今）

2016年6月，中共中央办公厅、国务院办公厅印发了《关于深化律师制度改革的意见》，对深化律师制度改革作出全面部署。该意见共6部分29条，从深化律师制度改革的总体要求到完善律师执业保障机制、健全律师执业管理制度、加强律师队伍建设、充分发挥律师在全面依法治国中的重要作用、加强组织领导等方面，全面提出了深化律师制度改革的指导思想、基本原则、发展目标和任务措施。意见指出，律师制度是中国特色社会主义司法制度的重要组成部分，是国家法治文明进步的重要标志。律师队伍是落实依法治国基本方略、建设社会主义法治国家的重要力量，是社会主义法治工作队伍的重要组成部分。党的十八大以来，我国律师事业不断发展，律师工作取得显著成绩，为服务经济社会发展、保障人民群众合法权益、维护社会公平正义、推进社会主义民主法治建设发挥了重要作用。

2016年6月，中共中央办公厅、国务院办公厅印发了《关于推行法律顾问制度和公职律师公司律师制度的意见》，积极推行法律顾问制度和公职律师、公司律师制度，充分发挥法律顾问、公职律师、公司律师作用。该意见要求，2017年底前，中央和国家机关各部委，县级以上地方各级党政机关普遍设立法律顾问、公职律师，乡镇党委和政府根据需要设立法律顾问、公职律师，国有企业深入推进法律顾问、公司律师制度，事业单位探索建立法律顾问制度，到2020年全面形成与经济社会发展和法律服务需求相适应的中国特色法律顾问、公职律师、公司律师制度体系。

2017年2月，司法部与财政部联合印发《关于律师开展法律援助工作的意见》。该意见指出，律师队伍是落实依法治国基本方略、建设社会主义法治国家的重要力量，是我国法律援助事业的主体力量。同时，要求推动律师提供公益法律服务，倡导每名律师每年提供不少于24小时的公益服务。对不符合法律援助条件、经济确有困难的群众提供减免收费的服务，发展公益法律服务机构和公益律师队伍，专门对老年人、妇女、未成年人、残疾人、外来务工人员、军人军属等提供免费的法律服务。

2017年10月，最高人民法院与司法部联合印发了《关于开展律师调解试点工作的意见》。该意见要求建立律师调解工作模式，包括：（1）在人民法院设立律师调解工作室。试点地区的各级人民法院要将律师调解与诉讼服务中心建设结合起来，在人民法院诉讼服务中心、诉调对接中心或具备条件的人民法庭设立律师调解工作室，配备必要的工作设施和工作场所。（2）在公共法律服务中心（站）设立律师调解工作室。试点地区的县级公共法律服务中心、乡镇公共法律服务站应当设立专门的律师调解工作室，由公共法律服务中心（站）指派律师调解员提供公益性调解服务。（3）在律师协会设立律师调解中心。试点地区的省级、设区的市级律师协会设立律师调解中心。律师调解中心在律师协会的指导下，组织律师作为调解员，接受当事人申请或人民法院移送，参与矛盾化解和纠纷调解。（4）律师事务所设立调解工作室。鼓励和支持有条件的律师事务所设立调解工作室，组成调解团队，可以将接受当事人申请调解作为一项律师业务开展，同时可以承接人民法院、行政机关移送的调解案件。

三、律师职业的主要类别

现实中，我国律师按照不同的标准可以划分为不同的类别。比如，按照业务范围来划分，可以分为民事律师、刑事律师、行政律师、诉讼业务律师和非诉讼业务律师；按照工作性质来划分，可以分为专职律师和兼职律师；按照服务对象和工作身份来划分，可以分为社会律师、公司律师和公职律师；等等。

国外律师的
职业类别

根据《律师法》第6条的规定，申请律师执业，应当向设区的市级或者直辖市的区人民政府司法行政部门提出申请，并提交下列材料：（1）国家统一法律职业资格证书；（2）律师协会出具的申请人实习考核合格的材料；（3）申请人的身份证明；（4）律师事务所出具的同意接收申请人的证明。申请兼职律师执业的，还应当提交所在单位同意申请人兼职从事律师职业的证明。根据该法第57条的规定，为军队提供法律服务的军队律师，其律师资格的取得和权利、义务及行为准则，适用该法规定。军队律师的具体管理办法，由国务院和中央军事委员会制定。依此，公职律师分为专职律师、兼职律师、军队律师。

根据2003年发布的《司法部关于拓展和规范律师法律服务的意见》，律师业发展的主要目标之一是完善律师组织结构，形成社会律师、公职律师、公司律师、军队律师并存发展、相互配合、优势互补的格局。根据2009年9月发布的《司法部关于启用新版律师和律师事务所执业证书有关问题的通知》，在填写律师执业证（含律师工作证）书"执业证类别"时，在相应的执业证上填写"专职律师""兼职律师"或者"香港居民律师""澳门居民律师""台湾居民律师"；律师工作证上的"工作证类别"填写"公职律师""公司律师"或者"法律援助律师"。2018年，司法部印发了《公职律师管理办法》和《公司律师管理办法》，分别对公职律师、公司律师进行了规定。依此，本书对中国律师的类别做以下梳理介绍：

一是专职律师。专职律师是指取得法律职业资格证书，并通过1年实习考核后，在律师事务所专门从事法律服务工作的律师。专职律师既可以从事民事诉讼、刑事诉讼、行政诉讼等诉讼类业务，也可以从事劳动仲裁、商事仲裁等仲裁类业务，还可以从事法律咨询、法律顾问、公司尽职调查等非诉讼业务。

二是兼职律师。《律师执业管理办法》第7条对兼职律师的执业条件作了规定，即申请兼职律师执业，除符合本办法第6条规定的条件外，还应当具备下列条件：（1）在高等院校、科研机构中从事法学教育、研究工作；（2）经所在单位同意。因此，兼职律师是指高等院校、科研机构从事法学教育、研究工作的人员中，依法取得律师执业证书，经本单位同意兼职从事法律服务工作的人员。

三是公职律师。根据《公职律师管理办法》第2条、第3条和第4条的规定，公职律师是指任职于党政机关或者人民团体，依法取得司法行政机关颁发的公职律师证书，在本单位从事法律事务工作的公职人员。公职律师应当拥护中国共产党领导，拥护社会主义法治，模范遵守宪法和法律，忠于职守，勤勉尽责，恪守律师职业道德和执业纪律，维护法律正确实施，维护社会公平和正义。司法行政机关对公职律师业务活动进行监督、指导。公职律师所在单位对公职律师进行日常管理。律师协会对公职律师实行行业自律。

四是公司律师。根据《公司律师管理办法》第2条、第3条和第4条的规定，公司律师是指与国有企业订立劳动合同，依法取得司法行政机关颁发的公司律师证书，在本企业从事法律事务工作的员工。公司律师应当拥护中国共产党领导，拥护社会主义法治，模范遵守宪法和法律，忠于职守，勤勉尽责，恪守律师职业道德和执业纪律，维护本企业合法权益，维护法律正确实施，维护社会公平和正义。司法行政机关对公司律师业务活动进行监督、指导。公司律师所在单位对公司律师进行日常管理。律师协会对公司律师实行行业自律。

五是军队律师。中央军委于1992年9月批准设立总政治部司法局，领导全军司法行政工作，从而使军队律师、法律顾问、法律咨询等工作归口政治机关统一领导和管理，理顺了体制。中国人民解放军总政治部与司法部于1993年联合发布《关于军队法律服务工作有关问题的通知》，标志着国家认可在军队建立律师序列，并把军队律师初步纳入国家律师体制。另外，根据《律师法》第57条的规定，为军队提供法律服务的军队律师，其律师资格的取得和权利、义务及行为准则，适用该法的规定。军队律师的具体管理办法，由国务院和中央军事委员会制定。

六是法律援助律师。法律援助律师是指受聘于政府法律援助机构或其他部门，通过全国统一法律职业资格考试，取得法律职业资格证书和律师执业资格证书，专门从事法律援助工作的律师。2017年2月，司法部、财政部印发的《关于律师开展法律援助工作的意见》指出，建立法律援助值班律师制度，法律援助机构通过在人民法院、看守所派驻值班律师，依法为犯罪嫌疑人、被告人等提供法律咨询等法律帮助。建立法律援助机构与律师事务所、律师沟通机制，鼓励律师围绕法律援助制度改革、政策制定等建言献策，提高法律援助工作水平。2017年8月，最高人民法院、最高人民检察院、公安部、国家安全部、司法部联合印发《关于开展法律援助值班律师工作的意见》，明确了法律援助值班律师运行模式，对法律援助工作站建设、值班律师选任、值班方式、工作要求等方面作出规定，要求法律援助机构通过派驻值班律师、及时安排值班律师等形式为犯罪嫌疑人、刑事被告人提供法律帮助，律师值班可以相对固定专人或者轮流值班。

在实践中，我国还有公益律师这一类别。公益律师主要是指取得法律职业资格证书，并通过1年实习考核后，在律师事务所或民办非企业机构专门从事公益法律服务的律师。

比如，成立于2005年的北京致诚农民工法律援助与研究中心，是中国第一家依托专职律师为农民工提供免费法律服务的民间社会组织，该组织的律师只能从事公益法律服务，不能办理任何收费案件。

四、律师职业伦理的内涵

一般来说，律师职业伦理是以律师职业行为规则为载体的，律师职业伦理要行之有效，律师群体就需要遵守规制律师的法律条文。因此，律师职业伦理从内涵上就表现出"两面性"：一方面是法律职业人员高举用以自我正当化或自我批判的"理想"；另一方面，它也是实际存在的、被实践的"行规"。伦理这种"理想—实践"的两面性若能正向循环，则可以促进律师职业进一步发展，但是若理想与实践相背离且日渐遥远，则会使整个律师职业面临危机。[①] 随着我国律师制度的发展，律师职业伦理规范体系也在不断完善，司法部的《律师和律师事务所违法行为处罚办法》和中华全国律师协会的《律师执业行为规范（试行）》《律师职业道德基本准则》等规范，都体现了律师职业伦理对于律师执业行为的约束。

律师职业伦理除了具有法律职业共同体所共有的职业伦理特征，还具有如下几个方面的独有的特征：

一是律师职业伦理约束的主体是律师和律师事务所。这里的律师不仅指律师事务所的律师，还包括在国家机关中任职的公职律师以及在公司企业中任职的公司律师，以及实习律师和律师助理等。我国当前法律不允许律师直接以个人名义执业，律师必须在律师事务所执业，由律师事务所统一收案、统一收费，因此，律师职业伦理规范也同样适用于律师事务所，以约束其职业行为。

二是律师职业伦理规范的对象主要是律师的执业行为。律师的执业行为主要体现为律师办理诉讼业务与非诉讼业务。诉讼业务是指律师依法接受公民、法人的委托或根据人民法院的指定，以代理人身份为被代理人办理诉讼事务的业务活动，包括刑事诉讼业务、民事诉讼业务、行政诉讼业务。而非诉讼业务则主要是指律师接受公民、法人或者其他组织的委托，在其职权范围内依照有关法律、法规的规定，不与法院和仲裁委员会发生司法意义上的联系，直接为委托人办理某种法律事务的业务活动。此外，由于律师的一些非执业活动在一定程度上也影响着律师的职业形象，一些与律师的职业形象直接相关的执业以外的活动，也应受到律师职业伦理的约束，如律师的庭外言论、律师广告、律师宣传等。

三是良好的律师职业伦理对社会具有正面影响。律师是依法治国的一支重要力量，势必在推进我国司法体制改革的进程中发挥不可或缺的作用。但是，律师这些作用的发挥依赖于律师对于职业伦理的自觉遵守。良好的律师职业伦理建设可以促进律师全行业整体进步，有利于提高律师人才素质和道德水平，帮助律师树立正确的职业观和正义观，使其在纷繁复杂的利益格局中明确自身定位，依法履行自身的职责和使命，合法、合理、合情地维护自身当事人的权益。

---

① 参见高思博：《法律伦理作为角色伦理？》，载《世新法学》2013年第1期。

五、律师职业伦理责任的理论纷争

律师在实现法治和稳定社会秩序方面负有社会责任（social responsibility）。通过法律建议，律师能够依法解决相互冲突的问题。在履行职责时，律师必须利用他们的专业知识和技能以及他们的伦理和道德观念（moral perceptions）。律师在履行对委托人和法院的职业义务时，应在多大程度上受个人伦理和道德价值观的影响，是法律专业人士长期争论的问题。例如，对于"安乐死"和临终病人死亡权的案件，律师应当考虑他是否应当以冷静的方式行事，而不受他自己关于生命和死亡的个人和宗教观点的影响，或者他是否应该允许他的个人信念在职业决策中发挥重要作用。[①]关于律师道德责任（moral responsibility），目前主要存在两种观点：一种是强调律师职业"非道德性"的传统观点，认为律师的职业活动与个人生活应该完全分离，律师职业功能的发挥不应受到个人道德观念的影响；另一种是强调律师职业"道德性"的现代观点，认为律师不应该将自己的职业责任和个人观点分开，而应将二者进行结合和互补。

（一）律师职业伦理的非道德性

如前所述，普通法系国家的法律职业伦理首先是对律师职业伦理而言的。传统观点认为，律师是非道德性伦理角色（amoral ethical role），律师的职能只涉及他们的职业责任和义务，而不关涉普通伦理道德，这也就是俗称的"雇用枪手理论"（hired gun theory）。美国学者理查德·瓦塞伦姆（Richard Wasserstrom）是最早主张律师的非道德性的学者之一，他在著作《律师作为职业人士：一些道德问题》（Lawyers as Professionals: Some Moral Issues）中对其观点进行了阐述。瓦塞伦姆认为，律师职业的一个核心特征是律师与委托人之间存在一种特殊而复杂的关系。这种关系中的任何一方的行为在很大程度上具有一定的特殊性，这种行为被称为"角色差异行为"（role-differentiated behavior）。"角色差异行为"的本质决定了一个特定角色的人通常会把各种考量（尤其是各种道德考量）放在一边，这是适当且可取的，否则这些考量会影响职业人士的职业责任，甚至具有决定性影响。[②]律师的非道德性职业角色是由党派性（partisanship）和中立性（neutrality）两种观念决定的。党派性意味着律师的主要义务是对其委托人负责，与其他人相比，律师必须优先考虑委托人的利益；中立性意味着律师一旦受理案件，就必须尽其所能为其委托人的利益办案，而不能考虑律师对案件性质和是非曲直的个人意见。非道德性要求律师与委托人的关系一旦建立，律师就必须为了委托人的利益做一切必要的事情，而普通人通常不需要做这些事情。例如，即使知道对方证人说的是事实，律师也可能为了其委托人的利益，而试图证明对方证人的陈述是虚假的。此外，按照非道德性要求，律师必须具有不同于普通道德的职业伦理标准。因此，只要律师在法律范围内行事，他们就不应对其行为的后果承担

---

① See Yashomati Ghosh, *Legal Ethics and the Profession of Law*, LexisNexis, 2014, p.21.

② See Richard Wasserstrom, "Lawyers as Professionals: Some Moral Issues", *Human Rights*, Vol.5, No.1（1975），pp.1-24.

责任。①

在瓦塞伦姆提出了"角色差异行为"之后，有关律师的道德责任在西方法学界与实务界都引发了广泛关注，但是由于瓦塞伦姆并未对律师非道德性的核心价值进行明确界定，很多学者都对这一问题进行了进一步深入探讨。美国学者斯蒂芬·佩珀（Stephen L. Pepper）在其著作《律师的非道德伦理角色：辩护、问题和一些可能性》中对律师非道德性进行了详细阐述，成为这一主张的主要代表人物。②佩珀通过"一流公民模式"（first-class citizenship model）、"对抗性法律制度"和"律师职业义务"，为非道德角色理论提供了道德合理性（moral justification）。"一流公民模式"与"职业化"或"职业主义"密切相关。在"一流公民模式"下，律师在确保普通民众获得立法及公共机构的公共福利方面发挥着重要的作用。而"一流公民模式"是以律师在法律领域的功能优势为前提的，即律师凭借其法律知识和法律培训，相对于普通公民的知识基础具有一定的功能优势。在任何研究领域获得专业知识都会产生一种假设，即为了该服务的消费者的利益而提供优质服务。③换言之，职业的概念本身就包含了服务功能，在某种程度上，职业人士将自己的利益置于那些需要他服务的人的利益之下。④根据斯蒂芬·佩珀的总结，前述主张主要源自职业的七个特征：（1）职业是一种谋生手段。（2）职业是建立在专业知识、培训和能力的基础上的，通常需要智力劳动和多年的高等教育。（3）职业人士在专业知识和能力的基础上所提供的服务，在个人生活的不同阶段都是必要的，而且往往关乎个人最关心的问题。（4）由于涉及许多专业知识，从外行人的角度来看，职业人士提供的服务质量是无法检验的。个人需要服务，但无法对该服务进行评估，因此，相对于职业人士而言，个人是处于弱势地位的。（5）职业垄断了个人经常需要的服务，因此拥有巨大的经济实力。（6）职业在决定、管理成员资格以及监督职业活动方面基本上都是自我管理的。（7）自我管理的一部分通常包括阐明服务导向的伦理规范。职业的这七个特征共同构成了职业人士相对于需要其服务的人员的一种固有优势（inherent advantage），并造成了职业人士与需要其服务的人员之间普遍存在的经济利益冲突。作为对这种不平衡冲突的补救，存在着一种基本的潜在职业义务：当委托人的利益与职业人士的利益发生冲突时，职业人士要为了委托人的利益放弃自己的利益。⑤

是什么决定了律师必须履行这种潜在的职业义务？斯蒂芬·佩珀认为，有一个前提是我们必须予以明确的，即"法律"是所有人都可以获得的公共善（public good），但并不是所有人都能够获得。社会通过其立法者（立法机构、法院、行政机构等）建立了各种机制，使个人或团体的目标得以实现。企业的法人形式、合同、信托以及通过诉讼获得利用公共力量解决私人纠纷的权利，都是赋予个人或团体的工具，所有这些都是由集体创制

---

① See Yashomati Ghosh, *Legal Ethics and the Profession of Law*, LexisNexis, 2014, p.22.

② See Stephen L. Pepper, "The Lawyer's Amoral Ethical Role: A Defense, A Problem, and Some Possibilities", *American Bar Foundation Research Journal*, Vol.1986, Issue 4（1986）, pp.613–636.

③ See Yashomati Ghosh, *Legal Ethics and the Profession of Law*, LexisNexis, 2014, p.23.

④ See Rebecca Roiphe, "The Decline of Professionalism", *Georgetown Journal of Legal Ethics*, Vol.29, Issue 3（2016）, pp.649–682.

⑤ See Thomas D. Morgan, "The Evolving Concept of Professional Responsibility", *Harvard Law Review*, Vol.90, 4（1977）, pp.702–743.

的"法律"建构起来的。然而，对于社会公众而言，法律并不简单，准确而有效地运用法律还存在诸多障碍。律师经过多年的法学教育和法律培训，通过资格考试最终获得法律职业资格，并成为诸多复杂法律问题领域的专家。在许多国家的司法制度中，律师都独占了法律执业的权利，甚至垄断了进入法庭或其他机构的机会，因此比社会其他成员更具有优势。当社会公众遭遇法律纠纷时，他们唯有通过律师的专业服务才能最大限度地克服法律障碍，从"法律的门前"进入"法律的门内"，维护自己的合法权益。然而，正是法律问题本身的"专业性"与"复杂性"，使得普通民众无法对律师服务的质量和水平进行检验；律师职业强调的"自律性"与"独立性"，使得普通民众也无法对规制律师不当职业行为的政策产生影响。鉴于此，斯蒂芬·佩珀认为，律师比委托人更具有优势地位，所以律师职业伦理要求律师的个人利益必须服从于委托人的利益，一旦律师接受了委托人的委托，就必须维护委托人的利益和福祉。

英国学者戴维·潘尼克（David Pannick）也曾对律师职业伦理与普通道德的差异问题进行阐释。他在著作《辩护律师》（Advocates）中指出，在辩护伦理方面，职业人士与普通人之间存在冲突。在不误导法官的范围内或专业职责范围内进行的辩护（competent advocacy），将有助于取得正确的法律结果，或向法官、陪审团提供作出尽可能最佳的法律裁决所需的信息。如果律师的行为是合法的，即使在普通人看来这样的行为在道德上是不可接受的，它在道德上也是正当的。换言之，只要律师和委托人的行为是合法的，需要承担道德责任的是委托人而不是律师。[①]

（二）律师职业伦理的道德性

律师职业伦理"非道德性"的观点认为，只要律师在法律允许的范围内为实现委托人的主张行事，那么律师就不应该对其行为的结果承担法律责任。事实上，法国思想家蒙田（Montaigne）也曾提出类似观点。他认为，将个人生活与职业生活完全分离，可以避免道德困境。保持一个封闭的职业人格，可以最大限度地减少内部冲突，将职业的"道德"责任转移到更广泛的机构身上，并使一个人能够在他承担的每个角色中始终如一地行动。[②]对此，美国学者杰拉尔德·波斯特玛（Gerald J. Postema）在其著作《职业伦理中的道德责任》（Moral Responsibility in Professional Ethics）中进行了批判性回应，并提出一种新的职业伦理概念，即律师必须对其职业行为的后果承担个人责任。[③]

杰拉尔德·波斯特玛认为，在职业伦理与个人道德之间确实存在一定的距离，他将这种现象称为道德距离（moral distance）。道德距离引发了一系列问题，例如，职业伦理与个人道德之间是如何联系的？职业伦理与个人道德之间的冲突是如何解决的？职业伦理与个人道德之间是否存在共同的基础？面对这些问题，一些人可能会为可能出现的一系列困境寻找借口，另一些人可能会试图对不同道德原则之间的关系进行一般性说明，以便在出

---

① See David Pannick, *Advocates*, Oxford University Press, 1993, p.164.

② See Charles P. Curtis, "The Ethics of Advocacy", *Stanford Law Review*, Vol.4, Issue 1（1951）, pp.3–23.

③ See Gerald J. Postema, "Moral Responsibility in Professional Ethics", *New York University Law Review*, Vol.55, Issue 1（1980）, pp.63–91.

现特定问题时从中找到解决办法。就律师职业伦理而言，目前律师职业伦理规范主要采用第一种策略，而哲学家则主要采用第二种策略。在杰拉尔德·波斯特玛看来，这两种方法都是有用的，但是它们都只是处理道德距离引发的诸多问题的一种方法，在很多重要方面还远远不够。他认为，有必要从职业判断和道德情操的重要性的角度，来处理职业伦理问题。

杰拉尔德·波斯特玛认为，切断律师的职业行为与其个人道德经验之间的联系会引发诸多问题。首先，如果没有良好的道德判断力，律师的工作能力（确定适用的法律并有效地为委托人提供建议）可能会受到严重影响。其次，从亚里士多德美德伦理学的观点看，获得至善是每个人的目标，而获得至善的途径就是不断完善个人修养。因此，切断律师职业行为与个人道德经验，将导致律师的职业判断陷入非道德境地，进而变得不可靠。再次，当律师的职业行为与普通道德经验脱节时，无论是在一般情况下还是在特殊情况下，律师对道德成本的敏感性都会减弱。最后，道德超然（moral detachment）的律师将对律师—委托人关系的质量产生不利影响。杰拉尔德·波斯特玛得出结论，认为有必要制定一套新的职业责任准则，因为现行准则允许律师忽略其行为的社会和道德成本，并以职业人士的身份做他们作为个人不会做的事。

▶▶ 六、律师职业伦理的要求

（一）律师职业伦理的规范要求

2014年5月司法部印发的《关于进一步加强律师职业道德建设的意见》明确要求，"当前和今后一个时期加强律师队伍建设的主要任务是，大力加强以'忠诚、为民、法治、正义、诚信、敬业'为主要内容的律师职业道德建设，教育引导广大律师切实做到坚定信念、服务为民、忠于法律、维护正义、恪守诚信、爱岗敬业"。为贯彻落实该意见提出的要求，切实加强律师职业道德建设，促进律师依法规范诚信执业，中华全国律师协会于2014年6月颁布《律师职业道德基本准则》（以下简称《准则》），从以下六个方面规定了律师职业伦理的基本要求。

国外律师职业伦理的基本规范要求

一是坚定信念。《准则》第1条规定，律师应当坚定中国特色社会主义理想信念，坚持中国特色社会主义律师制度的本质属性，拥护党的领导，拥护社会主义制度，自觉维护宪法和法律尊严。

二是执业为民。《准则》第2条规定，律师应当始终把执业为民作为根本宗旨，全心全意为人民群众服务，通过执业活动努力维护人民群众的根本利益，维护公民、法人和其他组织的合法权益。认真履行法律援助义务，积极参加社会公益活动，自觉承担社会责任。

三是维护法治。《准则》第3条规定，律师应当坚定法治信仰，牢固树立法治意识，模范遵守宪法和法律，切实维护宪法和法律尊严，在执业中坚持以事实为根据，以法律为准绳，严格依法履责，尊重司法权威，遵守诉讼规则和法庭纪律，与司法人员建立良性互动关系，维护法律正确实施，促进司法公正。

四是追求正义。《准则》第4条规定，律师应当把维护公平正义作为核心价值追求，为当事人提供勤勉尽责、优质高效的法律服务，努力维护当事人合法权益。引导当事人依法理性维权，维护社会大局稳定。依法充分履行辩护或代理职责，促进案件依法、公正解决。

五是诚实守信。《准则》第5条规定，律师应当牢固树立诚信意识，自觉遵守执业行为规范，在执业中恪尽职守、诚实守信、勤勉尽责、严格自律。积极履行合同约定义务和法定义务，维护委托人合法权益，保守在执业活动中知悉的国家机密、商业秘密和个人隐私。

六是勤勉尽责。《准则》第6条规定，律师应当热爱律师职业，珍惜律师荣誉，树立正确的执业理念，不断提高专业素质和执业水平，注重陶冶个人品行和道德情操，忠于职守，爱岗敬业，尊重同行，维护律师的个人声誉和律师行业形象。

（二）律师职业伦理规范的渊源与功能

1. 律师职业伦理规范的渊源

从规范意义上看，律师职业伦理规范作为律师职业伦理的具体体现，依其内容可以大致分为两种类型：（1）期待性规范（aspiration codes），是律师执业行为的最高道德标准，期待律师职业能够努力实现的理想，一般比较抽象；（2）惩戒性规范（disciplinary codes），是律师执业行为的最低公分母，对于违反者即进行惩戒处罚，一般比较具体。[①] 期待性规范是律师职业伦理道德性的体现，惩戒性规范是律师职业伦理非道德性的体现，二者共同构成了律师职业伦理，缺一不可。从规范形式上看，律师职业伦理规范的渊源主要表现为以下几个方面。

一是法律。我国《刑事诉讼法》《民事诉讼法》和《行政诉讼法》对于律师等法律职业人员的职业行为多有规定。比如，《刑事诉讼法》中关于辩护律师义务的规定，实际上就属于辩护律师在刑事诉讼中的行为规范。此外，《律师法》在第四章"律师的业务和权利、义务"中也集中规定了许多律师义务规范，如关于律师与司法人员、当事人关系的规范等，都是律师职业伦理规范的重要内容。

二是司法解释。这一类规范主要集中在最高人民法院、最高人民检察院发布的许多司法解释中。比如，《最高人民法院关于适用〈中华人民共和国刑事诉讼法〉的解释》中有关回避、辩护人范围、律师保密义务等的规定，就是把基本法律中抽象、原则的律师职业伦理加以具体化，使之具有更强的可操作性。

三是行政法规。这一类规范主要集中在国务院发布的行政法规中。比如，《法律援助条例》中就有许多有关律师职业行为规则、律师和律师事务所承担法律援助的责任和义务的规范。

四是部门规章。这一类规范主要集中在国务院司法行政部门发布的部门规章中。比如，《律师执业管理办法》《律师和律师事务所违法行为处罚办法》等有关律师管理的部门

---

① 参见台北律师公会主编：《法律伦理》，五南图书出版股份有限公司2011年版，第17页。

规章中就存在大量有关律师职业伦理的内容。

五是行业规范。这一类规范主要集中在中华全国律师协会和地方律师协会发布的有关律师行业管理的规范性文件中。比较有代表性的是中华全国律师协会发布的《律师执业行为规范（试行）》《律师协会会员违规行为处分规则（试行）》《律师职业道德基本准则》等。这些行业规范是律师职业伦理规范的核心渊源。

六是其他规范。比如，党的十四届六中全会通过的《中共中央关于加强社会主义精神文明建设若干重要问题的决议》，以及中共中央于2001年发布的《公民道德建设实施纲要》，其中有关职业道德的内容和要求，对于研究和制定律师职业行为规范具有直接的指导作用。

2. 律师职业伦理规范的功能

在社会大分工和价值多元的宏观背景下，职业伦理对于社会风气的塑造和社会秩序的稳定发挥着重要作用。法律职业伦理作为法律职业人员在其职务活动与社会活动中所应遵循的行为规范，既是社会伦理道德体系的重要组成部分，也是社会伦理道德在法律职业领域中的具体体现和升华。具体到律师职业伦理，它不但能够激发律师群体对律师职业的价值感和尊荣感，也能促进社会公众对律师职业甚至法治事业的信任和认同。基于律师职业的价值判断和共同理想而构建的律师职业伦理规范，在现实生活和司法实践中至少具有如下功能：

一是律师职业伦理规范可以对律师执业活动起到规范、指引和保护的作用。律师职业伦理规范主要为律师执业行为提供标准与界限，明确律师在执业活动中哪些行为可以做、哪些行为不可以做，以及相应的行为后果，为律师执业活动提供行动指南。同时，律师职业伦理规范和行业纪律惩戒在某种程度上对律师可以起到提醒和保护作用。如果没有律师职业伦理规范的明确规定，律师可能会因为不知道自己执业行为的界限究竟在哪里，而承担民事责任甚至刑事责任。

二是律师职业伦理规范可以对律师执业行为起到评价和矫正的作用。律师职业伦理规范作为律师执业行为的标准化评价依据，既是法律群体和社会公众对律师职业行为达成的道德共识，也是对律师违反相关法律和行业纪律规范的行为进行处罚的明确依据。正是因为律师职业伦理规范的存在，律师可以随时根据其内容来调整自己的行为，律师的违规行为也可以根据这些规范而得以矫正和制裁。

三是律师职业伦理规范可以对律师群体起到约束和强制的作用。如果没有律师职业伦理规范，律师实施某些行为可能会心存侥幸。但当建立了明确的伦理规范并将其与纪律惩戒关联之后，律师实施违规行为时就不得不顾虑其可能产生的法律后果。而且，与社会普通道德规范不同，律师职业伦理规范并非依靠律师内心的道德约束和自律来实现，而是依靠外在有形的强制力实现。因此，律师职业伦理规范对律师的执业行为具有明确的强制性约束力。

（三）律师职业的规制

如前所述，在英美法系国家，对于律师执业行为的规制一直是其法律职业伦理的重点内容，也有许多学者从不同的角度对律师职业规制展开研究。美国学者罗素·皮尔斯（Russell Pearce）、勒妮·纽曼·克纳克（Renee Newman Knake）以及加拿大学者诺埃尔·森普尔（Noel Semple）等人通过对美国、加拿大、英国（英格兰和威尔士）、澳大利亚等国家律师职业规制进行比较研究，对规制律师职业的理由进行了系统总结。① 目前，学术界对律师职业规制理由的研究主要有三种理论视角：

一是私人利益理论。该理论认为，规制主要是为了保护律师自己的利益，使法律界能够将自己定位为独立、特殊的行业，从而证明收取高额费用是正当的。在这一理论模式下，规制的核心目标是加强律师与非律师之间的区别。这种观点是"规制俘获理论"（capture theory of regulation）的一种应用。该理论认为，规制通常是由受规制群体"获得"的，而且"设计和操作主要是为了其利益"。② 美国学者理查德·埃贝尔（Richard Abel）曾辩称，规制被用来使律师行业合法化，抑制竞争并避免受到外部人士的监视。律师协会在这场斗争中使用了各种各样的策略：（1）它们试图通过立法将它们垄断的业务范围尽可能扩大，包括出具法律意见、起草遗嘱、收集转让债权、产权过户、起草契约、代表行政机构出庭等。（2）律师协会和与之竞争的行业达成协议，划分彼此的市场。（3）律师行业还以向某些个人或团体提起诉讼的方式，寻求法院对这些人发出禁制令，引用严重藐视法庭行为的罪名以及刑事定罪来反对他们。③

二是委托人利益理论。该理论认为，监管主要是为了保护委托人不被利用。这种做法的前提通常是律师行业不能由正常的自由市场来运作，而委托人无法知道自己是否受到了不公正的对待或得到了错误的法律建议。英国学者乔纳森·赫林举了一个例子：如果我们买了一台有缺陷的电脑，可能很快就会意识到这台电脑是有问题的；然而，如果我们得到一份起草得很糟糕的遗嘱或离婚谈判协议，往往无法意识到自己得到的是很差的服务。此外，当委托人寻求法律咨询时，他们往往处于人生的危急时刻，因此特别容易受到伤害。所有这些都要求对律师进行特别严格的规制。④

三是公共利益理论。美国学者布拉德利·温德尔是这一理论的拥护者。他认为，美国律师似乎已经达成共识，全球化和信息技术正在从根本上改变法律实践；特别是，非律师越来越多地参与传统上被定义为法律实践的活动。当然，法律界历来被赋予垄断地位，可以提供任何被视为法律工作的服务。因此，来自不同专业的非律师（如会计师、顾问、商业管理人员、金融家和信息技术专业人员）提供法律服务，并未受到律师的热烈欢迎。布拉德利·温德尔进一步认为，律师在某些方面（如辩护、推理等）确实比非律师强，但这并不是主要区别，主要区别在于律师职业的核心价值。此外，律师的角色与"律师—委托人关系"也是有区别的，因为律师深深地植根于整个司法制度中，并与某些核心价值相关联。他强调，委托人利益在关于核心价值的辩论中发挥了突出作用，这是它们应该发挥的作用；然而令人关切的是，非委托人（non-clients）的利益所起的作用相对较小，却更加

---

① See Russell Pearce, Noel Semple and Renee Newman Knake, "A Taxonomy of Lawyer Regulation: How Contrasting Theories of Regulation Explain the Divergent Regulatory Regimes in Australia, England and Wales, and North America", *Legal Ethics*, Vol.16, Issue 2 (2013), pp.258–283.

② See George J. Stigler, "The Theory of Economic Regulation", *The Bell Journal of Economics and Management Science*, Vol.2, No.1 (1971), pp.3–21.

③ 参见［美］理查德·L.埃贝尔：《美国律师》，张元元、张国峰译，中国政法大学出版社2009年版，第147页。

④ See Jonathan Herring, *Legal Ethics*, Second edition, Oxford University Press, 2017, p.74.

值得重视。在目前关于职业规制、放松规制（deregulation）和规制改革的讨论中，最重要的是不能忽视构成法律职业核心价值基础的社会利益。[①]

（四）律师职业伦理的监督

在不同的国家，承担律师职业伦理监督责任的组织也不相同，更具体地说，享有律师惩戒权的组织并不一致。

在中国，根据《律师法》的规定，对律师职业活动及其职业伦理实施监督和引导的职责，是由各级司法行政机关和律师协会共同承担的。具体来说，对于违反律师职业伦理规范的律师，由司法行政机关行使处罚权或者由律师协会行使处分权。但在实践中，律师职业的专业化使得司法行政机关很难单独在律师的职业范围内有效行使直接管理的职能。因此，我国普遍实行一种"司法行政机关进行行政管理"和"律师协会行业自律"相结合的律师管理模式，这种模式主要有以下几个方面的内容：

一是司法行政机关与律师协会的工作协调机制。各级司法行政机关通过健全完善律师管理机构，以及与律师协会之间的重要决策会商、重要情况沟通、重要信息共享的工作机制，不断提高管理工作水平，为监督和引导律师职业伦理创建一个良好的制度环境和信息共享机制，实现不同管理主体在律师执业管理方面的互补。

二是司法行政机关与律师协会对律师事务所的管理。各级司法行政机关和律师协会要加强对律师和律师事务所的监督管理，引导律师事务所及其律师加强自律管理，依法、诚信、尽责执业。首先，要依法组织开展律师事务所年度检查考核，加强对律师事务所执业和管理活动的监督；其次，要建立健全密切配合、有机衔接的流动律师管理工作机制；最后，要推动律师事务所建立健全科学合理的人员管理、业务管理、收入分配、风险防范等内部管理制度，强化自我教育、自我管理和自我约束。

三是律师协会出台一些行业自律规则和业务指引，对律师职业伦理进行具体微观层面的引导。例如，全国律协先后制定出台了一系列行业自律规则，以及一批专业法律服务领域的业务指引，确保律师执业行为有规可依、有章可循；各地律师协会普遍设立了维护律师合法权益、制定律师行业规则等的专门委员会和刑事、民事、行政等专业委员会，积极开展律师业务研究、交流和指导，推动律师服务专业化、规范化。

四是各级司法行政机关、律师协会采取各种举措加强对律师职业伦理和工作作风的引导。一方面，通过组织业务培训和教材编写，以及严格律师执业许可条件和程序，提高律师业务素质和职业道德素质；另一方面，通过完善违法行为投诉查处程序，建立健全被处罚律师和律师事务所通报制度及不良记录制度，督促律师事务所建立违规律师辞退和除名制度，加大对律师和律师事务所违法行为的查处力度。

国外律师职业伦理的监督

[①]　See W. Bradley Wendel，"In Search of Core Values"，*Legal Ethics*，Vol.16, Issue 2（2013），pp.350–366.

论题二 律师之间的关系

现实中，律师与当事人之间的关系比较容易处理，当事人向律师请教问题，律师帮助当事人解决问题，二者之间的角色基调不会有太大变化。而律师之间的关系相对比较复杂，有时候律师和律师是朋友，有时候律师和律师是竞争对手，而且这种关系在不同场合可能会快速转变。因此，从法律职业伦理的角度讨论律师之间的关系，对于规范律师之间的职业行为具有重要意义。本论题主要探讨律师之间关系的基本内涵和规制律师之间关系的职业伦理规范。

一、律师之间关系的内涵与特征

律师之间的关系，简单地讲就是"律师同行关系"。律师作为其委托人的代理人，其职责就是帮助委托人处理各类法律纠纷，因此律师之间的关系是基于委托人的立场或利益诉求而产生的职业行为关系，这种关系并不必然涉及律师之间的私人关系。

依据不同的标准，律师之间关系可以分为不同的类型：第一，以存在范围为标准，律师之间关系可以分为内部律师关系与外部律师关系。当然，这种划分是相对的。内部律师关系可以指同一律师协会的律师，也可以指某一特定区域的律师，但通常是指同一律师事务所内部律师之间的职业关系；外部律师关系既可以指不同律师协会的律师之间的关系，也可以指不同区域律师之间的关系，但通常是指不同律师事务所的律师之间的关系。第二，以表现形式为标准，律师之间关系可以分为律师竞争关系和律师合作关系。律师竞争关系，是指两个或多个律师在案源、业务或资源方面存在的竞争关系，是法律服务市场打破垄断和提升质量的必备条件。律师竞争关系并不是说"同行是冤家"，是律师行业之间不择手段的恶性竞争，而是律师之间基于知识、技能和其他业务能力的良性竞争关系。律师合作关系，是指两个或多个律师在案源、业务或资源方面存在的合作关系，是法律服务市场健康有效运行的必备条件。律师的同行合作关系并不简单地表现为团队合作，更强调律师职业共同体的合作共赢意识，真正实现打造律师精英队伍的目的。

律师之间关系的特征，主要表现在以下几个方面：

一是专业性。律师之间关系的专业性是由越来越细的社会分工决定的，社会分工的细化说白了就是"让专业的人做专业的事"。现代的律师本身就是经受过专业教育和职业训练的专业人士，律师的专业性为律师之间关系的专业性奠定了基础。随着经济的快速发展、法治建设的推进以及市场需求的变化，律师行业的专业性特征会愈加彰显。

二是竞争性。在法律服务市场中，同一业务领域的律师为了争夺案源，势必会产生一定的竞争。这既有利于促进律师不断提高自身的业务水平和服务质量，也可以使委托人有更多的选择。但是，律师行业的竞争必须在法律法规及职业伦理规范的范围内开展，否则就容易产生律师之间的恶性竞争，影响律师职业的健康良性发展。例如，在美国律师界，律师之间的恶性竞争加剧时曾出现过"追赶救护车"（ambulance chasing）的现象，律师也被戏称为"救护车追逐者"，极大地影响了律师行业的整体声誉。

三是协同性。律师之间关系的协同性主要是指律师个人作为律师职业的组成部分，其行为并不仅仅关乎其自身，还与律师职业的其他成员以及律师职业整体密切相关。也就是说，律师个人与律师职业其他成员及律师职业整体之间是一种"一荣俱荣，一损俱损"的协同关系，如果律师之间互相诋毁、互不信任，受损害的不只是某个或某两个律师，还会影响整个律师职业群体的形象和声誉。

二、律师之间关系的基本规范

律师是掌握法律知识和技能的特殊专业人士，律师之间关系的专业性、竞争性、协同性特征，对律师职业行为的伦理规范提出了特定的要求，因此世界各国都将律师之间的关系作为律师职业伦理的重点内容。

我国规制律师之间关系的行为规范，主要集中在《律师法》《律师执业管理办法》和《律师执业行为规范（试行）》等规范性文件中。这些规范性文件要求律师在处理与其他律师的关系时，注意以下几个方面的问题：

国外有关律师之间关系的行为规范

一是律师之间的尊重与合作。根据《律师执业行为规范（试行）》第73条至第77条的规定，律师与其他律师之间应当相互帮助、相互尊重。在庭审或者谈判过程中各方律师应当互相尊重，不得使用挖苦、讽刺或者侮辱性的语言。律师或律师事务所不得在公众场合及媒体上发表恶意贬低、诋毁、损害同行声誉的言论。律师变更执业机构时应当维护委托人及原律师事务所的利益；律师事务所在接受转入律师时，不得损害原律师事务所的利益。律师与委托人发生纠纷的，律师事务所的解决方案应当充分尊重律师本人的意见，律师应当服从律师事务所解决纠纷的决议。

二是禁止律师之间的不正当竞争。根据《律师执业行为规范（试行）》第78条和第79条的规定，律师和律师事务所不得采用不正当手段进行业务竞争，损害其他律师及律师事务所的声誉或者其他合法权益。有下列情形之一的，属于律师执业不正当竞争行为：（1）诋毁、诽谤其他律师或者律师事务所信誉、声誉；（2）无正当理由，以低于同地区同行业收费标准为条件争揽业务，或者采用承诺给予客户、中介人、推荐人回扣、馈赠金钱、财物或者其他利益等方式争揽业务；（3）故意在委托人与其代理律师之间制造纠纷；（4）向委托人明示或者暗示自己或者其所属的律师事务所与司法机关、政府机关、社会团体及其工作人员具有特殊关系；（5）就法律服务结果或者诉讼结果作出虚假承诺；（6）明示或者暗示可以帮助委托人达到不正当目的，或者以不正当的方式、手段达到委托人的目的。

三是对律师同行不当行为的检举。律师之间基于律师同行之间的互尊义务，不得彼此攻击人格尊严，并不意味着律师之间应当互相包庇隐瞒彼此的违法违规行为。如何对待和处理律师同行的不当行为，需要根据不同情况予以分析。

如果律师发现同行可能存在违反法律或律师职业伦理的行为，那么该如何处理？本书认为，律师发现同行律师可能存在违反法律或律师职业伦理的行为，除负有保密义务者以外，可以向律师协会或有关司法机关报告，这并不违反律师职业伦理。当然，为了维护委托人的利益而必须放弃这种私密性要求的，不在此限。如果律师发现其他同行律师存在轻微违反律师职业伦理的行为，虽然相关规范性文件并未科以告发义务，但他可以以私密方式对同行律师给予友善提示，使其意识到并主动改正自己的错误行为，这一点在前辈律师和后辈律师之间显得尤为必要。但对于严重违背律师职业伦理甚至构成犯罪的行为，律师依据相应的事实和证据揭发检举的，则不应加以禁止。只有允许依法检举才有利于律师之间互相监督，形成良性的竞争关系，也有利于提高律师行业的自清能力。

如果律师发现受委托律师没有尽职办案而导致委托人败诉，是否可以向委托人言明该律师在代理过程中的疏忽和错误之处，并进而要求委托人委托自己代理该案？本书认为，这一问题并无明确标准，究竟是否允许，要看律师是否就事论事，客观地指出导致败诉之具体策略错误。如果律师基于贬低受委托律师的目的，极其主观或毫无根据地随意指摘该律师，则应在禁止之列。正确而妥当的处理方式是：由律师提出另外几种代理策略或辩护思路，并客观分析各自的利弊和可能的后果，以及前诉败诉的客观原因，由客户自行判断是否维持原委托关系。

如果委托人在不同的诉讼阶段分别委任不同律师，则后一阶段的律师是否可以对前一阶段的律师行为作出评价？本书认为，如果前一阶段的律师行为的确存在执业过错，损害了委托人的利益，可能涉及律师民事责任，那么后一阶段的律师基于对委托人的忠诚义务而指出这些失当之处，没有违反律师职业伦理。相反，如果知而不报，则可能违背律师对委托人的忠诚义务。但律师在作出这种评价时应注意方式方法。

案例研习

论题三　律师与律师事务所的关系

我国《律师法》第14条规定"律师事务所是律师的执业机构"，并规定了设立律师事务所应当具备的条件。这意味着，一方面，我国的律师执业机构只有律师事务所，不存在其他律师执业机构；另一方面，律师必须在律师事务所内执业，任何律师都必须是律师事务所的成员，不能脱离律师事务所开展业务。要了解律师与律师事务所之间的关系，就必须了解律师事务所的类型及特征，这有利于从多角度加深对律师职业伦理的理解。本论题除了介绍律师事务所的发展，还着重探讨律师与律师事务所之间的关系及其相关职业伦理规范。

》》一、律师事务所的发展概况

国外律师事务所的发展概况

伴随着我国律师制度的恢复和发展，律师事务所的性质也经历了不同的阶段。1980年颁布的《律师暂行条例》将"法律顾问处"（律师事务所的前身）规定为"事业单位"，由国家核拨编制、核拨经费，实行对人事、业务、财务的全面管理。随着市场经济的建立和发展，律师事务所也进行了改革，合伙制、合作制律师事务所开始出现。1993年党的十四届三中全会审议通过的《中共中央关于建立社会主义市场经济体制的若干问题的决定》将律师事务所规定为"市场中介组织",进一步推动了律师事务所走向市场,向不占编制和经费、"个人出资、自愿组合、自我管理、共担风险"的运作机制转变。[①]1996年颁布的《律师法》保留了"律师事务所"这一称谓,允许国家出资设立的律师事务所、合作制律师事务所、合伙制律师事务所三者并存,但是对于律师事务所的性质并未进行规定。2007年修改后的《律师法》增设特殊的普通合伙律师事务所,允许个人开设律师事务所,保留了国家出资设立的律师事务所,取消了合作制律师事务所,但是对于律师事务所的性质仍然没有规定。2008年公布的《劳动合同法实施条例》第3条明确规定"依法成立的会计师事务所、律师事务所等合伙组织和基金会,属于劳动合同法规定的用人单位"。此外,根据《律师事务所管理办法》第51条的规定,合伙律师事务所和国家出资设立的律师事务所应当按照规定为聘用的律师和辅助人员办理失业、养老、医疗等社会保险;个人律师事务所聘用律师和辅助人员的,应当按规定为其办理社会保险。

关于律师事务所的性质,目前在理论与实践中存在较大分歧,不同学者从不同的角度对律师事务所的性质进行了界定。有学者把律师事务所分为两个层次来界定:第一个层次将律师事务所界定为具有国家性、社会性、公益性、营利性的执业组织形式;第二个层次把律师事务所视为社会主义市场经济体制建设中具有中介性质的律师执业组织形式。[②]有学者认为律师事务所具有商业性、社会性的双重属性。商业性是指律师事务所要通过市场竞争获取业务,靠收取法律服务费来维持生存和发展,具有营利性的一面;社会性是指律师事务所必须以维护当事人的合法权益、维护法律正确实施、实现社会公平正义为服务宗旨,不得以营利为目的,具有公益性的一面。[③]还有学者认为,应该将律师事务所的性质界定为"由律师组成的自律性组织",主要原因在于:律师事务所与律师的本质一脉相承,具有同质性,即律师的性质决定了律师事务所的性质。律师是为社会提供法律服务的自由职业者,律师可以自由选择服务对象,可以自由地评判法律事务,在评判法律事务时,独立于国家机关、委托人或者有关当事人。律师事务所不是发挥国家机关的作用对律师进行行政管理,由律师组成的律师事务所应当是律师行使执业权利的重要保障机构。因此,律师事务所充分发挥律师的自我管理作用,是律师的自律性组织。[④]

目前,根据《律师法》的规定,我国的律师事务所分为合伙律师事务所、个人律师事务所和国资律师事务所三种类型。(1)合伙律师事务所。《律师法》第15条规定,设立合伙律师事务所,除应当符合《律师法》第14条规定的条件外,还应当有3名以上合伙人,设立人应当是具有3年以上执业经历的律师。合伙律师事务所可以采用普通合伙或者特殊的普通合伙形式设立。合伙律师事务所的合伙人按照合伙形式对该律师事务所的债务依法承担责任。(2)个人律师事务所。《律师法》第16条规定,设立个人律师事务所,除应当符合《律师法》第14条规定的条件外,设立人还应当是具有5年以上执业经历的律师。设立人对律师事务所的债务承担无限责任。(3)国资律师事务所。《律师法》第20条规定,国家出资设立的律师事务所,依法自主开展律师业务,以该律师事务所的全部资产对其债

① 参见刘友江主编:《司法行政工作概论》(第二版),中国政法大学出版社2017年版,第61页。
② 参见李本森著:《中国律师业发展问题研究》,吉林人民出版社2001年版,第123—124页。
③ 参见刘友江主编:《司法行政工作概论》(第二版),中国政法大学出版社2017年版,第62页。
④ 参见李峰等:《律师制度改革热点问题研究》,人民法院出版社2004年版,第116—117页。

务承担责任。

根据司法部公布的数据，截至2021年底，全国共有律师事务所3.65万多家。其中，合伙所2.61万多家，占71.64%，国资所740多家，占2.03%，个人所9 600多家，占26.33%。从律师事务所规模来看，律师10人（含）以下的律师事务所2.42万多家，占66.3%，律师11人至20人的律师事务所7 504家，占20.52%，律师21人至50人的律师事务所3 704家，占10.13%，律师51人至100人的律师事务所700家，占1.91%，律师100人（含）以上的律师事务所415家，占1.14%。[①] 从律师事务所发展来看，一方面，外部环境和市场需求愈加复杂综合，律师事务所要想转型提供"一站式、综合化"法律服务便需要具备一定的规模；另一方面，当市场竞争达到一定程度后，规模化成为许多律师事务所建立新优势的选择。目前，我国律师事务所行业已经展现出在一线城市铺开、正在向二三线城市蔓延的趋势，缺乏影响力的、依赖区域性垄断营利的律师事务所必定会遭到市场淘汰。可以预见，未来我国律师事务所行业，将迎来大所兼并小所、大所与大所不断竞争的群雄逐鹿时期，最终实现律师事务所规模化。随着时代的发展，行业的发展规模已趋于稳定，律师行业的竞争亦趋于成熟，律师事务所之间的竞争从全国到区域已趋于白热化、多元化、全面化，并沿着专业化、规模化、品牌化、国际化等方向不断向纵深推进。

二、律师与律师事务所之间的关系

律师事务所性质的复杂性，以及律师职业本身的特殊性，导致学者对于律师与律师事务所之间的关系目前尚未完全达成共识。对于律师与律师事务所关系的讨论，集中体现为律师与律师事务所之间因律师聘用合同所发生争议的解决能否适用我国劳动法这一问题。该问题直接关系到发生争执后，律师及律师事务所该如何维护各自的合法权益。

（一）律师与律师事务所之间关系的理论认定

有观点认为，律师与律师事务所之间的关系基本上符合劳动关系的法律特征。劳动关系是指机关、企事业组织、社会团体和个体经济组织（以下简称用人单位）与劳动者个人之间，依法签订劳动合同，劳动者成为用人单位的成员，接受用人单位的管理和服从用人单位安排的工作，并从用人单位领取报酬和受劳动保护所产生的法律关系。劳动关系的法律特征可以概括为双方主体的特定性、平等性、隶属性、财产性和人身性。依此，律师与律师事务所之间的关系完全符合劳动关系的特征，主要体现在以下几个方面：（1）特定性。律师与律师事务所签订聘用合同，律师作为自然人，具有劳动者的法定条件，律师事务所属于民办非企业单位，应该认定为"用人单位"，因此，签订聘用合同的双方主体是特定的。（2）平等性。虽然律师事务所是律师唯一的执业机构，但是在聘用律师方面也依法具有自主权，必须在平等自愿、协商一致的基础上签订聘用合同。（3）隶属性。根据《律师

---

① 参见《2021年度律师、基层法律服务工作统计分析》，载中华人民共和国司法部网站，http：//www.moj.gov.cn。

执业管理办法》第47条的规定，律师与律师事务所一旦建立聘用关系，必须接受律师事务所的指导和监督，遵守律师事务所的执业管理制度，这体现了律师与律师事务所之间的隶属性。（4）财产性。律师事务所聘用律师和其他工作人员时，应当签订聘用合同，聘用合同应符合国家有关规定，并根据国家规定为聘用人员办理养老、医疗等保险。（5）人身性。律师与律师事务所签订聘用合同后，对于律师事务所指派的工作，律师必须亲自实施，并在实施过程中体现律师的个人价值。[①]

还有观点认为，无论根据《律师法》还是《劳动法》的规定，将律师与律师事务所的关系认定为劳动合同关系，都值得商榷与探讨。从律师的工作方式来看，一般都是律师个人各自联系业务，个人联系的业务归个人办理，收入也由个人与律师事务所分配，与其他律师基本无关。另外，律师事务所的各律师之间，除了合伙人可以参与律师事务所的管理，在业务上都是平等关系（授薪律师除外），没有管理与被管理的关系。虽然当事人与律师的委托合同都是以律师事务所的名义统一签订的，但实际上，律师事务所一般对于承办律师没有选择安排的权利，只能安排委托人指定的律师或已经与委托人谈妥的具体办案律师。律师事务所作为律师的执业机构，其实并不是律师的"用人单位"。律师主要为委托人劳动，而非为律师事务所劳动。律师的"用人单位"实际上可以说是委托人，而不是律师事务所。律师的工作也首先对委托人负责，其次才对律师事务所负责。因此，从律师工作的这些特征和工作方式来看，律师和律师事务所之间的关系，与劳动合同双方的劳动者与用人单位之间的关系有明显的区别。相反，律师事务所实际上是介于委托人和律师之间的中介服务机构，其与委托人是平等的法律关系，与律师之间也是平等的法律关系。[②]

我国《劳动法》第2条对其调整对象作了明确的规定："在中华人民共和国境内的企业、个体经济组织（以下统称用人单位）和与之形成劳动关系的劳动者，适用本法。国家机关、事业组织、社会团体和与之建立劳动合同关系的劳动者，依照本法执行。"我国劳动部于1995年印发的《关于贯彻执行〈中华人民共和国劳动法〉若干问题的意见》第1条第4项规定，"公务员和比照实行公务员制度的事业组织和社会团体的工作人员，以及农村劳动者（乡镇企业职工和进城务工、经商的农民除外）、现役军人和家庭保姆等不适用劳动法"。从上述规定来看，这两个条款并没有明确表述律师事务所与其律师签订的律师聘用合同是否属于我国劳动法的调整范围，这中间最为关键的问题是律师事务所是一个什么样的组织，即律师事务所属于企业还是事业单位或者其他。本书认为，目前我国律师事务所有国资、合伙等多种形式，以不同条件成立的律师事务所采用不同的运行机制，同时不同条件的律师事务所承担不同的法律义务（即民事责任）。律师事务所这一组织形式的多样性，造成了律师事务所性质上的模糊性，特别是合伙组成的律师事务所，其性质在不同地区更是五花八门：事业单位、私营企业、合伙组织、民办非企业单位……不一而足。从现行规定来看，国资和合伙律师事务所等经司法行政部门审批而没有分别经人事部门和民政部门登记，不具备事业单位和民办非企业单位主体资

---

① 参见肖胜方、李进一：《律师服务营销策略的实战演绎——从"太阳"到"胜伦"》，中国法制出版社2012年版，第152—153页。

② 参见王荣利：《揭开律师神秘的面纱——教你如何聘请合适的律师》，中国政法大学出版社2011年版，第103—104页。

格，使得律师事务所的定性和管理体制问题等更为复杂。因此，应努力推动律师事务所的定性工作，使其尽快具备事业单位或民办非企业单位主体资格，这样，律师与律师事务所之间的劳动关系也就顺理成章了。

（二）律师与律师事务所之间关系的实践认定

在司法实践中，有关律师与律师事务所之间关系的纠纷也很常见，法院对此虽并未形成共识，但基本是从权利保障的角度来分析这一问题的。二维码"案例研习"中的几个案例，分别对实习律师与律师事务所之间的关系、专职律师与律师事务所之间的关系和合伙人律师与律师事务所之间的关系进行了解读。

从上述几个案例可以看出，在实践中，人民法院对于律师与律师事务所之间的关系这一问题并未形成共识，对于类似的案件，可能作出完全相反的判决。事实上，法院在考虑这一问题时，基本上是倾向于劳动关系的，法院一旦认定了劳动关系，就不存在法律适用空白的问题。然而，对于律师事务所提出的"合作关系""实习培训法律关系"等主张，法院一般还是持慎重态度，因为这些主张目前并没有明确的法律依据，法院一旦支持，则可能面临无法律依据的情况。由此可知，对于律师与律师事务所的关系，需要不断从理论上总结实践中出现的问题，并在立法上予以体现，这样才能更好地指导实践，理顺律师与律师事务所之间的关系。

案例研习

三、律师与律师事务所关系的基本规范

从实践来看，律师与律师事务所的关系大体上可以分为管理关系与责任关系。本部分主要概括论述律师与律师事务所这两种关系中应该遵循的基本规范。

（一）律师与律师事务所之间的管理关系

我国《律师执业行为规范（试行）》第86条规定，"律师事务所是律师的执业机构。律师事务所对本所执业律师负有教育、管理和监督的职责"。依此，律师与律师事务所之间的管理关系可以从业务管理关系、教育监督关系和执业保障关系三个方面认定：

一是业务管理关系。根据我国《律师法》第23条规定，律师事务所应当建立健全执业管理、利益冲突审查、收费与财务管理、投诉查处、年度考核、档案管理等制度，对律师在执业活动中遵守职业道德、执业纪律的情况进行监督。第25条规定，律师承办业务，由律师事务所统一接受委托，与委托人签订书面委托合同，按照国家规定统一收取费用并如实入账。律师事务所和律师应当依法纳税。我国《律师事务所管理办法》对《律师法》的规定进行了细化。其中第46条规定，律师承办业务，由律师事务所统一接受委托，与委托人签订书面委托合同。律师事务所受理业务，应当进行利益冲突审查，不得违反规定受理与本所承办业务及其委托人有利益冲突的业务。第47条规定，律师事务所应当按照有关规定统一收取服务费用并如实入账，建立健全收费管理制度，及时查处有关违规收费的举报和投诉，不得在实行政府指导价的业务领域违反规定标准收取费用，或者违反风险代理管理规定收取费用。律师事务所应当按照规定建立健全财务管理制度，建立和实行合理的分配制度及激励机制。律师事务所应当依法纳税。第49条规定，律师事务所应当建立健全重大疑难案件的请示报告、集体研究和检查督导制度，规范受理程序，指导监督律师依法办理重大疑难案件。

二是教育监督关系。《律师事务所管理办法》第40条规定，律师事务所应当建立健全执业管理和其他各项内部管理制度，规范本所律师执业行为，履行监管职责，对本所律师遵守法律、法规、规章及行业规范，遵守职业道德和执业纪律的情况进行监督，发现问题及时予以纠正。第42条规定，律师事务所应当监督本所律师和辅助人员履行下列义务：（1）遵守宪法和法律，遵守职业道德和执业纪律；（2）依法、诚信、规范执业；（3）接受本所监督管理，遵守本所章程和规章制度，维护本所的形象和声誉；（4）法律、法规、规章及行业规范规定的其他义务。第43条规定，律师事务所应当建立违规律师辞退和除名制度，对违法违规执业、违反本所章程及管理制度或者年度考核不称职的律师，可以将其辞退或者经合伙人会议通过将其除名，有关处理结果报所在地县级司法行政机关和律师协会备案。第50条规定，律师事务所应当依法履行管理职责，教育管理本所律师依法、规范承办业务，加强对本所律师执业活动的监督管理，不得放任、纵容本所律师有下列行为：（1）采取煽动、教唆和组织当事人或者其他人员到司法机关或者其他国家机关静坐、举牌、打横幅、喊口号、声援、围观等扰乱公共秩序、危害公共安全的非法手段，聚众滋事，制造影响，向有关部门施加压力。（2）对本人或者其他律师正在办理的案件进行歪曲、有误导性的宣传和评论，恶意炒作案件。（3）以串联组团、联署签名、发表公开信、组织网上聚集、声援等方式或者借个案研讨之名，制造舆论压力，攻击、诋毁司法机关和司法制度。（4）无正当理由，拒不按照人民法院通知出庭参与诉讼，或者违反法庭规则，擅自退庭。（5）聚众哄闹、冲击法庭，侮辱、诽谤、威胁、殴打司法工作人员或者诉讼参与人，否定国家认定的邪教组织的性质，或者有其他严重扰乱法庭秩序的行为。（6）发表、散布否定宪法确立的根本政治制度、基本原则和危害国家安全的言论，利用网络、媒体挑动对党和政府的不满，发起、参与危害国家安全的组织或者支持、参与、实施危害国家安全的活动；以歪曲事实真相、明显违背社会公序良俗等方式，发表恶意诽谤他人的言论，或者发表严重扰乱法庭秩序的言论。

三是执业保障关系。《律师执业行为规范（试行）》第88条规定，律师事务所应当依法保障律师及其他工作人员的合法权益，为律师执业提供必要的工作条件。根据《律师事务所管理办法》第41条的规定，律师事务所应当保障本所律师和辅助人员享有下列权利：（1）获得本所提供的必要工作条件和劳动保障；（2）获得劳动报酬及享受有关福利待遇；（3）向本所提出意见和建议；（4）法律、法规、规章及行业规范规定的其他权利。

（二）律师与律师事务所之间的责任关系

律师与律师事务所之间的责任关系主要可以分为以下三类：

一是民事责任。律师及律师事务所的民事责任，是指律师在执业过程中，因违法执业或者因过错给当事人的合法权益造成损害所应承担的民事赔偿责任。我国《律师法》第54

条规定，律师违法执业或者因过错给当事人造成损失的，由其所在的律师事务所承担赔偿责任。律师事务所赔偿后，可以向有故意或者重大过失行为的律师追偿。律师承担民事赔偿责任有"违法执业"和"因过错给当事人造成损失"两种情形。第二种情形表现为委托人与律师的纠纷，即委托人认为对己不利的裁判结果是由律师"不尽力"造成的。但"不尽力"的过错，并不是仅靠委托人主观便可认定的，它需要事实来证明，这个事实可以通过上诉或申诉的重审、改判来证明，也可以通过类比其他相同案件的相同证据所发挥的作用来证明，因为法律上的过错必须相对于损失而存在。如果律师未取得的证据并不能形成不同于原裁判结果的对委托人有利的结果或可能，律师就没有过错。

二是行政责任。律师及律师事务所的行政责任，是指律师和律师事务所在执业过程中，因违反《律师法》和其他法律、法规、规章规定的义务，由司法行政机关依法对律师及律师事务所实施的行政处罚。追究律师及律师事务所的行政责任，是司法行政机关对律师实行管理的一种有效手段。根据《律师法》第六章的规定，律师的行政责任包括警告、罚款、停止执业、没收违法所得、吊销律师执业证书；律师事务所的行政责任包括警告、罚款、停业整顿、没收违法所得、吊销律师事务所执业证书。

三是刑事责任。律师执业中的刑事责任，是指律师在执业过程中，违反律师执业规范，情节严重，构成犯罪，依照刑法应当承担的责任。在律师执业责任制度中规定刑事责任很有必要，对此，国外有些经验值得借鉴。在英国，法律规定，律师若有藐视法庭或者违抗法院命令的行为，将受到监禁的处罚。在大陆法系国家，律师保守职务秘密是强制性义务，故意或过失泄露职务秘密就是犯罪，应受剥夺自由或判处罚金的刑罚。日本关于律师必须保守职务秘密的义务条款中也有类似的规定。我国1997年10月1日实施并经多次修改的《刑法》，不仅在法律上规范了律师的执业行为，也为研究律师执业中的刑事责任提供了完备的法律依据。例如，《刑法》第306条规定："在刑事诉讼中，辩护人、诉讼代理人毁灭、伪造证据，帮助当事人毁灭、伪造证据，威胁、引诱证人违背事实改变证言或者作伪证的，处三年以下有期徒刑或者拘役；情节严重的，处三年以上七年以下有期徒刑。"律师执业中的刑事责任具有以下特点：（1）律师执业中的刑事责任产生于律师执业过程；（2）律师执业中的刑事责任的实质在于违反律师执业要求的法律规范；（3）必须依照刑法中的具体规定追究律师执业中的刑事责任。刑事责任是律师承担的责任中最为严重的一种，所以，世界上大多数国家对律师的大部分刑事责任的规制都采用普通规范而非特殊规范的形式。

案例研习

论题四　律师与律师协会的关系

根据我国《律师法》第43条的规定，律师协会是社会团体法人，是律师的自律性组织。这一规定有三层含义：一是明确了律师协会的团体法人地位；二是赋予了律师协会参与律师行业管理的职能；三是界定了律师协会管理的性质，即自律性管理，律师协会代表的是律师行业的公共利益。了解律师与律师协会的关系，必须了解律师协会的发展概况，更好地理解律师协会在律师职业发展过程中的地位。本论题除了介绍律师协会的发展状况，还着重探讨律师与律师协会之间的伦理关系和规范，介绍维护律师执业权利和惩戒律师违规行为的制度规范。

一、律师协会的发展概况

各国律师职业在其漫长的发展历程中，形成了各具特色的行业自律组织，它们在律师职业伦理的建构过程中都发挥了很大的作用。

国外律师协会发展概况

（一）我国律师协会的发展历程

中国律师协会的发展与律师事业和律师制度的发展相适应，也经历了初创、荒废和发展的过程。1950年，第一届全国司法会议在北京召开，会议通过了完善我国的司法制度并建立律师制度的相关决议，"人民律师"的称号首次被提出。1950年7月20日由中央人民政府政务院公布的《人民法庭组织通则》规定，"县（市）人民法庭及其分庭审判时，应保障被告有辩护及请人辩护的权利"，使辩护制度有了明确的法律依据。1954年《宪法》第76条规定，"人民法院审理案件，除法律规定的特别情况外，一律公开进行。被告人有权获得辩护"，以国家宪法的名义确立了辩护制度，辩护人开始参与国家司法活动。1956年3月，司法部召开第一次全国律师工作座谈会，讨论了《律师章程（草案）》和《律师收费暂行办法（草案）》，基本确定了全国律师协会制度的框架，为全国律师制度的发展奠定了一定基础。1957年开始，随着反右派斗争的扩大化，大批律师遭到迫害，刚刚建立起来的司法制度在政治斗争的风雨中飘摇。"文化大革命"期间，国家法律被践踏，司法制度名存实亡，律师制度基本被废止。

1979年，《刑事诉讼法》颁布，专列"辩护"一章。明确规定律师可以作为辩护人。1980年，我国颁布《律师暂行条例》，明确"律师为国家法律工作者""律师执行职务的工作机构是法律顾问处"以及"法律顾问处的性质为事业单位"，法律顾问处便是现代中国律师事务所的前身。此后，全国各地依据《律师暂行条例》相继成立了律师协会。1980年12月，广东省律师协会成立，这是中国恢复律师制度以来的第一个省级律师协会。1985年7月，中华全国律师协会经中央书记处第221次会议决定成立。1986年7月，第一次全国律师代表大会在北京召开，通过了《中华全国律师协会章程》，选举产生了中华全国律师协会的领导机构。1981年至1986年，最高人民法院、最高人民检察院和公安部相继出台了关于保障律师出庭的规定，使律师制度在国家制度层面再次确立。律师作为国家工作人员，代表国家，维护国家利益。律师协会属于整个司法部门的一个部门，为国家制度建设作出了重大贡献。1996年5月，我国正式颁布《律师法》，进一步确立了律师协会的法律地位，明确规定律师协会是律师的自律组织，属于社会团体法人；同时还规定，司法行政部门依照该法对律师、律师事务所和律师协会进行监督、指导。2008年，我国修订《律师法》，将律师重新定义为"依法取得律师执业证书，接受委托或者指定，为当事人提供法律服务的执业人员"，从而改变了以前律师是国家法律工作者的定位。

（二）我国律师协会的社会职能

中华全国律师协会，简称"全国律协"，是全国性的律师自律组织，依法对律师实行行业管理，接受司法部的监督和指导，接受中国共产党全国律师行业委员会的领导。根据2021年10月修订的《中华全国律师协会章程》，中华全国律师协会的宗旨是：坚持以习近平新时代中国特色社会主义思想为指导，学习贯彻习近平法治思想，坚持中国共产党领导，团结带领会员高举中国特色社会主义伟大旗帜，增强政治意识、大局意识、核心意识、看齐意识，坚定中国特色社会主义道路自信、理论自信、制度自信、文化自信，坚决维护习近平总书记党中央的核心、全党的核心地位，坚决维护党中央权威和集中统一领导，坚持正确政治方向，忠实履行中国特色社会主义法治工作队伍的职责使命，加强律师队伍思想政治建设，把拥护中国共产党领导、拥护社会主义法治作为律师从业的基本要求，增强广大律师走中国特色社会主义法治道路的自觉性和坚定性，忠于宪法和法律，维护当事人合法权益，维护法律正确实施，维护社会公平和正义，依法依规诚信执业，认真履行社会责任，为深入推进全面依法治国、建设中国特色社会主义法治体系、建设社会主义法治国家，推进国家治理体系和治理能力现代化，把我国建设成为富强民主文明和谐美丽的社会主义现代化强国，实现中华民族伟大复兴的中国梦而奋斗。

根据我国《律师法》第46条的规定，律师协会的主要职责有：（1）保障律师依法执业，维护律师的合法权益；（2）总结、交流律师工作经验；（3）制定行业规范和惩戒规则；（4）组织律师业务培训和职业道德、执业纪律教育，对律师的执业活动进行考核；（5）组织管理申请律师执业人员的实习活动，对实习人员进行考核；（6）对律师、律师事务所实施奖励和惩戒；（7）受理对律师的投诉或者举报，调解律师执业活动中发生的纠纷，受理律师的申诉；（8）法律、行政法规、规章以及律师协会章程规定的其他职责。律师协会制定的行业规范和惩戒规则，不得与有关法律、行政法规、规章相抵触。

二、律师与律师协会之间的关系

律师与律师协会的关系问题，涉及律师协会应对律师执业行为发挥何种作用。在世界范围内，律师与律师协会的关系存在不同的模式。现以美国和德国为例，对律师与律师协会关系的不同模式予以介绍。

在美国，律师协会有自愿性律师协会和强制性律师协会两类。对于自愿性律师协会，律师可以自由决定是否加入；对于强制性律师协会，律师则必须加入，否则将不能执业。自愿性律师协会因符合美国自由主义的传统，尚未引起任何异议，然而强制性律师协会在理论和实践中都引发了诸多争议。赫伯特·哈雷（Herbert Harley）被认为是美国"强制性律师协会运动"的发起者，他于1914年12月28日在内布拉斯加州林肯市向兰开斯特县律师协会发表演讲，认为"无论是从自身利益的角度，还是从公共服务的角度，自愿性律师协会都不足以满足律师的需要"。他提出，律师协会应促进"社会交往""参政议政"以及"对律师进行教育、适当的纪律和业务处理"，为此需要"把一个州的所有律师都'焊接'成一个紧密团结的组织"。[1]从1920年到1950年，美国大多数州的律师协会都进行了统一（unification），实现了"强制入会"的目标。同时，强制性律师协会的性质，在理论和实践层面均存在争议，甚至引发了诉讼。拉斯罗普诉多诺霍（Lathrop v. Donohue）一案[2]就是其中的典型。威斯康星州律师特雷顿·拉斯罗普（Trayton L. Lathrop）声称，他被迫成为威斯康星州律师协会的成员，并向该律师协会缴纳会费，而威斯康星州律师协会从事他并不同意的各种政治和立法活动，这侵犯了他依据宪法第一修正案所应享有的权利。美国联邦最高法院对这一问题产生了很大分歧：布伦南大法官代表其他3位大法官撰写了相对多数意见；法兰克福特大法官加入其中，同意判决；惠特克大法官同意结果；布莱克大法官和道格拉斯大法官分别撰写了反对意见。[3]至今，美国在有关"强制入会"的问题上依然存在很大争议，不过实践中依然有包括亚拉巴马州律师协会、加利福尼亚州律师协会、佛罗里达州律师协会等在内的33个州实行强制性律师协会模式，要求律师必须加入律师协会，否则将不能从事法律职业。

在德国，律师协会与其他各种职业协会（公会）一样，在性质上都属于公法社团。根据《德国联邦律师法》的有关规定，律师协会属于公法上的团体法人（亦称"公法社团"），它必须由国家设立，具备权利能力，是权利义务的归属主体，是由社员组成的人合团体，其行为具有明显的公法属性。[4]德国公法社团可以分为任意会员制和强制会员制两种。任意会员制是指会员资格的取得或丧失，取决于当事人的自主意思，只要符合法定条件，当事人就可以自行决定是否加入某社团，而加入后也可以再退出；强制会员制是指会员资格的取得与丧失是由法律直接规定的，并无私人意愿取舍的余地。换言之，只要符合法定条件即当然取得会员身份，而一旦不符合要件，即失去会员资格，不仅个人无加入或退出的自由，公法社团也不能令其会员退出。《德国联邦律师法》也规定，凡执业律师均是律师协会的会员，至于个人如何取得律师资格，则应该根据其他相关法律法规的规定。换言之，成为律师协会的会员是律师执业的结果，而非取得律师职业资格或执业之前提。

我国《律师法》第43条第1款规定，"律师协会是社会团体法人，是律师的自律性组织"。第45条规定，"律师、律师事务所应当加入所在地的地方律师协会。加入地方律师

---

① See Herbert Harley，"A Lawyer's Trust"，*Journal of the American Judicature Society*，Vol.29，Issue 2（1945），pp.50–57.

② Lathrop v. Donohue，367 U. S. 820.

③ 反对"强制性律师协会"的论点主要包括以下几个：（1）减少持不同政见的成员支持他所相信的事业之"经济能力"（economic capacity）；（2）进一步推进政府"建制"（establishment）政治观点；（3）威胁到封闭、自律的行业和企业的"行业协会"（guild system）的发展；（4）"淹没"（drown out）异见声音，要求大律师公会全体成员在财政上支持大多数人的意见；（5）干涉信仰自由，造成"强制确认"（compelled affirmation）多数人持有的意见。布伦南大法官认为，"出于尊重，我必须说，在我看来，所有这些论点都近乎幻想"。他对前述论点一一进行了驳斥，最后他认为，强制性律师协会并没有违反宪法，律师协会利用律师会费支持相关的立法活动与政治活动并未侵犯律师基于《宪法第一修正案》所享有的"言论自由"。在反对意见中，布莱克大法官写道，威斯康星州律师协会出于政治目的使用强制性会费，这已经侵犯了异议律师基于《宪法第一修正案》所享有的"言论自由"。

④ 参见许春镇：《德国专门职业及技术人员管理法制》，载《台湾海洋法学报》2008年7卷第2期。

协会的律师、律师事务所，同时是全国律师协会的会员。律师协会会员享有律师协会章程规定的权利，履行律师协会章程规定的义务"。《律师执业行为规范（试行）》根据《律师法》的规定，对"律师与律师协会关系规范"进行了专章规定。其中第98条规定，"律师和律师事务所应当遵守律师协会制定的律师行业规范和规则"。由此可知，在我国律师管理法制中，律师开展执业活动，除了需要满足条件，取得律师执业证，还要加入律师协会。换言之，取得律师执业证是律师执业的前提，加入律师协会则是律师执业的结果。在我国台湾地区，各专门职业公会对各种专门职业及技术人员也实施类似于德国强制会员制的管理制度。以律师职业为例，我国台湾地区"律师法"第11条规定，律师非加入律师公会，不得执行职务；律师公会亦不得拒绝其加入。

》 三、律师执业权利的维护

（一）维护律师执业权利的规范基础

1990年第八届联合国预防犯罪和罪犯待遇大会通过的《关于律师作用的基本原则》（Basic Principles on the Role of Lawyers），是为了协助各会员国促进和确保律师发挥正当作用而制定的，该文件为维护律师执业权利提供了基本规范依据。其中，前言规定，"律师专业组织在维护职业标准和道德，在保护其成员免受迫害和不公正限制和侵犯权利，在向一切需要他们的人提供法律服务以及在与政府和其他机构合作进一步推进正义和公正利益的目标等方面起到极为重要作用"。第24条规定，"律师应有权成立和参加由自己管理的专业组织以代表其自身利益，促进其不断受到教育和培训，并保护其职业的完善。专业组织的执行机构应由其成员选举产生并应在不受外来干涉情况下行使职责"。第25条规定，"律师的专业组织应与政府合作以确保人人都能有效和平等地得到法律服务，并确保律师能在不受无理干涉情况下按法律和公认的职业标准和道德向其当事人提供意见，协助其委托人"。这些规定明确了法律专业组织在维护律师执业权利方面的基本义务，包括：（1）维护律师职业的整体利益，并保护个别成员的权利，使成员免受迫害和不公正限制，而得以在不受任何干涉情况下依法律和公认的职业标准和伦理向其委托人提供意见，协助委托人。（2）维护职业标准和伦理。律师协会为此应制定职业伦理规范，并对违反者实施职业纪律上的惩戒。（3）促进成员不断受到教育和培训。（4）与政府或其他机构合作实现维护人权、实现社会正义、促进民主法治等公益目标。

在我国，《中华全国律师协会章程》是为完善律师协会管理、保障律师的合法权益、规范律师行业管理和律师执业行为而制定的律师专业组织章程。其中第6条明确规定了律师协会在保障律师权利和规范行业管理方面的以下几个方面的职责：（1）保障律师依法执业，维护律师的合法权益；（2）总结、交流律师工作经验；（3）制定行业规范和惩戒规则；（4）组织律师业务培训和职业道德、执业纪律教育，对律师的执业活动进行考核；（5）组织管理申请律师执业人员的实习活动，对实习人员进行考核；（6）对律师、律师事务所实施奖励和惩戒；（7）受理对律师的投诉或者举报，调解律师执业活动中发生的纠纷；（8）法律、行政法规和规章规定的其他职责。

最高人民法院、最高人民检察院、公安部、国家安全部、司法部于2015年9月发布的

《关于依法保障律师执业权利的规定》，是为切实保障律师执业权利、充分发挥律师作用、促进司法公正而制定的规范性文件。该规定明确指出，人民法院、人民检察院、公安机关、国家安全机关、司法行政机关应当尊重律师，健全律师执业权利保障制度，依照《刑事诉讼法》《民事诉讼法》《行政诉讼法》《律师法》的规定，在各自职责范围内依法保障律师知情权、申请权、申诉权，以及会见、阅卷、收集证据和发问、质证、辩论等方面的执业权利，不得阻碍律师依法履行辩护、代理职责，不得侵害律师合法权利。人民法院、人民检察院、公安机关、国家安全机关、司法行政机关和律师协会应当建立健全律师执业权利救济机制。律师因依法执业受到侮辱、诽谤、威胁、报复、人身伤害的，有关机关应当及时制止并依法处理，必要时对律师采取保护措施。

此外，中华全国律师协会制定的《律师执业行为规范（试行）》《律师协会维护律师执业权利规则（试行）》，也是为规范律师执业行为、保障律师执业权益而制定的规范性文件。其中，《律师执业行为规范（试行）》第98条规定，律师和律师事务所应当遵守律师协会制定的律师行业规范和规则。律师和律师事务所享有律师协会章程规定的权利，承担律师协会章程规定的义务。第99条规定，律师应当参加、完成律师协会组织的律师业务学习及考核。《律师协会维护律师执业权利规则（试行）》则规定了律师协会保障律师依法执业、维护律师的合法权益应该遵守的基本规则。

（二）维护律师执业权利的基本原则

根据《律师协会维护律师执业权利规则（试行）》第3条至第10条的规定，律师依法享有的执业权利受法律保护，任何组织和个人不得侵害律师的合法权利。律师协会维护律师执业权利工作，接受同级司法行政机关的监督、指导。律师协会在维护律师执业权利的过程中应该遵循以下基本原则：（1）律师协会应当坚持在个案中维护律师执业权利和维护律师行业整体权益相结合，切实改善律师执业环境。（2）律师协会应当充分履行维护律师执业权利的法定职责，依法、规范、及时、有效地开展维护律师执业权利工作。（3）律师协会应当健全完善维护律师执业权利工作制度，完善工作机制，规范工作流程，畅通维护律师执业权利渠道，形成维护律师执业权利的工作体系。（4）律师协会应当构建与司法机关、政府有关部门良性互动关系，加强与司法行政机关的协调配合，切实维护律师执业权利。（5）各律师协会应当相互配合、相互支持，协作互助，形成合力，共同推进维护律师执业权利工作。（6）律师协会应当设立维护律师执业权利工作专项经费，专款专用。

（三）维护律师执业权利的具体职责

对于维护律师执业权利方面的主要职责，《律师协会维护律师执业权利规则（试行）》分别从中华全国律师协会，省、自治区、直辖市律师协会，以及设区的市律师协会三个层面作了明确规定。

中华全国律师协会维护律师执业权利的主要职责包括：（1）研究制定维护律师执业权利的有关行业规范；（2）与司法部等有关机关建立健全维护律师执业权利的工作机制；

（3）提出完善和保障律师执业权利的立法建议、政策建议；（4）负责办理司法部交办、督办，或者省、自治区、直辖市律师协会书面申请协调维护律师执业权利案件；（5）协调跨省、自治区、直辖市维护律师执业权利工作；（6）总结报告全国律师行业维护律师执业权利工作情况。

省、自治区、直辖市律师协会维护律师执业权利的主要职责包括：（1）研究制定本区域维护律师执业权利的行业规范；（2）与司法厅（局）等有关机关建立健全维护律师执业权利的工作机制；（3）提出完善和保障律师执业权利的立法建议、政策建议；（4）负责办理中华全国律师协会交办、督办，或者设区的市律师协会书面申请协调维护律师执业权利案件；（5）协助办理异地律师维护执业权利案件；（6）总结报告本省、自治区、直辖市律师行业维护律师执业权利工作情况。

设区的市律师协会维护律师执业权利的主要职责包括：（1）负责所属律师维护执业权利案件的受理、调查、处理和反馈；（2）与司法局等有关机关建立健全维护律师执业权利的工作机制；（3）负责办理省、自治区、直辖市律师协会交办、督办的维护律师执业权利案件；（4）提出完善和保障律师执业权利的立法建议、政策建议；（5）协助办理异地律师维护律师执业权利案件；（6）总结报告本地区律师行业维护律师执业权利工作情况。

（四）维护律师执业权利的组织机构

根据《律师协会维护律师执业权利规则（试行）》第14条的规定，律师协会应当设立维护律师执业权利专门委员会，设立维护律师执业权利中心等专门工作机构；维护律师执业权利中心是律师协会维护律师执业权利委员会的日常工作机构，设在律师协会秘书处。该文件第15条和第16条还对维护律师执业权利委员会和维护律师执业权利中心的人员组成和主要职责作出了明确规定。

维护律师执业权利委员会由具有8年以上执业经历和相关工作经验，或者具有律师行业管理经验，熟悉律师行业情况的人员组成。根据工作需要，可以聘请相关领域专家担任顾问。维护律师执业权利委员会的主要职责包括：（1）研究起草维护律师执业权利制度和建议；（2）作出维护律师执业权利案件受理决定；（3）组织开展调查核实工作，形成调查报告和处理意见；（4）针对维护律师执业权利工作中存在的问题，开展调查研究，向有关机关提出意见、建议或者具体解决措施；（5）呼吁、配合、协调有关机关及时解决侵害律师执业权利案件；（6）依法为受到侵害律师执业权利的律师提供法律帮助和其他支持；（7）建立情况通报制度，及时向律师协会、有关机关反映情况；（8）定期召开维护律师执业权利委员会专门会议，总结交流工作经验，对具有典型的、普遍意义的案件进行研究，制定相应的工作措施。

维护律师执业权利中心由维护律师执业权利委员会委员和具有相关工作经验，或者具有律师行业管理经验，熟悉律师行业情况的人员组成。维护律师执业权利中心的主要职责包括：（1）参与起草维护律师执业权利相关规则和制度；（2）接待维护律师执业权利申请；（3）对维护律师执业权利申请进行初审，对于符合规定的申请提交维护律师执业权利委员会受理；（4）负责向维护律师执业权利委员会转交上一级律师协会交办、督办的案件；（5）负责向下一级律师协会转办、督办案件；（6）负责与相关办案机关、司法行政机关和律师协会间的组织协调有关工作，参与维护律师执业权利案件调查、处理、反馈工作；（7）对符合启动快速处置机制或者需要向联席会议报告的重要工作、案件，负责报告、沟通、协调工作；（8）定期开展对维护律师执业权利工作的汇总、归档、通报和回访；（9）研究起草维护律师执业权利工作报告；（10）其他应当由维权中心办理的工作。

（五）维护律师执业权利的主要内容

根据《律师协会维护律师执业权利规则（试行）》第19条的规定，律师在执业过程中遇有以下情形，向所属的律师协会申请维护执业权利的，律师协会应当受理：（1）知情权、申请权、申诉权、控告权，以及会见、通信、阅卷、收集证据和发问、质证、辩论、提出法律意见等合法执业权利受到限制、阻碍、侵害、剥夺的；（2）受到侮辱、诽谤、威胁、报复、人身伤害的；（3）在法庭审理过程中，被违反规定打断或者制止按程序发言的；（4）被违反规定强行带出法庭的；（5）被非法关押、扣留、拘禁或者以其他方式限制人身自由的；（6）其他妨碍其依法履行辩护、代理职责，侵犯其执业权利的。

（六）维护律师执业权利的主要程序

《律师协会维护律师执业权利规则（试行）》规定了律师协会维护律师执业权利的工作程序，包括申请、受理、调查、处理和反馈。

一是申请和受理。第18条规定，律师认为办案机关及其工作人员明显违反法律规定，阻碍律师依法履行辩护、代理职责，侵犯律师执业权利的，可以向办案机关或者其上一级机关投诉，向同级或者上一级人民检察院申诉、控告，向注册地的市级司法行政机关、所属设区的市律师协会申请维护执业权利。律师向其他律师协会申请维护执业权利的，相关律师协会应当予以接待，并在24小时以内将其申请移交其所属的律师协会。情况紧急的，应当即时联系所属的律师协会，按本规则有关规定及时处理。律师事务所执业权利受到侵犯的，可以按上述途径维护执业权利。第21条规定，与维护律师执业权利有直接关联的事实或者争议进入诉讼、仲裁程序或者其他法定救济机制，律师协会应当待相关程序或机制结束后，再行决定是否开展维护律师执业权利工作。

根据第22条至第27条的规定，律师可以采用电话、信函、电子邮件、来访等方式，申请维护执业权利。律师申请维护律师执业权利应当提交申请书、相关证据材料等书面材料。采用电话、电子邮件申请的，在受理后应当补交相关书面材料。律师协会应当设立专门电话、专用邮箱和网上受理窗口等，畅通律师申请维护执业权利申请渠道。维护律师执业权利中心接待律师维护执业权利申请，应当予以登记，记录申请人信息、申请事项、申请理由及所依据的事实等必要事项。必要时，接待人员可以录音、录像。维护律师执业权利中心接到律师维护执业权利申请，或者司法行政机关、其他律师协会移交的申请后，应当即时进行初审，并提交维护律师执业权利委员会审查。对属于受理范围的，应当及时受理；对于不属于受理范围的，应当及时告知申请人并说明理由。对已受理的维护律师执业权利申请，属于本律师协会处理范围的，律师协会应当于2个工作日以内将律师申请材料转交有关机关处理。情况紧急的，应当于24小时以内向有关机关反映；情况特别紧急，需要立即采取处理措施的，律师协会应当即时反映。

根据第28条至第31条的规定，律师人身权利受到侵害，情况紧急，律师协会应当启动快速处置机制，切实保障律师人身安全，必要时可以申请有关机关对律师采取保护措施。所属的律师协会接到异地执业律师维护执业权利申请后，应当根据不同情况，及时向行为发生地律师协会通报，请求予以协助。行为发生地律师协会接到所属的律师协会协助维护律师执业权利的请求后，应当给予协助，并按照工作程序和时限要求通报相关办案机关予以处理。所属的律师协会认为案情重大、复杂，或者需要省级以上有关机关依法处理的，可以在调查核实情况的基础上，书面申请上一级律师协会协调开展维护律师执业权利工作。

二是调查。根据第33条至第36条的规定，律师协会对已受理的维护执业权利申请应当及时组织调查核实，必要时，可委派2名以上维护律师执业权利委员会委员组成调查组进行调查。发现侵害律师执业权利行为与律师违法违规执业相互交织的，或者情况复杂、存在争议的，律师协会可以提请同级司法行政机关等有关机关组成联合调查组，及时准确查明事实。调查人员应当及时、全面、客观、公正的调查核实有关情况。调查工作完成后应当形成调查报告，提出处理意见和建议。调查过程中，发现申请维护执业权利的律师涉嫌违法、违规执业行为的，应当及时转交律师协会惩戒机构处理。

三是处理。根据第37条至第41条的规定，对经调查，发现存在侵害律师执业权利的，律师协会应当及时向有关机关提出依法纠正的书面建议。有关机关对律师协会提出的书面建议不答复或者不纠正的，律师协会可以向其主管部门或者有监督权的部门反映情况。律师协会在维护律师执业权利过程中遇到困难和问题，难以协调解决的，可以提请同级司法行政机关予以协调。申请维护执业权利的律师，可以要求律师协会委派律师提供法律帮助。对于人身自由受到限制，或者其他特殊原因不能自行维护执业权利的律师，律师协会应当委派律师依法为其提供法律帮助。维护律师执业权利委员会办理维护律师执业权利案件，应当向本级律师协会常务理事会或者理事会报告，对重大案件办理情况同时报上一级律师协会。律师协会在维护律师执业权利过程中，可以根据调查处理的实际情况，适时发声、表达关注，公布阶段性调查结果或者工作进展情况。必要时应当及时向社会披露调查处理结果。律师协会参与维护律师执业权利案件的工作人员及其他知悉情况的人员，不得擅自对外发布、透露维护律师执业权利案件情况。

四是反馈。根据第42条至第44条的规定，律师协会应当及时就维护律师执业权利工作开展情况和处理结果向申请人反馈。律师协会应当就维护律师执业权利工作开展情况和处理结果，及时向有关机关反馈。律师协会应当定期研究总结维护律师执业权利工作开展情况，根据需要，可以通过律师协会官方网站等平台予以通报。

四、律师违规行为的惩戒

（一）惩戒律师违规行为的法理基础

现实中，个别律师存在执业不诚信、不规范，违反职业道德、执业纪律的问题，对社会产生了不良影响，也严重损害了律师行业形象，因此对律师违规行为进行惩戒是践行法治的应有之义。但是，为什么需要由律师协会对律师违规行为进行惩戒呢？回答这个问题就要寻找惩戒律师违规行为的法理依据。美国学者德博拉·罗德等人曾提出律师惩戒程序的三大功能：保护民众、维护司法正义以及维护公众对法律职业的信任。[①] 在借鉴国内外学者研究成果的基础上，本书从以下几个角度探讨由律师协会对律师违规行为进行惩戒的法理依据：

一是从维护律师职业自主性的角度。一般认为，律师属于自由职业，自由职业的一个非常显著的特点就是独立性和自主性。律师职业的这种独立性和自主性必然要求律师职业自治，由优秀执业律师组成律师协会，对律师进行自我服务、自我约束。联合国《关于律师作用的基本原则》第24条明确规定，律师有权成立和参加由自己管理的专业组织以代表其自身利益，促进其不断受到教育和培训，并保护其职业的完善。因此，律师协会作为律师的自律性组织，对律师违规行为进行惩戒，是维护律师职业自主性的必然要求。

二是从保护社会公众的角度。律师职业是一个专业性很强的职业，律师都是具有法律专门知识和技能的专业人士。律师职业的专业性决定了社会公众在遭遇法律难题时往往需要律师的介入，也导致律师与社会公众之间存在严重的信息不平等。社会公众无法对律师执业行为的专业性进行检验，而律师同行之间对此则可谓"知己知彼"，因此，由律师职业组织对律师违规行为进行惩戒，可以有效地保护社会公众。

三是从律师课责机制的角度。目前，在国家对律师的课责机制中，律师违法行为除了导致律师对委托人承担民事责任，还可能遭受国家的行政处罚甚至刑事处罚。如前所述，律师之间的关系具有协同性，律师的行为不仅关乎律师个人，还与其他律师乃至整个律师职业呈现一种"一荣俱荣，一损俱损"的关系。因此，从维护律师职业整体形象及信誉的角度来看，由律师职业组织对律师违规行为进行惩戒也是律师职业自治自律精神的体现。

四是从维护司法正义的角度。律师职业具有很强的公益性，法律服务也并非一般意义上的"商品"，而具有一定的公共服务属性。律师作为维护正义的重要力量，其工作本质就是通过法律来维护或实现委托人的合法权益；律师依法办好案件，就会让公平正义在一定范围内得到彰显。相反，如果律师执业行为失范，不仅影响律师职业的整体形象，而且不利于国家法律的正确实施，甚至会削弱公众对法治的信仰、对社会公平正义的信心。因此，从维护司法正义的角度看，由律师职业组织对律师的违规行为进行惩戒也是必要的，更是必需的。

联合国颁布的《关于律师作用的基本原则》专门规定了"纪律诉讼"，明确指出，应由法律界通过其有关机构或经由立法，按照本国法律和习惯以及公认的国际标准和准则，制定律师职业行为守则。其中第27条规定，"对在职律师所提出的指控或控诉按适当程序迅速、公正地加以处理。律师应有受公正审讯的权利，包括有权得到其本人选定的一名律师的协助"。第28条规定，"针对律师提出的纪律诉讼应提交由法律界建立的公正无私的

---

① 参见［美］德博拉·罗德、戴维·鲁本：《法律伦理》（下册），林利芝译，台北民间司法改革基金会2018年版，第555页。

国外律师惩
戒制度概述

纪律委员会处理或提交一个独立的法定机构或法院处理，并应接受独立的司法审查"。第29条规定，"所有纪律诉讼都应按照职业行为守则和其他公认的准则和律师职业道德规范并参照本基本原则进行判决"。由此可知，对律师的违规行为进行惩戒不仅是律师职业组织的一项权力，还是律师职业组织的一项义务。

（二）我国律师惩戒的制度和组织机构

1. 我国律师惩戒的制度

《律师法》《中华全国律师协会章程》《律师执业行为规范（试行）》和《律师协会会员违规行为处分规则（试行）》等规范性文件，共同构成了我国律师惩戒的制度框架。根据《律师法》第46条的规定，律师协会应当制定行业规范和惩戒规则，对律师、律师事务所实施奖励和惩戒，受理对律师的投诉或者举报，调解律师执业活动中发生的纠纷，受理律师的申诉。《中华全国律师协会章程》第6条秉承了《律师法》第46条的立法原意，对中华全国律师协会的职责进行了规定，包括制定行业规范和惩戒规则，对律师、律师事务所实施奖励和惩戒，受理对律师的投诉或者举报，调解律师执业活动中发生的纠纷。《律师执业行为规范（试行）》第103条规定，律师应当妥善处理律师执业中发生的纠纷，履行经律师协会调解达成的调解协议。第104条规定，律师应当执行律师协会就律师执业纠纷作出的处理决定。律师应当履行律师协会依照法律、法规、规章及律师协会章程、规则作出的处分决定。此外，《律师执业行为规范（试行）》第101条还规定，律师和律师事务所因执业行为成为刑、民事被告，或者受到行政机关调查、处罚的，应当向律师协会书面报告。2017年3月，中华全国律师协会修订了《律师协会会员违规行为处分规则（试行）》，对律师协会就会员的违规行为实施纪律处分的基本规则进行了规定。

2. 我国律师惩戒的组织机构

根据《律师协会会员违规行为处分规则（试行）》第8条至第10条和第12条至第14条的规定，中华全国律师协会设立惩戒委员会，负责律师行业处分相关规则的制定及对地方律师协会处分工作的指导与监督。各省、自治区、直辖市律师协会及设区的市律师协会设立惩戒委员会，负责对违规会员进行处分。

对会员涉嫌违规案件的调查和纪律处分，由涉嫌违规行为发生时该会员所属律师协会管辖；被调查的会员执业所在的行政区域未设立律师协会的，由该区域所属省、自治区、直辖市律师协会管辖。被调查的会员在涉嫌违规行为发生后，加入其他地方律师协会的，该地方律师协会应当协助其原属律师协会进行调查。违规行为持续期间，被调查的会员先后加入2个以上地方律师协会的，所涉及律师协会均有调查和纪律处分的管辖权，由最先立案的律师协会行使管辖权。

惩戒委员会由具有8年以上执业经历和相关工作经验，或者具有律师行业管理经验，熟悉律师行业情况的人员组成。根据工作需要，可以聘请相关领域专家担任顾问。惩戒委员会的主任、副主任由同级律师协会会长办公会提名，经常务理事会或者理事会决定产生，任期与理事会任期相同。惩戒委员会的委员由同级律师协会常务理事会或者理事会采取选举、推选、决定等方式产生，任期与理事会任期相同。惩戒委员会的组成人员名单应报上一级律师协会备案。惩戒委员会日常工作机构为设在律师协会秘书处的投诉受理查处中心，职责是：（1）参与起草投诉受理查处相关规则和制度；（2）接待投诉举报；（3）对投诉举报进行初审，对于符合规定的投诉提交惩戒委员会受理；（4）负责向惩戒委员会转交上一级律师协会交办、督办的案件；（5）负责向下一级律师协会转办、督办案件；（6）负责与相关办案机关、司法行政机关和律师协会间的组织协调有关工作，参与投诉案件调查、处置、反馈工作；（7）定期开展对投诉工作的汇总、归档、通报、信息披露和回访；（8）研究起草惩戒工作报告；（9）其他应当由投诉中心办理的工作。

（三）我国律师违规行为惩戒的具体种类

我国律师违规行为惩戒的具体种类主要体现在《律师协会会员违规行为处分规则（试行）》之中，其中第15条至第19条规定了律师协会对会员的违规行为实施纪律处分的种类，包括：（1）训诫；（2）警告；（3）通报批评；（4）公开谴责；（5）中止会员权利1个月以上1年以下；（6）取消会员资格。

训诫，是一种警示性的纪律处分措施，是最轻微的惩戒方式，适用于会员初次因过失违规或者违规情节显著轻微的情形。训诫采取口头或者书面方式实施，采取口头训诫的，应当制作笔录存档。警告，是一种较轻的纪律处分措施，适用于会员的行为已经构成了违规，但情节较轻，应当予以及时纠正和警示的情形。通报批评、公开谴责适用于会员故意违规、违规情节严重，或者经警告、训诫后再次违规的行为。中止会员权利1个月以上1年以下，是指在会员权利中止期间，暂停会员享有律师协会章程规定的全部会员权利，但并不免除该会员的义务。取消会员资格，是律师违规行为惩戒中最重的处分措施，主要适用于情节严重的违规行为。除口头训诫外，其他处分均需作出书面决定。

律师协会决定给予警告及以上处分的，可以同时责令违规会员接受专门培训或者限期整改。专门培训可以采取集中培训、增加常规培训课时或者律师协会认可的其他方式进行。限期整改是指要求违规会员依据律师协会的处分决定或者整改意见书履行特定义务，包括：（1）责令会员向委托人返还违规收取的律师服务费及其他费用；（2）责令会员因不尽职或者不称职服务而向委托人退还部分或者全部已收取的律师服务费；（3）责令会员返还违规占有的委托人提供的原始材料或者实物；（4）责令会员因利益冲突退出代理或者辞去委托；（5）责令会员向委托人开具合法票据、向委托人书面致歉或者当面赔礼道歉等；（6）责令就某类专项业务连续发生违规执业行为的律师事务所或者律师进行专项整改，未按要求完成整改的，另行给予单项处分；（7）律师协会认为必要的其他整改措施。

训诫、警告、通报批评、公开谴责、中止会员权利1个月以上1年以下的纪律处分由省、自治区、直辖市律师协会或者设区的市律师协会作出；取消会员资格的纪律处分由省、自治区、直辖市律师协会作出；设区的市律师协会可以建议省、自治区、直辖市律师协会依上述规则给予会员取消会员资格的纪律处分。省、自治区、直辖市律师协会或者设区的市律师协会拟对违规会员作出中止会员权利1个月以上1年以下的纪律处分决定时，可以事先或者同时建议同级司法行政机关依法对该会员给予相应期限的停业整顿或者停止执业的行政处罚；会员被司法行政机关依法给予相应期限的停业整顿或者停止执业行政处罚的，该会员所在的律师协会应当直接对其作出中止会员权利相应期限的纪律处分决定；

省、自治区、直辖市律师协会拟对违规会员作出取消会员资格的纪律处分决定时，应当事先建议同级司法行政机关依法吊销该会员的执业证书；会员被司法行政机关依法吊销执业证书的，该会员所在的省、自治区、直辖市律师协会应当直接对其作出取消会员资格的纪律处分决定。

《律师协会会员违规行为处分规则（试行）》还分别规定了从轻、减轻或免予处分和从重处分的情形。会员有下列情形之一的，可以从轻、减轻或免予处分：（1）初次违规并且情节显著轻微或轻微的；（2）承认违规并作出诚恳书面反省的；（3）自觉改正不规范执业行为的；（4）及时采取有效措施，防止不良后果发生或减轻不良后果的。会员有下列情形之一的，应当从重处分：（1）违规行为造成严重后果的；（2）逃避、抵制和阻挠调查的；（3）对投诉人、证人和有关人员打击报复的；（4）曾因违规行为受过行业处分或受过司法行政机关行政处罚的。

（四）我国惩戒律师违规行为的具体事由

关于惩戒律师违规行为的具体事由，《律师协会会员违规行为处分规则（试行）》第四章作了明确规定，其中包括利益冲突行为、代理不尽责行为、泄露秘密或者隐私的行为、违规收案或收费的行为、不正当竞争行为、妨碍司法公正的行为、以不正当方式影响依法办理案件的行为、违反司法行政管理或者行业管理的行为等。

1. 利益冲突行为

根据《律师协会会员违规行为处分规则（试行）》第20条的规定，具有以下利益冲突行为之一的，给予训诫、警告或者通报批评的纪律处分；情节严重的，给予公开谴责、中止会员权利3个月以下的纪律处分：（1）律师在同一案件中为双方当事人担任代理人，或代理与本人或者其近亲属有利益冲突的法律事务的；（2）律师办理诉讼或者非诉讼业务，其近亲属是对方当事人的法定代表人或者代理人的；（3）曾经亲自处理或者审理过某一事项或者案件的行政机关工作人员、审判人员、检察人员、仲裁员，成为律师后又办理该事项或者案件的；（4）同一律师事务所的不同律师同时担任同一刑事案件的被害人的代理人和犯罪嫌疑人、被告人的辩护人，但在该县区域内只有一家律师事务所且事先征得当事人同意的除外；（5）在民事诉讼、行政诉讼、仲裁案件中，同一律师事务所的不同律师同时担任争议双方当事人的代理人，或者本所或其工作人员为一方当事人，本所其他律师担任对方当事人的代理人的；（6）在非诉讼业务中，除各方当事人共同委托外，同一律师事务所的律师同时担任彼此有利害关系的各方当事人的代理人的；（7）在委托关系终止后，同一律师事务所或同一律师在同一案件后续审理或者处理中又接受对方当事人委托的；（8）担任法律顾问期间，为顾问单位的对方当事人或者有利益冲突的当事人代理、辩护的；（9）曾经担任法官、检察官的律师从人民法院、人民检察院离任后，2年内以律师身份担任诉讼代理人或者辩护人；（10）担任所在律师事务所其他律师任仲裁员的仲裁案件代理人的；（11）其他依据律师执业经验和行业常识能够判断为应当主动回避且不得办理的利益冲突情形。

根据《律师协会会员违规行为处分规则（试行）》第21条的规定，未征得各方委托人的同意而从事以下代理行为之一的，给予训诫、警告或者通报批评的纪律处分：（1）接受民事诉讼、仲裁案件一方当事人的委托，而同所的其他律师是该案件中对方当事人的近亲属的；（2）担任刑事案件犯罪嫌疑人、被告人的辩护人，而同所的其他律师是该案件被害人的近亲属的；（3）同一律师事务所接受正在代理的诉讼案件或者非诉讼业务当事人的对方当事人所委托的其他法律业务的；（4）律师事务所与委托人存在法律服务关系，在某一诉讼或仲裁案件中该委托人未要求该律师事务所律师担任其代理人，而该律师事务所律师担任该委托人对方当事人的代理人的；（5）在委托关系终止后1年内，律师又就同一法律事务接受与原委托人有利害关系的对方当事人的委托的；（6）其他与上述第（1）至第（5）项情况相似，且依据律师执业经验和行业常识能够判断的其他情形。

2. 代理不尽责行为

根据《律师协会会员违规行为处分规则（试行）》第22条的规定，提供法律服务不尽责，具有以下情形之一的，给予训诫、警告或者通报批评的纪律处分；情节严重的，给予公开谴责、中止会员权利3个月以上1年以下或者取消会员资格的纪律处分：（1）超越委托权限，从事代理活动的；（2）接受委托后，无正当理由，不向委托人提供约定的法律服务的，拒绝辩护或者代理的，包括：不及时调查了解案情，不及时收集、申请保全证据材料，或者无故延误参与诉讼、申请执行，逾期行使撤销权、异议权等权利，或者逾期申请办理批准、登记、变更、披露、备案、公告等手续，给委托人造成损失的；（3）无正当理由拒绝接受律师事务所或者法律援助机构指派的法律援助案件的，或者接受指派后，拖延、懈怠履行或者擅自停止履行法律援助职责的，或者接受指派后，未经律师事务所或者法律援助机构同意，擅自将法律援助案件转交其他人员办理的；（4）因过错导致出具的法律意见书存在重大遗漏或者错误，给当事人或者第三人造成重大损失的，或者对社会公共利益造成危害的。

根据《律师协会会员违规行为处分规则（试行）》第23条的规定，利用提供法律服务的便利，具有以下情形之一的，给予训诫、警告或者通报批评的纪律处分；情节严重的，给予公开谴责、中止会员权利3个月以上1年以下或者取消会员资格的纪律处分：（1）利用提供法律服务的便利牟取当事人利益；接受委托后，故意损害委托人利益的；（2）接受对方当事人的财物及其他利益，与对方当事人、第三人恶意串通，向对方当事人、第三人提供不利于委托人的信息、证据材料，侵害委托人的权益的；（3）为阻挠当事人解除委托关系，威胁、恐吓当事人或者扣留当事人提供的材料的。

3. 泄露秘密或者隐私的行为

根据《律师协会会员违规行为处分规则（试行）》第24条至第26条的规定，泄露当事人的商业秘密或者个人隐私的，给予警告、通报批评或者公开谴责的纪律处分；情节严重的，给予中止会员权利3个月以上6个月以下的纪律处分。违反规定披露、散布不公开审理案件的信息、材料，或者本人、其他律师在办案过程中获悉的有关案件重要信息、证据材料的，给予通报批评、公开谴责或者中止会员权利6个月以上1年以下的纪律处分；情节严重的，给予取消会员资格的纪律处分。泄露国家秘密的，给予公开谴责、中止会员权利6个月以上1年以下的纪律处分；情节严重的，给予取消会员资格的纪律处分。

4. 违规收案或收费的行为

根据《律师协会会员违规行为处分规则（试行）》第27条和第28条的规定，违规收案、收费具有以下情形之一的，给予训诫、警告或者通报批评的纪律处分；情节严重的，给予公开谴责、中止会员权利1个月以上1年以下或者取消会员资格的纪律处分：（1）不按规定与委托人签订书面委托合同的；（2）不按规定统一接受委托、签订书面委托合同和收费合同，统一收取委托人支付的各项费用的，或者不按规定统一保管、使用律师服务专用文书、财务票据、业务档案的；（3）私自接受委托，私自向委托人收取费用，或者收取规定、约定之外的费用或者财物的；违反律师服务收费管理规定或者收费协议约定，擅自提高收费的；（4）执业期间以非律师身份从事有偿法律服务的；（5）不向委托人开具律师服务收费合法票据，或者不向委托人提交办案费用开支有效凭证的；（6）在实行政府指导价的业务领域违反规定标准收取费用，或者违反风险代理管理规定收取费用。假借法官、检察官、仲裁员以及其他工作人员的名义或者以联络、酬谢法官、检察官、仲裁员以及其他工作人员为由，向当事人索取财物或者其他利益的，给予公开谴责或者中止会员权利3个月以上6个月以下的纪律处分。

5. 不正当竞争行为

根据《律师协会会员违规行为处分规则（试行）》第29条的规定，具有下列以不正当手段争揽业务的行为之一的，给予训诫、警告或者通报批评的纪律处分；情节严重的，给予公开谴责、中止会员权利1个月以上1年以下或者取消会员资格的纪律处分：（1）为争揽业务，向委托人作虚假承诺的；（2）向当事人明示或者暗示与办案机关、政府部门及其工作人员有特殊关系的；（3）利用媒体、广告或者其他方式进行不真实或者不适当宣传的；（4）以支付介绍费等不正当手段争揽业务的；（5）在事前和事后为承办案件的法官、检察官、仲裁员牟取物质的或非物质的利益，为了争揽案件事前和事后给予有关人员物质的或非物质利益的；（6）在司法机关、监管场所周边违规设立办公场所、散发广告、举牌等不正当手段争揽业务的。

根据《律师协会会员违规行为处分规则（试行）》第30条的规定，具有下列不正当竞争行为之一的，给予通报批评、公开谴责或者中止会员权利1个月以上1年以下的纪律处分；情节严重的，给予取消会员资格的纪律处分：（1）捏造、散布虚假事实，损害、诋毁其他律师、律师事务所声誉的；（2）哄骗、唆使当事人提起诉讼，制造、扩大矛盾，影响社会稳定的；（3）利用与司法机关、行政机关或其他具有社会管理职能组织的关系，进行不正当竞争的。

6. 妨碍司法公正的行为

根据《律师协会会员违规行为处分规则（试行）》第31条至第33条的规定，承办案件期间，为了不正当目的，在非工作期间、非工作场所，会见承办法官、检察官、仲裁员或者其他有关工作人员，或者违反规定单方面会见法官、检察官、仲裁员的，给予中止会员权利6个月以上1年以下的纪律处分；情节严重的给予取消会员资格的纪律处分。利用与法官、检察官、仲裁员以及其他有关工作人员的特殊关系，打探办案机关内部对案件的办理意见，承办其介绍的案件，影响依法办理案件的，给予中止会员权利6个月以上1年以下的纪律处分；情节严重的给予取消会员资格的纪律处分。向法官、检察官、仲裁员及其他有关工作人员行贿，许诺提供利益、介绍贿赂或者指使、诱导当事人行贿的，给予中止会员权利6个月以上1年以下的纪律处分；情节严重的给予取消会员资格的纪律处分。

7. 以不正当方式影响依法办理案件的行为

根据《律师协会会员违规行为处分规则（试行）》第34条的规定，影响司法机关依法办理案件，具有以下情形之一的，给予中止会员权利6个月以上1年以下的纪律处分；情节严重的给予取消会员资格的纪律处分：（1）未经当事人委托或者法律援助机构指派，以律师名义为当事人提供法律服务、介入案件，干扰依法办理案件的；（2）对本人或者其他律师正在办理的案件进行歪曲、有误导性的宣传和评论，恶意炒作案件的；（3）以串联组团、联署签名、发表公开信、组织网上聚集、声援等方式或者借个案研讨之名，制造舆论压力，攻击、诋毁司法机关和司法制度的；（4）煽动、教唆和组织当事人或者其他人员到司法机关或者其他国家机关静坐、举牌、打横幅、喊口号、声援、围观等扰乱公共秩序、危害公共安全的非法手段，聚众滋事，制造影响，向有关机关施加压力的；（5）发表、散布否定宪法确立的根本政治制度、基本原则和危害国家安全的言论，利用网络、媒体挑动对党和政府的不满，发起、参与危害国家安全的组织或者支持、参与、实施危害国家安全的活动的；（6）以歪曲事实真相、明显违背社会公序良俗等方式，发表恶意诽谤他人的言论，或者发表严重扰乱法庭秩序的言论的。

根据《律师协会会员违规行为处分规则（试行）》第35条和第36条的规定，不遵守法庭、仲裁庭纪律和监管场所规定、行政处理规则，具有以下情形之一的，给予中止会员权利6个月以上1年以下的纪律处分；情节严重的给予取消会员资格的纪律处分：（1）会见在押犯罪嫌疑人、被告人时，违反有关规定，携带犯罪嫌疑人、被告人的近亲属或者其他利害关系人会见，将通信工具提供给在押犯罪嫌疑人、被告人使用，或者传递物品、文件；（2）无正当理由，拒不按照人民法院通知出庭参与诉讼，或者违反法庭规则，擅自退庭；（3）聚众哄闹、冲击法庭，侮辱、诽谤、威胁、殴打司法工作人员或者诉讼参与人，否定国家认定的邪教组织的性质，或者有其他严重扰乱法庭秩序的行为。故意向司法机关、仲裁机构或者行政机关提供虚假证据或者威胁、利诱他人提供虚假证据，妨碍对方当事人合法取得证据的，给予中止会员权利6个月以上1年以下的纪律处分；情节严重的给予取消会员资格的纪律处分。

8. 违反司法行政管理或者行业管理的行为

根据《律师协会会员违规行为处分规则（试行）》第37条和第38条的规定，同时在2个律师事务所以上执业的或同时在律师事务所和其他法律服务机构执业的，给予警告、通报批评或者公开谴责的纪律处分；情节严重的，给予中止会员权利1个月以上3个月以下的纪律处分。不服从司法行政管理或者行业管理，具有以下情形之一的，给予中止会员权利6个月以上1年以下的纪律处分；情节严重的给予取消会员资格的纪律处分：（1）向司法行政机关或者律师协会提供虚假材料、隐瞒重要事实或者有其他弄虚作假行为的；（2）在受到停止执业处罚期间，或者在律师事务所被停业整顿、注销后继续执业的；（3）因违纪行为受到行业处分后在规定的期限内拒不改正的。

根据《律师协会会员违规行为处分规则（试行）》第39条的规定，律师事务所疏于管理，具有下列情形之一的，给予警告、通报批评或者公开谴责的纪律处分；情节严重的，给予中止会员权利1个月以上6个月以下的纪律处分；情节特别严重的，给予取消会员资格的纪律处分：（1）不按规定建立健全执业管理和其他各项内部管理制度，规范本所律师执业行为，履行监管职责，对本所律师遵守法律、法规、规章及行业规范，遵守职业道德和执业纪律的情况不予监督，发现问题未及时纠正的；（2）聘用律师或者其他工作人员，不按规定与应聘者签订聘用合同，不为其办理社会统筹保险的；（3）不依法纳税的；（4）受到停业整顿处罚后拒不改正，或者在停业整顿期间继续执业的；（5）允许或者默许受到停止执业处罚的本所律师继续执业的；（6）未经批准，擅自在住所以外的地方设立办公点、接待室，或者擅自设立分支机构的；（7）恶意逃避律师事务所及其分支机构债务的；（8）律师事务所无正当理由拒绝接受法律援助机构指派的法律援助案件；或者接受指派后，不按规定及时安排本所律师承办法律援助案件或者拒绝为法律援助案件的办理提供条件和便利的；（9）允许或者默许本所律师为承办案件的法官、检察官、仲裁员牟取物质的或非物质的利益的；允许或者默许给予有关人员物质的或非物质利益的。

根据《律师协会会员违规行为处分规则（试行）》第40条的规定，律师事务所具有下列情形之一的，给予警告、通报批评或者公开谴责的纪律处分；情节严重的，给予中止会员权利1个月以上6个月以下的纪律处分；情节特别严重的，给予取消会员资格的纪律处分：（1）使用未经核定的律师事务所名称从事活动，或者擅自改变、出借律师事务所名称的；（2）变更名称、章程、负责人、合伙人、住所、合伙人协议等事项，未在规定的时间内办理变更登记的；（3）采取不正当手段阻挠合伙人、合作人、律师退所的；（4）将不符合规定条件的人员发展为合伙人或者推选为律师事务所负责人的；（5）以独资、与他人合资或者委托持股方式兴办企业，并委派律师担任企业法定代表人、总经理职务，或者从事与法律服务无关的中介服务和其他经营性活动的；（6）采用出具或者提供律师事务所介绍信、律师服务专用文书、收费票据等方式，为尚未取得律师执业证书的人员或者其他律师事务所的律师违法执业提供便利的；（7）为未取得律师执业证的人员印制律师名片、标志或者出具其他有关律师身份证明，或者已知本所人员有上述行为而不制止的。

（五）我国惩戒律师违规行为的主要程序

《律师协会会员违规行为处分规则（试行）》第五章对惩戒律师违规行为的主要程序作了规定，具体包括受理与立案、回避、调查、作出决定、复查等。

1. 受理与立案

根据《律师协会会员违规行为处分规则（试行）》第43条至第51条的规定，投诉人可以采用信函、邮件和直接来访等方式投诉，也可以委托他人代为投诉。对于没有投诉人投诉的会员涉嫌违规行为，律师协会有权主动调查并作出处分决定。律师协会受理投诉时应当要求投诉人提供具体的事实和相关证据材料。律师协会应当制作接待投诉记录，填写投诉登记表，妥善保管投诉材料，建立会员诚信档案。

接待投诉的工作人员应当完成以下工作：（1）当面投诉的，应当认真作好笔录，必要时征得投诉人同意可以录音。投诉时，无关人员不得在场旁听和询问；对记录的主要内容须经投诉人确认无误后签字或者盖章。（2）信函投诉的，应当做好收发登记、转办和保管等工作。口头或者电话投诉的，要耐心接听，认真记录，并告知投诉人应当提交的书面材料。（3）对司法行政机关委托律师协会调查的投诉案件，应当办理移交手续。

惩戒委员会应当在接到投诉之日起10个工作日内，对案件作出是否立案的决定。具有下列情形之一的不予立案：（1）不属于本协会受理范围的；（2）不能提供相关证据材料或者证据材料不足的；（3）证据材料与投诉事实没有直接或者必然联系的；（4）匿名投诉或者投诉人身份无法核实，导致相关事实无法查清的；（5）超过处分时效的；（6）投诉人就被投诉会员的违规行为已提起诉讼、仲裁等司法程序案件的；（7）对律师协会已经处理过的违规行为，没有新的事由和证据而重复投诉的；（8）其他不应立案的情形。对不予立案的，律师协会应当在惩戒委员会决定作出之日起7个工作日内向投诉人书面说明不予立案的理由，但匿名投诉的除外。需由司法行政机关或者其他律师协会处理的投诉案件，律师协会应当制作转移处理书，随投诉资料移送有管辖权的部门，并告知投诉人。

律师协会惩戒委员会应当自立案之日起10个工作日内，向投诉人、被调查会员发出书面立案通知。立案通知中应当载明立案的主要内容，有投诉人的，应当列明投诉人名称、投诉内容等事项；投诉人递交了书面投诉文件的，可以将投诉文件的副本与通知一并送达被调查会员；该通知应当要求被调查会员在20个工作日内作出书面申辩，并有义务在同一期限内提交业务档案等书面材料。送达立案通知时，同时告知本案调查组组成人员和日常工作机构工作人员名单，告知被调查会员有申请回避的权利。

2. 回避

根据《律师协会会员违规行为处分规则（试行）》第52条至第54条的规定，惩戒委员会委员有下列情形之一的，应当自行回避，投诉人、被调查会员也有权向律师协会申请其回避：（1）本人与本案投诉人或者被调查的会员有近亲属关系的；（2）与本案被调查会员在同一律师事务所执业的；（3）被调查会员为本人所在的律师事务所；（4）其他可能影响案件公正处理的情形。上述规定，也适用于惩戒委员会日常工作机构工作人员。律师协会、惩戒委员会、日常工作机构等机构不属于被申请回避的主体，不适用回避。

惩戒委员会主任的回避由所在律师协会会长或者主管惩戒工作的副会长决定；副主任的回避由惩戒委员会主任决定。惩戒委员会委员的回避，由惩戒委员会主任或者副主任决定。被调查会员提出回避申请的，应当说明理由，并在申辩期限内提出。对提出的回避申请，律师协会或者惩戒委员会应当在申请提出的3个工作日内，以口头或者书面形式作出决定，并记录在案，此决定为终局决定。

3. 调查

根据《律师协会会员违规行为处分规则（试行）》第55条至第58条的规定，惩戒委员会对决定立案调查的案件应当委派2名以上委员组成调查组进行调查，并出具调查函。重大、疑难、复杂案件可以成立由惩戒委员会委员和律师协会邀请的相关部门人员组成联合调查组进行共同调查。调查人员应当全面、客观、公正的调查案情。调查范围不受投诉内容的限制。调查发现投诉以外的其他违纪违规行为的，应当一并调查，无需另行立案。发现其他会员涉嫌有与本案关联的涉嫌违规行为的，律师协会可以依职权进行调查。

调查人员可以询问被调查会员，出示相关材料，并制作笔录。被调查会员拒绝提交业务档案、拒绝回答询问或者拒绝申辩的，视为逃避、抵制和阻挠调查，应当从重处分。调查人员可以通过电话、电子邮件或者直接与投诉人面对面调查等调查方式进行，要求投诉人提供相关证据材料。

调查人员应当按照所在省、自治区、直辖市律师协会规定的期限完成调查工作，并在调查、收集、整理、归纳、分析全部案卷调查材料的基础上，形成本案的调查终结报告，报告应当载明会员行为是否构成违规，是否建议给予相应的纪律处分。与案件有直接关联的事实或者争议进入诉讼、仲裁程序或者发生其他导致调查无法进行的情形的，经惩戒委员会主任及主管会长批准可以中止调查，待相关程序结束后或者相关情形消失后，再行决定是否恢复调查，中止期间不计入调查时限。

4. 作出决定

根据《律师协会会员违规行为处分规则（试行）》的规定，纪律处分的决定程序主要包括听证、评议、审核、送达等程序。

第一，听证。根据《律师协会会员违规行为处分规则（试行）》第59条至第62条的规定，惩戒委员会在作出处分决定前，应当告知被调查会员有要求听证的权利。被调查会员要求听证的，应当在惩戒委员会告知后的7个工作日内提出书面听证申请；惩戒委员会认为有必要举行听证的，可以组成听证庭进行。决定举行听证的案件，律师协会应当在召开听证庭7个工作日前向被调查的会员送达《听证通知书》，告知其听证庭的时间、地点、听证庭组成人员名单及可以申请回避等事项，并通知案件相关人员。《听证通知书》除直接送达外，可以委托被调查会员所在律师事务所送达，也可以邮寄送达。被调查会员应当按期参加听证，有正当理由要求延期的，经批准可以延一次，未申请延期并且未按期参加听证，视为放弃听证权利。被调查会员不陈述、不申辩或者不参加听证的视为放弃，不影响惩戒委员会作出决定。

听证庭成员由惩戒委员会3至5名委员担任，调查人员不得担任听证庭成员。听证庭依照以下程序进行：（1）询问被调查会员是否申请听证庭组成人员回避；（2）投诉人陈述投诉的事实、理由和投诉请求，投诉人未到庭的，不影响听证程序进行，由调查人员宣读投诉书；被调查会员有权进行申辩；调查人员陈述调查的事实，被调查会员、投诉人对调查的事实发表意见；（3）听证庭组成人员可以就案件有关事实向各方进行询问；（4）听证应当制作笔录，笔录应当交被调查会员、投诉人审核无误后签字或者盖章。听证庭根据查明的事实，在充分考虑各方意见基础上，拟定评议报告交惩戒委员会集体作出决定。

第二，评议。根据《律师协会会员违规行为处分规则（试行）》第63条至第65条的规定，惩戒委员会应当在听取或者审阅听证庭评议报告或者调查终结报告后集体作出决定。会议应当有2/3以上的委员出席，决定由出席会议委员的1/2以上多数通过，如评议出现三种以上意见且均不过半数时，将最不利于被调查会员的意见票数依次计入次不利于被调查会员的票数，直至超过半数为止。调查人员和应回避人员不参加表决，不计入出席会议委员基数。

惩戒委员会成员及其工作人员应当严格遵守工作纪律，对决定评议情况保密。惩戒委员会会议作出决定后，应当制作书面决定书，决定书应当载明下列事项：（1）投诉人的基本信息；（2）被调查会员的基本信息、律师执业证书号码、所在律师事务所；（3）投诉的基本事实和诉求；（4）被调查会员的答辩意见；（5）惩戒委员会依据相关证据查明的事实；（6）惩戒委员会对本案作出的决定及其依据；（7）申请复查的权利、期限；（8）作出决定的律师协会名称；（9）作出决定的日期；（10）其他应当载明的事项。

第三，审核。根据《律师协会会员违规行为处分规则（试行）》第66条的规定，决定书经惩戒委员会主任审核后，由律师协会会长或者主管副会长签发。处分决定书应当在签发后的15个工作日内，由律师协会送达被调查会员，同时将决定书报上一级律师协会备案。惩戒委员会作出撤销案件、不予处分的决定书应当在签发后10个工作日内，由律师协会日常工作机构人员送达投诉人、被调查会员。达成和解或者投诉人撤销投诉，但是涉嫌违规的行为应当予以处分的，可以继续进行处分程序，必要时应当依照《律师协会会员违规行为处分规则（试行）》第44条的规定启动调查程序。

第四，送达。根据《律师协会会员违规行为处分规则（试行）》第67条至第73条的规定，决定书可以直接送达，也可以通过邮寄方式送达。决定书送达应当由受送达人在送达回证上注明收到日期并签名盖章，受送达人在送达回证上签收日期为送达日期。决定书采用邮寄方式送达的，以挂号回证上注明的收件日期为送达日期。

受送达人是个人会员的，可以由其所在律师事务所主任、行政主管或者其他合伙人签收；受送达人是团体会员的，可以交其律师事务所主任、行政主管或者合伙人签收。受送达人拒收时，可以由送达人邀请律师协会理事或者律师代表作为见证人到场，说明情况，在送达回证上记明拒收事由和日期，由送达人、见证人签名，把决定书留在受送达人的住所或者其所在律师事务所的住所，视为送达。

会员对惩戒委员会作出的处分决定未在规定的期限内申请复查的，或者申请复查后由复查委员会作出维持或者变更原处分决定的，为生效的处分决定。生效的处分决定由该决定书生效时直接管理被处分会员的律师协会执行。惩戒委员会认为会员的违规行为依法应当给予行政处罚的，应当及时移送有管辖权的司法行政机关，并向其提出处罚建议。同一个违法行为已被行政处罚的不再建议行政处罚。投诉的案件涉及违反《律师法》《律师和律师事务所违法行为处罚办法》可能构成刑事犯罪的，或有重大社会影响的，惩戒委员会应及时报告同级司法行政机关和上一级律师协会。

训诫、警告处分决定应当由作出决定的律师协会告知所属律师事务所。重大典型律师违法违规案件和律师受到通报批评处分决定生效的，应当在本地区律师行业内进行通报。公开谴责及以上处分决定生效的，应当向社会公开披露。因严重违法违规行为受到吊销执业证书、取消会员资格等行政处罚、行业处分决定生效的和社会关注度较高的违法违规案件，可以通过官方网站、微博、微信、报刊、新闻发布会等形式向社会披露。

5. 复查

根据《律师协会会员违规行为处分规则（试行）》第74条至第80条的规定，各省、自治区、直辖市律师协会应设立会员处分复查委员会，负责受理复查申请和作出复查决定。复查委员会应当由业内和业外人士组成。业内人士包括执业律师、律师协会及司法行政机关工作人员；业外人士包括法学界专家、教授以及司法机关或者其他机关、组织的有关人员。复查委员会的主任、副主任由同级律师协会会长办公会提名，经常务理事会或者理事会决定产生，任期与理事任期相同。复查委员会的委员由同级律师协会常务理事会或者理事会采取选举、推选、决定等方式产生，任期与理事会任期相同。

各省、自治区、直辖市律师协会和设区的市律师协会惩戒委员会委员不能同时成为复查委员会组成人员，不得参与其所在地方律师协会会员处分的复查案件。复查委员会应当履行下列职责：（1）受理复查申请；（2）审查申请复查事项；（3）作出复查决定；（4）其他职责。本案被调查会员对省、自治区、直辖市律师协会或者设区的市律师协会惩戒委员会作出的处分决定不服的，可以在决定书送达之次日起的15个工作日内向所在省、自治区、直辖市律师协会复查委员会申请复查。省、自治区、直辖市律师协会秘书长办公会议或者复查委员会主任、副主任集体认为本地区各律师协会惩戒委员会所作出的处分决定可能存在事实认定不清，或者适用法律、法规、规范错误，或调查、作出决定的程序不当的，有权在该处分决定作出后1年内提请复查委员会启动复查程序。

　　申请复查的会员为申请人应当具备以下条件：（1）所申请复查的决定应当是本省、自治区、直辖市律师协会惩戒委员会或者设区的市律师协会惩戒委员会作出的；（2）复查申请应当包括具体的复查请求、事实和证据；（3）复查申请必须在规定的期限内提出。复查申请应当以书面形式提出，内容包括：（1）申请人的姓名或者单位名称、地址、执业证书号码及电话等；（2）作出原决定的律师协会惩戒委员会名称；（3）复查申请的具体事实、理由、证据和要求等；（4）提起复查申请的日期；（5）惩戒委员会处分决定书。

案例研习

思考题：

1. 请谈谈律师与法官、检察官职业角色的差异。
2. 我国律师执业权利的主要内容有哪些？
3. 律师之间的不正当竞争行为有哪些？
4. 在我国，维护律师执业权利要经过哪些程序？
5. 在我国，惩戒律师违规行为要经过哪些程序？

专题五　律师职业伦理（二）：律师职业外部关系

律师不仅要处理与律师同行、律师事务所和律师自治组织的关系，还要处理与客户、法官、检察官、司法行政机关、证券监督管理机构的关系，并且要为缺乏必要诉讼手段且经济上处于弱势地位的群体提供无偿法律服务。律师在处理这些外部关系的过程中，要严格履行律师执业责任，遵循相关职业伦理规范。为此，本专题设置了"律师与客户的关系""律师与法官的关系""律师与检察官的关系""律师与司法行政机关的关系""律师与证券监督管理机构的关系""律师公益法律服务"六个论题，分别讨论律师在处理各个外部关系时的职业伦理规范。

论题一　律师与客户的关系

在律师的日常工作中，处理律师与客户的关系大体要求律师做好两个方面的业务工作：一是处理案件（诉讼与非诉讼）等"硬"业务，二是处理与客户（包括潜在客户）交往、沟通等"软"业务。本论题探讨律师与客户关系的伦理规范，必然会涉及上述业务。本论题涉及律师业务推广、律师与委托人关系、律师收费、律师保管财物、律师保密义务和律师利益冲突等方面的伦理规范。

➤➤ 一、律师业务推广规范

根据中华全国律师协会于2018年1月发布的《中华全国律师协会律师业务推广行为规则（试行）》第2条的规定，律师业务推广是指律师、律师事务所为扩大影响、承揽业务、树立品牌，自行或授权他人向社会公众发布法律服务信息的行为。当前，随着律师和律师事务所数量的逐步增长，律师为获得业务进行的宣传推广日渐普遍且形式多样。但是，也出现了一些内容和形式不当的宣传推广。这不仅会造成律师和律师事务所之间的不正当竞争，而且会损害律师职业的形象。因此，对律师业务推广行为进行规范和合理限制非常必要。我国《律师执业行为规范（试行）》第三章专门对律师业务推广进行了规定，具体包括"业务推广原则""律师业务推广广告""律师宣传"。《中华全国律师协会律师业务推广行为规则（试行）》也对律师业务推广的形式作了列举式规定。①一些地方律师协会也对律师业务推广制定了相应的规范，如广东省律师协会制定了《广东省律师事务所及律师业务推广宣传行为守则》。

（一）律师业务推广原则

中华全国律师协会通过的《律师执业行为规范（试行）》第三章第一节（第16条至第22条）规定了律师业务推广的原则。其中第16条规定："律师和律师事务所推广律师业务，应当遵守平等、诚信原则，遵守律师职业道德和执业纪律，遵守律师行业公认的行业准则，公平竞争。"第17条规定："律师和律师事务所应当通过提高自身综合素质、提高法律服务质量、加强自身业务竞争能力的途径，开展、推广律师业务。"第18条规定："律师和律师事务所可以依法以广告方式宣传律师和律师事务所以及自己的业务领域和专业特长。"第19条规定："律师和律师事务所可以通过发表学术论文、案例分析、专题解答、授课、普及法律等活动，宣传自己的专业领域。"第20条规定："律师和律师事务所可以通过举办或者参加各种形式的专题、专业研讨会，宣传自己的专业特长。"第21条规定："律师可以以自己或者其任职的律师事务所名义参加各种社会公益活动。"第22条对律师和律师事务所的业务推广作了限制性规定，即"律师和律师事务所在业务推广中不得为不正当竞争行为"。

《中华全国律师协会律师业务推广行为规则（试行）》第3条也对律师、律师事务所的业务推广作了原则性规定："律师、律师事务所进行业务推广应当遵守法律法规和执业规范，公平和诚实竞争，推广内容应当真实、严谨，推广方式应当得体、适度，不得含有误导性信息，不得损害律师职业尊严和行业形象。"由此可知，律师业务推广应该遵循的基本原则包括：守法、公平、真实、严谨、得体、适度。其中，严谨、得体和适度原则是律师业务推广不同于一般商业推广的基本原则。严谨、得体原则要求律师业务推广不用夸张、含糊的内容和形式。律师职业应当给人含蓄、严格、守法、诚实的印象。如果律师、律师事务所在进行业务推广时违反严谨、得体原则，为了博取眼球使用夸张、含糊的内容和形式，则不利于律师职业良好形象的建立。适度原则要求律师业务推广衡量商业利益和客户利益、社会公共利益、法律职业整体利益之间的关系，不将商业利益置于首位。如果业务推广涉及客户信息，则应将保守客户的秘密作为首要责任，不应基于业务推广的需要擅自披露客户信息。②

（二）律师业务推广的基本要求

《律师执业行为规范（试行）》第23条至第27条对律师业务推广提出了基本要求。

---

① 《中华全国律师协会律师业务推广行为规则（试行）》第2条规定，律师业务推广主要包括以下方式：（1）发布律师个人广告、律师事务所广告；（2）建立、注册和使用网站、博客、微信公众号、领英等互联网媒介；（3）印制和使用名片、宣传册等具有业务推广性质的书面资料或视听资料；（4）出版书籍、发表文章；（5）举办、参加、资助会议、评比、评选活动；（6）其他可传达至社会公众的业务推广方式。

② 参见吴晨：《律师业务推广行为规则剖析》，载《中国司法》2018年第3期。

其中第23条规定："律师和律师事务所为推广业务，可以发布使社会公众了解律师个人和律师事务所法律服务业务信息的广告。"第24条规定："律师发布广告应当遵守国家法律、法规、规章和本规范。"第25条规定："律师发布广告应当具有可识别性，应当能够使社会公众辨明是律师广告。"第26条规定："律师广告可以以律师个人名义发布，也可以以律师事务所名义发布。以律师个人名义发布的律师广告应当注明律师个人所任职的执业机构名称，应当载明律师执业证号。"第27条则规定了律师和律师事务所不得发布律师广告的情况，包括：（1）没有通过年度考核的；（2）处于停止执业或停业整顿处罚期间的；（3）受到通报批评、公开谴责未满1年的。

《中华全国律师协会律师业务推广行为规则（试行）》第6条至第9条、第12条和第13条，对律师、律师事务所的业务推广提出了原则性要求，具体内容总结如下：

一是律师个人发布的业务推广信息应当醒目标示律师姓名、律师执业证号、所任职律师事务所名称，也可以包含律师本人的肖像、年龄、性别、学历、学位、执业年限、律师职称、荣誉称号、律师事务所收费标准、联系方式，依法能够向社会提供的法律服务业务范围、专业领域、专业资格等。

二是律师事务所发布的业务推广信息应当醒目标示律师事务所名称、执业许可证号，也可以包含律师事务所的住所、电话号码、传真号码、电子信箱、网址、公众号等联系方式，以及律师事务所荣誉称号、所属律师协会、所内执业律师、律师事务所收费标准、依法能够向社会提供的法律服务业务范围简介。

三是律师、律师事务所业务推广信息中载有荣誉称号的，应当载明该荣誉的授予时间和授予机构。律师、律师事务所可以宣传其专业法律服务领域，但不得自我宣称或者暗示其为公认的某一专业领域的专家或者专家单位。

四是律师、律师事务所应当对其开立的互联网媒介账户中的信息内容负责，如果发现他人在其互联网媒介账户中发布违反《中华全国律师协会律师业务推广行为规则（试行）》的信息，应当及时删除。

五是律师、律师事务所和互联网平台、大众媒体等第三方媒介合作进行业务推广的，无论该第三方是否向律师、律师事务所收取费用，均应当遵守《中华全国律师协会律师业务推广行为规则（试行）》。

六是律师、律师事务所不得以支付案件介绍费、律师费收入分成等方式与第三方合作进行业务推广。

（三）律师业务推广的主要限制

伴随着律师业务推广逐步商业化、多元化，我国律师界出现了一些内容和形式不当的宣传推广行为，有的还引发律师和律师事务所之间的不正当竞争，导致社会公众的错误认知和选择，损害了律师职业形象。为此，《中华全国律师协会律师业务推广行为规则（试行）》明确规定了律师业务推广禁止行为。

《中华全国律师协会律师业务推广行为规则（试行）》第10条规定，律师、律师事务所进行业务推广时，不得有下列行为：（1）虚假、误导性或者夸大性宣传；（2）与登记注册信息不一致；（3）明示或者暗示与司法机关、政府机关、

国外律师业务推广的规范限制

社会团体、中介机构及其工作人员有特殊关系；（4）贬低其他律师事务所、律师，或者与其他律师事务所、律师进行比较；（5）承诺办案结果；（6）宣示胜诉率、赔偿额、标的额等可能使公众对律师、律师事务所产生不合理期望的信息；（7）明示或者暗示提供回扣或者其他利益；（8）不收费或者减低收费（法律援助案件除外）；（9）未经客户许可发布的客户信息；（10）与律师职业不相称的文字、图案、图片和视听资料；（11）在非履行律师协会任职职责的活动中使用律师协会任职的职务；（12）使用中国、中华、全国、外国国家名称等字样，或者未经同意使用国际组织、国家机关、政府组织、行业协会名称；（13）法律、法规、规章、行业规范规定的其他禁止性内容。

　　除了上述关于律师业务推广的内容，《中华全国律师协会律师业务推广行为规则（试行）》还对律师业务推广的方式进行了限制性规定。其中第11条规定，禁止以下列方式发布业务推广信息：（1）采用艺术夸张手段制作、发布业务推广信息；（2）在公共场所粘贴、散发业务推广信息；（3）以电话、信函、短信、电子邮件等方式针对不特定主体进行业务推广；（4）在法院、检察院、看守所、公安机关、监狱、仲裁委员会等场所附近以广告牌、移动广告、电子信息显示牌等形式发布业务推广信息；（5）其他有损律师职业形象和律师行业整体利益的业务推广方式。

案例研习

二、律师与委托人关系

　　律师与委托人的关系归根到底是二者之间的权利、义务关系。当事人聘请律师需要签订委托协议，基于当事人的委托和授权，律师具有了相应的法律权利和义务，也获得了参与当事人事务的资格。律师与当事人之间的关系，是直接的委托授权关系。能否处理好这种关系，对于律师能否很好地完成委托的法律事务，能否在维护委托人利益的同时保护好自身安全，具有重要意义。

（一）律师与委托人关系的法理分析

　　在当事人到律师事务所聘请律师时，先由律师与委托人就委托事项的范围、内容、权限、费用、期限等协商一致，再由律师事务所与委托人签订委托协议。因此，律师与委托人之间的关系应首先定位于代理关系，并受《民法典》合同编调整。在民法中，代理是指代理人在代理权限内，以被代理人的名义与第三人为法律行为，而且由被代理人承担法律后果的法律行为。代理具有下列基本特征：（1）代理行为必须是具有法律意义的行为。（2）代理人在代理权限内独立意思表示。（3）代理人以被代理人的名义为法律行为。（4）被代理人对代理人的代理行为承担法律责任。在司法实践中，律师参与诉讼，必须向法庭提交委托人签署的授权委托书，并载明律师的代理权限。由此可知，律师在代理委托人诉讼时，在诉讼中所有的权利都基于委托人的授权，对于委托人尚未授权的部分，律师无权作出决定。律师在进行诉讼代理时是以委托人的名义进行的，最终所得利益也归于委托人，超越权限的行为则构成越权代理，造成的法律后果则由律师自己承担。

律师与委托人建立委托代理关系，主要源于《律师法》对律师相关权利的规定。《律师法》规定了律师可以从事的业务范围，根据第28条的规定，律师可以从事下列业务：（1）接受自然人、法人或者其他组织的委托，担任法律顾问；（2）接受民事案件、行政案件当事人的委托，担任代理人，参加诉讼；（3）接受刑事案件犯罪嫌疑人、被告人的委托或者依法接受法律援助机构的指派，担任辩护人，接受自诉案件自诉人、公诉案件被害人或者其近亲属的委托，担任代理人，参加诉讼；（4）接受委托，代理各类诉讼案件的申诉；（5）接受委托，参加调解、仲裁活动；（6）接受委托，提供非诉讼法律服务；（7）解答有关法律的询问、代写诉讼文书和有关法律事务的其他文书。《律师法》还规定了律师的人身权和执业权利。前者包括律师执业时人身自由不受非法限制和剥夺，住宅和办公地点不受侵犯，律师的名誉权不受侵犯等。后者包括阅卷权，调查取证权，会见权，通信权，出庭时间受保障的权利，拒绝辩护权与代理的权利，法庭审理阶段诸项权利，获取本案诉讼文书副本的权利，代行上诉权等。

委托人与律师建立委托代理关系，主要基于诉讼法的规定。根据《民事诉讼法》第61条的规定，当事人、法定代理人可以委托1至2人作为诉讼代理人。下列人员可以被委托为诉讼代理人：（1）律师、基层法律服务工作者；（2）当事人的近亲属或者工作人员；（3）当事人所在社区、单位以及有关社会团体推荐的公民。该条明确了律师可以作为当事人、法定代理人的诉讼代理人。根据《刑事诉讼法》第33条第1款的规定，犯罪嫌疑人、被告人除自己行使辩护权以外，还可以委托1至2人作为辩护人。下列人员可以被委托为辩护人：（1）律师；（2）人民团体或者犯罪嫌疑人、被告人所在单位推荐的人；（3）犯罪嫌疑人、被告人的监护人、亲友。根据《行政诉讼法》第31条的规定，当事人、法定代理人，可以委托1至2人作为诉讼代理人。下列人员可以被委托为诉讼代理人：（1）律师、基层法律服务工作者；（2）当事人的近亲属或者工作人员；（3）当事人所在社区、单位以及有关社会团体推荐的公民。

（二）律师与委托人关系的建立

1. 律师与委托人关系建立的基本原则

律师的执业权利源自法律的规定和当事人的委托，一般情况下律师执业免不了与委托人打交道。律师与委托人的关系无疑是关乎律师行业生存与发展的最重要的关系，通俗点说，委托人是绝大多数律师的"衣食父母"。然而，律师与委托人又不是简单的雇佣关系，律师职业因受法律和职业伦理规范的调整而具有一定的独立性。律师在处理与委托人的关系时，需要把握如下原则：

第一，律师要尊重委托人。俗话说："受人之托，忠人之事。"委托人在聘请律师的时候正处于困难、矛盾与冲突中，委托人将案件委托给律师处理，是出于对律师的信任和认可，因此律师应当把委托人的事放在心上，把委托人的事当成自己的事，跟委托人建立良好的互信关系，以最优化的方案处理好委托人的事情。不仅如此，律师还要保障委托人的知情权，尊重委托人的选择。知情不仅是权益的一种体现，更是一种尊重。律师在办案中要与委托人建立相互知情的关系，相互信任更益于挖掘案件中的重要信息，也有助于为委托人的决定提供良好支撑。此外，律师要密切关注政策法律动态，以专业的法律知识、过硬的专业素养依法为委托人做好法律服务工作。

第二，律师要理性引导委托人。在委托人与律师建立委托关系之后，律师便成为委托人维护自己合法权益的"顾问"。律师维护的是委托人的合法权益，而不是非法利益。律师采取的只能是合法手段，而不能是非法手段。同时，律师不仅要维护委托人的合法权益，也要劝解、说服委托人履行法定义务，放弃非法或者过分的主张和要求。因此，在委托人采取相关维权手段、诉讼策略时，律师应当坚持理性引导委托人的原则。该原则主要体现在以下两个方面：一方面，律师要引导委托人正确对待法院的判决、裁决等法律文书。这就要求律师向当事人客观地分析判决结果，引导当事人理性决定是否上诉、申诉。另一方面，律师要引导委托人理性合法维权。对此，《律师执业管理办法》第37条规定："律师承办业务，应当引导当事人通过合法的途径、方式解决争议，不得采取煽动、教唆和组织当事人或者其他人员到司法机关或者其他国家机关静坐、举牌、打横幅、喊口号、声援、围观等扰乱公共秩序、危害公共安全的非法手段，聚众滋事，制造影响，向有关部门施加压力。"

第三，律师与委托人要以诚信为合作基础。诚信是社会主义核心价值观的重要内容之一，也是现代社会运行的基础。作为中国传统伦理基石之一，诚信是每个行业必须坚守的道德底线。律师直接服务于人民群众，可以说，诚信执业是律师工作的生命线，是律师行业的立业之本、执业之基。《律师执业行为规范（试行）》第7条规定，律师应当诚实守信、勤勉尽责，依据事实和法律，维护当事人合法权益，维护法律正确实施，维护社会公平和正义。这意味着，律师必须同时从三个层面诚信履职：一是对委托人忠诚。律师在提供法律服务过程中应最大限度地维护当事人的合法权益，未经同意或授权，不得从事任何违背委托人意志的诉讼活动。二是对宪法和法律忠诚。律师不得以不正当方式影响法官、检察官、仲裁员及其他有关工作人员依法办案，应促进司法机关正确适用法律。三是追求公平正义。律师作为中国特色社会主义法律工作者，是社会公平和正义的有力守护者，绝非简单的"讼师"或"法律商人"。

2. 律师与委托人关系建立的规范要求

律师与委托人建立关系是律师一切执业活动的基础和前提，律师与其他主体的职业关系都从属或派生于这一关系。从《律师执业管理办法》《律师执业行为规范（试行）》等职业伦理规范来看，律师与委托人关系可以分为不同的阶段，每一阶段律师应该重点关注的职业伦理风险或应该遵守的职业伦理也存在区别。在律师与委托人建立关系阶段，律师应该重点关注以下几个方面的规范要求：

一是规范代理身份。如前所述，当事人到律师事务所聘请律师时，先由当事人与律师就委托事项的代理范围、代理内容、代理权限、代理费用、代理期限等进行协商并达成一致意见，再由律师事务所与委托人签署委托代理协议或者取得委托人的确认。也就是说，就建立委托代理关系而言，双方主体分别是律师事务所和委托人，而非律师和委托人。《律师法》第25条第1款规定，律师承办业务，由律师事务所统一接受委托，与委托人签订书面委托合同，按照国家规定统一收取费用并如实入账。《律师法》第40条第1项规定，律师不得私自接受委托、收取费用，接受委托人的财物或者其他利益。《律师执业管理办法》第26条也规定："律师承办业务，应当由律师事务所统一接受委托，与委托人签订书面委托合同，并服从律师事务所对受理业务进行的利益冲突审查及其决定。"

由此可见，律师代理委托事务，必须由律师事务所统一接受委托，统一收取费用，律师不得以个人名义接受委托，更不得收取费用。违反这一规定的，根据《律师协会会员违规行为处分规则（试行）》第27条的规定，将给予训诫、警告或者通报批评的纪律处分；情节严重的，给予公开谴责、中止会员权利1个月以上1年以下或者取消会员资格的纪律处分。

二是禁止虚假承诺。在现实生活中，律师在业务推广中为了能够接下案源，往往会作出夸张宣传和虚假承诺。对此，《律师执业行为规范（试行）》第44条规定："律师根据委托人提供的事实和证据，依据法律规定进行分析，向委托人提出分析性意见。"需要注意的是，禁止虚假承诺并不等于不能为委托人预测案件最佳结局。禁止虚假承诺禁止的只是律师为了盲目揽案不顾自身能力和案件情况，向委托人进行不现实、不适当的过分承诺的行为，这种承诺因为不具备法律基础或专业服务能力而很难实现。此外，《律师执业行为规范（试行）》第45条规定："律师的辩护、代理意见未被采纳，不属于虚假承诺。"

三是风险告知义务。任何诉讼或者仲裁均存在法律风险，案件进程、案件结果可能受到各种客观因素的影响。因此，作为专业人士，律师对于接受委托的案件，应当充分预见到可能发生的各种变化，适时、谨慎、准确、客观地将诉讼结果的不确定性及可能产生的风险告知委托人，以保证委托人在充分知情和掌握足够信息的基础上，与律师共同协商确定合理的代理目标和代理思路，并尽可能地避免和化解风险。对此，《律师执业行为规范（试行）》第43条明确规定，"律师在承办受托业务时，对已经出现的和可能出现的不可克服的困难、风险，应当及时通知委托人，并向律师事务所报告"。实践中，律师在履行风险告知义务时，可以参考人民法院建立的诉讼风险告知制度。在民事诉讼中，常见的诉讼风险提示包括：（1）起诉不符合条件；（2）诉讼请求不适当；（3）逾期改变诉讼请求；（4）超过诉讼时效；（5）授权不明；（6）不按时交纳诉讼费用；（7）申请财产保全不符合规定；（8）不提供或不充分提供证据；（9）超过举证时限提供证据；（10）不提供原始证据；（11）证人不出庭作证；（12）不按规定申请审计、评估、鉴定；（13）不按时出庭或中途退出法庭；（14）不准确提供送达地址；（15）超过期限申请强制执行；（16）无财产或无足够财产可供执行；（17）不履行生效法律文书确定的义务。[①]当然，律师应告知的风险并不限于此。

（三）律师与委托人关系的变更与终结

1. 律师与委托人关系的变更

律师与委托人建立关系之后，二者之间受委托代理关系的约束。但是在这一关系存续期间，难免会发生律师罹患重病、律师与律师事务所隶属关系发生变动等情形，从而需要变更律师与委托人的关系。实践中，律师与委托人关系的变更主要表现为转委托。

我国《民法典》第923条规定："受托人应当亲自处理委托事务。经委托人同意，受托人可以转委托。转委托经同意或者追认的，委托人可以就委托事务直接指示转委托的第

---

① 参见长沙市天心区人民法院编：《诉讼指南与办案规程》，湖南人民出版社2005年版，第3—6页。

三人，受托人仅就第三人的选任及其对第三人的指示承担责任。转委托未经同意或者追认的，受托人应当对转委托的第三人的行为承担责任；但是，在紧急情况下受托人为了维护委托人的利益需要转委托第三人的除外。"这为律师转委托提供了基本法律依据。

根据《律师执业管理办法》第33条第2、3款的规定，律师承办业务，应当及时向委托人通报委托事项办理进展情况；需要变更委托事项、权限的，应当征得委托人的同意和授权。律师接受委托后，无正当理由的，不得拒绝辩护或者代理，但是，委托事项违法，委托人利用律师提供的服务从事违法活动或者委托人故意隐瞒与案件有关的重要事实的，律师有权拒绝辩护或者代理。《律师执业行为规范（试行）》第56条至第58条也规定，未经委托人同意，律师事务所不得将委托人委托的法律事务转委托其他律师事务所办理。但在紧急情况下，为维护委托人的利益可以转委托，但应当及时告知委托人。受委托律师遇有突患疾病、工作调动等紧急情况不能履行委托协议时，应当及时报告律师事务所，由律师事务所另行指定其他律师继续承办，并及时告知委托人。非经委托人的同意，不能因转委托而增加委托人的费用支出。

2. 律师与委托人关系的终结

律师与委托人关系的终结分为解除和终止两种类型，分别对应不同的法定情形。同时，律师与委托人关系终结需要遵循一定的法律程序。在律师与委托人关系终结后，律师还需要承担相应的附随义务，采取适当的措施来保护委托人的权益。

第一，律师与委托人关系终结的类型。律师与委托人关系的解除主要表现为律师拒绝辩护或代理。根据《律师法》第32条第2款的规定，律师接受委托后，无正当理由的，不得拒绝辩护或者代理。但是，委托事项违法、委托人利用律师提供的服务从事违法活动或者委托人故意隐瞒与案件有关的重要事实的，律师有权拒绝辩护或者代理。《律师执业行为规范（试行）》对律师与委托人关系的解除进行了细化。其中，第42条规定，律师接受委托后，无正当理由不得拒绝辩护或者代理，或以其他方式终止委托。委托事项违法、委托人利用律师提供的服务从事违法活动或者委托人故意隐瞒与案件有关的重要事实的，律师有权告知委托人并要求其整改，有权拒绝辩护或者代理，或以其他方式终止委托，并有权就已经履行事务取得律师费。第60条规定，有下列情形之一，经提示委托人不纠正的，律师事务所可以解除委托协议：（1）委托人利用律师提供的法律服务从事违法犯罪活动的；（2）委托人要求律师完成无法实现或者不合理的目标的；（3）委托人没有履行委托合同义务的；（4）在事先无法预见的前提下，律师向委托人提供法律服务将会给律师带来不合理的费用负担，或给律师造成难以承受的、不合理的困难的；（5）其他合法的理由的。

律师与委托人关系的终止包括三种情形：（1）自然终止，即委托事项办理完毕，律师与委托人关系终止。（2）协商终止，律师与委托人之间是委托关系，经双方协商一致，可以终止合同。（3）法定终止，即出现了法律规定或职业伦理规范规定的情形。根据《律师执业行为规范（试行）》第59条的规定，有下列情形之一的，律师事务所应当终止委托关系：（1）委托人提出终止委托协议的；（2）律师受到吊销执业证书或者停止执业处罚的，经过协商，委托人不同意更换律师的；（3）当发现有该规范第51条规定的利益冲突情形的；（4）受委托律师因健康状况不适合继续履行委托协议的，经过协商，委托人不同意更换律师的；（5）继续履行委托协议违反法律、法规、规章或者该规范的。

第二，律师与委托人关系终结的程序。律师与委托人关系的解除或终止涉及律师和委托人双方的权利义务关系，涉及人民法院、仲裁委员会等有关机构的效率。因此，律师与委托人关系的终结必须遵循一定的程序要求，具体包括以下几点：首先，告知。对于准备聘请律师签订委托代理协议的当事人，律师应尽到预先告知的义务，口头或在委托代理协议中书面告知委托人律师在一定条件下有权拒绝辩护或代理，并向委托人详细解释拒绝辩护或代理的具体情形及其内涵，同时与委托人就法定条件下的终止委托约定律师费用的收取和退还事宜，以防止将来发生不必要的纠纷和投诉。其次，沟通。律师在接受委托后发现可以拒绝辩护或代理的情形的，不宜直接退出委托代理关系，而应当向委托人说明理由，尽力促使委托人接受律师的劝告，纠正导致律师拒绝辩护或代理的事由。再次，汇报。委托代理协议的双方通常是律师事务所与委托人，但是与委托人进行实际接触的是律师个人。因此，律师在发现有必要终结委托代理关系时，必须向律师事务所进行汇报，由律师事务所作出正式的决议。最后，批准。在律师接受法律援助机构的指派办理法律援助案件的过程中，律师若要终结委托代理关系，需要向法律援助机构汇报，并获得批准。《法律援助条例》第23条规定，办理法律援助案件的人员遇有下列情形之一的，应当向法律援助机构报告，法律援助机构经审查核实的，应当终止该项法律援助：（1）受援人的经济收入状况发生变化，不再符合法律援助条件的；（2）案件终止审理或者已被撤销的；（3）受援人又自行委托律师或者其他代理人的；（4）受援人要求终止法律援助的。

第三，律师与委托人关系终结后的附随义务。在律师与委托人关系解除或终止后，律师需要采取适当的措施来保护委托人的权益。一般而言，律师在委托代理关系终结后负有如下几项义务：（1）费用结算。根据《律师执业行为规范（试行）》第61条的规定，律师事务所依照该规范第59条、第60条的规定终止代理或者解除委托的，委托人与律师事务所协商解除协议的，委托人单方终止委托代理协议的，律师事务所有权收取已提供服务部分的费用。（2）材料移交。根据《律师执业行为规范（试行）》第62条的规定，律师事务所与委托人解除委托关系后，应当退还当事人提供的资料原件、物证原物、视听资料底版等证据，并可以保留复印件存档。这意味着，一方面当事人对于证据材料享有所有权，另一方面律师事务所也有保留复印件的权利。（3）信息报告。对于一些特定的业务，律师与委托人关系终结后，律师还负有向有关机构报告的义务。根据《律师事务所从事证券法律业务管理办法》第17条的规定，律师在从事证券法律业务时，委托人应当向其提供真实、完整的有关材料，不得拒绝、隐匿、谎报。律师发现委托人提供的材料有虚假记载、误导性陈述、重大遗漏，或者委托人有重大违法行为的，应当要求委托人纠正、补充；委托人拒不纠正、补充的，律师可以拒绝继续接受委托，同时应当按照规定向有关方面履行报告义务。

案例研习

三、律师收费的伦理规范

律师行业是向社会提供有偿法律服务的行业，有偿服务就有合理收费的问题。根据《律师服务收费管理办法》的有关规定，律师收费包括律师服务费、代委托人支付的费用和异地办案差旅费。代委托人支付的费用是指律师事务所在提供法律服务过程中代委托人支付的诉讼费、仲裁费、鉴定费、公证费和查档费，这些不属于律师服务费，应由委托人另行支付。律师事务所需要预收异地办案差旅费的，应当向委托人提供费用概算，经协商一致，由双方签字确认。确需变更费用概算的，律师事务所必须事先征得委托人的书面同意。结算代委托人支付的费用和异地办案差旅费时，律师事务所应当向委托人提供代其支付的费用和异地办案差旅费清单及有效凭证，不能提供有效凭证的部分，委托人可不予支付。律师服务费、代委托人支付的费用和异地办案差旅费由律师事务所统一收取。律师不得私自向委托人收取任何费用。除上述所列三项费用外，律师事务所及承办律师不得以任何名义向委托人收取其他费用。

（一）我国律师收费制度的历史沿革

自新中国成立以来，我国的律师收费制度经历了一个变迁过程，这种变迁是我国政治经济发展在不同时期的客观反映，并实实在在地影响着我国律师制度的发展与完善。我国律师收费制度的变革，以1996年《律师法》的颁布为界限，大体可以分为两个阶段：

1.《律师法》颁布之前的律师收费制度

第一，1956年司法部发布《律师收费暂行办法》。该办法是新中国成立之后的第一部关于律师收费的规范性文件，共14条，经国务院批准，由司法部发布。根据该办法，律师费属于劳动报酬费，全国采用同一标准，收费标准非常低。

第二，1981年司法部、财政部发布《律师收费试行办法》和《律师收费标准表》。这两个文件的制定依据是1980年《律师暂行条例》。根据《律师收费试行办法》的规定：律师是国家的法律工作者，执行职务的工作机构是法律顾问处，法律顾问处是事业单位；律师承办业务，由法律顾问处统一接受委托，并且统一收费；法律顾问处给律师分配任务，应当根据实际条件尽量满足委托人的指名要求；法律顾问处可以指派律师到外地进行业务活动，当地法律顾问处应当给予帮助；律师提供法律帮助时，由法律顾问处依照收费标准向委托人收费，并出具收据，律师不得私自收费。总体来说，这一阶段律师服务收费标准较1956年《律师收费暂行办法》有所提高，并且增加了按比例收费的收费方式。

第三，1990年司法部、财政部、国家物价局联合发布《律师业务收费管理办法》和《律师业务收费标准》。与前两个文件的规定相比，新规定的变化包括：在收费方式上增加了计时收费这种方式；收费的比率和数额又有所提升；首次对行政诉讼案件单独载明收费标准；收费的类别的列举也更为详细。而且，1984年后，律师事务所财务收入管理出现了两种不同的模式：对于自身收入大于支出的律师事务所，实行"自收自支，结余留用"政策；对于自身收入小于支出的律师事务所，继续实行原来的"全额管理、差额补助、超收提成"政策。

2.《律师法》颁布之后的律师收费制度

第一，1997年国家计划委员会、司法部印发《律师服务收费管理暂行办法》。该办法是《律师法》颁布之后的第一部关于律师收费的规范性文件，对律师收费方式和标准作出了原则性规定。它制定并生效于市场经济蓬勃发展的大背景之下，与之前的相关文件相比，更尊重市场规律，对律师服务的分类列举也更为全面。根据该办法的规定，律师服务分为以下八类：（1）代理民事案件；（2）代理行政案件；（3）为刑事案件犯罪嫌疑人提供法律咨询、代理申诉和控告、申请取保候审，担任被告人的辩护人或自诉人、被害人的代理人；（4）代理各类诉讼案件的申诉；（5）代理仲裁；（6）担任法律顾问；（7）提供非诉讼法律服务；（8）解答有关法律的询问、代拟诉讼文书和有关法律事务的其他文书。其中，前五项法律服务收费标准，由国务院司法行政部门提出方案报国务院价格部门审批。省、自治区、直辖市人民政府价格部门可根据本地区实际情况，在国务院价格部门规定的价格幅度内确定本地区实施的收费标准，并报国务院价格部门备案；后三项法律服务的收费标准，由律师事务所与委托人协商确定。可见，这一阶段律师服务收费标准的基本原则是：诉讼、仲裁类案件实行政府指导价，非诉类案件由当事人协商。该办法还规定，制定律师服务费标准应考虑办理案件的律师人数、工作时间、复杂程度、可能承担的风险和责任、委托人的承受能力五个方面的因素。但是，由于各地经济发展水平差异较大，律师服务的成本及委托人的支付能力差异也较大，该办法颁布之后，相关部门一直没有制定出具体的律师服务收费标准。

第二，律师收费标准制定权下放各省。因中央迟迟未制定具体的律师服务收费标准，湖南等省物价、司法行政部门致函，要求在国家制定的律师服务收费标准下达之前，暂由省相关部分制定临时收费标准。国家计划委员会、司法部于2000年联合发布《关于暂由各地制定律师服务收费临时标准的通知》，决定暂由各省、自治区、直辖市物价部门会同司法行政部门按照1997年国家计划委员会、司法部印发的《律师服务收费管理暂行办法》规定的政府定价项目及定价原则，制定在本地区范围内执行的律师服务收费临时标准，并报国家计划委员会、司法部备案。待国家制定新的规定之后，再按国家规定执行。从此，各省有了不同的律师服务收费标准。

第三，风险代理制度出现。《关于暂由各地制定律师服务收费临时标准的通知》发布之后，各地相继制定了本地区的律师服务收费标准，开始对律师风险代理收费作出零散的规定。例如，广东省规定对于涉及财产关系的民商事案件，应委托人的要求，可以采取风险收费的计价方式。2004年3月20日，中华全国律师协会通过《律师执业行为规范（试行）》，其中第96条规定，"以诉讼结果或其他法律服务结果作为律师收费依据的，该项收费的支付数额及支付方式应当以协议形式确定，应当明确计付收费的法律服务内容、计付费用的标准、方式，包括和解、调解或审判不同结果对计付费用的影响，以及诉讼中的必要开支是否已经包含于风险代理酬金中等"。第97条规定，"律师和律师事务所不能以任何理由和方式向赡养费、扶养费、抚养费以及刑事案件中的委托人提出采用根据诉讼结果协议收取费用，但当事人提出的除外"。这两个条款是全国性的文件对于风险代理制度的第一次规定。该规范虽然不是部门规章，但是中华全国律师协会作为律师业的行业协会，其制定的规则对于作为其成员的律师具有较大的影响。

第四，2006年4月国家发展和改革委员会、司法部共同印发《律师服务收费管理办法》。该办法从我国国情出发，根据律师服务的特点，对原有律师收费制度作了修改完善。其中第5条明确规定："律师事务所依法提供下列法律服务实行政府指导价：（一）代理民事诉讼案件；（二）代理行政诉讼案件；（三）代理国家赔偿案件；（四）为刑事案件犯罪嫌疑人提供法律咨询、代理申诉和控告、申请取保候审，担任被告人的辩护人或自诉人、被害人的诉讼代理人；（五）代理各类诉讼案件的申诉。律师事务所提供其他法律服务的收费实行市场调节价。"第26条第2款规定了要求实施行政处罚的六种价格违法行为：（1）不按规定公示律师服务收费管理办法和收费标准的；（2）提前或者推迟执行政府指导价的；（3）超出政府指导价范围或幅度收费的；（4）采取分解收费项目、重复收费、扩大范围等方式变相提高收费标准的；（5）以明显低于成本的收费进行不正当竞争的；（6）其他价格违法行为。总体来看，该办法的主要变化包括：一是突出体现便民利民的特点，要求律师事务所加强内部管理，降低服务成本，严格履行法律援助义务，为委托人提供方便优质的法律服务；二是适应律师服务业发展的要求，适当调整律师服务收费的定价权限和定价范围；三是严格规范律师收费环节和收费程序，明令禁止婚姻、继承等民事案件以及刑事诉讼案件、行政诉讼案件、国家赔偿案件、群体性诉讼案件实行风险代理收费，明确律师事务所除按规定收取律师服务费和代委托人支付的异地办案差旅费用等外，不得以任何名义向委托人收取其他费用；四是完善律师收费争议解决机制，加强对律师事务所和律师违反执业纪律和职业道德乱收费的监督检查。

第五，2021年司法部、国家发展和改革委员会、国家市场监督管理总局联合印发《关于进一步规范律师服务收费的意见》。近年来，在律师执业中不规范不诚信现象还时有存在，如私自收案收费、违规风险代理、不严格执行明码标价制度等，影响人民群众的法治获得感，损害律师队伍形象。2020年以来，结合全国政法队伍教育整顿，司法部把"律师违法违规收费"作为重点，开展律师行业突出问题专项治理，严肃查处了一批违法违规收费案件。为推动常治长效，完善规范律师服务收费的制度机制，司法部会同国家发展和改革委员会、国家市场监管总局研究制定了《关于进一步规范律师服务收费的意见》，规范律师服务收费行为，严格限制律师风险代理收费，健全律师事务所收费管理制度，强化律师服务收费监管。

（二）律师收费基本原则和主要方式

1. 律师收费的基本原则

按照《律师服务收费管理办法》的相关规定，律师收费应当遵循以下基本原则：（1）公开公平原则，即律师提供法律服务应该按照相关部门制定并公布的透明合理的收费标准收取费用，其收费水平要与律师的知识水平、服务质量相一致。（2）自愿有偿原则，即律师应该充分尊重委托人的意见，经过双方平等协商后，确定律师费用，不能"强买强卖"。（3）诚实信用原则，即律师收费应该切实反映律师在办理法律服务过程中的劳动付出，不能故意增加不合理开支，更不能虚构服务时长或服务内容。此外，《律师服务收费管理办法》还规定了一个例外原则，即适当减免原则，明确对于那些经济确有困难，缺乏必要的诉讼能力，但又不符合政府法律援助范围的公民或非营利性组织，律师事务所可以酌情减收或免收律师服务费。

2. 律师收费的主要方式

所谓律师收费方式，是指律师为委托人提供法律服务时收取服务费用的方式，其实质就是律师报酬的收取方式。《律师服务收费管理办法》规定了三种律师收费形式：（1）计件收费，即以律师提供法律服务的件数来计算、确定收费数额的计价方式，主要适用于不涉及财产关系的法律事务。（2）计时收费，即根据律师办理法律事务实际花费的有效工作时间计算、确定收费数额的计价方式，适用于全部法律事务。（3）按标的额比例收费，即根据律师办理法律事务涉及的标的额，以一定比例计算、确定律师收费数额的计价方式，适用于涉及财产关系的法律事务。

实践中还存在一种收费方式，即风险代理收费。所谓风险代理收费，主要是指将律师收费与办理法律事务的结果相挂钩，依据办理法律事务的结果来计算、确定律师费用的收费形式。《律师服务收费管理办法》第13条规定，实行风险代理收费，律师事务所应当与委托人签订风险代理收费合同，约定双方应承担的风险责任、收费方式、收费数额或比例。实行风险代理收费，最高收费金额不得高于收费合同约定标的额的30%。此外，《律师服务收费管理办法》还对风险代理收费适用范围进行了严格限制，规定对以下几类案件不得实行风险代理收费：（1）婚姻、继承案件；（2）请求给予社会保险待遇或者最低生活保障待遇的；（3）请求给付赡养费、抚养费、扶养费、抚恤金、救济金、工伤赔偿的；（4）请求支付劳动报酬的等；（5）刑事诉讼案件、行政诉讼案件、国家赔偿案件以及群体性诉讼案件。

同时，《关于进一步规范律师服务收费的意见》就严格规范律师风险代理行为提出如下要求：一是严格限制风险代理适用范围。禁止刑事诉讼案件、行政诉讼案件、国家赔偿案件、群体性诉讼案件、婚姻继承案件，以及请求给予社会保险待遇、最低生活保障待遇、赡养费、抚养费、扶养费、抚恤金、救济金、工伤赔偿、劳动报酬的案件实行或者变相实行风险代理。二是严格规范风险代理约定事项。律师事务所和律师不得滥用专业优势地位，对律师事务所与当事人各自承担的风险责任作出明显不合理的约定，不得在风险代理合同中排除或者限制当事人上诉、撤诉、调解、和解等诉讼权利，或者对当事人行使上述权利设置惩罚性赔偿等不合理的条件。三是严格限制风险代理收费金额。律师事务所在风险代理各个环节收取的服务费合计最高金额应当符合下列规定：标的额不足人民币100万元的部分，不得超过标的额的18%；标的额在人民币100万元以上不足500万元的部分，不得超过标的额的15%；标的额在人民币500万元以上不足1 000万元的部分，不得超过标的额的12%；标的额在人民币1 000万元以上不足5 000万元的部分，不得超过标的额的9%；标的额在人民币5 000万元以上的部分，不得超过标的额的6%。四是建立风险代理告知和提示机制。律师事务所应当与当事人签订专门的书面风险代理合同，并在风险代理合同中以醒目方式就风险代理相关事项对当事人进行提示和告知。需要注意的是，在最高收费金额方面，该文件的规定相较于《律师服务收费管理办法》，有较大幅度的下调。

（三）律师收费的规范限制

律师收费问题事关人民群众切身利益，事关律师行业健康长远发展，因此也是各国律师职业伦理的重要问题。实践中，律师私自收案收费、违规风险代理、收费过高、标准不透明等现象屡见不鲜。对此，各国都以具体法律法规和职业伦理规范来规制律师收费。

关于律师收费，我国《律师法》《律师服务收费管理办法》和《关于进一步规范律师服务收费的意见》都有明确规定。《律师法》第25条第1款规定，律师承办业务，由律师事务所统一接受委托，与委托人签订书面委托合同，按照国家规定统一收取费用并如实入账。由此可知，《律师法》确立了我国律师收费的一项重要原则，即"统一收费原则"或"禁止私自收费原则"。《律师服务收费管理办法》对律师收费作出了更具体的规定。根据《律师服务收费管理办法》

国外律师收费的规范限制

第9条的规定，实行市场调节的律师服务收费，由律师事务所与委托人协商确定。律师事务所与委托人协商律师服务收费应当考虑以下主要因素：（1）耗费的工作时间；（2）法律事务的难易程度；（3）委托人的承受能力；（4）律师可能承担的风险和责任；（5）律师的社会信誉和工作水平等。

根据《律师服务收费管理办法》第16条至第19条的规定，律师事务所接受委托，应当与委托人签订律师服务收费合同或者在委托代理合同中载明收费条款。收费合同或收费条款应当包括收费项目、收费标准、收费方式、收费数额、付款和结算方式、争议解决方式等内容。律师事务所与委托人签订合同后，不得单方变更收费项目或者提高收费数额。确需变更的，律师事务所必须事先征得委托人的书面同意。律师事务所向委托人收取律师服务费，应当向委托人出具合法票据。律师事务所在提供法律服务过程中代委托人支付的诉讼费、仲裁费、鉴定费、公证费和查档费，不属于律师服务费，由委托人另行支付。

《关于进一步规范律师服务收费的意见》进一步完善律师收费制度，主要提出了如下要求：

一是提高律师服务收费的合理化、公开化、普惠化水平。律师事务所应当统筹考虑相关因素制定本所律师服务费标准，明确收费项目、收费方式、收费标准等，并将本所律师服务费标准每年向所在设区的市或者直辖市的区（县）律师协会备案，不得超出本所在律师协会备案的律师服务费标准收费。律师事务所应当严格执行明码标价制度，将本所在律师协会备案的律师服务费标准在其执业场所显著位置进行公示，接受社会监督。律师事务所办理涉及弱势群体或者与公益活动有关的法律服务事项，可以酌情减免律师服务费；对当事人符合法律援助条件的，应当及时告知当事人可以申请法律援助。

二是切实规范律师事务所收费行为。律师事务所与当事人协商收费，应当遵循公开公平、平等自愿、诚实信用的原则，不得作出违背社会公序良俗或者显失公平的约定，不得采取欺骗、诱导等方式促使当事人接受律师服务价格，不得相互串通、操纵价格。律师事务所不得在协商收费时向当事人明示或者暗示与司法机关、仲裁机构及其工作人员有特殊关系，严禁以向司法人员、仲裁员疏通关系等为由收取所谓的"办案费""顾问费"等任何其他费用，不得以签订"阴阳合同"等方式规避律师服务收费限制性规定。

三是严格执行统一收案、统一收费规定。建立律师业务统一登记编码制度，加快推进律师管理信息系统业务数据采集，按照统一规则对律师事务所受理的案件进行编号，做到案件编号与收费合同、收费票据一一对应，杜绝私自收案收费。律师服务收费应当由财务人员统一收取、统一入账、统一结算，并及时出具合法票据，不得用内部收据等代替合法票据，不得由律师直接向当事人收取律师服务费。确因交通不便等特殊情况，当事人提出由律师代为收取律师服务费的，律师应当在代收后3个工作日内将代收的律师服务费转入律师事务所账户。

（四）律师收费的监督与争议解决

根据《律师服务收费管理办法》第28条至第30条的规定，公民、法人和其他组织认为律师事务所或律师存在价格违法行为，可以通过函件、电话、来访等形式，向价格主管部门、司法行政部门或者律师协会举报、投诉。地方人民政府价格主管部门、司法行政部门超越定价权限、擅自制定、调整律师服务收费标准的，由上级价格主管部门或者同级人民政府责令改正；情节严重的，提请有关部门对责任人予以处分。因律师服务收费发生争议的，律师事务所应当与委托人协商解决。协商不成的，可以提请律师事务所所在地的律师协会、司法行政部门和价格主管部门调解处理，也可以申请仲裁或者向人民法院提起诉讼。

《关于进一步规范律师服务收费的意见》从加强常态化监管、加大违法违规收费查处力度、健全收费争议解决机制等方面，对强化律师服务收费监管作出了规定：

一是加强常态化监管。司法行政部门、律师协会要把律师服务收费作为律师事务所年度检查考核和律师执业年度考核的重要内容，对上一年度有严重违法违规收费行为、造成恶劣社会影响的律师事务所和律师，应当依法依规评定为"不合格""不称职"。开展"双随机一公开"抽查，司法行政部门每年对不少于5%的律师事务所收费情况开展执法检查，对该所承办一定比例的案件倒查委托代理合同、收费票据等，及时发现违法违规收费问题。

二是加大违法违规收费查处力度。完善违法违规收费投诉处理机制，重点查处涉及群众切身利益的民生类律师服务收费投诉。对不按规定明码标价、价格欺诈等违反价格法律法规的行为，由市场监管部门依法作出行政处罚；对私自收费、违规风险代理收费、变相乱收费以及以向司法人员、仲裁员疏通关系为由收取所谓的"办案费""顾问费"等违法违规收费行为，由司法行政部门、律师协会在各自职责范围内作出行政处罚、行业处分。司法行政部门要及时在律师诚信信息公示平台公示律师事务所和律师因违法违规收费被处罚处分信息，定期通报违法违规收费典型案件，强化警示教育效果。

三是健全律师服务收费争议解决机制。因律师服务收费发生争议的，律师事务所和当事人可以协商解决。协商不成的，双方可以提请律师事务所所在设区的市或直辖市的区（县）律师协会进行调解。

案例研习

四、律师保管财物的伦理规范

律师在执业过程中，经常要对委托人的财物进行保管。本来，委托人将财物委托律师保管是基于对律师的信任，但在实践中，律师在处理委托人的财物时经常会侵占或挪用其所保管的委托人的财物。正如美国学者罗纳德·D.罗汤达（Ronald D. Rotunda）所说："律师经常是他们自己最糟糕的律师。他们知道影响其委托人的法律，因为知道这些是他们的业务需要。但是太多的情况下，他们对影响他们自己的法律——规制律师的法律一无所知。伊利诺伊州律师登记和惩戒委员会的理事经常告诉我，律师每年要为支持该惩戒委员会而强制性地支付费用，很多律师使用的支票就来自委托人的信托资金账户。很显然，这些律师并不知道禁止混合规则（commingling rules）。"[1]对于律师保管财物中的不正当行为，律师行业监管机构通常采取非常严厉的态度。

我国关于律师保管财物的职业伦理规范主要体现在《律师执业行为规范（试行）》

---

[1] 参见王进喜：《美国律师职业行为规则理论与实践》，中国人民公安大学出版社2005年版，第143页。

国外律师保管财物的规范要求

《律师事务所收费程序规则》等规范性文件中。《律师执业行为规范（试行）》对律师保管财物应该遵循的基本规则进行了规定，其中第54条规定："律师事务所可以与委托人签订书面保管协议，妥善保管委托人财产，严格履行保管协议。"尽管《律师执业行为规范（试行）》没有对"财产"范围进行界定，但实践中一般可以分为资金类财物和非资金类财物。律师保管不同类型的财物，应该遵守的义务和可能承担的责任也有所差别。

第一，保管资金类财物的规则。所谓资金类财物，主要是指委托人的资金、各类有价证券等。律师在保管这类财物时，需要遵循的一个重要原则是分离保管原则。换言之，律师需要将委托人的财物与自己的财物进行分离，单独保存，不能混合保存。《律师事务所收费程序规则》第17条规定："律师事务所经有关部门批准，可以设立用于存放代委托人保管的合同资金、执行回款、履约保证金等款项的专用账户。律师事务所应当严格管理专用账户，防范风险。对专用账户资金的支付，必须严格审核把关，专款专用。严禁将专用账户的资金挪作他用。"《律师执业行为规范（试行）》第55条也规定："律师事务所受委托保管委托人财产时，应当将委托人财产与律师事务所的财产、律师个人财产严格分离。"

第二，保管非资金类财物的规则。所谓非资金类财物，主要是指委托人的证据材料，包括各类物证、书证等。律师在保管这类财物时，需要遵循的一个重要原则是妥善保管原则。也就是说，律师必须尽到民法上保管人的注意义务，妥善保管委托人的这类财物，否则将承担不利的法律后果。《律师执业行为规范（试行）》第62条规定，律师事务所与委托人解除委托关系后，应当退还当事人提供的资料原件、物证原物、视听资料底版等证据，并可以保留复印件存档。在司法实践中，也出现了律师遗失委托人证据原件，委托人起诉至法院，要求律师承担损失赔偿责任的案件。

案例研习

五、律师保密义务的伦理规范

一般来说，律师保密义务是指律师在执业中接触到委托人的个人隐私、商业秘密或其他个人资料、信息，未经委托人同意不得向第三人公开，当然也包括不得向媒体公开，甚至不得向国家机关公开。基于律师职业的特殊性，律师有可能接触到委托人或第三人不宜泄露的信息，不但律师职业伦理要求律师保守秘密，国家立法层面也作了相应的规定，律师违规泄密不仅违反律师职业伦理，还有可能被追究法律责任。

（一）律师保密义务的法理基础

委托人对律师的信赖是律师履行职责的前提和基础。在案件代理的过程中，只有委托人将事实真相告诉律师，律师才能全面真实地了解案情，进而运用自身法律专业知识，更好地维护委托人的合法权益。保密义务对于在委托人和律师之间建立信任关系起着核心作用，因为委托人经常就私人问题或对他们具有重要经济意义的问题寻求法律咨询。对于律师保密义务的法理基础，不同的学者给出了不同的解释。

美国学者门罗·弗里德曼认为，律师的保密义务存在以下三个来源：对个人尊严的尊重；宪法上获得律师帮助权的保障；对抗制的有效性。他指出，委托人和律师之间关系的目的和必要性要求委托人能最充分、最自由地表达其目标、动机及行为。如果律师被允许泄露这些秘密，那么"不仅粗暴地侵害了对其角色的神圣信任"，而且将"最终破坏、阻碍从职业帮助中所获得的有效性和好处"。这种神圣信任，必须在任何情况下都不得违反，否则，委托人将无法自由地将秘密托付给期望能为其提供法律建议和帮助的律师。[①]美国学者戴维·鲁本则认为，要合理解释律师的保密义务，必须了解当事人的律师与当事人的其他职员之间的区别，而这必须借助最古老的证据规则之一———在伊拉莎白时代就已经稳固确立起来的"律师—当事人特权规则"（attorney-client privilege）：如果为了从专业法律顾问处寻求某种法律建议，当事人与法律顾问私下所作的交流内容在他所涉及的诉讼中是永久免受披露的，除非他放弃了该特权。鲁本认为，保密义务的范围在两个方面比特权规则要宽：（1）它要求律师保守其当事人的秘密，不能告诉世界上的任何人，并不局限于将这些秘密作为证据；（2）它包括了当事人秘密以外的信息。支持特权规则的理由主要包括两个方面：（1）以实现社会正义为依据；（2）以当事人的权利为依据。这两个理由虽然也为保密义务提供了合理依据，但主要侧重于刑事辩护，而保密义务同样存在于非刑事案件中。因而，从道德考量的角度来看，对个人的人格尊严的尊重总是要求律师无论如何都需要保守职业秘密。[②]

日本学者森际康友认为，咨询人、委托人在进行咨询或委托的时候，都会把自己所遇到问题的信息提供给律师。对于律师而言，为了妥当解决纠纷，对案件有全局的了解以制定适当的策略，正确把握信息是不可缺少的。律师应当接收的信息，不仅包括和案件直接相关的、影响案件发展趋势的信息，也包括深层次的与隐私相关的信息及纠纷对方当事人、其他人的信息，甚至一些咨询人、委托人不想让家人知道的信息。为了能够让咨询人、委托人信任律师，安心地提供信息，对于律师基于职务上的需要而获知的信息，建立起律师无论在业务执行中还是执行终了后都不得向外泄露信息的保障制度很有必要。从这一角度看，可以说保密义务是律师制度的基石。[③]

我国学者司莉认为，律师保密义务的理论依据在于当事人与律师之间的信任关系是律师—委托人关系的基础，甚至是律师制度存在的基础之一，具体表现在以下几个方面：（1）对抗制的诉讼制度架构是律师保密义务存在的基础；（2）律师履行保密义务是有效保护当事人利益的需要；（3）律师履行保密义务体现的是对个人尊严的尊重；（4）律师履行保密义务是维护律师职业整体利益的需要；（5）律师履行保密义务是价值冲突选择的需要，彰显着律师制度存在的意义。[④]我国学者李本森从刑事辩护的角度出

① 参见［美］门罗·弗里德曼：《对抗制下的法律职业伦理》，吴洪淇译，中国人民大学出版社2017年版，第7页。

② 参见［美］戴维·鲁本：《律师与正义———一个伦理学研究》，戴锐译，中国政法大学出版社2010年版，第188—189页。

③ 参见［日］森际康友编：《司法伦理》，于晓琪、沈军译，商务印书馆2010年版，第22—23页。

④ 参见司莉：《律师保密义务有关理论问题探讨》，载《河南财经政法大学学报》2015年第2期。

发，认为律师的保密义务是基于当事人的隐私权、商业秘密权及国家机关对国家秘密享有的权利。[①]

我国台湾地区学者姜世明认为，律师保密义务与律师职业的"高度信赖关系"具有密切的理论关联。律师是专门职业或自由职业的一种，而自由职业的本质之一是职业人员与委托人之间具有高度信赖关系，这一信赖关系是律师与委托人之间订立委托合同的基础，也是律师顺利提供法律服务的前提。委托人基于专业或其他考量而给予律师高度的信赖，这种信赖使委托人能毫无保留地将与案件有关的家丑、社会交际、业务秘密及不为人知的个人行为或心理状态等信息告诉律师，律师也只有在获得完全信息的情况下才可以作出周全的法律判断，提供最优质的法律服务。[②]我国台湾地区学者王惠光也认为，在现代法治社会中，律师是诉讼制度中不可或缺的一环，要能够让委托人畅所欲言，不用担心向律师的陈述会成为对其不利的证据，否则委托人便无法与律师充分沟通，也无法获得律师的帮助。因此，律师的保密义务不只是为了保护委托人的隐私，对法治建设也有重要意义。[③]

综合上述学者的观点，本书认为，保密义务的法理基础主要体现在以下几个方面：（1）从人权理论的角度看，个人隐私受保护的权利已经成为一项基本人权；（2）从律师所处的社会地位以及委托人对他们的信任看，律师对隐私信息负有特殊责任；（3）从契约精神的角度看，律师与委托人之间的合同中有一个隐含条款，即律师对委托人的信息负有保密义务；（4）在某种意义上，委托人给律师提供的信息是律师作为受托人收到的财产，受托人必须说明利用该信息获得的收益；（5）为了确保委托人之间的争论符合公共利益，律师需要保守秘密，这是因为人们能够获得最好的法律服务属于公共利益的范畴，而保守秘密将有助于人们获得此种法律服务。对于司法体系的正当性而言，委托人的完全信任是至关重要的。换言之，委托人必须确信他向律师所讲的信息都将获得保护。尽管对于律师为什么对委托人的信息负有保密义务具有不同的解释，但总体而言，这些解释都为律师保密义务提供了强有力的基础，即律师不应该披露他们基于职务行为获得的秘密。

（二）律师保密义务的基本性质

对于律师保密义务的基本性质，国内外学者都有过深入讨论，而且形成了基本共识：律师保密既具有权利属性，又具有义务属性。

美国学者肯特·考夫曼（Kent D. Kauffman）认为，委托人—律师保密原则（principle of client-lawyer confidentiality）具体表现为相关法律部门确立的律师—委托人特权（attorney-client privilege）、工作成果原则（work product doctrine）以及职业伦理中确立的委托人—律师保密原则（rule of confidentiality）。律师—委托人特权和工作成果原则适用于司法或者其他程序。在这些程序中，律师可能被传唤作为证人或者以其他方式被要求提供与委托人有关的证据。职业伦理中确立的委托人—律师保密原则则适用于通过法律强制从律师处获得证据之外的情形。由此看来，在律师与委托人的关系中，保密义务体现为律师的一种职业

[①] 参见李本森：《关于刑事辩护中律师保守职业秘密问题的探讨》，载《中国司法》2006年第4期。

[②] 参见姜世明：《法律伦理学》（修订四版），元照出版有限公司2015年版，第308页。

[③] 参见王惠光：《法律伦理学讲义》，元照出版有限公司2012年版，第119页。

义务；在律师与其他司法机关的关系中，保密义务则体现为一种职业特权。[1]

日本学者森际康友认为，在进行具体法律咨询时，很多律师被咨询人问道："你能帮我保守秘密吗？"律师当然会回答："我一定帮你保守秘密，有什么话尽管说。"然而，有时也会出现律师本来打算保守秘密，但因国家机关要求律师公开与委托人相关的秘密而最终不能保守秘密的情况。因此，保密义务对咨询人和委托人来说是律师的义务，对国家机关和第三人来说则是律师的权利（不公开委托人秘密的权利）。也就是说，律师保守秘密，既是对咨询人和委托人的义务，也是律师取得咨询人和委托人的信任、顺利履行职务、保障律师执业的职务权利。[2]

我国台湾地区学者姜世明认为，从律师可据此对抗国家的作证或扣押物品要求的角度看，律师保密义务可以被定性为律师的职业特权，即使在面对律师协会要求的必要信息开示义务时，律师也不能违反其对委托人所负的保密义务。从委托人的角度看，律师保密义务则可以完全被定性为律师的一种职业义务，具有很强的义务性。[3]我国台湾地区李礼仲、谢良骏两位学者也认为，律师保密义务涉及委托人的隐私权、缄默权以及辩护权之维护与保障，因此，为了维护委托人的前述权利，律师自然负有保密义务，不得任意泄露委托人的秘密。此外，律师在刑事或民事案件中担任证人，如果就其基于业务而知悉的有关委托人秘密之事项受到讯问，除非经委托人本人允许，律师得拒绝作证。此时，保守职业秘密对于律师而言则是一项重要的职业特权，即拒绝作证权。[4]

当前，我国法律尚未明确赋予律师拒绝作证权，而更多地对律师科加了一种对于法庭的真实义务。例如，我国《刑事诉讼法》第62条第1款规定："凡是知道案件情况的人，都有作证的义务。"该条文并未设置任何例外，因此严格来说我国律师的拒绝作证权尚未建立。那么，这是否意味着律师保密在我国只有义务属性，而没有权利属性呢？事实上，尽管法律并没有明文赋予律师拒绝作证的权利，也没有赋予律师拒绝搜查和扣押的权利，但《刑事诉讼法》第48条关于"辩护律师对在执业活动中知悉的委托人的有关情况和信息，有权予以保密"的规定，已经在某种程度上承认了律师保密的权利属性。因此，在一定意义上说，律师保密在我国也同时具有权利属性和义务属性。当我们强调其权利属性时，更多着眼于律师和司法机关的关系，主张律师可以根据保密特权而免去作证的义务，涉及的是诉讼法上的证人作证义务问题；而当我们强调其义务属性时，则更多着眼于律师和委托人的关系，主张律师应尽到合理的注意，避免国家秘密、商业秘密、委托人的隐私及其他不愿泄露的有关情况和信息被不合理地公开，涉及的主要是律师的职业伦理问题。应该说，律师保密特权（拒绝作证权）和律师保密义务是一个问题的两个方面，它们彼此依赖、相互依存，并可以互相转化。

（三）律师保密义务的规范依据

我国有关律师保密义务的规范依据，主要包括以下几类：

---

[1]　See Kent D. Kauffman, *Legal Ethics*, Third edition, Delmar Cengage Learning, 2014, p.128.

[2]　参见［日］森际康友编：《司法伦理》，于晓琪、沈军译，商务印书馆2010年版，第23页。

[3]　参见姜世明：《法律伦理学》（修订四版），元照出版有限公司2015年版，第310页。

[4]　参见李礼仲、谢良骏：《法律伦理学新论》，元照出版有限公司2012年版，第163页。

国外律师保密义务的规范依据

一是《律师法》第38条的规定。《律师法》第38条规定，"律师应当保守在执业活动中知悉的国家秘密、商业秘密，不得泄露当事人的隐私。律师对在执业活动中知悉的委托人和其他人不愿泄露的有关情况和信息，应当予以保密。但是，委托人或者其他人准备或者正在实施危害国家安全、公共安全以及严重危害他人人身安全的犯罪事实和信息除外"。

二是《刑法》第252条和第253条之一的规定。《刑法》第252条规定，"隐匿、毁弃或者非法开拆他人信件，侵犯公民通信自由权利，情节严重的，处一年以下有期徒刑或者拘役"。第253条之一第1款规定，"违反国家有关规定，向他人出售或者提供公民个人信息，情节严重的，处三年以下有期徒刑或者拘役，并处或者单处罚金；情节特别严重的，处三年以上七年以下有期徒刑，并处罚金"。

三是《刑事诉讼法》第48条的规定。《刑事诉讼法》第48条规定，"辩护律师对在执业活动中知悉的委托人的有关情况和信息，有权予以保密。但是，辩护律师在执业活动中知悉委托人或者其他人，准备或者正在实施危害国家安全、公共安全以及严重危害他人人身安全的犯罪的，应当及时告知司法机关"。

四是《律师执业管理办法》第43条、第35条和第38条的规定。《律师执业管理办法》第43条秉承了《律师法》第38条的立法原意，规定"律师应当保守在执业活动中知悉的国家秘密、商业秘密，不得泄露当事人和其他人的个人隐私。律师对在执业活动中知悉的委托人和其他人不愿泄露的有关情况和信息，应当予以保密。但是，委托人或者其他人准备或者正在实施危害国家安全、公共安全以及严重危害他人人身安全的犯罪事实和信息除外"。此外，《律师执业管理办法》第35条和第38条还对律师保密义务相关内容作了进一步的规定。《律师执业管理办法》第35条规定，"律师承办业务，应当诚实守信，不得……向对方当事人、第三人提供不利于委托人的信息、证据材料，侵害委托人的权益"；第38条规定，"律师应当依照法定程序履行职责，不得以下列不正当方式影响依法办理案件：……（二）对本人或者其他律师正在办理的案件进行歪曲、有误导性的宣传和评论，恶意炒作案件……（四）违反规定披露、散布不公开审理案件的信息、材料，或者本人、其他律师在办案过程中获悉的有关案件重要信息、证据材料"。

五是《律师执业行为规范（试行）》第9条的规定。《律师执业行为规范（试行）》第9条也基本秉承了《律师法》第38条的立法原意，重复了条文内容而未出现新的规定："律师应当保守在执业活动中知悉的国家秘密、商业秘密，不得泄露当事人的隐私。律师对在执业活动中知悉的委托人和其他人不愿泄露的情况和信息，应当予以保密。但是，委托人或者其他人准备或者正在实施的危害国家安全、公共安全以及其他严重危害他人人身、财产安全的犯罪事实和信息除外。"

（四）律师保密义务的构成要素

律师保密义务的构成要素必然会涉及什么人负有保密责任、对哪些信息负有保密责任、保密义务产生和终止的时间等问题，这些问题可以概括为保密义务的主体、保密义务的客体和保密义务的期间等。

1. 保密义务的主体

律师与委托人之间的委托代理关系是建立在信任的基础之上的，双方在此基础上形成了一种紧密型利益关系，委托人的秘密信息与委托人的利益是密切相关的。如果律师未经委托人同意泄露委托人的秘密，就会破坏这种信任关系。律师的保密义务有利于鼓励委托人寻求法律帮助，并与律师进行充分、坦率的交流——即使是令人尴尬的或者在法律上不利的信息。然而，律师保密义务的主体未必只是律师本人。关于保密义务的主体，不同的国家有不同的规定，有的范围比较宽泛，有的范围则相对狭窄。

在我国，律师在执业活动中是以律师事务所的名义为委托人提供专业服务的，并且其他人员（如律师助理、内勤人员）也可以直接接触案件，了解委托人和相关利害关系人的信息，所以律师保密义务的主体应当包括律师事务所、承办律师、律师助理或者其他工作人员。根据《律师法》《律师执业管理办法》《律师执业行为规范（试行）》的有关规定，我国负有保密义务的主体主要包括：

第一，律师。在律师与委托人的委托代理关系中，律师是与委托人接触最为密切的主体。无论通过委托代理合同，还是通过口头交流或通信往来，律师都会接触到大量的委托人信息。因此，从保护委托人利益的角度讲，处于委托代理关系中的律师是保密义务的当然主体。我国《律师法》第38条规定，"律师应当保守在执业活动中知悉的国家秘密、商业秘密，不得泄露当事人的隐私。律师对在执业活动中知悉的委托人和其他人不愿泄露的情况和信息，应当予以保密。但是，委托人或者其他人准备或者正在实施的危害国家安全、公共安全以及其他严重危害他人人身、财产安全的犯罪事实和信息除外"。《律师执业行为规范（试行）》第8条也规定，律师应当保守在执业活动中知悉的国家秘密、商业秘密，不得泄露当事人的隐私。

第二，委托律师以外的律师事务所的其他律师和工作人员。在实践中，除了委托律师，协助办理案件的实习律师、律师助理、法律实习生和相关辅助人员也有可能接触到委托人的案件信息。北京市律师协会制定的《北京市律师执业规范（试行）》第26条规定，"合伙律师、律师有义务对实习律师、律师助理、法律实习生、行政人员等辅助人员在律师业务及职业道德方面给予指导和监督，特别是要求辅助人员保守当事人的信息秘密。律师对受其指派办理事务的辅助人员出现的错误，应当采取制止或者补救措施，并承担责任"。第63条规定，"律师事务所的其他律师及辅助人员对于了解到的委托事项的保密信息负有保密义务"。可见，《北京市律师执业规范（试行）》把保密义务主体扩大到承办业务律师所在的律师事务所内可能了解到委托人信息的所有人员，这对于中华全国律师协会将来修订和完善《律师执业行为规范（试行）》具有借鉴意义。

第三，律师事务所。律师事务所虽然是组织，但依然负有保密义务。我国《律师法》第23条规定，"律师事务所应当建立健全执业管理、利益冲突审查、收费与财务管理、投诉查处、年度考核、档案管理等制度，对律师在执业活动中遵守职业道德、执业纪律的情况进行监督。"档案管理制度，就包括档案的保密管理。《律师执业行为规范（试行）》第87条也有类似规定，而且其第96条、第97条规定，"律师事务所对受其指派办理事务的律师辅助人员出现的错误，应当采取制止或者补救措施，并承担责任"；"律师事务所有义务对律师、申请律师执业实习人员在业务及职业道德等方面进行管理"。虽然这里在规定律师事务所的义务时，只是将对象限定在"受其指派办理事务的律师辅助人员"，也没有有关责任形式的具体规定，但第96条提到的"办理事务的律师辅助人员出现的错误"应当包括律师辅助人员在履行保密义务方面可能出现的疏忽或者错误，而第97条的"职业道德等方面进行管理"，也应当包括保密义务方面的职业道德管理。因此，尽管《律师法》和《律师执业行为规范（试行）》对于律师保密义务主体的规定不明确，从这些规定中也可以推导出，律师事务所同样是律师保密义务的主体。《律师事务所从事商标代理业务管理办法》第15条也明确规定，"律师事务所及其律师承办商标代理业务，应当遵守律师执业保密规定。未经委托人同意，不得将代理事项及相关信息泄露给其他单位或者个人"。虽然这一规定是针对商标代理业务的，但保守委托人秘密的原理是相通的，律师事务所在其他业务中也应承担起保密义务。律师事务所承担的保密义务主要应通过完善案卷档案管理工作来实现，尤其在律师事务所日益进行电子化管理的今天，律师事务所更应加强自身的网络安全管理，避免泄露委托人的信息。

　　2. 保密义务的客体

　　律师保密义务的客体主要涉及应当对什么进行保密的问题。世界各国关于律师保密义务的客体的规定通常都延展至以律师职业身份知悉的秘密，有的采取列举式，有的则采取概括式，但是范围都比较广泛。

　　在我国，根据《律师法》《律师执业管理办法》《律师执业行为规范（试行）》的规定，保密义务的客体主要包括律师"在执业活动中"知悉的"国家秘密""商业秘密""当事人的隐私"以及"其他信息"。

国外律师保密义务的客体

　　对于"国家秘密"，《保守国家秘密法》第2条规定："国家秘密是关系国家安全和利益，依照法定程序确定，在一定时间内只限一定范围的人员知悉的事项。"国家秘密的密级分为"绝密""机密""秘密"三级。《保守国家秘密法》第9条以列举的方式对国家秘密作出了具体的规定："下列涉及国家安全和利益的事项，泄露后可能损害国家在政治、经济、国防、外交等领域的安全和利益的，应当确定为国家秘密：（一）国家事务重大决策中的秘密事项；（二）国防建设和武装力量活动中的秘密事项；（三）外交和外事活动中的秘密事项以及对外承担保密义务的秘密事项；（四）国民经济和社会发展中的秘密事项；（五）科学技术中的秘密事项；（六）维护国家安全活动和追查刑事犯罪中的秘密事项；（七）经国家保密行政管理部门确定的其他秘密事项。政党的秘密事项中符合前款规定的，属于国家秘密。"

　　对于"商业秘密"，《反不正当竞争法》第9条第4款作出了如下界定：商业秘密是指不为公众所知悉、具有商业价值并经权利人采取相应保密措施的技术信息和经营信息。可见，是否构成商业秘密可以从"不为公众所知悉""具有商业价值""经权利人采取相应保密措施""技术信息和经营信息"四个方面加以确定和把握。《关于禁止侵犯商业秘密行为的若干规定》对上述用语的含义作出了具体解释：所谓"不为公众所知悉"，是指该信息是不能从公开渠道直接获取的。所谓"能为权利人带来经济利益、具有实用性"，是指该信息具有确定的可应用性，能为权利人带来现实的或者潜在的经济利益或者竞争优势。所谓"权利人采取保密措施"，包括订立保密协议、建立保密制度及采取其他合理的保密措施。所谓"权利人"，是指依法对商业秘密享有所有权或者使用权的公民、法人或者其他组织。所谓"技术信息和经营信息"，包括设计、程序、产品配方、制作工艺、制作方法、管理诀窍、客户名单、货源情报、产销策略、招投标中的标底及标书内容等信息。律师在提供法律服务的过程中了解到上述信息后都应负有保密义务。

对于"当事人的隐私"，我国《民法典》已有明确的规定。其中第1032条规定："自然人享有隐私权。任何组织或者个人不得以刺探、侵扰、泄露、公开等方式侵害他人的隐私权。隐私是自然人的私人生活安宁和不愿为他人知晓的私密空间、私密活动、私密信息。"第1033条规定："除法律另有规定或者权利人明确同意外，任何组织或者个人不得实施下列行为：（一）以电话、短信、即时通讯工具、电子邮件、传单等方式侵扰他人的私人生活安宁；（二）进入、拍摄、窥视他人的住宅、宾馆房间等私密空间；（三）拍摄、窥视、窃听、公开他人的私密活动；（四）拍摄、窥视他人身体的私密部位；（五）处理他人的私密信息；（六）以其他方式侵害他人的隐私权。"根据《民法典》的上述规定，隐私权包括四个方面的内容：一是个人生活自由权。权利主体有权按照自己的意志从事或不从事某种与社会公共利益无关或无害的活动，不受他人干预、破坏或支配。二是个人生活情报保密权。个人生活情报包括所有的个人信息和资料，如身高、体重、三围、病历、身体缺陷、健康状况、生活经历、财产状况、婚恋、家庭、社会关系、爱好、信仰、心理特征等。权利主体有权禁止他人非法使用个人生活情报资料。例如，不许他人偷看身体私密部位、日记等；禁止他人未经同意而披露其财产状况、社会关系以及其他不为外界知悉或公开的私事；等等。三是个人通信秘密权。权利主体有权对个人信件、电报、电话、传真及谈论的内容加以保密，禁止他人非法窃听或窃取。隐私权制度的发展在很大程度上是与现代通信技术的发达联系在一起的，信息处理及传输技术的飞速发展，使得个人的通信内容可以轻而易举地被窃听或窃取，因而，保障个人通信安全已成为隐私权的一项重要内容。四是个人隐私利用权。权利主体有权依法按照自己的意志利用其隐私，以从事各种满足自身需要的活动。例如，利用个人生活情报资料撰写自传、利用自身形象或形体当绘画或摄影模特等行为，不能予以非法干涉。但应当注意，隐私的利用不得违反法律的强制性规定，不得违背公序良俗。例如，利用自己身体的隐私部位制作淫秽物品，属于非法利用隐私，构成违法行为。

在司法实践中，随着互联网技术、大数据、云计算、人工智能等科学技术的发展，个人隐私的范围也在不断发生变化，在认定与保护上也变得更加复杂。最高人民法院于2018年8月16日发布了第一批涉互联网典型案例，其中，在"庞理鹏诉中国东方航空股份有限公司、北京趣拿信息技术有限公司隐私权纠纷案"中，法院认为，随着科技的飞速发展和信息的快速传播，现实生活中出现大量关于个人信息保护的问题，个人信息的不当扩散与不当利用已经逐渐发展成为危害公民民事权利的一个社会性问题。该案是由网络购票引发的有关航空公司、网络购票平台侵犯公民隐私权的纠纷，各方当事人立场鲜明，涉及的焦点问题具有代表性和典型性。公民的姓名、电话号码及行程安排等事项属于个人信息。在大数据时代，信息的收集和匹配成本越来越低，原来单个的、孤立的、可以公示的个人信息一旦被收集、提取和综合，就完全可以与特定的个人相匹配，从而形成关于某一特定个人的详细准确的整体信息。此时，这些全方位的、系统性的整体信息，就不再是单个的、可以任意公示的个人信息，一旦被泄露扩散，任何人都将没有自己的私人空间，个人的隐私将遭受威胁。因此，基于合理事由掌握上述整体信息的组织或个人应积极地、谨慎地采取有效措施防止信息泄露。任何人未经权利人的允许，都不得扩散和不当利用能够指向特定个人的整体信息，而整体信息也因包含了隐私而整体上成为隐私信息，可以通过隐私权保护而寻求救济。

对于"其他信息"，《律师法》第38条第2款规定："律师对在执业活动中知悉的委托人和其他人不愿泄露的有关情况和信息，应当予以保密。……"从这一规定可以看出，律师除了需要保守国家秘密、商业秘密和当事人的隐私，对其他有关情况和信息，同样负有保密义务。（1）这里的情况和信息，应该是无法被国家秘密、商业秘密和当事人的隐私所包括的委托人不愿披露的"其他"信息。（2）这里的情况和信息，应该包括那些委托人以外的"其他人"的情况和信息。既可以是律师在执业过程中了解到的证人的情况和信息，也可以是委托人以外的其他当事人的情况和信息，还可以是委托人单位的一般工作人员的情况和信息。易言之，只要有保密的需要，同时又是律师因其执业活动而知悉的信息，原则上律师都负有保密义务。

对于"在执业活动中"，《律师法》第38条将律师保密义务的内容范围规定为律师"在执业活动中"知悉的国家秘密、商业秘密、当事人的隐私、委托人和其他人不愿泄露的情况和信息这四类，但是"在执业活动中"本身并不是一个非常清楚的概念。为了对其精确定位，不妨从执业活动的开始时间、开始方式和信息来源三个方面进行分析。本书认为，执业活动的开始时间，不应局限于委托关系存续期间，在委托关系成立前和结束后也可以认定为"在执业活动中"；开始方式也不能局限于委托人和律师在正式场合用正式方式交流；至于在执业期间的信息来源，只认为来自委托人也是远远不够的。据此，对于"在执业活动中"，可以概括为，只要委托人、犯罪嫌疑人或者被告人及其家属有理由相信自己是在与律师交流信息，对于因此而获得的需保密的信息，律师就负有保密义务。

3. 保密义务的期间

律师保密义务的期间是指律师保密的时间范围，这直接关系到律师在什么时间范围内应当承担保密义务的问题。保密义务的期间也是各国律师职业伦理规范关注的重点。在实践中，这一问题也时常引发争议。有人认为，保密义务只存在于委托代理关系存续期间。换言之，在正式建立委托代理关系之前以及委托代理关系终止以后，律师不负有保密义务。对此，不同国家的律师职业伦理规范有不同的要求。

国外律师保密义务的期间

我国法律只规定律师应当或有权保守执业期间所知悉的四类信息，并未对律师保密义务的期间进行明确规定。而执业期间不能等同于律师保密义务的期间，因为律师保密义务并不会随着执业活动的结束而结束。因此，本书认为，有必要对律师保密义务的期间进行分阶段分析。

第一，律师保密义务的开始时间。律师进行辩护或者代理活动的开始时间一般就是委托合同成立之时，而律师保密义务则往往在委托人与律师订立委托合同之前就已经开始了，与律师的辩护或者代理活动并不同时发生。当一方以律师身份或者以律师一方人员的身份与委托人进行接触和交流时，无论在委托合同成立之前还是之后，律师都应当遵守保密义务。

第二，律师保密义务的结束时间。我国法律对此没有明确规定，但学者已经对"执业活动结束后保密义务并不当然结束"达成了共识。对律师保密义务的结束时间，应当注意以下几个问题：一是在委托代理关系结束后，律师还应当遵守保密义务，但是因律师掌握的信息和情况不同，应当视情况而定。二是国家秘密和商业秘密都具有一定的时效性，所以一旦需要保守的秘密已经不再是秘密，就不需要履行保密义务。三是当事人的隐私以及委托人和其他人不愿透露的信息和情况，具有一定的私密性，在委托前后律师都应当遵守保密义务。

（五）律师保密义务的例外

律师保密义务有绝对保密义务和相对保密义务之分。绝对保密义务是指对于保密范围的所有秘密都应为当事人保守，不存在例外；相对保密义务是指某些信息虽然也在保密范围之内，但为了更高的利益，律师无须恪守保密义务。目前大多数国家规定的都是相对保密义务，各国律师职业伦理在严格规定律师保密义务的同时，也规定了一些例外情形。换言之，在满足一定条件的情况下，律师是可以突破保密义务的。

国外律师保密义务的例外

对于律师保密义务，我国《律师执业行为规范（试行）》规定"委托人或者其他人准备或者正在实施的危害国家安全、公共安全以及其他严重危害他人人身、财产安全的犯罪事实和信息除外"，意在对具有现实紧迫性的危害国家安全、公共安全以及其他严重危害他人人身、财产安全的行为予以及时制止。因此，可以将这一例外概括为"防止未来严重犯罪"。这一例外具有两个特点：

一是必须是将来可能发生的危险。只有为了防止委托人或者其他人将来可能发生的危险，律师才可以免除保密义务，积极向司法机关举报控告；而对于委托人或者其他人已经实施的犯罪，律师应当予以保密。

二是必须是具有严重性的危险。所谓"严重性"，是指委托人或者其他人准备或者正在实施危害国家安全、公共安全以及严重危害他人人身、财产安全的犯罪事实和信息。此时，损害的法益必须是国家安全、公共安全或严重的人身、财产安全。如果仅仅是准备实施轻微不法行为，那么律师仍然应该恪守保密义务。之所以要求这种危险的严重性，是因为需要在立法目的之间进行价值权衡，如果连一般危险都要予以披露的话，则显然忽略了保密义务的社会价值。

在实践中，除了上述例外情形，律师为了维护自身合法权益而披露委托人相关信息也应属于律师保密义务的例外情形。例如，在纪律惩戒程序和刑事追诉程序中，律师可以援引与委托人的交流信息为自己进行辩护或抗辩。因为，如果不允许设置保密义务的例外，律师将无法为自己提供有效辩护。除了针对律师提出的投诉或指控程序，在律师作为原告起诉他人的程序中，也应当允许律师在合理必要的范围内公开与委托人有关的信息。

（六）科技与律师保密义务

半个多世纪以来，计算机技术的出现，特别是网络通信技术的出现，引起了人类社会生产生活方式的信息化变革。信息量、信息传播的速度、信息处理的速度以及应用信息的程度等，都以几何级数的方式增长，这标志着人类社会已进入信息时代。信息技术的发展进步使得律师与委托人之间沟通交流的方式，以及律师提供法律服务的方式都在发生变化。无论短信、电子邮件还是社交媒体，都需要利用网络沟通和存储数据，发送者和接收者都有可能遭到电子窃听或电脑病毒的攻击。法律行业应该通过分析这些技术的使用是否会将委托人的秘密置于不合乎伦理的风险之中，对这些技术变化作出回应。目前国内理论界与实务界对于这一问题的关注较少，美国学者肯特·考夫曼对这些问题进行了梳理与总结。[①]这些经验和做法对我们处理科技带来的律师保密义务问题无疑具有借鉴意义。

一是电子邮件与委托人秘密。电子邮件信息，尤其是那些未经加密的、绝不是私人的信息，即使被删除，也仍然很容易从传输中使用的电子邮件服务器以及创建电子邮件的硬盘中恢复。律师使用电子邮件与委托人沟通相关事宜，是否违反了保密义务？律师以电子邮件方式提供法律意见是否会丧失保密性？美国律师协会伦理委员会在1999年就这一问题发表了一份伦理意见，认为使用未经加密的电子邮件并不违反《职业行为示范规则》1.6（a）中所规定的保密原则，因为电子邮件中存在合理的隐私预期。美国律师协会伦理委员会的理由是，电子邮件容易被拦截，并不意味着它不应该被自动使用。2011年8月，美国律师协会就电子邮件的保密性发表了另一份伦理意见书，声明律师有义务在出现第三方可能获得未加密电子通信内容的"重大风险"的任何情况下，就电子通信（包括电子邮件）的风险向委托人发出警告。

二是云计算与委托人秘密。与用于委托人目的的电子邮件和互联网使用相关的一个问题是数据的存储。曾经所有的委托人文件都被存储在文件柜中，技术使计算机硬盘（可以崩溃）、USB闪存驱动器（可以消失）和外部硬盘（可以崩溃或消失）成为存储委托人信息（包括诉讼文件）的一种手段。最新的技术是云计算（cloud computing），它将互联网本身作为存储库。2009年12月，美国许多州律师协会发布了伦理意见，以解决将委托人信息存储在"云"中（in the cloud）的适当性问题。亚利桑那州律师协会回答了一名律师提出的伦理问题，即对于以PDF形式存在的委托人文件，使用加密的、受密码保护的在线存储设备是否合适？亚利桑那州律师协会认为，答案是肯定的，前提是随着在线存储技术的变化，需要定期进行安全检查。2010年，纽约州律师协会就此事发表了一项意见，并得出结论认为，律师可以使用在线"云"计算机数据备份系统存储客户文件，前提是律师必须采取合理措施，确保系统安全，并为客户保密。

三是传真机与委托人秘密。在扫描仪和PDF出现之前，传真机是不用信封和邮票就能传送文件的最快方式。传真机通常存放在办公室的中央位置，这使得它们的隐私风险略高于电子邮件，因为办公室中的任何人都可以拦截来自传真机的传真。传真号码也可能拨错，导致错误的传真机接收到本应在别处接收的传真。美国律师协会在讨论电子邮件适当性的伦理意见中也提到了传真机，尽管未能明确宣布传真机使用是合乎伦理的，但发现传真机的使用已经变得如此普遍，以至于法院认为它是一种不违反保密义务的适当的通信方法。

四是智能手机与委托人秘密。就像电子邮件一样，手机或手机的使用很容易被窃听，不管是有意的还是无意的。不少律师协会对无线电话或手机的使用进行了权衡，表达了谨慎的赞同。新罕布什尔州和马萨诸塞州的律师协会均发

案例研习

---

① See Kent D. Kauffman, *Legal Ethics*, Third edition, Delmar Cengage Learning, 2014, pp.144–147.

表了伦理意见，告诫律师谨慎使无线电话或移动电话。律师协会认为，律师在与他们的委托人通过智能手机讨论敏感问题之前，应该向他们的委托人说明使用无保护线路和即时通信工具谈话的风险。这样的电话交谈可能被视为放弃律师—委托人特权，在继续之前需要得到委托人的同意。

六、律师利益冲突的伦理规范

利益冲突（conflicts of interests）是源于英美衡平法的一个概念，其核心是受托人个人利益与委托人利益之间的冲突。在律师职业领域，利益冲突是律师职业伦理和执业行为规范的核心问题，也是律师在执业活动过程中经常会面临的普遍性问题。

（一）律师利益冲突的概念及类型

1. 律师利益冲突的概念

对于利益冲突，美国法律协会《律师法重述》这样定义："利益冲突是指律师自身利益、对其他委托人或者无关第三人的职责，使律师对委托人的代理受到严重不利影响的情形。"该定义表明，利益冲突的主体为律师，律师自身利益、律师对其他委托人的职责、律师对无关第三人的职责是产生利益冲突的三种事由，而且只要存在严重不利影响的实质风险就会涉及利益冲突问题。

美国学者罗伯特·埃若森（Robert Arons）则认为，"利益冲突是律师与当前委托人之间的相反利益取向导致的冲突和紧张关系"[①]。即使这种相反利益取向只是一种潜在的可能性，即使律师为委托人的事项所采取的代理行为符合委托人的最大利益，也不能消除冲突和紧张关系。这种冲突和紧张关系使律师陷入尴尬和两难的境地。该定义强调利益冲突的客观性和潜在性，同时表明利益冲突的本质是由相反利益取向导致的冲突和紧张关系。

我国相关法律及规范性文件没有对律师利益冲突的概念进行明确界定，更多地侧重于利益冲突的外在表现形式。目前，我国相关法律法规及行业规范对利益冲突主要采用列举式定义方式。本书认为，就律师业而言，一旦律师（包括律师个人和律师事务所）涉入多方利益关系，律师忠实于任何一方利益（包括律师自己的利益）必然导致至少一个委托人担忧自身利益会遭受损害，这样的情形就是利益冲突。在这种情形下，律师仍然接受委托人委托开展执业活动的，就是利益冲突行为。

2. 律师利益冲突的类型

根据不同的标准，可以将律师利益冲突划分为不同的类型，国内外很多学者对利益冲突的基本类型进行了总结。

美国学者马克·斯坦伯格（Marc I. Steinberg）和蒂莫西·夏普（Timothy U. Sharpe）将利益冲突分为同时代理（simultaneous representation）和连续代理（successive representation）两种类型。同时代理是律师同时为对立的或潜在对立的委托人代理；连续代理是律师或律师事务所在未经前委托人同意的情况下，试图为与前委托人利益相对立的委托人代理。与

---

① 参见李本森：《律师管理路在何方？——律师执业中的利益冲突立法及完善》，载《中国律师》2001 年第 4 期。

同时代理相比，连续代理在表面上很难看出不适当，因此在认定上也更加复杂。在司法实践中，连续代理的结果通常就是"取消代理资格"，而法院的主要依据就是"假定分享秘密"（presumption of shared confidences），即律师事务所的所有律师对于所有委托人的信息都是知悉的。

马克·斯坦伯格和蒂莫西·夏普又对实践中"连续代理"涉及的利益冲突进行了类型化分析，认为常见的"连续代理"包括以下两种大的类型：一是律师事务所"转换立场"（switching sides）。在这种情形下，首次代理的律师和后续代理的律师都是同一律师事务所的成员；换言之，律师事务所改变了立场。例如，A律师事务所的X律师在一起劳动争议案件中为B公司代理，在X律师仍然受雇于A律师事务所的情况下，A律师事务所的Y律师在后一起针对B公司的劳动争议案件中为原告C代理。对于这种情形，实践中美国法院都毫无保留地适用"假定分享秘密"，取消整个律师事务所的代理资格。二是律师事务所之间的律师流动。律师更换律师事务所是法律服务市场中常见的现象，然而这常常会导致律师因滥用委托人秘密信息而产生利益冲突。对于"连续代理"中律师事务所之间的律师流动，马克·斯坦伯格和蒂莫西·夏普将之主要分为四种类型：

第一种类型是，此前并不直接参与代理工作的律师转职到代理对立的委托人的律师事务所，但是该律师不参与该律师事务所的代理工作。[①]对于这种情形，实践中一些法院认为，没有必要完全适用"假定分享秘密"，因为律师既不直接参与，也不知道前一次或当前代理的秘密信息，故秘密披露的风险微乎其微。让受质疑的律师事务所出具宣誓书，证明律师不参与其中任何一项代理，也不了解与此类代理有关的机密信息，应足以保护委托人的利益。

第二种类型是，没有直接参与前一次代理的律师希望在第二次代理中直接代理对立的委托人。[②]对于这种情形，实践中法院认为，在以下前提下，可以有效地推翻"假定分享秘密"，使受质疑的律师直接获得代理资格，而不受到限制：受质疑的律师执行宣誓声明并出示其前同事的宣誓证词，证明受质疑的律师不了解秘密信息。法院认为，"假定分享秘密"的一个基本原理是，律师事务所的律师在经济上都是相互依存的，并且可能会试图披露任何有助于该律师事务所委托人的秘密。然而，在这种情形中，对那些拥有秘密信息的律师来说，没有任何经济优势（实际上可能存在财务上的抑制因素）来披露这些信息，因为从这种披露中获益的律师不是他们律师事务所的成员。

第三种类型是，律师持有在以前的有关代理中获知的秘密，该律师离开律师事务所后，前一家律师事务所在连续代理中代理了对立的委托人。[③]对于这种情形，实践中法院认

---

①　例如，假定在一起劳动争议案件中，A律师事务所作为被告B公司的代理方，C律师事务所代理原告。X律师在A律师事务所时并未直接参与该案件，现X律师离开A律师事务所，受雇于C律师事务所，但是X律师在C律师事务所也不参与该案件。

②　例如，假定在一起劳动争议案件中，A律师事务所作为被告B公司的代理方，C律师事务所代理原告。X律师在A律师事务所时并未直接参与该案件，现X律师离开A律师事务所，受雇于C律师事务所，但是X律师希望直接代理原告。

③　例如，X律师受雇于A律师事务所时，在一起劳动争议案件中曾作为被告B公司的代理律师，这个诉讼没有牵涉到A律师事务所的任何其他律师。X律师离开A律师事务所时，带走了与B公司相关的所有信息。几个月后，在一起针对B公司的劳动争议案件中，原告要求A律师事务所作为其代理方。

为，如果律师事务所能够从离开该律师事务所的律师那里获得证词，证明该律师完全独立掌握了前委托人的秘密，则该律师事务所不应被取消代理资格。

第四种类型是，在一家律师事务所直接代理委托人的律师加入了一家新的律师事务所，这家新的律师事务所在同一案件或实质相关的案件中代理对立的委托人。[①] 对于这种情形，实践中一般要求律师事务所采取一种所谓的"中国墙"（Chinese Walls）的机制。具体到前面的例子，即要求C律师事务所将X律师调离其之前所在的部门、团队或办公室，严格限制案件材料的访问权限与访问程序，并且C律师事务所应该明确通知本所中的所有律师不得与X律师讨论有关该案件的任何信息。[②]

我国学者李本森将利益冲突分为四种类型：第一种类型是同时作为利益有明显冲突的双方当事人的代理人；第二种类型是一方当事人的律师与对方当事人或同一序列的其他原告或被告当事人有利害关系；第三种类型是律师与前委托人存在利益冲突；第四种类型是在同一案件中，一方当事人的代理律师与对方当事人的代理律师之间存在利益关系或其他利害关系。[③] 还有学者将利益冲突划分为同时性和连续性利益冲突、诉讼和非诉利益冲突、直接和间接利益冲突、单一关系和复合关系利益冲突四种类型。[④] 实务界人士从其他角度提出了四种不同的类型，分别是双重代理型利益冲突、同一律所型利益冲突、连续代理型利益冲突、身份型利益冲突。[⑤]

总结来说，根据利益冲突的主体、利益冲突的严重程度和利益冲突的发生时间等，可以对律师利益冲突进行相应的分类：

一是根据利益冲突的主体不同，可以分为"律师与当事人的利益冲突"与"当事人与当事人的利益冲突"。律师与当事人的利益冲突，是指律师本人的利益与当事人或当事人委托事项本身的利益发生冲突，造成律师的代理行为存在损害当事人利益的可能性。当事人与当事人的利益冲突，是指当事人或当事人委托事项与律师及其律师事务所之前的当事人、现在的当事人和潜在的当事人之间存在利益冲突的可能性。目前，我国当事人与当事人之间的利益冲突情况较多，这也是我国现行利益冲突规制的重点。相比之下，律师与委托人之间的利益冲突隐蔽性更强，除非律师本人披露，相对方、第三方一般很难知晓。

二是根据利益冲突的严重程度，可以分为"直接利益冲突"与"间接利益冲突"。直接利益冲突，是指律师事务所及其律师与当事人或潜在当事人之间，当事人或潜在当事人之间存在直接利害关系，律师事务所及其律师代理该类利益冲突案件必然损害一方当事人或潜在当事人的利益。间接利益冲突，是指律师事务所及其律师与当事人或潜在当事人之间，当事人或潜在当事人之间存在间接利害关系，律师事务所及其律师代理该类利益冲突

---

① 例如，X律师受雇于A律师事务所时，曾在一起劳动争议案件中作为被告B公司的代理人。在诉讼期间，X律师加入了作为原告代理方的C律师事务所。或者，在诉讼结束后，X律师加入了C律师事务所，C律师事务所在随后的劳动争议案件中作为原告的代理方。在这两种情况下，假定X律师都没有参与C律师事务所的案件。

② Marc I. Steinberg and Timothy U. Sharpe，"Attorney Conflicts of Interest：The Need for a Coherent Framework"，*Notre Dame Law Review*，Vol.66，Issue 1（1990–1991），pp.1–36.

③ 参见李本森：《律师管理路在何方？——律师执业中的利益冲突立法及完善》，载《中国律师》2001年第4期。

④ 参见中华全国律师协会编：《律师职业道德与执业基本规范》，北京大学出版社2007年版，第54—58页。

⑤ 参见万大强：《论我国律师执业利益冲突》，载北京市律师协会编：《律师利益冲突管理与公益法律服务》，北京大学出版社2010年版，第77—78页。

案件极可能损害一方当事人或潜在当事人的利益。

三是根据利益冲突的发生时间，可以分为"同时性利益冲突"和"连续性利益冲突"。这也是利益冲突的诸多类型中最常见的两种类型。同时性利益冲突，是指律师或者律师事务所与现行委托人，或现行委托人之间存在的利益冲突。通常，在同时性利益冲突中，利益冲突双方均有利益受损的重大风险，故我国法律法规主要对同时性利益冲突进行了规定，这也是被明文禁止的利益冲突行为。[①]连续性利益冲突，是指律师先前已经承担的职责与律师对现行委托人的职责存在冲突，两者无法兼顾，律师必须作出抉择，进而必然损害一方利益的情形。连续性利益冲突规则要求，律师接受一方当事人委托后，不能再接受与该当事人具有利益冲突的相对方委托，办理相同法律事务，即使代理关系已经解除或者终止。同时性利益冲突主要关注律师的忠诚职责，以确保每个委托人都得到最称职的代理。连续性利益冲突主要关注律师的保密职责，以确保每个委托人的秘密信息不被滥用、不被用来攻击该委托人。

（二）规制律师利益冲突的必要性

律师在发生执业利益冲突时需要回避或不能代理法律事务，主要源于律师对委托人的忠诚义务（即对委托人的法律事务应当勤勉、尽职）和保密义务（即对事务办理过程中接触的委托人的信息应当保密）。正是基于这两项义务的存在，利益冲突得以产生，也促使律师在经办具体法律事务前应当首先进行利益冲突的审查。以此为出发点，对律师利益冲突进行规制存在如下必要性。

一是规制利益冲突有利于保证律师对委托人的忠诚。美国学者德博拉·罗德和小杰弗瑞·海泽德认为，委托人—律师关系的基础是忠实义务（duty of loyalty）。当律师有其他职业上或者个人的关系危及这种忠实义务时，利益冲突就产生了。[②]律师只有真正恪守了忠诚职责，才能保障其不会因个人利益而损害委托人的利益，才能使委托人及其他人相信律师能够忠诚、勤勉地为自己的当事人提供称职的法律服务，而为了在委托人—律师关系中维护委托人对律师的信任，需要对律师执业中面临的利益冲突进行必要的规制，从而保证律师对委托人的忠诚没有被分割，没有受到其他利益、职责的影响。[③]

二是规制利益冲突有利于律师保守委托人的秘密。禁止利益冲突虽然无法完全禁绝律师泄密行为，但可以最大限度地减少律师泄密的机会和动机。保守委托人的秘密也是律师的一项基本职责。这项职责可以消除委托人的顾忌，促使委托人将所有真实情况毫无顾忌地告知律师，从而保证律师采取有效行动、切实维护委托人利益。如果不对律师利益冲突进行规制，律师就有可能为了获取更大的利益而泄露或滥用委托人的秘密信息。

三是规制利益冲突有利于保证代理的质量。代理的质量高低取决于律师能否提供忠

---

① 黄翔宇：《我国律师执业的利益冲突规则——对我国现行制度的分析》，载《黑龙江省政法管理干部学院学报》2011年第4期。

② 参见［美］德博拉·L.罗德、［美］小杰弗瑞·C.海泽德：《律师职业伦理与行业管理》（第二版），许身健等译，知识产权出版社2015年版，第158页。

③ 参见王进喜：《美国律师职业行为规则理论与实践》，中国人民公安大学出版社2005年版，第86页。

诚、勤勉、称职的法律服务，能否以委托人的利益为依托。如果律师在办理委托事项时，可以为自己谋求利益，则其很可能被利益蒙蔽双眼。如果不对律师从事利益冲突的代理进行规制，委托人很可能隐瞒对代理案件至关重要的案件信息，从而影响律师在充分知情的基础上为其提供完善的法律解决方案。

四是规制律师利益冲突有利于保证司法活动的秩序。现代诉讼越来越注重程序的正当性，为适应诉讼程序的发展，法院将规制律师利益冲突作为维护诉讼程序正当性的重要手段。如果不对利益冲突设置预先的审查和排除机制，一旦案件进入诉讼，当事人向法庭提出利益冲突代理的无效申请，诉讼活动就必须立即中止，从而影响到司法活动的秩序。法院通过这种事先预防的方式维护诉讼程序的正当性，可以促进司法制度的有效运作。

（三）规制律师利益冲突的规范

如前所述，利益冲突问题是律师执业的关键问题。解决好律师利益冲突问题，对维系委托人—律师关系的长期稳定性、促进律师业的健康发展和维护司法公正都具有重要意义。因而，世界各国纷纷在律师法或律师职业行为规范中确立了律师利益冲突规范。

国外规制律师利益冲突的规范

我国关于律师利益冲突的规范，既包括全国性的规范，也包括地方行业性规范；全国性的规范又包括法律、行政法规和全国性行业性规范。在此，本书主要对规制律师利益冲突的全国性的规范作简要介绍。

1. 我国法律层面关于律师利益冲突的规定

根据《律师法》第23条的规定，律师事务所应当建立健全利益冲突审查制度。该法第39条直接规定，"律师不得在同一案件中为双方当事人担任代理人，不得代理与本人或者其近亲属有利益冲突的法律事务"。第47条和第50条进一步就律师和律师事务所违反第39条的法律责任作出规定。根据第47条第3项的规定，律师在同一案件中为双方当事人担任代理人，或者代理与本人及其近亲属有利益冲突的法律事务的，由设区的市级或者直辖市的区人民政府司法行政部门给予警告，可以处5 000元以下的罚款；有违法所得的，没收违法所得；情节严重的，给予停止执业3个月以下的处罚。根据第50条第5项的规定，律师事务所违反规定接受有利益冲突的案件的，由设区的市级或者直辖市的区人民政府司法行政部门视其情节给予警告、停业整顿1个月以上6个月以下的处罚，可以处10万元以下的罚款；有违法所得的，没收违法所得；情节特别严重的，由省、自治区、直辖市人民政府司法行政部门吊销律师事务所执业证书。

《最高人民法院、最高人民检察院、公安部、国家安全部、司法部、全国人大常委会法制工作委员会关于实施刑事诉讼法若干问题的规定》第2条规定，一名辩护人不得为两名以上的同案犯罪嫌疑人、被告人辩护，不得为两名以上的未同案处理但实施的犯罪存在关联的犯罪嫌疑人、被告人辩护。该条专门就律师代理刑事案件应避免的直接利益冲突作出规定，属于规制律师利益冲突的法律层面的规定。

2. 我国行政法规层面关于律师利益冲突的规定

司法部发布的《律师和律师事务所违法行为处罚办法》第7条列举了5项属于《律师法》第47条第3项规定的律师"在同一案件中为双方当事人担任代理人，或者代理与本人及其近亲属有利益冲突的法律事务的"违法行为；第27条则列举了4项属于《律师法》第50条第5项规定的律师事务所"违反规定接受有利益冲突的案件的"违法行为。因此，该处罚办法主要是对《律师法》第47条和第50条在行政法规层面的进一步完善，亦在行政法规层面扩充了司法行政部门对于律师、律师事务所利益冲突行为予以行政处罚的依据。

司法部发布的《律师执业管理办法》《律师事务所管理办法》涉及利益冲突的条款都不多。《律师执业管理办法》中涉及利益冲突的规定，只有第26条和第28条两条。根据第26条的规定，律师承办业务，必须服从律师事务所对受理业务进行的利益冲突审查及其决定。第28条规定："律师不得在同一案件中为双方当事人担任代理人，或者代理与本人及其近亲属有利益冲突的法律事务。律师接受犯罪嫌疑人、被告人委托后，不得接受同一案件或者未同案处理但实施的犯罪存在关联的其他犯罪嫌疑人、被告人的委托担任辩护人。曾经担任法官、检察官的律师从人民法院、人民检察院离任后，二年内不得以律师身份担任诉讼代理人或者辩护人；不得担任原任职人民法院、人民检察院办理案件的诉讼代理人或者辩护人，但法律另有规定的除外。律师不得担任所在律师事务所其他律师担任仲裁员的案件的代理人。曾经或者仍在担任仲裁员的律师，不得承办与本人担任仲裁员办理过的案件有利益冲突的法律事务。"《律师事务所管理办法》中涉及利益冲突的规定只有第46条这一条，根据该条规定，律师事务所受理业务，应当进行利益冲突审查。

3. 全国律协关于律师利益冲突的规定

全国律协通过的《律师执业行为规范（试行）》共有6条规定涉及利益冲突。其中，第13条明确禁止了直接利益冲突，规定"律师不得在同一案件中为双方当事人担任代理人，不得代理与本人或者其近亲属有利益冲突的法律事务"。第49条至第53条作为专节（第四节"利益冲突审查"）规定了利益冲突审查、主动回避、各类诉讼及非诉讼的直接利益冲突、可经过当事人豁免的间接利益冲突等内容。在处罚方面，该行业规范明确律师协会应当依据《律师协会会员违规行为处分规则（试行）》和相关行业规范性文件实施处分。这就意味着律师协会可以视情节对违反有关利益冲突规定的律师、律师事务所予以训诫、通报批评、公开谴责等行业纪律处分。

全国律协通过的《律师协会会员违规行为处分规则（试行）》共有两条规定涉及利益冲突。其中，第20条规定了11种利益冲突行为，而且要求给予训诫、警告或者通报批评的纪律处分，情节严重的，给予公开谴责、中止会员权利3个月以下的纪律处分。第21条规定了律师未征得各方委托人的同意而从事代理行为的6种情形，要求给予训诫、警告或者通报批评的纪律处分。

总体来看，我国关于律师利益冲突的相关规定比较零散和简单，并未形成完整统一的体系，还存在较大的缺陷和不足：一是都未对利益冲突的概念进行界定。《律师法》《律师执业行为规范（试行）》等规范性文件都未涉及利益冲突的概念，只是就利益冲突的表现形式作出列举。二是对利益冲突表现形式的规定过于狭隘。《律师法》仅规定了禁止双重代理及代理与自身及近亲属有利益冲突的事项，而未涉及其他形式。《律师执业行为规范（试行）》的规定相对详细，但其不具有法律效力，律师协会也没有强制性的惩戒权，缺乏贯彻实施的保障。三是法律后果规定不明确，且未建立惩戒机制。《律师法》只是简单规定了对律师的双重代理行为进行处罚。其他相关文件未作规定，更未涉及具体的惩罚程序。四是预防、救济机制过于抽象。《律师执业行为规范（试行）》仅规定律师事务所及律师的审查、告知义务，但未明确审查的程序、标准，也未对告知义务提出程度上的要求。《律师法》规定律师违法执业给当事人造成损失的，应当赔偿，但未指出当事人寻求救济的途径。

（四）律师利益冲突的预防

律师事务所是律师的执业机构，理应设立起预防利益冲突的"防火墙"。我国《律师法》和《律师执业行为规范（试行）》都对律师事务所建立相关制度作出了规定。其中，《律师法》第23条规定，律师事务所应当建立健全利益冲突审查等制度，对律师在执业活动中遵守职业伦理、执业纪律的情况进行监督。《律师执业行为规范（试行）》第87条规定，律师事务所应当建立健全执业管理、利益冲突审查、收费与财务管理、投诉查处、年度考核、档案管理、劳动合同管理等制度，对律师在执业活动中遵守职业伦理、执业纪律的情况进行监督。依此，有必要从以下几个方面采取措施，预防与避免律师利益冲突。

一是建立律师的立案申请制度。律师在接收案件时须向律师事务所统一申报，由律师事务所进行集中信息检索，确保在不存在利益冲突的前提下接受案件。未经立案申请并经过利益冲突审查的案件不得办理委托手续，律师事务所也不得在委托协议上盖章。

二是建立专门的业务资料信息库，并开发全体律师和员工具有不同权限的即时利益冲突检索系统。有条件的律师事务所应当设专人负责输入所有案件详细的业务信息，将诸如原告、被告、第三人、各方承办律师等可能涉及利益冲突的主要项目一一登记，统一录入系统。律师可以在接受案件之前，进行初步的利益冲突检索，如果本所已经接受对方当事人的委托，则律师可以中止与客户的洽谈，以避免了解更多客户的关键信息，进而引起日后纠纷。

三是设置专门的利益冲突查证程序。有条件的律师事务所可以设置专人负责在接案前统一进行利益冲突查证，并及时将情况通报相关人员。如果确实存在利益冲突，则通知相关人员不得接受案件委托，或者按照律师事务所的专门规定进行相应的处理。如果存在利益冲突的可能但暂时无法确定，应采取一定的措施避免律师接触委托人的关键和保密信息，以防止潜在利益冲突发展成真正的利益冲突。

四是建立完善的档案管理制度。律师事务所应加强档案管理制度的建设，确保律师承办的案件及时由律师事务所收回存档，由专人进行保管。当前，一些律师事务所对档案工作不甚重视，放任律师自行保管业务档案，有的律师更是缺乏档案意识，甚至在离职出所后也不对业务档案进行必要的交接。这都使得之后对代理案件进行利益审查丧失必要的基础条件，无疑会增加发生利益冲突的概率和可能性。

五是完善对转所律师代理案件进行利益冲突审查的制度。当前，律师在律师事务所之间的流动已经非常频繁。律师在接受业务时若不在一个律师事务所，就不存在利益冲突问题；但如果在律师转所时该业务仍在进行之中，且代理原告的律师转入代理被告的律师所在的律师事务所，就容易造成同一律师事务所的律师代理双方当事人的现象。为了避免这种情况的发生，律师事务所在接受新的律师转入时应当负起查证利益冲突的责任。律师事务所可以要求律师提供其正在办理和已经终结委托关系的业务信息，以便律师事务所查证。

六是加强对容易发生利益冲突的关键环节的审查。律师代理新客户、为老客户代理新业务、在既有的代理业务中引入新的参与者、有新律师加入律师事务所、非客户方支付律师费、接受客户给予的利益或职位，都是最容易发生利益冲突的环节，律师事务所在进行利益冲突审查时应当对这些环节格外注意。

（五）律师利益冲突的处理

现实中，利益冲突的发生不可避免，相关规范性文件也对利益冲突的处理作出了相应的规定。《律师执业行为规范（试行）》第50条规定，"办理委托事务的律师与委托人之间存在利害关系或利益冲突的，不得承办该业务并应当主动提出回避"。第52条第1款规定，"有下列情形之一的，律师应当告知委托人并主动提出回避，但委托人同意其代理或者继续承办的除外：（一）接受民事诉讼、仲裁案件一方当事人的委托，而同所的其他律师是该案件中对方当事人的近亲属的；（二）担任刑事案件犯罪嫌疑人、被告人的辩护人，而同所的其他律师是该案件被害人的近亲属的；（三）同一律师事务所接受正在代理的诉讼案件或者非诉讼业务当事人的对方当事人所委托的其他法律业务的；（四）律师事务所与委托人存在法律服务关系，在某一诉讼或仲裁案件中该委托人未要求该律师事务所律师担任其代理人，而该律师事务所律师担任该委托人对方当事人的代理人的；（五）在委托关系终止后一年内，律师又就同一法律事务接受与原委托人有利害关系的对方当事人的委托的；（六）其他与本条第（一）至第（五）项情况相似，且依据律师执业经验和行业常识能够判断的其他情形"。

这些规定对于发生利益冲突后的处理相对比较宽泛，内容也相对比较简单。面对实践中纷繁复杂的情形，本书认为有必要针对不同情况，对利益冲突的处理作出相对具体的指引。

第一，律师事务所应当确立发生利益冲突后的调整原则。律师事务所一旦发现本所律师正在办理的业务中存在利益冲突的情形，除与有关委托人协商调整外，利益冲突的调整还应遵循以下原则：已建立的委托优于拟建立的委托，先建立的委托优于后建立的委托。委托关系的成立时间，以律师事务所和委托人签订委托合同的时间为准；未签订委托合同但委托人实际支付委托费用的，以委托人实际支付委托费用的时间为准；律师和委托人的函件足以证明委托关系成立时间的，以该函件证明的时间为准。

第二，在发生利益冲突后，应当征求委托人是否同意豁免的意见，以免除律师事务所利益冲突代理的责任。委托人决定建立或维持委托关系的，应当签署知情同意书，表明委托人已经知悉存在利益冲突的基本事实和可能产生的法律后果，以及委托人明确同意与律师事务所及律师建立或维持委托关系。需要注意的是，委托人的豁免必须满足以下条件：（1）必须采用书面形式；（2）必须说明委托人已经知悉存在利益冲突的基本事实和代理可能产生的后果；（3）委托人需要签字，明确要求或同意承办律师继续代理。同时，《律师执业行为规范（试行）》第53条规定，"委托人知情并签署知情同意书以示豁免的，承办律师在办理案件的过程中应对各自委托人的案件信息予以保密，不得将与案件有关的信息披露给相对人的承办律师"。

第三，在发生利益冲突后，律师和律师事务所发现存在利益冲突情形的，应当告知委托人利益冲突的事实和可能产生的后果，由委托人决定是否建立或维持委托关系。律师在取得当事人间接利益冲突的有效豁免后，各方当事人之间又形成直接利益冲突的，必须及时告知各方当事人。

第四，如果同一律师在同一业务中接受双方或多方委托人的委托，律师事务所应当对律师予以批评，并保留一方委托人的委托，解除与其他委托人的委托关系，退还委托人已缴纳的代理费用。

第五，如果律师事务所中数个律师分别接受同一案件双方或多方委托人的委托，律师事务所应当商请各方委托人签发豁免函；委托人拒绝签发豁免函的，保留一方委托人的委托，解除与其他委托人的委托关系，退还已解除委托关系的委托人已缴纳的代理费用。如果律师事务所在两个或者两个以上有利害关系的案件中，分别接受委托人的委托，或办理的后一个法律事务与前一个法律事务存在利益冲突，应当协商解除其中一个案件的委托关系，退还该委托人已缴纳的代理费用；协商不成的，应当解除后一个案件的委托关系，退还该委托人已缴纳的代理费用。

第六，如果律师代理与本人或其近亲属有利益冲突的法律事务，律师事务所应当解除委托关系或将案件移交本所其他律师办理。

第七，如果的确存在利益冲突情形，由相关合伙人和律师按时间优先和律师事务所整体利益优先的原则进行协商，确定只接受一方的委托；如果认定本所律师从事的法律事务存在利益冲突，行政部门对相关法律事务委托协议不予盖章；发生直接利益冲突、未得到当事人有效豁免，或者发生间接利益冲突、当事人通知不同意豁免，律师又不能自行调整消除利益冲突的，应当终止与当事人的委托关系，妥善处理有关事宜。如果该律师仍然继续从事该法律事务，律师事务所应按照私自从事律师业务论处，因此对律师事务所和客户造成损失的，该律师承担相应责任。

第八，律师事务所、律师因违反利益冲突规则导致委托人受损的，应当根据委托代理合同的规定向委托人承担责任，律师应当根据有关规定向其所在律师事务所承担责任。

案例研习

论题二　律师与法官的关系

从根本上讲，律师和法官都以追求社会正义为最终目的，但是律师和法官从业的直接目的存在差异。律师和当事人之间往往是一种民事关系，实现委托代理合同中约定的内容是律师执业的直接目的。而法官从业活动的直接目的是通过依法审理案件实现个案公正，因此他必须不偏不倚，保持中立。在实践中，少数律师、法官忘记了自己的神圣职责，最终走上了违规违纪甚至违法犯罪的道路，严重损害了司法的公正和独立，损害了法官和律师的良好形象。因此，基于不同的职业角色，律师和法官在职业活动中需要遵循各自的职业伦理规范。尤其在处理与法官的关系时，律师在庭审中和法庭外需要遵从不同的职业伦理规范。本论题主要探讨律师在庭审中和在法庭外的行为规范。

▶▶ 一、律师庭审中的行为规范

（一）律师对法庭的真实义务

国外律师对
法庭的真实义
务

查明事实真相一直是司法活动追求的目标，发现真实也是司法活动的重要目的。律师在司法活动中是不可或缺的，因为律师对于司法活动发现真实和实现公正起着不可忽视的积极作用。然而，律师的职业角色决定了律师在司法活动中会更多从委托人的角度认定事实和适用法律。如果律师在参与诉讼时一味地追求维护其委托人的利益，甚至为了委托人的利益而不择手段，律师的活动就很可能妨碍司法活动对真实的发现。为了消除律师参与诉讼对发现真实的消极影响，各国都对律师对法庭的真实义务作了明确规定。

在我国，不仅《律师法》《律师执业管理办法》《律师执业行为规范（试行）》对律师的真实义务进行了规定，而且《刑事诉讼法》《民事诉讼法》《行政诉讼法》等法律也对律师的真实义务进行了规定。具体而言，律师对法庭的真实义务主要体现在以下几个方面：

一是律师不得伪造证据，不得帮助委托人隐匿、毁灭、伪造证据或者串供，不得威胁、利诱他人提供虚假证据。根据《律师法》第40条第6项、第49条第4项的规定，律师在执业活动中不得故意提供虚假证据或者威胁、利诱他人提供虚假证据，妨碍对方当事人合法取得证据。律师故意提供虚假证据或者威胁、利诱他人提供虚假证据，妨碍对方当事人合法取得证据的，由设区的市级或者直辖市的区人民政府司法行政部门给予停止执业6个月以上1年以下的处罚，可以处5万元以下的罚款；有违法所得的，没收违法所得；情节严重的，由省、自治区、直辖市人民政府司法行政部门吊销其律师执业证书；构成犯罪的，依法追究刑事责任。

二是律师不得提供明知是虚假的证据。如果律师在提供有关证据后才得知证据不实，必须采取合理的补救措施。《律师和律师事务所违法行为处罚办法》第17条进一步明确了《律师法》第49条第4项所规定的律师"故意提供虚假证据或者威胁、利诱他人提供虚假证据，妨碍对方当事人合法取得证据的"违法行为，包括：（1）故意向司法机关、行政机关或者仲裁机构提交虚假证据，或者指使、威胁、利诱他人提供虚假证据的；（2）指示或者帮助委托人或者他人伪造、隐匿、毁灭证据，指使或者帮助犯罪嫌疑人、被告人串供，威胁、利诱证人不作证或者作伪证的；（3）妨碍对方当事人及其代理人、辩护人合法取证的，或者阻止他人向案件承办机关或者对方当事人提供证据的。根据《律师和律师事务所违法行为处罚办法》第32条第3款的规定，律师如有以上行为，由司法行政机关给予停止执业6个月以上1年以下的处罚，可以处5万元以下的罚款；有违法所得的，没收违法所得；情节严重的，吊销其律师执业证书；构成犯罪的，依法追究刑事责任。

三是律师不得在明知的情况下，向法庭作虚假的陈述，也不得故意误导法庭。律师维护委托人的合法权益是律师特殊的社会职能，律师参与诉讼活动，应从委托人的角度出发，收集有利于委托人的证据材料，并依据自己对事实的认定、对法律的理解，提出有利于委托人的意见，以利于法庭正确地认定事实，准确地适用法律，从而维护委托人的合法权益。但律师维护的是委托人的合法权益而不是全部利益，因而律师不能为了委托人的利益，在明知的情况下，向法庭作虚假的陈述，也不得故意误导法庭。根据《律师执业行为规范（试行）》第63条和第64条的规定，律师应当依法调查取证，不得向司法机关或者仲裁机构提交明知是虚假的证据。

四是律师不得妨碍对方当事人合法取得证据。根据《律师和律师事务所违法行为处罚办法》第17条和第32条第3款的规定，妨碍对方当事人及其代理人、辩护人合法取证的，或者阻止他人向案件承办机关或者对方当事人提供证据的，属于《律师法》第49条第4项规定的律师"故意提供虚假证据或者威胁、利诱他人提供虚假证据，妨碍对方当事人合法取得证据的"违法行为，由司法行政机关给予停止执业6个月以上1年以下的处罚，可以处5万元以下的罚款；有违法所得的，没收违法所得；情节严重的，吊销其律师执业证书；构成犯罪的，依法追究刑事责任。

（二）律师在法庭上的程序规范

根据我国《律师法》第40条的规定，律师在执业活动中，不得故意提供虚假证据或者威胁、利诱他人提供虚假证据，妨碍对方当事人合法取得证据；律师不得煽动、教唆当事人采取扰乱公共秩序、危害公共安全等非法手段解决争议；律师不得扰乱法庭、仲裁庭秩序，干扰诉讼、仲裁活动的正常进行。

《律师执业管理办法》第39条也规定，律师代理参与诉讼、仲裁或者行政处理活动，应当遵守法庭、仲裁庭纪律和监管场所规定、行政处理规则，不得有下列妨碍、干扰诉讼、仲裁或者行政处理活动正常进行的行为：（1）会见在押犯罪嫌疑人、被告人时，违反有关规定，携带犯罪嫌疑人、被告人的近亲属或者其他利害关系人会见，将通信工具提供给在押犯罪嫌疑人、被告人使用，或者传递物品、文件；（2）无正当理由，拒不按照人民法院通知出庭参与诉讼，或者违反法庭规则，擅自退庭；（3）聚众哄闹、冲击法庭，侮辱、诽谤、威胁、殴打司法工作人员或者诉讼参与人，否定国家认定的邪教组织的性质，或者有其他严重扰乱法庭秩序的行为；（4）故意向司法机关、仲裁机构或者行政机关提供虚假证据或者威胁、利诱他人提供虚假证据，妨碍对方当事人合法取得证据；（5）法律规定的妨碍、干扰诉讼、仲裁或者行政处理活动正常进行的其他行为。

国外律师在法庭上的程序规范

此外，《律师执业行为规范（试行）》第66条规定，律师应当遵守法庭、仲裁庭纪律，遵守出庭时间、举证时限、提交法律文书期限及其他程序性规定；第68条规定，律师在执业过程中，因对事实真假、证据真伪及法律适用是否正确而与诉讼相对方意见不一致的，或者为了向案件承办人提交新证据的，与案件承办人接触和交换意见应当在司法机关内指定场所。

（三）律师在法庭上的礼仪规范

正如美国法学家伯尔曼所言："正义必须呈现出生动形象的外表，否则，人们就看不见她。"[①]我国《人民法院法庭规则》第12条规定，出庭履行职务的人员，按照职业着装规

---

① ［美］哈罗德·J. 伯尔曼：《法律与革命——西方法律传统的形成》，贺卫方译，中国大百科全书出版社1993年版，第69页。

国外律师在
法庭上的礼
仪规范

定着装。如今，在我国的法庭上，法官穿着法官袍，检察官穿着检察官出庭制服，律师穿着律师袍。律师袍的诞生和使用，对于构建我国的法律职业共同体起到了标志性的作用。着律师袍出庭意味着律师区别于当事人和其他诉讼参与人，律师是与法官、检察官一样具备法律职业资格、在法律职业分工中履行一定职责的法律人。律师着袍出庭可以让律师形象更加庄重，也有利于促进控辩平等。律师袍理应与法袍、法槌成为法庭威仪的一部分。

我国《律师执业行为规范（试行）》第71条规定，律师担任辩护人、代理人参加法庭、仲裁庭审理，应当按照规定穿着律师出庭服装，佩戴律师出庭徽章，注重律师职业形象。中华全国律师协会于2002年通过的《律师出庭服装使用管理办法》也明确规定，律师担任辩护人、代理人参加法庭审理，必须穿着律师出庭服装。律师出庭服装，由律师袍和领巾组成。律师出庭着装时，应遵守以下规定：（1）律师出庭服装仅使用于法庭审理过程中，不得在其他任何时间、场合穿着。（2）律师出庭统一着装时，应按照规定配套穿着：内着浅色衬衣，佩带领巾，外着律师袍，律师袍上佩带律师徽章。下着深色西装裤、深色皮鞋，女律师可着深色西装套裙。（3）保持律师出庭服装的洁净、平整，服装不整洁或有破损的不得使用。（4）律师穿着律师出庭服装时，应表现出严肃、庄重的精神风貌。律师出庭服装外不得穿着或佩带其他衣物或饰品。

2016年4月13日，最高人民法院公布了《关于修改〈中华人民共和国人民法院法庭规则〉的决定》，要求从2016年5月1日起，律师出庭必须着律师袍。2017年7月31日，北京市律师协会下发了《关于在试点法院推行律师参加法庭开庭审理统一着装的通知》，规定自2017年8月1日起，开始在北京市知识产权法院、东城区法院等法院开展北京律师担任辩护人、代理人参加法庭开庭审理时统一着出庭服装、佩戴律师出庭徽章试点工作，试点为期半年。根据该通知，在案件开庭时，合议庭法官对于没有穿律师服装出庭的律师应当进行提示、劝告；对于不听劝告的，法院可以将律师的姓名、所在律师事务所、参加哪个法庭审理及具体时间等情况向北京市律师协会反馈。北京市律师协会对于反馈和反映事项进行调查核实，情况属实且情节严重的，可以参照中华全国律师协会《律师协会会员违规行为处分规则（试行）》，对该律师予以训诫处分。

（四）律师在法庭上的言论规范

根据我国《律师法》第37条第2款的规定，律师在法庭上发表的代理、辩护意见不受法律追究。但是，发表危害国家安全、恶意诽谤他人、严重扰乱法庭秩序的言论除外。《律师法》第49条第8项进一步规定，律师发表危害国家安全、恶意诽谤他人、严重扰乱法庭秩序的言论的，由设区的市级或者直辖市的区人民政府司法行政部门给予停止执业6个月以上1年以下的处罚，可以处5万元以下的罚款；有违法所得的，没收违法所得；情节严重的，由省、自治区、直辖市人民政府司法行政部门吊销其律师执业证书；构成犯罪的，依法追究刑事责任。

《律师和律师事务所违法行为处罚办法》第21条规定，有下列情形之一的，属于《律师法》第49条第8项规定的律师"发表危害国家安全、恶意诽谤他人、严重扰乱法庭秩序的言论的"违法行为：（1）在承办代理、辩护业务期间，发表、散布危害国家安全，恶意诽谤法官、检察官、仲裁员及对方当事人、第三人，严重扰乱法庭秩序的言论的；（2）在执业期间，发表、制作、传播危害国家安全的言论、信息、音像制品或者支持、参与、实施以危害国家安全为目的活动的。此外，《律师执业行为规范（试行）》第72条规定，律师在法庭或仲裁庭发言时应当举止庄重、大方，用词文明、得体。

二、律师法庭外行为规范

在法庭外，律师的行为同样有可能对司法公正产生影响，并且影响到律师的职业声誉。目前，不同国家都制定了相应的律师职业伦理规范，对律师的法庭外行为进行规制。

（一）律师与法官的社交规范

律师与法官是法律职业的中坚力量，二者之间的社会交往是律师法庭外行为的重要方面。规范律师与法官的社会交往行为，实现律师与法官的良性互动，是司法公正的重要保证。相反，如果律师与法官的社交关系失范，则可能对司法公信力和法院权威产生负面影响。因此，有关律师与法官社交活动的职业伦理规范，对于处理法律与法官的职业关系就显得非常必要。

根据我国《律师法》第40条的规定，律师在执业活动中，不得违反规定会见法官、检察官、仲裁员以及其他有关工作人员；律师不得向法官、检察官、仲裁员以及其他有关工作人员行贿，介绍贿赂或者指使、诱导当事人行贿，或者以其他不正当方式影响法官、检察官、仲裁员以及其他有关工作人员依法办理案件。《律师法》第49条第1项和第2项进一步规定，律师违反规定会见法官、检察官、仲裁员以及其他有关工作人员，或者以其他不正当方式

国外律师与
法官的社交
规范

影响依法办理案件的，律师向法官、检察官、仲裁员以及其他有关工作人员行贿，介绍贿赂或者指使、诱导当事人行贿的，由设区的市级或者直辖市的区人民政府司法行政部门给予停止执业6个月以上1年以下的处罚，可以处5万元以下的罚款；有违法所得的，没收违法所得；情节严重的，由省、自治区、直辖市人民政府司法行政部门吊销其律师执业证书；构成犯罪的，依法追究刑事责任。

《律师执业管理办法》第36条秉承了《律师法》的立法精神，规定律师与法官、检察官、仲裁员以及其他有关工作人员接触交往，应当遵守法律及相关规定，不得违反规定会见法官、检察官、仲裁员以及其他有关工作人员，向其行贿、许诺提供利益、介绍贿赂，指使、诱导当事人行贿，或者向法官、检察官、仲裁员以及其他工作人员打探办案机关内部对案件的办理意见、承办其介绍的案件，利用与法官、检察官、仲裁员以及其他有关工作人员的特殊关系，影响依法办理案件。《律师执业行为规范（试行）》第69条、第70条也规定，律师在办案过程中，不得与所承办案件有关的司法、仲裁人员私下接触。律师不得贿赂司法机关和仲裁机构人员，不得以许诺回报或者提供其他利益（包括物质利益和非物质形态的利益）等方式，与承办案件的司法、仲裁人员进行交易。律师不得介绍贿赂或者指使、诱导当事人行贿。

此外，最高人民法院与司法部联合发布了《关于规范法官和律师相互关系维护司法公

正的若干规定》，对律师与法官的社交行为进行了规定：（1）律师在代理案件之前及其代理过程中，不得向当事人宣称自己与受理案件法院的法官具有亲朋、同学、师生、曾经同事等关系，并不得利用这种关系或者以法律禁止的其他形式干涉或者影响案件的审判。（2）律师不得违反规定单方面会见法官。（3）律师不得以各种非法手段打听案情，不得违法误导当事人的诉讼行为。（4）律师不得明示或者暗示法官为其介绍代理、辩护等法律服务业务。（5）当事人委托的律师不得借法官或者其近亲属婚丧喜庆事宜馈赠礼品、金钱、有价证券等；不得向法官请客送礼、行贿或者指使、诱导当事人送礼、行贿；不得为法官装修住宅、购买商品或者出资邀请法官进行娱乐、旅游活动；不得为法官报销任何费用；不得向法官出借交通工具、通信工具或者其他物品。（6）当事人委托的律师不得假借法官的名义或者以联络、酬谢法官为由，向当事人索取财物或者其他利益。

（二）律师的庭外言论规范

言论自由与公众审判之间的矛盾，是任何法治国家都会面临的难题。在当今信息时代，律师通过各种媒体对案件单方面发表庭外言论已经成为一种值得注意的现象。尤其是律师利用新媒体发布未决案件的信息，极有可能损害当事人的利益，进而损害司法审判活动的公正性。从世界范围来看，对于律师的庭外言论有一个基本共识：律师作为专业人士，受到通常不适用于非专业人士的言论限制。

国外律师庭外言论的基本规范

在我国，规制律师庭外言论的规范主要分布在全国人大常委会通过的《律师法》，司法部颁布的《律师执业管理办法》《律师和律师事务所违法行为处罚办法》，以及中华全国律师协会颁布的《律师职业道德和执业纪律规范》《律师执业行为规范（试行）》《律师协会会员违规行为处分规则（试行）》等规范性文件中。

我国《律师法》第38条规定，"律师应当保守在执业活动中知悉的国家秘密、商业秘密，不得泄露当事人的隐私。律师对在执业活动中知悉的委托人和其他人不愿泄露的有关情况和信息，应当予以保密"。该条从律师保密义务的角度对律师庭外言论作出了限制：（1）律师不得泄露国家秘密、商业秘密和当事人的隐私；（2）律师不得泄露委托人和其他人不愿泄露的有关情况和信息。律师保密规则是律师职业伦理规范的核心规则，其主要目的在于建立委托人对律师的信赖，鼓励委托人与律师进行充分坦诚的交流，以便律师获得进行有效代理所需要的重要信息。律师保密规则贯穿于律师执业过程，律师发表庭外言论也必须遵循这一规则。

《律师执业管理办法》第38条规定，律师不得以不正当方式影响依法办理案件的情形，包括：（1）未经当事人委托或者法律援助机构指派，以律师名义为当事人提供法律服务、介入案件，干扰依法办理案件。（2）对本人或者其他律师正在办理的案件进行歪曲、有误导性的宣传和评论，恶意炒作案件。（3）以串联组团、联署签名、发表公开信、组织网上聚集、声援等方式或者借个案研讨之名，制造舆论压力，攻击、诋毁司法机关和司法制度。（4）违反规定披露、散布不公开审理案件的信息、材料，或者本人、其他律师在办案过程中获悉的有关案件重要信息、证据材料。《律师和律师事务所违法行为处罚办法》第14条将"以对案件进行歪曲、不实、有误导性的宣传或者诋毁有关办案机关和工作人员以及对方当事人声誉等方式，影响依法办理案件的"情形，明确为《律师法》第49条第1项规定的律师"违反规定会见法官、检察官、仲裁员以及其他有关工作人员，或者以其他不正当方式影响依法办理案件的"违法行为。

《律师职业道德和执业纪律规范》第44条规定，律师"不得利用新闻媒介或其他手段向其提供虚假信息或夸大自己的专业能力"。虽然该条的侧重点在于规制律师不正当竞争，但它也是对律师庭外言论的限制，即律师不得在庭外向媒体发表虚假或夸大自己专业能力的言论。《律师执业行为规范（试行）》第75条规定，"律师或律师事务所不得在公众场合及媒体上发表恶意贬低、诋毁、损害同行声誉的言论"。该条旨在规范律师庭外言论，将其导入合法、健康、正规的渠道，从而维护律师及整个律师行业的社会形象。《律师协会会员违规行为处分规则（试行）》第34条规定了"给予中止会员权利六个月以上一年以下的纪律处分；情节严重的给予取消会员资格的纪律处分"的情形，包括：（1）未经当事人委托或者法律援助机构指派，以律师名义为当事人提供法律服务、介入案件，干扰依法办理案件的。（2）对本人或者其他律师正在办理的案件进行歪曲、有误导性的宣传和评论，恶意炒作案件的。（3）以串联组团、联署签名、发表公开信、组织网上聚集、声援等方式或者借个案研讨之名，制造舆论压力，攻击、诋毁司法机关和司法制度的。（4）煽动、教唆和组织当事人或者其他人员到司法机关或者其他国家机关静坐、举牌、打横幅、喊口号、声援、围观等扰乱公共秩序、危害公共安全的非法手段，聚众滋事，制造影响，向有关机关施加压力的。（5）发表、散布否定宪法确立的根本政治制度、基本原则和危害国家安全的言论，利用网络、媒体挑动对党和政府的不满，发起、参与危害国家安全的组织或者支持、参与、实施危害国家安全的活动的。（6）以歪曲事实真相、明显违背社会公序良俗等方式，发表恶意诽谤他人的言论，或者发表严重扰乱法庭秩序的言论的。

案例研习

论题三 律师与检察官的关系

律师与检察官作为法律职业共同体中的重要角色，都是维护国家法治和社会公平正义的中坚力量。在职业分工中，律师与检察官的具体职能又各不相同。律师与检察官的职业关系可以用"对立统一"来概括："对立"强调的是二者作为不同的法律职业的个性；"统一"强调的是二者存在于法律职业共同体中的共性。本论题主要探讨律师与检察官的互动关系以及律师与检察官关系的基本规范。

一、律师与检察官关系概述

（一）律师与检察官的良性互动关系

我国刑事诉讼法在一定程度上借鉴了英美法系当事人主义的立法模式，确立了控辩双方平等对抗的诉讼模式，形成了控辩对抗式的庭审方式。在这种庭审方式中，法官超然于控辩双方之外，对控辩双方的讼争进行公正裁决，与律师、检察官共同构成三足鼎立的诉讼构架。律师和检察官在法官的主导下分别行使不同的诉讼职能：检察官代表国家公诉机关对被告人提起公诉，依法追究被告人的刑事责任；律师接受被告人及其近亲属的委托，为被告人进行无罪、罪轻等辩护。虽然检察官和律师的职能任务、诉讼角色各不相同，双方在诉讼活动中的诉讼主张存在差异甚至截然相反，但二者在许多方面仍有共同特点。作为法律职业共同体的重要组成部分，检察官和律师在推进法治中国建设中肩负着共同的责任。

作为司法活动的重要参与者，律师通过履行辩护、代理职责，使受到侵害的权利得到保护和救济，违法犯罪活动得到制裁和惩罚，犯罪嫌疑人的合法权益得到保障，在整个司法程序中具有不可或缺的重要地位。在刑事诉讼中，律师根据事实和法律，提出犯罪嫌疑人、被告人无罪、罪轻或者减轻、免除刑事责任的材料和意见，为当事人提供法律服务，维护其诉讼权利和其他合法权益，既有利于司法机关全面准确查明犯罪事实，正确运用法律，惩罚犯罪分子，也有利于保障无罪的人不受刑事追究，防止冤假错案，保护公民的人身权利、财产权利、民主权利和其他权利。在民事诉讼、行政诉讼中，律师依法从事代理活动，帮助当事人行使诉讼权利，协助司法机关查明事实情况，维护当事人合法权益和法律正确实施。特别是，律师职能的全面正确有效发挥，也是对检察权正确行使的一种有效监督制约，对于促进检察人员严格规范公正文明执法、提高办案质量和效率，具有十分重要的积极意义。

作为国家法律监督机关，检察机关既是诉讼参与者，也是诉讼监督者，还是诉讼权利的救济者。因此，检察机关既不是单一的公诉机关，更不是单纯以追求胜诉为目标的一方当事人。在诉讼活动中，检察机关不仅承担着批捕起诉、查办和预防职务犯罪等职责，而且肩负着对诉讼和执行活动进行法律监督的职责；不仅要代表国家指控犯罪，而且要尊重和保障人权，保护无罪的人不受法律追究；不仅要监督纠正刑讯逼供、违法取证等侵犯当事人合法权益的行为，而且要纠正阻碍辩护人、诉讼代理人行使诉讼权利的违法行为；不仅与律师在刑事诉讼中形成控辩对抗的诉讼格局，共同推进诉讼进程、确保刑事案件公正处理，而且受理和审查当事人及其代理人的民事、行政申诉，发现和纠正民事、行政诉讼中的违法行为；等等。

律师与检察官的职业角色为二者的良性互动奠定了基础。具体而言，主要体现在以下四个方面：（1）在职能定位上，律师和检察官都是全面推进依法治国、加快建设社会主义法治国家的重要力量；（2）在价值目标上，律师和检察官都以捍卫司法公正和法律尊严为己任，都必须维护当事人的合法权益，确保法律正确实施、维护社会公平正义；（3）在履职要求上，律师和检察官都坚持以事实为依据、以法律为准绳，自觉坚持客观公正立场，接受社会各方面和当事人的监督；（4）在职业特点上，律师和检察官同为法律职业人员，秉承相同的法治理念、职业信仰和核心价值观，具有相同的职业素养和执业技能要求，都依法受到法律保护，是法律职业共同体的重要组成部分。因此，检察官和律师既不是简单的控辩关系，更不是简单的对抗关系，而是对立中有统一、控辩中相依存、探讨中共促进的良性互动关系。①

---

① 参见曹建明：《构建检察官与律师良性互动关系，共同推进中国特色社会主义法治建设》，载《中国律师》2014年第3期。

（二）律师与检察官良性互动的形式

律师与检察官良性互动的形式主要包括两大类：一是职业互动，即从优秀律师中选拔检察官和检察官辞职从事律师职业；二是诉讼行为互动，即在诉讼活动中，律师与检察官均秉持法治精神，依法履行各自的诉讼职责。

关于律师与检察官的职业互动，中共中央办公厅于2016年发布了《从律师和法学专家中公开选拔立法工作者、法官、检察官办法》，旨在深化立法工作者、法官、检察官招录制度改革，推进法治专门队伍正规化、专业化、职业化建设。该办法规定，人民检察院在招录、遴选检察官时，应当根据工作实际预留适当数量的岗位用于从律师中公开选拔检察官。参加公开选拔的律师应当具备《公务员法》《检察官法》规定的任职基本条件，并符合以下要求：（1）拥护党的领导，忠于宪法法律；（2）具有坚定的社会主义法治信仰、良好的职业操守；（3）具有独立办案能力，执业经验丰富，或者通晓境外法律制度并具有成功处理国际法律事务的经验，或者精通某些特殊专业领域的法律实务；（4）实际执业不少于5年，从业声誉良好。

律师与检察官的诉讼行为互动，主要表现为二者在职业关系中的协作关系。律师与检察官的协作关系，表现为二者在提高诉讼效率、追求司法公正和实现民主法治上的协作和努力。基于维护公平正义之目的，控辩双方在依据事实和法律的前提下，通过对话与合作的方式缓和因角色、职能、利益不同而产生的冲突。虽然检察官与律师在刑事诉讼中的对抗贯穿始终，但正是这种控辩双方立场的对立推动了诉讼的进程。检察官、律师虽然职业分工不同，但都以追求社会公平正义为终极目标。党的十八大以来，习近平多次强调努力让人民群众在每一个司法案件中感受到公平正义。检察官和律师使命光荣、责任重大，应当进一步努力形成既各司其职、各尽其责，又相互尊重、相互支持，既相互信任、平等交流，又规范透明、互相监督的良性互动关系，为实现共同的"中国梦""法治梦"而携手前行、共同奋斗。

二、律师与检察官关系的基本规范

关于律师与检察官关系的规范主要反映在最高人民检察院于2014年发布的《关于规范检察人员和律师接触、交往行为的规定》，最高人民法院、最高人民检察院、公安部、国家安全部、司法部于2015年联合印发的《关于进一步规范司法人员与当事人、律师、特殊关系人、中介组织接触交往行为的若干规定》，最高人民法院、最高人民检察院、司法部于2021年联合印发的《关于建立健全禁止法官、检察官与律师不正当接触交往制度机制的意见》（以下简称《禁止不正当交往意见》），以及最高人民法院、最高人民检察院、司法部于2021年联合印发的《关于进一步规范法院、检察院离任人员从事律师职业的意见》（以下简称《规范离任人员从业意见》）等规范性文件中。

（一）《关于规范检察人员和律师接触、交往行为的规定》中的相关规定

《关于规范检察人员和律师接触、交往行为的规定》第2条至第4条明确规定，检察人

员应当忠于宪法和法律，坚持社会主义法治理念，依法履行职责，公正廉洁司法，保持与律师正常的接触、交往，共同维护案件当事人的合法权益，维护国家法律统一、正确实施，维护社会公平正义；各级人民检察院应当完善机制、畅通渠道，规范检察人员与律师相互关系，实现检察人员与律师的良性互动，共同维护良好职业形象；检察人员应当依法为律师履职提供相关协助和便利，不得妨碍律师依法执业，不得对律师依法提出的合理要求无故进行拖延、推诿或者刁难。

该规定第5条还规定了检察人员与律师接触、交往应当遵守的行为规范：（1）检察人员在办案中与本案当事人委托的律师有夫妻、父母、子女或者兄弟姐妹关系的，应当自行回避。与本案当事人委托的律师之间存在其他亲属关系或者朋友、同学、师生、曾经同事等关系的，应当报告；可能影响公正处理案件的，应当申请回避。是否回避，由检察长或者检察委员会决定。（2）检察人员应当依法履行职责，不受当事人及其委托的律师利用各种关系或者法律禁止的其他形式对案件办理进行干涉和影响。（3）检察人员在办案过程中不得违规会见辩护、代理律师，不得私自为律师调查、收集证据，不得向律师泄露办案机关内部对案件的审查处理意见以及其他依法不得泄露的情况，不得以影响律师依法办案为目的向其提供相关意见和建议，不得违规为律师提供帮助或者打探案情，不得违规提供应当保密的案件材料给律师查阅、摘抄、复制，不得要求律师超越当事人委托权限进行诉讼活动。（4）检察人员不得为当事人推荐、介绍律师，或者为律师推荐、介绍辩护、代理业务，除法律规定的情形外不得要求或者暗示当事人更换律师。（5）检察人员不得参加律师事务所或者律师组织的可能影响具体案件公正办理的活动。（6）检察人员不得接受辩护、代理律师吃请或者其安排的旅游、健身、娱乐等活动，不得以任何方式收受律师的贿赂或者向其索要财物、利益或者利用办案之机请托办事。（7）检察人员不得与律师采用串通、相互配合等方式，影响、干扰案件依法办理，损害当事人及利害关系人的合法权益，牟取当事人争议的权利或者利益。（8）检察人员不得充当司法掮客，通过其他办案人员为当事人或者律师谋取不正当利益。（9）检察人员不得从事法律法规、检察纪律禁止的其他与辩护、代理律师接触、交往的行为。

（二）《关于进一步规范司法人员与当事人、律师、特殊关系人、中介组织接触交往行为的若干规定》中的相关规定

《关于进一步规范司法人员与当事人、律师、特殊关系人、中介组织接触交往行为的若干规定》第2条和第3条明确规定，司法人员与当事人、律师、特殊关系人、中介组织接触、交往，应当符合法律纪律规定，防止当事人、律师、特殊关系人、中介组织以不正当方式对案件办理进行干涉或者施加影响；各级司法机关应当建立公正、高效、廉洁的办案机制，确保司法人员与当事人、律师、特殊关系人、中介组织无不正当接触、交往行为，切实防止利益输送，保障案件当事人的合法权益，维护国家法律统一正确实施，维护社会公平正义。

该规定第5条还对司法人员与当事人、律师、特殊关系人、中介组织的下列接触交往行为作出禁止性规定：（1）泄露司法机关办案工作秘密或者其他依法依规不得泄露的情况；（2）为当事人推荐、介绍诉讼代理人、辩护人，或者为律师、中介组织介绍案件，要求、

建议或者暗示当事人更换符合代理条件的律师；（3）接受当事人、律师、特殊关系人、中介组织请客送礼或者其他利益；（4）向当事人、律师、特殊关系人、中介组织借款、租借房屋，借用交通工具、通信工具或者其他物品；（5）在委托评估、拍卖等活动中徇私舞弊，与相关中介组织和人员恶意串通、弄虚作假、违规操作等行为；（6）司法人员与当事人、律师、特殊关系人、中介组织的其他不正当接触交往行为。同时，该规定第6条规定，司法人员在案件办理过程中，应当在工作场所、工作时间接待当事人、律师、特殊关系人、中介组织。因办案需要，确需与当事人、律师、特殊关系人、中介组织在非工作场所、非工作时间接触的，应依照相关规定办理审批手续并获批准。

（三）《禁止不正当交往意见》中的相关规定

《禁止不正当交往意见》旨在建立健全禁止法官、检察官与律师不正当接触交往制度，防止利益输送和利益勾连，切实维护司法廉洁和司法公正。该意见对于全面加强法官、检察官与律师队伍建设，构建法官、检察官与律师"亲""清"关系，使法官、检察官与律师共同维护司法廉洁和司法公正，更好地肩负起推进全面依法治国的职责使命，具有重要意义。该意见一方面强化制度供给，织密扎牢禁止法官、检察官与律师不正当接触交往制度的笼子，在补短板、堵漏洞上下功夫；另一方面注重长效常治，健全完善禁止不正当接触交往的工作机制，让相关制度真正长出牙齿、发挥作用。

在完善制度上，《禁止不正当交往意见》第3条第1款结合近年来法官、检察官与律师不正当接触交往新的表现形式，在防止干预司法"三个规定"基础上，以负面清单形式详细列举了7种不正当接触交往行为。（1）禁止私下接触。严禁法官、检察官在案件办理过程中，非因办案需要且未经批准在非工作场所、非工作时间与辩护、代理律师接触。（2）禁止插手案件。严禁法官、检察官接受律师或者律师事务所请托，过问、干预或者插手其他法官、检察官正在办理的案件，为律师或者律师事务所请托说情、打探案情、通风报信，为案件承办法官、检察官私下会见案件辩护、代理律师牵线搭桥，非因工作需要为律师或者律师事务所转递涉案材料，向律师泄露案情、办案工作秘密或者其他依法依规不得泄露的情况，违规为律师或律师事务所出具与案件有关的各类专家意见。（3）禁止介绍案源。严禁法官、检察官为律师介绍案件，为当事人推荐、介绍律师作为诉讼代理人、辩护人，要求、建议或者暗示当事人更换符合代理条件的律师等。（4）禁止利益输送。严禁法官、检察官向律师索贿、接受律师行贿，索取或者收受律师借礼尚往来、婚丧嫁娶等赠送的各类财物，向律师借款、租借房屋、借用交通工具、通信工具或者其他物品，接受律师吃请、娱乐等可能影响公正履行职务的安排等。（5）禁止不当交往。严禁法官、检察官非因工作需要且未经批准，擅自参加律师事务所或者律师举办的讲座、座谈、研讨、培训、论坛、学术交流、开业庆典等活动。（6）禁止利益勾连。严禁法官、检察官与律师以合作、合资、代持等方式，经商办企业或者从事其他营利性活动，默许纵容本人配偶、子女及其配偶在律师事务所担任"隐名合伙人"、违规取酬，向律师或律师事务所放贷收取高额利息等。（7）禁止其他行为。严禁法官、检察官与律师进行其他可能影响司法公正和司法权威的不正当接触交往行为。同时，《禁止不正当交往意见》第3条第2款规定，严禁律师事务所及其律师从事与上述行为相关的不正当接触交往行为。

在健全机制上，《禁止不正当交往意见》第4条至第12条从以下四个方面作出规定，力求打造严禁不正当接触交往的监管闭环。（1）健全不正当接触交往监测发现查处机制。为解决不正当接触交往监测难、发现难、查处难问题，《禁止不正当交往意见》明确提出要建立健全动态监测机制、线索移送机制、联合查处机制。具体而言，各级人民法院、人民检察院和司法行政机关依托信息化手段，对法官、检察官承办的案件在一定期限内由同一律师事务所或者律师代理达到规定次数，且无正当理由排除不正当交往可能的，依法启动调查程序。各级人民法院、人民检察院和司法行政机关、律师协会发现不正当接触交往问题线索的，应当按照有关规定及时将涉及法官、检察官和律师的问题线索移送相关人民法院、人民检察院、司法行政机关或者纪检监察机关。各级人民法院、人民检察院可以根据需要与司法行政机关组成联合调查组，对不正当接触交往问题共同开展调查，对查实的问题分别依法依规依纪作出处理。（2）加强司法监督制约机制。《禁止不正当交往意见》明确提出，各级人民法院、人民检察院要完善司法权力内部运行机制，防止法官、检察官滥用自由裁量权。强化内外部监督制约，将法官、检察官与律师接触交往纳入司法巡查、巡视巡察和审务督察、检务督察范围。严格落实防止干预司法"三个规定"月报告制度，及时发现违纪违法线索。（3）强化律师执业监管机制。《禁止不正当交往意见》明确提出，各级司法行政机关要加强律师和律师事务所年度考核、完善律师投诉查处机制等，强化日常监督管理。加快律师诚信信息公示平台建设，及时向社会公开律师与法官、检察官不正当接触交往受处罚处分信息，强化社会公众监督。规范律师风险代理行为，避免风险代理诱发司法腐败。压实律师事务所监管责任，对律师事务所指使、纵容或者放任本所律师及"法律顾问"、行政人员与法官、检察官不正当接触交往的，依法依规处理。（4）推动正当接触交往机制。在禁止法官、检察官与律师不正当接触交往的同时，《禁止不正当交往意见》也对建立健全推动正当接触交往机制提出了明确要求，包括加强律师执业权利保障，落实听取律师辩护代理意见制度，最大限度减少不正当接触交往空间；通过同堂培训、联席会议、学术研讨、交流互访等方式，为法官、检察官和律师搭建公开透明的沟通交流平台；探索建立法官、检察官与律师互评监督机制，推荐优秀律师进入法官、检察官遴选和惩戒委员会，支持律师担任人民法院、人民检察院特邀监督员，共同维护司法廉洁和司法公正。

（四）《规范离任人员从业意见》中的相关规定

《规范离任人员从业意见》依据《法官法》《检察官法》《律师法》《公务员法》和中组部印发的《关于进一步规范党政领导干部在企业兼职（任职）问题的意见》《关于公务员辞去公职后从业行为的意见》等相关规范性文件，对法院、检察院各类离任人员到律师事务所从业作出了限制性规定，主要包括以下四个方面：

一是重申一般性从业限制。依据《法官法》《检察官法》《律师法》和《最高人民法院关于适用〈中华人民共和国刑事诉讼法〉的解释》的相关规定，明确各级人民法院、人民检察院离任人员在离任后2年内，不得以律师身份担任诉讼代理人或者辩护人；各级人民法院、人民检察院离任人员终身不得担任原任职人民法院、人民检察院办理案件的诉讼代理人或者辩护人，但是作为当事人的监护人或者近亲属代理诉讼或者进行辩护的除外。

二是对三类离任人员作出具体规定。依据《公务员法》《律师法》和中组部印发的《关于进一步规范党政领导干部在企业兼职（任职）问题的意见》（以下简称中组部《意见》）等，对被开除公职、辞去公职、退休三类离任人员从业限制作出具体规定。（1）被开除公职人员。《律师法》第7条规定，对被开除公职人员，不予颁发律师执业证书。本着从严的原则，《规范离任人员从业意见》在上述规定基础上，禁止被开除公职的人民法院、人民检察院工作人员在律师事务所从事任何工作。（2）辞去公职人员。《公务员法》第107条对公务员辞去公职后从业作出了限制性规定。依据该规定，结合人民法院、人民检察院辞去公职人员实际，《规范离任人员从业意见》明确，辞去公职的人民法院、人民检察院领导班子成员，四级高级及以上法官、检察官，四级高级法官助理、检察官助理以上及相当职级层次的审判、检察辅助人员在离职3年内，其他辞去公职的人民法院、人民检察院工作人员在离职2年内，不得到原任职法院、检察院管辖地区内的律师事务所从事律师职业或者担任"法律顾问"、行政人员等，不得以律师身份从事与原任职人民法院、人民检察院相关的有偿法律服务活动。（3）退休人员。党的十八大以来，中组部等有关部门先后就党政领导干部退休后在企业兼职（任职）问题出台了一系列规范性文件，《公务员法》也作出了相关规定。但实践中，仍有一些人民法院、人民检察院退休人员违规从事律师职业或者担任律师事务所"法律顾问"、行政人员，利用原职务的影响和便利进行利益输送、影响案件依法办理。为此，《规范离任人员从业意见》明确规定，人民法院、人民检察院退休人员到律师事务所从业的，除依据《公务员法》第107条执行与上述辞去公职人员相同的从业限制规定外，还应当严格执行中组部《意见》的规定和审批程序，并及时将行政、工资等关系转出人民法院、人民检察院，不再保留机关的各种待遇。

三是推动建立"双向预警"机制。实践中，人民法院、人民检察院和司法行政机关对离任人员在律师事务所从业信息掌握不对称问题比较突出，司法行政机关对人民法院、人民检察院离任人员情况不完全掌握，人民法院、人民检察院对离任人员在律师事务所从业情况也不完全掌握，导致这类人员经常处于监管"真空"状态。对此，《规范离任人员从业意见》提出，人民法院、人民检察院应当建立离任人员信息库，各级司法行政机关应当会同人民法院、人民检察院，建立人民法院、人民检察院离任人员在律师事务所从业信息库，司法行政机关应当依托离任人员信息库，加强对人民法院、人民检察院离任人员申请律师执业的审核把关，人民法院、人民检察院应当依托相关信息库，加强对离任人员违规担任案件诉讼代理人、辩护人的甄别、监管。

四是健全离任人员在律师事务所从业监管机制。《规范离任人员从业意见》从三个方面提出了要求。（1）健全离任人员从业报告审核和谈话提醒机制。人民法院、人民检察院工作人员拟在离任后从事律师职业或者担任律师事务所"法律顾问"、行政人员的，应当在离任时向所在人民法院、人民检察院如实报告从业去向，签署承诺书，对遵守从业限制规定、在从业限制期内主动报告从业变动情况等作出承诺。司法行政机关和律师协会应当加强对人民法院、人民检察院离任人员申请律师执业或实习登记的审核把关。人民法院、人民检察院应当在离任人员离任前与本人谈话；司法行政机关在作出核准人民法院、人民检察院离任人员从事法律职业决定时应当与本人谈话。（2）健全离任人员从业监管机制。各级人民法院、人民检察院在案件办理过程中，发现担任诉讼代理人、辩护人的律师违反人民法院、人民检察院离任人员从业限制规定情况的，应当通知当事人更换诉讼代理人、辩护人，并及时通报司法行政机关。司法行政机关应当加强从人民法院、人民检察院离任后在律师事务所从业人员的监督管理，通过投诉举报调查、"双随机一公开"抽查等方式，及时发现离任人员违法违规问题线索并依法作出处理。律师事务所应当切实履行对本所律师及工作人员的监督管理责任，接收不符合条件的人民法院、人民检察院离任人员到本所执业或工作，或者指派本所律师违反从业限制规定担任诉讼代理人、辩护人的，由司法行政机关依法依规处理。（3）健全违规从业人员定期清理机制。各级人民法院、人民检察院和司法行政机关应当定期对人民法院、人民检察院离任人员在律师事务所违规从业情况开展核查，并按照相关规定进行清理。对人民法院、人民检察院离任人员违规从事律师职业或者担任律师事务所"法律顾问"、行政人员的，司法行政机关应当要求其在规定时间内申请注销律师执业证书、与律所解除劳动劳务关系；对在规定时间内没有主动申请注销执业证书或者解除劳动劳务关系的，司法行政机关应当依法注销其执业证书或者责令律所与其解除劳动劳务关系。

案例研习

论题四　律师与司法行政机关的关系

目前，世界各国的律师管理模式大有不同，有以日本、法国为代表的律师协会行业自律模式，也有以德国为代表的司法行政机关监督、指导下的律师协会行业管理模式，还有以英国、美国为代表的律师协会行业管理与法院监督相结合的管理模式。我国现在形成了司法行政机关行政管理和律师协会行业管理相结合的律师管理模式。不同的律师管理模式决定了律师与司法行政机关之间会产生不同的关系。本论题主要涉及在律师执业管理、律师行政处罚以及律师法律援助中，律师与司法行政机关之间的关系及其规范。

一、律师与司法行政机关的关系概述

（一）司法行政机关的职能

现代世界各国的司法行政机关一般都是根据宪法独立设立的政府机关，多数国家称司法部（或法务部、法务省），属于政府中专司司法行政的职能部门，一般也是政府的法律顾问。但也有一些国家由于历史原因，并未设立专门的司法行政机关。世界各国的司法行政机关所承担的职能各有不同，除了一般的司法行政管理职能，司法行政机关还根据法律享有其他重要的国家职能，包括行政立法权、行政司法权、检察权和法律监督权等。为了提高政府的工作效率，加强对社会生活的积极干预，很多国家的司法行政机关的职能还在不断扩大。

司法行政机关是我国国家政权的重要组成部分，在我国司法体系和法治建设中占有重要地位。目前，我国司法行政机关的设置是国务院设司法部，省、自治区、直辖市人民政府设司法厅（局），地区行署和市人民政府设司法局

国外司法行政部门的职能

（处），县人民政府设司法局（科），乡、镇、街道设司法所。^①党的十八届四中全会通过的《中共中央关于全面推进依法治国若干重大问题的决定》，从完善司法体制、优化司法职权配置的高度和刑事诉讼运行程序的角度，第一次鲜明地提出公安机关、检察机关、审判机关、司法行政机关"四机关"各司其职，侦查权、检察权、审判权、执行权"四权力"互相配合、互相制约，大大强化了司法行政职能作用。

根据法律、行政法规和司法部新"三定"方案，我国司法行政机关主要履行以下职责：（1）拟订司法行政工作方针、政策，起草有关法律法规草案，制定部门规章，制定司法行政工作的发展规划并组织实施。（2）负责全国监狱管理工作并承担相应责任，监督管理刑罚执行、改造罪犯的工作。（3）负责全国司法行政戒毒工作并承担相应责任，指导、监督司法行政系统强制隔离戒毒措施的执行工作，指导、监督司法行政系统强制隔离戒毒场所、戒毒康复场所的管理工作。（4）指导管理社区矫正工作。（5）拟订全民普及法律常识规划并组织实施，指导各地方、各行业法制宣传、依法治理工作和对外法制宣传。（6）负责指导监督律师工作、公证工作并承担相应责任，负责港澳的律师担任委托公证人的委托和管理工作。（7）监督管理全国的法律援助工作。（8）指导、监督基层司法所建设和人民调解、基层法律服务和帮教安置工作。（9）组织实施国家司法考试工作。（10）主管全国司法鉴定人和司法鉴定机构的登记管理工作。（11）指导全国仲裁机构登记管理工作。（12）参与有关国际司法协助条约的草拟、谈判，履行司法协助条约中指定的中央机关有关职责。（13）负责司法行政系统队伍建设、计财装备、对外交流、法制建设等。（14）承办党中央、国务院交办的其他事项。

总体来看，我国司法行政机关作为政府职能部门，承担着法治宣传教育、法律服务和法律保障等职能，充分发挥着预防民间纠纷、化解社会矛盾、引导群众合理诉求、保障人民合法权益、维护社会公平公正的作用。随着司法体制改革的深入推进，司法行政机关的一些职能不断发生变化。例如，在2014年，随着劳动教养制度的废除，司法行政机关下属的劳动教养场所被改造成"强制隔离戒毒所"，各级司法行政机关开始设立戒毒管理部门，为区别于公安机关下辖的强制戒毒机构，这类戒毒机构被称为"司法戒毒机构"。又如，随着国家司法考试制度被改造成法律职业资格考试制度，所有申请担任法官、检察官、律师以及申请从事政府法制、公证、仲裁等法律职业的人士，都要通过国家统一法律职业资格考试。司法行政机关对国家统一法律职业资格考试行使管理权。可见，无论在职能还是在机构编制上，我国司法行政机关都经历了巨大变化。迄今为止，国家行政机关所担负的职能主要包括以下几类：一是处于不断扩张之中的司法行政管理权，包括国家统一法律职业资格考试、司法鉴定、律师、公证、法律援助等司法行政事务管理权；二是也处于不断加强之中的生效判决执行权，包括对监狱、社区矫正的管理权；三是其他法律事务的管理权，包括强制隔离戒毒、人民调解和基层司法行政事务、法制宣传、国际司法协助等事项的管理权。^②

---

① 参见《中华法学大辞典（简明本）》编委会编：《中华法学大辞典（简明本）》，中国检察出版社2003年版，第597页。

② 参见陈瑞华：《司法行政机关的职能定位》，载《东方法学》2018年第1期。

（二）律师与司法行政机关的关系

律师管理体制是律师与司法行政机关关系的重要表征，也就是说，律师与司法行政机关的关系在一定程度上是通过律师管理体制来规制和呈现的。我国律师管理体制自律师制度设立以来，大体经历了"单一的行政管理体制""司法行政机关主导、律师协会辅助的管理体制""司法行政机关监督、指导下的'两结合'管理体制"三种形态的发展过程。

一是单一的行政管理体制。在1950年12月废除旧中国的律师制度之后，司法部于1954年7月发出《关于试验法院组织制度中几个问题的通知》，指定北京、上海、天津等大城市率先试办法律顾问处，这些法律顾问处隶属于律师协会，律师协会设在司法行政机关内，律师是国家干部。这种管理体制从形式上看，由律师协会直接管理律师，但实际上，律师协会的管理不是自律性的行业管理，而是行政管理。1979年7月，五届全国人大二次会议通过《刑事诉讼法》，对辩护列出专章规定，为律师制度的恢复提供了法律依据。1980年8月，五届全国人大常委会第十五次会议通过《律师暂行条例》，规定律师的执业机构是法律顾问处，法律顾问处受司法行政机关组织和领导，法律顾问处按行政区划设立、为国家事业单位，律师为国家法律工作者。《律师暂行条例》也对律师协会作了专门规定，第一次从法律上确立了律师协会作为律师行业性组织的地位和作用，不再沿用新中国成立初期律师协会隶属于司法行政机关的做法。但由于当时律师制度处于恢复重建时期，全国律师数量不多，普遍建立律师协会的条件尚不成熟，已经建立的律师协会多设在司法行政机关的律师管理部门内，与律师管理部门"一套人马、两块牌子"，律师协会的领导大多由司法行政机关的领导兼任，不能独立发挥行业管理职能。这种体制大约延续到20世纪80年代中期。

二是司法行政机关主导、律师协会辅助的管理体制。到20世纪80年代中期，律师制度恢复重建工作基本完成，全国县一级行政区域普遍建立了法律顾问处（后更名为律师事务所），律师队伍有了空前的发展。1986年7月，第一次全国律师代表大会在北京召开，宣告成立了中华全国律师协会，并通过了《中华全国律师协会章程》，确立了律师协会具有律师业务指导、工作经验交流、维护律师合法权益等九项职能。这次会议成为律师协会参与律师行业管理的重要里程碑。自此，律师管理体制在《律师暂行条例》确立的单一行政管理格局的基础上又增加了律师协会行业管理。但这个时期，律师资格考试与授予、律师执业证的颁发、律师事务所的审批、律师发展政策的制定等管理工作中的实质性权力仍保留在司法行政机关，律师协会的主要领导也由司法行政机关的领导兼任。律师协会在律师管理体制中仍处于从属地位，行业管理职能并不明显。

三是司法行政机关监督、指导下的"两结合"管理体制。1986年至1993年，各地律师协会有了很大发展，内部建设力度加大，在律师管理活动中更积极、更主动，行业管理的作用日益显现。1993年12月，国务院办公厅批转了《司法部关于深化律师工作改革的方案》（以下简称《方案》），就律师管理体制作了如下表述："从我国的国情和律师工作的实际出发，建立司法行政机关的行政管理与律师协会行业管理相结合的管理体制。经过一个时期的实践后，逐步向司法机关宏观管理下的律师协会行业管理过渡。"1995年7月，在第三次全国律师代表大会上，司法部对全国律师协会进行了重大改革，按照《方案》的规定，全体理事、常务理事、会长、副会长均由执业律师担任，司法行政机关的负责同志不再兼任职务。律师协会机关作为全国律师协会的办事机构实行秘书长负责制。自此，律师协会履行行业管理职能实现了从理论向实践的跨越。1996年5月，八届全国人大常委会第十九次会议通过的《律师法》进一步明确了司法行政机关"对律师、律师事务所和律师协会进行监督、指导"和"律师协会是社会团体法人，是律师的自律性组织"这样一个职能格局，简称"两结合"。

不过，对于司法行政机关与律师协会在律师管理中的地位，目前仍然存在很大争议，尤其是在职权划分上。从单一的行政管理体制，到司法行政机关主导、律师协会辅助的管理体制，再到司法行政机关监督、指导下的"两结合"管理体制，标志着我国对律师职业属性和律师工作规律的认识和把握更加深刻。①

二、律师执业管理

有关律师执业管理的内容，主要分布在《律师法》《律师执业管理办法》和《律师事务所管理办法》等规范性文件中，包括司法行政机关对律师的管理和司法行政机关对律师事务所的管理两个层面。

（一）司法行政机关对律师的管理

司法行政机关对律师的管理，主要体现在法律职业资格考试、律师执业资格授予、律师专业职务评审和律师业务规章的制定等方面。

1. 法律职业资格考试

根据《律师法》第5条的规定，申请律师执业，应当具备下列条件：（1）拥护中华人民共和国宪法；（2）通过国家统一法律职业资格考试取得法律职业资格；（3）在律师事务所实习满1年；（4）品行良好。实行国家统一法律职业资格考试前取得的国家统一司法考试合格证书、律师资格凭证，与国家统一法律职业资格证书具有同等效力。由此可知，取得律师资格的前提条件之一是通过国家统一法律职业资格考试取得法律职业资格。根据《国家统一法律职业资格考试实施办法》第6条和第7条的规定，国家统一法律职业资格考试由司法部负责实施。省、自治区、直辖市司法行政机关应当明确专门机构，按照有关规定承办国家统一法律职业资格考试的考务等工作。设区的市级或者直辖市的区（县）司法行政机关，应当在上级司法行政机关的监督指导下，承担本辖区内的国家统一法律职业资格考试的考务等工作。

2. 律师执业资格授予

根据《律师法》第6条的规定，申请律师执业，应当向设区的市级或者直辖市的区人民政府司法行政部门提出申请，并提交下列材料：（1）国家统一法律职业资格证书；（2）律师协会出具的申请人实习考核合格的材料；（3）申请人的身份证明；（4）律师事务所出具的同意接收申请人的证明。申请兼职律师执业的，还应当提交所在单位同意申请人

---

① 参见齐延安主编：《当代中国律师管理概论》，山东大学出版社2014年版，第68页。

兼职从事律师职业的证明。受理申请的部门应当自受理之日起20日内予以审查，并将审查意见和全部申请材料报送省、自治区、直辖市人民政府司法行政部门。省、自治区、直辖市人民政府司法行政部门应当自收到报送材料之日起10日内予以审核，作出是否准予执业的决定。准予执业的，向申请人颁发律师执业证书；不准予执业的，向申请人书面说明理由。

3. 律师专业职务评审

根据《律师职务试行条例》第2条和第13条的规定，律师职务是根据律师工作的性质及其实际工作需要而设置的工作岗位。律师职务设：一级律师、二级律师、三级律师、四级律师、律师助理。一级律师、二级律师为高级职务，三级律师为中级职务，四级律师和律师助理为初级职务。司法部指导全国律师职务的评审、聘任工作。各级律师职务的任职资格，需经相应的律师职务评委会评审，初级律师职务评委会由县级司法局组建，负责评审律师助理、四级律师；中级律师职务评委会由地（市）级司法局组建，负责评审三级律师；高级律师职务评委会由省、自治区、直辖市司法厅（局）组建，负责评审一、二级律师。司法部律师职务评委会负责评审直接管理的律师事务所的律师职务任职资格。

4. 律师业务规章的制定

司法部根据法律法规的授权以及律师职业的发展情况，适时制定了有关律师业务的规章。1991年，司法部、国家档案局制定了《律师业务档案立卷归档办法》，专门对律师业务档案进行了规定。1995年，司法部制定了《关于反对律师行业不正当竞争行为的若干规定》，旨在鼓励和保护律师、律师事务所之间的公平竞争，维护律师行为的正常执业秩序。2008年，司法部制定了《律师执业管理办法》，旨在规范律师执业许可，保障律师依法执业，加强对律师执业行为的监督和管理。2009年，司法部制定了《律师和律师事务所执业证书管理办法》，旨在规范和加强律师执业证书和律师事务所执业许可证书的管理。2010年，司法部制定了《律师和律师事务所违法行为处罚办法》，旨在加强对律师、律师事务所执业活动的监督，规范律师执业行为，维护正常的法律服务秩序。

（二）司法行政机关对律师事务所的管理

司法行政机关对律师事务所的管理，主要体现在律师事务所执业证书授予、律师事务所年度检查和律师事务所业务规章的制定等方面。

1. 律师事务所执业证书授予

根据《律师法》第14条、第17条和第18条的规定，律师事务所是律师的执业机构。设立律师事务所应当具备下列条件：（1）有自己的名称、住所和章程；（2）有符合《律师法》规定的律师；（3）设立人应当是具有一定的执业经历，且3年内未受过停止执业处罚的律师；（4）有符合国务院司法行政部门规定数额的资产。申请设立律师事务所，应当提交下列材料：（1）申请书；（2）律师事务所的名称、章程；（3）律师的名单、简历、身份证明、律师执业证书；（4）住所证明；（5）资产证明。设立合伙律师事务所，还应当提交合伙协议。设立律师事务所，应当向设区的市级或者直辖市的区人民政府司法行政部门提出申请，受理申请的部门应当自受理之日起20日内予以审查，并将审查意见和全部申请材料报送省、自治区、直辖市人民政府司法行政部门。省、自治区、直辖市人民政府司法行政部门应当自收到报送材料之日起10日内予以审核，作出是否准予设立的决定。准予设立的，向申请人颁发律师事务所执业证书；不准予设立的，向申请人书面说明理由。

2. 律师事务所年度检查

根据《律师法》第24条的规定，律师事务所应当于每年的年度考核后，向设区的市级或者直辖市的区人民政府司法行政部门提交本所的年度执业情况报告和律师执业考核结果。根据《律师事务所年度检查考核办法》第2条的规定，律师事务所年度检查考核，是指司法行政机关定期对律师事务所上一年度的执业和管理情况进行检查考核，对其执业和管理状况作出评价。年度检查考核，应当引导律师事务所及其律师遵守宪法和法律，加强自律管理，依法、诚信、尽责执业，忠实履行中国特色社会主义法律工作者的职业使命，维护当事人合法权益，维护法律正确实施，维护社会公平和正义。

3. 律师事务所业务规章的制定

司法部专门就律师事务所制定了许多业务规章。2004年，司法部制定了《律师事务所收费程序规则》，旨在规范律师事务所的收费行为。2007年，司法部和中国证券监督管理委员会联合发布了《律师事务所从事证券法律业务管理办法》，旨在加强对律师事务所从事证券法律业务活动的监督管理，规范律师在证券发行、上市和交易等活动中的执业行为，完善法律风险防范机制，维护证券市场秩序，保护投资者的合法权益。2008年，司法部制定了《律师事务所管理办法》，旨在规范律师事务所的设立，加强对律师事务所的监督和管理。2010年1月，司法部发布了《律师事务所名称管理办法》，旨在加强律师事务所名称管理，规范律师事务所名称使用。2010年4月，司法部发布了《律师事务所年度检查考核办法》，旨在规范律师事务所年度检查考核工作，加强对律师事务所执业和管理活动的监督。2010年4月，司法部制定了《律师和律师事务所违法行为处罚办法》，旨在加强对律师、律师事务所执业活动的监督，规范律师执业行为，维护正常的法律服务秩序。

三、律师行政处罚

律师行政处罚主要是指司法行政机关对律师和律师事务所的违法执业行为采取的行政处罚措施。律师行政处罚包括司法行政机关对律师的处罚和司法行政机关对律师事务所的处罚两个层面。有关律师行政处罚的内容主要体现在《律师法》《律师和律师事务所违法行为处罚办法》等规范性法律文件中。

（一）司法行政机关对律师的处罚

在学理上，司法行政机关对律师的处罚常被"律师行政法律责任"替代。所谓律师行政法律责任，是指律师个人违反《律师法》进行违法执业所应承担的行政法律后果。行政法律责任是一种常见、广泛且灵活的法律责任形式，也是《律师法》引入刑罚理论用以丰富和发展行政处罚的有益尝试。[①]

根据《律师法》第47条的规定，律师有下列行为之一的，由设区的市级或者直辖市的区人民政府司法行政部门给予警告，可以处5 000元以下的罚款；有违法所得的，没收违法所得；情节严重的，给予停止执业3个月以下的处罚：（1）同时在2个以上律师事务所执业的；（2）以不正当手段承揽业务的；（3）在同一案件中为双方当事人担任代理人，或者代理与本人及其近亲属有利益冲突的法律事务的；（4）从人民法院、人民检察院离任后2年内担任诉讼代理人或者辩护人的；（5）拒绝履行法律援助义务的。

根据《律师法》第48条的规定，律师有下列行为之一的，由设区的市级或者直辖市的区人民政府司法行政部门给予警告，可以处1万元以下的罚款；有违法所得的，没收违法所得；情节严重的，给予停止执业3个月以上6个月以下的处罚：（1）私自接受委托、收取费用，接受委托人财物或者其他利益的；（2）接受委托后，无正当理由，拒绝辩护或者代理，不按时出庭参加诉讼或者仲裁的；（3）利用提供法律服务的便利牟取当事人争议的权益的；（4）泄露商业秘密或者个人隐私的。

根据《律师法》第49条的规定，律师有下列行为之一的，由设区的市级或者直辖市的区人民政府司法行政部门给予停止执业6个月以上1年以下的处罚，可以处5万元以下的罚款；有违法所得的，没收违法所得；情节严重的，由省、自治区、直辖市人民政府司法行政部门吊销其律师执业证书；构成犯罪的，依法追究刑事责任：（1）违反规定会见法官、检察官、仲裁员以及其他有关工作人员，或者以其他不正当方式影响依法办理案件的；（2）向法官、检察官、仲裁员以及其他有关工作人员行贿，介绍贿赂或者指使、诱导当事人行贿的；（3）向司法行政部门提供虚假材料或者有其他弄虚作假行为的；（4）故意提供虚假证据或者威胁、利诱他人提供虚假证据，妨碍对方当事人合法取得证据的；（5）接受对方当事人财物或者其他利益，与对方当事人或者第三人恶意串通，侵害委托人权益的；（6）扰乱法庭、仲裁庭秩序，干扰诉讼、仲裁活动的正常进行的；（7）煽动、教唆当事人采取扰乱公共秩序、危害公共安全等非法手段解决争议的；（8）发表危害国家安全、恶意诽谤他人、严重扰乱法庭秩序的言论的；（9）泄露国家秘密的。律师因故意犯罪受到刑事处罚的，由省、自治区、直辖市人民政府司法行政部门吊销其律师执业证书。

《律师和律师事务所违法行为处罚办法》对《律师法》第47条、第48条、第49条的规定进行了细化。根据该办法第5条至第22条的规定，应当对律师给予处罚的情形具体包括以下十八种：

第一，同时在两个以上律师事务所执业的。有下列情形之一的，属于《律师法》第47条第1项规定的律师"同时在两个以上律师事务所执业的"违法行为：（1）在律师事务所执业的同时又在其他律师事务所或者社会法律服务机构执业的；（2）在获准变更执业机构前以拟变更律师事务所律师的名义承办业务，或者在获准变更后仍以原所在律师事务所律师的名义承办业务的。

第二，以不正当手段承揽业务的。有下列情形之一的，属于《律师法》第47条第2项规定的律师"以不正当手段承揽业务的"违法行为：（1）以误导、利诱、威胁或者作

---

① 参见周章金：《论律师执业的行政法律责任》，载《福建师范大学学报（哲学社会科学版）》2010年第2期。

虚假承诺等方式承揽业务的；（2）以支付介绍费、给予回扣、许诺提供利益等方式承揽业务的；（3）以对本人及所在律师事务所进行不真实、不适当宣传或者诋毁其他律师、律师事务所声誉等方式承揽业务的；（4）在律师事务所住所以外设立办公室、接待室承揽业务的。

第三，在同一案件中为双方当事人担任代理人，或者代理与本人及其近亲属有利益冲突的法律事务的。有下列情形之一的，属于《律师法》第47条第3项规定的律师"在同一案件中为双方当事人担任代理人，或者代理与本人及其近亲属有利益冲突的法律事务的"违法行为：（1）在同一民事诉讼、行政诉讼或者非诉讼法律事务中同时为有利益冲突的当事人担任代理人或者提供相关法律服务的；（2）在同一刑事案件中同时为被告人和被害人担任辩护人、代理人，或者同时为2名以上的犯罪嫌疑人、被告人担任辩护人的；（3）担任法律顾问期间，为与顾问单位有利益冲突的当事人提供法律服务的；（4）曾担任法官、检察官的律师，以代理人、辩护人的身份承办原任职法院、检察院办理过的案件的；（5）曾经担任仲裁员或者仍在担任仲裁员的律师，以代理人身份承办本人原任职或者现任职的仲裁机构办理的案件的。

第四，从人民法院、人民检察院离任后2年内担任诉讼代理人或者辩护人的。曾经担任法官、检察官的律师，从人民法院、人民检察院离任后2年内，担任诉讼代理人、辩护人或者以其他方式参与所在律师事务所承办的诉讼法律事务的，属于《律师法》第47条第4项规定的"从人民法院、人民检察院离任后2年内担任诉讼代理人或者辩护人的"违法行为。

第五，拒绝履行法律援助义务的。有下列情形之一的，属于《律师法》第47条第5项规定的律师"拒绝履行法律援助义务的"违法行为：（1）无正当理由拒绝接受律师事务所或者法律援助机构指派的法律援助案件的；（2）接受指派后，懈怠履行或者擅自停止履行法律援助职责的。

第六，私自接受委托、收取费用，接受委托人财物或者其他利益的。有下列情形之一的，属于《律师法》第48条第1项规定的律师"私自接受委托、收取费用，接受委托人财物或者其他利益的"违法行为：（1）违反统一接受委托规定或者在被处以停止执业期间，私自接受委托，承办法律事务的；（2）违反收费管理规定，私自收取、使用、侵占律师服务费以及律师异地办案差旅费用的；（3）在律师事务所统一收费外又向委托人索要其他费用、财物或者获取其他利益的；（4）向法律援助受援人索要费用或者接受受援人的财物或者其他利益的。

第七，接受委托后，无正当理由，拒绝辩护或者代理，不按时出庭参加诉讼或者仲裁的。律师接受委托后，除有下列情形之外，拒绝辩护或者代理，不按时出庭参加诉讼或者仲裁的，属于《律师法》第48条第2项规定的违法行为：（1）委托事项违法，或者委托人利用律师提供的法律服务从事违法活动的；（2）委托人故意隐瞒与案件有关的重要事实或者提供虚假、伪造的证据材料的；（3）委托人不履行委托合同约定义务的；（4）律师因患严重疾病或者受到停止执业以上行政处罚的；（5）其他依法可以拒绝辩护、代理的。

第八，利用提供法律服务的便利牟取当事人争议的权益的。有下列情形之一的，属于《律师法》第48条第3项规定的律师"利用提供法律服务的便利牟取当事人争议的权益的"违法行为：（1）采用诱导、欺骗、胁迫、敲诈等手段获取当事人与他人争议的财物、权益的；（2）指使、诱导当事人将争议的财物、权益转让、出售、租赁给他人，并从中获取利益的。

第九，泄露商业秘密或者个人隐私的。律师未经委托人或者其他当事人的授权或者同意，在承办案件的过程中或者结束后，擅自披露、散布在执业中知悉的委托人或者其他当事人的商业秘密、个人隐私或者其他不愿泄露的情况和信息的，属于《律师法》第48条第4项规定的"泄露商业秘密或者个人隐私的"违法行为。

第十，违反规定会见法官、检察官、仲裁员以及其他有关工作人员，或者以其他不正当方式影响依法办理案件的。有下列情形之一的，属于《律师法》第49条第1项规定的律师"违反规定会见法官、检察官、仲裁员以及其他有关工作人员，或者以其他不正当方式影响依法办理案件的"违法行为：（1）在承办代理、辩护业务期间，以影响案件办理结果为目的，在非工作时间、非工作场所会见法官、检察官、仲裁员或者其他有关工作人员的；（2）利用与法官、检察官、仲裁员或者其他有关工作人员的特殊关系，影响依法办理案件的；（3）以对案件进行歪曲、不实、有误导性的宣传或者诋毁有关办案机关和工作人员以及对方当事人声誉等方式，影响依法办理案件的。

第十一，向法官、检察官、仲裁员以及其他有关工作人员行贿，介绍贿赂或者指使、诱导当事人行贿的。有下列情形之一的，属于《律师法》第49条第2项规定的律师"向法官、检察官、仲裁员以及其他有关工作人员行贿，介绍贿赂或者指使、诱导当事人行贿的"违法行为：（1）利用承办案件的法官、检察官、仲裁员以及其他工作人员或者其近亲属举办婚丧喜庆事宜等时机，以向其馈赠礼品、金钱、有价证券等方式行贿的；（2）以装修住宅、报销个人费用、资助旅游娱乐等方式向法官、检察官、仲裁员以及其他工作人员行贿的；（3）以提供交通工具、通信工具、住房或者其他物品等方式向法官、检察官、仲裁员以及其他工作人员行贿的；（4）以影响案件办理结果为目的，直接向法官、检察官、仲裁员以及其他工作人员行贿、介绍贿赂或者指使、诱导当事人行贿的。

第十二，向司法行政部门提供虚假材料或者有其他弄虚作假行为的。有下列情形之一的，属于《律师法》第49条第3项规定的律师"向司法行政部门提供虚假材料或者有其他弄虚作假行为的"违法行为：（1）在司法行政机关实施检查、监督工作中，向其隐瞒真实情况，拒不提供或者提供不实、虚假材料，或者隐匿、毁灭、伪造证据材料的；（2）在参加律师执业年度考核、执业评价、评先创优活动中，提供不实、虚假、伪造的材料或者有其他弄虚作假行为的；（3）在申请变更执业机构、办理执业终止、注销等手续时，提供不实、虚假、伪造的材料的。

第十三，故意提供虚假证据或者威胁、利诱他人提供虚假证据，妨碍对方当事人合法取得证据的。有下列情形之一的，属于《律师法》第49条第4项规定的律师"故意提供虚假证据或者威胁、利诱他人提供虚假证据，妨碍对方当事人合法取得证据的"违法行为：（1）故意向司法机关、行政机关或者仲裁机构提交虚假证据，或者指使、威胁、利诱他人提供虚假证据的；（2）指示或者帮助委托人或者他人伪造、隐匿、毁灭证据，指使或者帮助犯罪嫌疑人、被告人串供，威胁、利诱证人不作证或者作伪证的；（3）妨碍对方当事人及其代理人、辩护人合法取证的，或者阻止他人向案件承办机关或者对方当事人提供证据的。

第十四，接受对方当事人财物或者其他利益，与对方当事人或者第三人恶意串通，侵害委托人权益的。有下列情形之一的，属于《律师法》第49条第5项规定的律师"接受对方当事人财物或者其他利益，与对方当事人或者第三人恶意串通，侵害委托人权益的"违法行为：（1）向对方当事人或者第三人提供不利于委托人的信息或者证据材料的；（2）与对方当事人或者第三人恶意串通、暗中配合，妨碍委托人合法行使权利的；（3）接受对方当事人财物或者其他利益，故意延误、懈怠或者不依法履行代理、辩护职责，给委托人及委托事项的办理造成不利影响和损失的。

第十五，扰乱法庭、仲裁庭秩序，干扰诉讼、仲裁活动的正常进行的。有下列情形之一的，属于《律师法》第49条第6项规定的律师"扰乱法庭、仲裁庭秩序，干扰诉讼、仲裁活动的正常进行的"违法行为：（1）在法庭、仲裁庭上发表或者指使、诱导委托人发表扰乱诉讼、仲裁活动正常进行的言论的；（2）阻止委托人或者其他诉讼参与人出庭，致使诉讼、仲裁活动不能正常进行的；（3）煽动、教唆他人扰乱法庭、仲裁庭秩序的；（4）无正当理由，当庭拒绝辩护、代理，拒绝签收司法文书或者拒绝在有关诉讼文书上签署意见的。

第十六，煽动、教唆当事人采取扰乱公共秩序、危害公共安全等非法手段解决争议的。有下列情形之一的，属于《律师法》第49条第7项规定的律师"煽动、教唆当事人采取扰乱公共秩序、危害公共安全等非法手段解决争议的"违法行为：（1）煽动、教唆当事人采取非法集会、游行示威，聚众扰乱公共场所秩序、交通秩序，围堵、冲击国家机关等非法手段表达诉求，妨害国家机关及其工作人员依法履行职责，抗拒执法活动或者判决执行的；（2）利用媒体或者其他方式，煽动、教唆当事人以扰乱公共秩序、危害公共安全等手段干扰诉讼、仲裁及行政执法活动正常进行的。

第十七，发表危害国家安全、恶意诽谤他人、严重扰乱法庭秩序的言论的。有下列情形之一的，属于《律师法》第49条第8项规定的律师"发表危害国家安全、恶意诽谤他人、严重扰乱法庭秩序的言论的"违法行为：（1）在承办代理、辩护业务期间，发表、散布危害国家安全，恶意诽谤法官、检察官、仲裁员及对方当事人、第三人，严重扰乱法庭秩序的言论的；（2）在执业期间，发表、制作、传播危害国家安全的言论、信息、音像制品或者支持、参与、实施以危害国家安全为目的的活动的。

第十八，泄露国家秘密的。律师违反保密义务规定，故意或者过失泄露在执业中知悉的国家秘密的，属于《律师法》第49条第9项规定的"泄露国家秘密的"违法行为。

（二）司法行政机关对律师事务所的处罚

根据《律师法》第50条的规定，律师事务所有下列行为之一的，由设区的市级或者直辖市的区人民政府司法行政部门视其情节给予警告、停业整顿1个月以上6个月以下的处罚，可以处10万元以下的罚款；有违法所得的，没收违法所得；情节特别严重的，由省、自治区、直辖市人民政府司法行政部门吊销律师事务所执业证书：（1）违反规定接受委托、收取费用的；（2）违反法定程序办理变更名称、负责人、章程、合伙协议、住所、合伙人等重大事项的；（3）从事法律服务以外的经营活动的；（4）以诋毁其他律师事务所、律师或者支付介绍费等不正当手段承揽业务的；（5）违反规定接受有利益冲突的案件的；（6）拒绝履行法律援助义务的；（7）向司法行政部门提供虚假材料或者有其他弄虚作假行为的；（8）对本所律师疏于管理，造成严重后果的。律师事务所因上述违法行为受到处罚的，对其负责人视情节轻重，给予警告或者处2万元以下的罚款。

《律师和律师事务所违法行为处罚办法》对《律师法》第50条进行了细化。根据该办法第23条至第30条的规定，应当对律师事务所给予处罚的情形具体包括以下八种：

第一，违反规定接受委托、收取费用的。有下列情形之一的，属于《律师法》第50条第1项规定的律师事务所"违反规定接受委托、收取费用的"违法行为：（1）违反规定不以律师事务所名义统一接受委托、统一收取律师服务费和律师异地办案差旅费，不向委托人出具有效收费凭证的；（2）向委托人索要或者接受规定、合同约定之外的费用、财物或者其他利益的；（3）纵容或者放任本所律师有《律师和律师事务所违法行为处罚办法》第10条规定的违法行为的。

第二，违反法定程序办理变更名称、负责人、章程、合伙协议、住所、合伙人等重大事项的。有下列情形之一的，属于《律师法》第50条第2项规定的律师事务所"违反法定程序办理变更名称、负责人、章程、合伙协议、住所、合伙人等重大事项的"违法行为：（1）不按规定程序办理律师事务所名称、负责人、章程、合伙协议、住所、合伙人、组织形式等事项变更报批或者备案的；（2）不按规定的条件和程序发展合伙人，办理合伙人退伙、除名或者推选律师事务所负责人的；（3）不按规定程序办理律师事务所分立、合并，设立分所，或者终止、清算、注销事宜的。

第三，从事法律服务以外的经营活动的。有下列情形之一的，属于《律师法》第50条第3项规定的律师事务所"从事法律服务以外的经营活动的"违法行为：（1）以独资、与他人合资或者委托持股方式兴办企业，并委派律师担任企业法定代表人或者总经理职务的；（2）从事与法律服务无关的中介服务或者其他经营性活动的。

第四，以诋毁其他律师事务所、律师或者支付介绍费等不正当手段承揽业务的。律师事务所从事或者纵容、放任本所律师从事《律师和律师事务所违法行为处罚办法》第6条规定的违法行为的，属于《律师法》第50条第4项规定的律师事务所"以诋毁其他律师事务所、律师或者支付介绍费等不正当手段承揽业务的"违法行为。

第五，违反规定接受有利益冲突的案件的。有下列情形之一的，属于《律师法》第50条第5项规定的律师事务所"违反规定接受有利益冲突的案件的"违法行为：（1）指派本所律师担任同一诉讼案件的原告、被告代理人，或者同一刑事案件被告人辩护人、被害人代理人的；（2）未按规定对委托事项进行利益冲突审查，指派律师同时或者先后为有利益冲突的非诉讼法律事务各方当事人担任代理人或者提供相关法律服务的；（3）明知本所律师及其近亲属同委托事项有利益冲突，仍指派该律师担任代理人、辩护人或者提供相关法律服务的；（4）纵容或者放任本所律师有《律师和律师事务所违法行为处罚办法》第7条规定的违法行为的。

第六，拒绝履行法律援助义务的。有下列情形之一的，属于《律师法》第50条第6项规定的律师事务所"拒绝履行法律援助义务的"违法行为：（1）无正当理由拒绝接受法律援助机构指派的法律援助案件的；（2）接受指派后，不按规定及时安排本所律师承办法律援助案件或者拒绝为法律援助案件的办理提供条件和便利的；（3）纵容或者放任本所律师有《律师和律师事务所违法行为处罚办法》第9条规定的违法行为的。

第七，向司法行政部门提供虚假材料或者有其他弄虚作假行为的。有下列情形之一的，属于《律师法》第50条第7项规定的律师事务所"向司法行政部门提供虚假材料或者有其他弄虚作假行为的"违法行为：（1）在司法行政机关实施检查、监督工作时，故意隐瞒真实情况，拒不提供有关材料或者提供不实、虚假的材料，或者隐匿、毁灭、伪造证据材料的；（2）在参加律师事务所年度检查考核、执业评价、评先创优活动中，提供不实、虚假、伪造的材料或者有其他弄虚作假行为的；（3）在办理律师事务所重大事项变更、设立分所、分立、合并或者终止、清算、注销的过程中，提供不实、虚假、伪造的证明材料或者有其他弄虚作假行为的。

第八，对本所律师疏于管理，造成严重后果的。有下列情形之一，造成严重后果和恶劣影响，属于《律师法》第50条第8项规定的律师事务所"对本所律师疏于管理，造成严重后果的"违法行为：（1）不按规定建立健全内部管理制度，日常管理松懈、混乱，造成律师事务所无法正常运转的；（2）不按规定对律师执业活动实行有效监督，或者纵容、袒护、包庇本所律师从事违法违纪活动，造成严重后果的；（3）纵容或者放任律师在本所被处以停业整顿期间或者律师被处以停止执业期间继续执业的；（4）不按规定接受年度检查考核，或者经年度检查考核被评定为"不合格"的；（5）不按规定建立劳动合同制度，不依法为聘用律师和辅助人员办理失业、养老、医疗等社会保险的；（6）有其他违法违规行为，造成严重后果的。

四、律师法律援助

法律援助（legal aid），是指律师、法律援助机构的工作人员和社会团体、事业单位等社会组织所属人员，为刑事诉讼、民事诉讼、行政诉讼的当事人提供法律帮助（资助、救助、扶助、救济、优惠等）的活动。法律援助制度源于西方，我国在1994年提出了建立法律援助制度的设想，并在北京、上海、广州、青岛等城市开始了法律援助制度的试点，进而在全国各地陆续展开。1996年3月17日通过修订的《刑事诉讼法》和1996年5月15日通过的《律师法》正式规定了法律援助的有关内容，标志着这一制度在我国的真正确立。

（一）法律援助的价值

从法律和制度层面讲，法律援助的价值主要表现在以下三个方面：

一是扶弱助困。随着经济体制的转型和利益格局的调整，公民之间因主客观条件的差异而产生的贫富差距日趋明显，总有一部分公民打不起官司或者请不起律师，法律援助已成为我国公民实现自身合法权益的一项需求。

二是平衡控（起诉）、辩（应诉）力度。无论在刑事诉讼、民事诉讼还是行政诉讼中，双方当事人均围绕系争事实进行诉讼，力求在法院的主持下通过一系列法定程序使纷争得到公开、公平、公正地解决。此时，处于弱势、劣势的当事人，通过法律援助得到法律、诉讼技巧、诉讼力量上的帮助，就能实现控（起诉）、辩（应诉）力度上的平衡或者大体平衡。

三是实现司法公正。司法公正是诉讼追求的最高价值和终极目标。从客观方面来看，为处于弱势、劣势的当事人提供法律援助，可以使弱者抗衡强者，使劣势上升为均势或优势，帮助其充分行使自由、平等权利，以实现公正、正义的裁判。

（二）法律援助的定位

对于法律援助的定位，《法律援助条例》第3条规定，法律援助是政府的责任，县级以上人民政府应当采取积极措施推动法律援助工作，为法律援助提供财政支持，保障法律援助事业与经济、社会协调发展。法律援助经费应当专款专用，接受财政、审计部门的监督。《法律援助条例》第6条规定，律师应当依照《律师法》和该条例的规定履行法律援助义务，为受援人提供符合标准的法律服务，依法维护受援人的合法权益，接受律师协会和司法行政部门的监督。《律师法》第42条规定，律师、律师事务所应当按照国家规定履行法律援助义务，为受援人提供符合标准的法律服务，维护受援人的合法权益。据此，法律援助基本上可以被界定为"政府责任"和"律师义务"。

本书认为，在对法律援助进行准确定位时，需要考虑两个重要因素：一是法律服务的性质；二是律师的角色定位。事实上，在《法律援助条例》提出法律援助是"政府责任"与"律师义务"以及《律师法》规定律师的法律援助义务之前，实践中已经有很多律师在参与法律援助。那时，有关规范也对"法律援助"进行了规定，不过只是规定了哪些对象能够免费获得法律服务，尚未对法律援助的责任主体进行规定。这在当时的背景下也是可以理解的：在我国律师制度建立之初，律师被定位为"国家法律工作者"，法律服务作为一种"公共服务"向社会大众提供，向贫弱群体提供免费的法律服务已经暗含在"国家法律工作者"和"公共服务"这两个概念中。随着改革开放的推进，我国律师制度也发生变革，律师不再是"国家法律工作者"，而是"社会的法律工作者"。因此，在很多律师看来，律师职业已经成为一种"谋生手段"，法律服务不再是一种"公共服务"，而是一种"商品"；很多律师也以"营利者""商人"自居，法律服务的模式成了"你给我钱，我给你正义"。这种转变在当时的司法行政机关看来是难以接受的，也是很危险的。《律师法》起草过程就反映出这一问题。在《律师法》起草过程中，第一稿及第二稿草案均没有涉及法律援助，时任司法部部长肖扬曾公开在报纸上发文强调法律援助的重要性，并在有关法律援助的论证会中表达了对草案未涉及法律援助的担忧。最终，1996年《律师法》第42条规定"律师必须按照国家规定承担法律援助义务，尽职尽责，为受援人提供法律服务"。因此，从某种意义上说，《律师法》规定法律援助是律师义务，这是司法行政机关借助国家立法对"律师职业过度市场化"进行的一种平衡（缓和）。

法律援助制度发展至今已逐渐形成一种模式：政府法律援助机构受理法律援助案件，然后指派到律师事务所，由律师事务所指派律师具体办理。一些地方甚至规定，每名律师每年必须办理1至2件法律援助案件。应该说，从制度运行的角度看，这种模式是具有一定效果的，既能解决老百姓的法律服务需求，也能监督律师参与法律援助。但是，这种"受理—指派"的模式也存在许多弊端，很多律师就带有一种"抵触情绪"，认为这是政府强加的一种外在负担。可见，立法并未能通过强制律师履行法律援助义务，将法律援助融入律师的职业精神中，使之由一种"强制"变为"自愿"，由一种"法律义务"变为"职业习惯"。本书认为，要改变这种困境，需要从"职业改造"的角度出发，重申法律援助是律师的职业责任，是律师职业精神的组成部分。这就需要从法学教育阶段就开始向未来律师灌输这样一种理念。另外，也不能忽视法律服务作为公共服务的定位，不能忽视国家在法律援助事业中应该发挥的作用。国家、律师协会应该从制度上对律师进行法律援助予以引导和激励。

（三）司法行政机关促进律师参与法律援助的举措

为充分发挥律师在法律援助工作中的作用，更好地满足人民群众法律援助需求，司法部、财政部于2017年2月发布了《关于律师开展法律援助工作的意见》，对促进律师参与法律援助进行了原则性规定。

1. 组织律师积极开展法律援助工作

《关于律师开展法律援助工作的意见》要求从十一个方面组织律师积极开展法律援助工作，具体包括：

第一，做好刑事法律援助指派工作。严格贯彻落实修改后的《刑事诉讼法》及相关配套文件，组织律师做好会见、阅卷、调查取证、庭审等工作，认真办理侦查、审查起诉、审判各阶段法律援助案件。

第二，加大民生领域法律援助力度。组织律师围绕劳动保障、婚姻家庭、食品药品、教育医疗等民生事项，及时为符合条件的困难群众提供诉讼和非诉讼代理，促进解决基本生产生活方面的问题。

第三，广泛开展咨询服务。优先安排律师在法律援助便民服务窗口和"12348"法律服务热线值班，运用自身专业特长为群众提供咨询意见，积极提供法律信息和帮助，引导群众依法表达合理诉求，提高群众法治意识。

第四，开展申诉案件代理工作。逐步将不服司法机关生效裁判、决定，聘不起律师的申诉人纳入法律援助范围，引导律师为经济困难申诉人通过法律援助代理申诉。

第五，建立法律援助值班律师制度。法律援助机构通过在人民法院、看守所派驻值班律师，依法为犯罪嫌疑人、被告人等提供法律咨询等法律帮助。

第六，推进法律援助参与刑事案件速裁程序、认罪认罚从宽等诉讼制度改革工作。组织引导律师为速裁程序、认罪认罚从宽以及其他诉讼改革程序犯罪嫌疑人、被告人提供法律咨询、程序选择等法律帮助。

第七，积极参与刑事和解案件办理。对于当事人自愿和解的案件，组织引导律师依法为符合条件的犯罪嫌疑人、被告人或者被害人提供法律援助服务，促进达成和解。

第八，发挥辩护律师在死刑复核程序中的作用。组织律师办理死刑复核法律援助案件，依法为死刑复核案件被告人提供辩护服务。

第九，办理跨行政区划法律援助案件。适应建立与行政区划适当分离的司法管辖制度改革，组织律师开展跨行政区划法院、检察院受理、审理案件法律援助工作。

第十，推动律师广泛参与法律援助工作。省级司法行政机关根据当地法律援助需求量、律师数量及分布情况，明确律师承办一定数量法律援助案件，努力使律师通过多种形式普遍公平承担法律援助义务。司法行政机关、律师协会应当在律师事务所检查考核及律师执业年度考核中将律师履行法律援助义务情况作为重要考核依据。鼓励有行业影响力的优秀律师参与法律援助工作。

第十一，推动律师提供公益法律服务。倡导每名律师每年提供不少于24小时的公益服务。对不符合法律援助条件、经济确有困难的群众提供减免收费，发展公益法律服务机构和公益律师队伍，专门对老年人、妇女、未成年人、残疾人、外来务工人员、军人军属等提供免费的法律服务。

2. 切实提高律师法律援助服务质量

《关于律师开展法律援助工作的意见》要求从六个方面切实提高律师法律援助服务质量，具体包括：

第一，规范组织实施工作。法律援助机构要在法定时限内指派律师事务所安排承办律师，规范各环节办理流程，确保办案工作顺利开展。综合考虑律师资质、专业特长、承办法律援助案件情况、受援人意愿等因素确定办案律师，对无期徒刑、死刑案件以及未成年人案件严格资质要求，提高办案专业化水平。

第二，加强服务标准建设。完善律师承办法律援助案件各环节工作制度，制定刑事、民事、行政法律援助案件质量标准，确保律师为受援人提供符合标准的法律援助。

第三，加强办案质量监管。法律援助机构要积极推进案件质量评估试点工作，综合运用案卷评查、旁听庭审、听取办案机关意见、回访受援人等措施对律师承办法律援助案件进行监管，有条件的地方运用信息化手段对办案实行动态监控。

第四，做好投诉处理工作。司法行政机关严格依法办理法律援助投诉，规范对律师承办法律援助案件的投诉事项范围、程序和处理反馈工作。对律师接受指派后，怠于履行法律援助义务或有其他违反法律援助管理规定的行为，由司法行政机关依法依规处理。

第五，加强律师协会对律师事务所开展法律援助工作的指导。律师协会应当按照律师协会章程的规定对法律援助组织实施工作予以协助，指导律师和律师事务所提高办案质量。

第六，强化律师事务所法律援助案件管理责任。律师事务所严格接受指派、内部审批、办理案件、案卷归档、投诉处理等各环节流程。建立律师事务所重大、疑难案件集体讨论制度。根据法律援助常涉纠纷案件类别和所内律师办案专长，培养擅长办理法律援助案件的律师团队。完善律师事务所内部传帮带制度，建立完善青年律师办理法律援助案件带教制度。

3. 创新律师开展法律援助工作机制

《关于律师开展法律援助工作的意见》要求从五个方面创新律师开展法律援助工作机制，具体包括：

第一，推行政府购买法律援助服务工作机制。司法行政机关根据政府购买服务相关规定，向律师事务所等社会力量购买法律服务，引入优质律师资源提供法律援助。

第二，建立法律援助疑难复杂案件办理机制。法律援助机构根据律师业务专长和职业操守，建立法律援助专家律师库，对重大疑难复杂案件实行集体讨论、全程跟踪、重点督办。

第三，加强法律援助异地协作。法律援助机构就案件调查取证、送达法律文书等事项积极开展协作，提高工作效率。

第四，积极扶持律师资源短缺地区法律援助工作。根据律师资源分布和案件工作量等情况，采取对口支援、志愿服务、购买服务等方式提高律师资源短缺地区法律援助服务能力。

第五，健全沟通协作机制。司法行政机关、法律援助机构和律师协会要建立协作机制，定期沟通工作情况，共同研究解决律师服务质量、工作保障等方面存在的问题。建立法律援助机构与律师事务所、律师沟通机制，鼓励律师围绕法律援助制度改革、政策制定等建言献策，提高法律援助工作水平。

4. 加强律师开展法律援助工作的保障

《关于律师开展法律援助工作的意见》要求从六个方面加强律师开展法律援助工作的保障，具体包括：

第一，加强律师执业权益保障。司法行政机关、法律援助机构和律师协会要认真落实《刑事诉讼法》《民事诉讼法》《行政诉讼法》和《律师法》等有关法律关于律师执业权利的规定，积极协调法院、检察院、公安机关落实律师会见通信权、阅卷权、收集证据权、辩论辩护权等执业权利，保障律师办理法律援助案件充分履行辩护代理职责。完善律师开展法律援助工作执业权益维护机制，建立侵犯律师执业权利事件快速处置和联动机制，建立完善救济机制。

第二，加强经费保障。完善法律援助经费保障体制，明确经费使用范围和保障标准，确保经费保障水平适应办案工作需要。根据律师承办案件成本、基本劳务费用等因素合理确定律师办案补贴标准并及时足额支付，建立办案补贴标准动态调整机制。推行法律援助机构律师担任法律援助值班律师工作。现有法律援助机构律师力量不足的，可以采取政府购买服务方式向律师事务所等社会力量购买法律服务，所需经费纳入法律援助工作经费统筹安排。发挥法律援助基金会募集资金作用，拓宽法律援助经费渠道。鼓励律师协会和律师事务所利用自身资源开展法律援助工作。

第三，加大办案支持力度。加强与法院、检察院、公安、民政、工商、人力资源等部门的工作衔接，推动落实好办理法律援助案件免收、缓收复制案件材料费以及资料查询等费用规定。

第四，加强教育培训。加强法律援助业务培训，司法行政机关举办的法律援助培训要吸收律师参加，律师协会要在律师业务培训课程中增设法律援助有关内容。加强对新执业律师开展法律援助工作的培训。组织律师参加国际法律援助交流培训项目。

第五，加强政策引导。省级司法行政机关应当把律师开展法律援助工作情况作为项目安排、法律援助办案专项资金分配的重要依据，推动地市、县区加大工作推进力度。

第六，完善激励措施。对于积极办理法律援助案件、广泛开展法律援助工作的律师事务所和律师，司法行政机关、律师协会在人才培养、项目分配、扶持发展、综合评价等方面给予支持，在律师行业和法律援助行业先进评选中加大表彰力度，并通过多种形式对其先进事迹进行广泛深入宣传，树立并提升行业形象。

论题五　律师与证券监督管理机构的关系

律师与证券监督管理机构的关系，主要体现在证券监督管理机构对律师从事证券法律服务的规制、管理和监督上。1992年以前，我国的证券市场监督管理职责由中国人民银行承担。1992年10月，国务院成立了国务院证券委员会和中国证券监督管理委员会。1998年，国务院决定保留设置中国证券监督管理委员会，将国务院证券委员会的职能和中国人民银行履行的证券业务监管职能都划入中国证券监督管理委员会，建立起全国统一的证券监督管理机构。本论题主要探讨律师在证券法律服务中与证券监督管理机构之间形成的监督管理关系及其规范。

一、律师证券法律服务概述

从广义上讲，律师证券法律服务主要包括两个方面：一是证券非诉讼法律事务的服务；二是证券诉讼法律服务。证券非诉讼法律事务的服务，是指律师事务所接受当事人的委托，为其证券发行、上市和交易等证券业务活动，提供制作、出具法律意见书等文件的法律服务。证券诉讼法律服务，是指为证券发行和交易活动的当事人进行证券民事诉讼、行政诉讼、刑事诉讼提供法律帮助，如代书、诉讼代理和辩护等。[①]

（一）律师从事证券法律服务的资格条件

1993年1月，司法部和中国证券监督管理委员会联合发布《关于从事证券法律业务律师及律师事务所资格确认的暂行规定》，对律师及律师事务所参与证券法律业务进行了资格限定。2002年12月，司法部和中国证券监督管理委员会联合发布《关于取消律师及律师事务所从事证券法律业务资格审批的通告》，取消了律师及律师事务所从事证券法律业务的资格限制。2007年，中国证券监督管理委员会和司法部联合发布《律师事务所从事证券法律业务管理办法》，对律师及律师事务所从事证券法律业务的资格作了"建议性"规定。

根据《律师事务所从事证券法律业务管理办法》第8条的规定，鼓励具备下列条件的律师事务所从事证券法律业务：（1）内部管理规范，风险控制制度健全，执业水准高，社会信誉良好；（2）有20名以上执业律师，其中5名以上曾从事过证券法律业务；（3）已经办理有效的执业责任保险；（4）最近2年未因违法执业行为受到行政处罚。

根据《律师事务所从事证券法律业务管理办法》第9条的规定，鼓励具备下列条件之一，并且最近2年未因违法执业行为受到行政处罚的律师从事证券法律业务：（1）最近3年从事过证券法律业务；（2）最近3年连续执业，且拟与其共同承办业务的律师最近3年从事过证券法律业务；（3）最近3年连续从事证券法律领域的教学、研究工作，或者接受过证券法律业务的行业培训。

证券法律服务是一项政策性和专业性较强的工作，对律师的素质及其律师事务所的管理水平要求较高，因而有其特殊性。证券市场的现代化、科学化发展，要求律师及其律师事务所必须为证券市场提供高质量的法律服务。律师从事证券法律服务有助于更好地依法确保国家、集体和个人的利益，促进证券市场的健康发展，也有助于增强社会公众对证券市场的监督，提高大众证券法治观念。

---

① 参见韩松：《证券法学》，中国经济出版社1995年版，第333页。

（二）律师在证券法律服务中的角色定位

在证券法律服务中，证券服务律师的角色和功能显示出很强的多重性，同时具有"公"和"私"的属性。从"私"的角度来看，证券服务律师与传统意义上的法律服务提供者没有本质的差别。证券服务律师作为委托人的代理人，基于律师—委托人关系，需要忠于其委托人，尽最大努力维护委托人的利益。证券服务律师勤勉尽责，是履行其对委托人的忠实义务的具体体现。证券服务律师不仅要履行对委托人的忠诚义务，而且要在市场竞争中不断提升其服务质量。从"公"的角度来看，证券服务律师往往被要求承担一定的社会责任。一方面，公众投资者希望证券服务律师能够成为证券市场的"守门人"，以自己的专业知识对信息进行调查和审核，并提出公正、客观的专家意见；另一方面，证券监督管理机构希望证券服务律师能够作为"监管职员"，共同肩负起对证券市场的责任。因此，证券服务律师在证券法律服务中涉及三重关系：一是律师与委托人之间的关系；二是律师与公众投资者之间的关系；三是律师与证券监督管理机构之间的关系。在不同的关系中，证券服务律师需要扮演不同的角色。也就是说，在单一的证券法律服务中，同时存在三种关系、三种不同的"角色期待"，更存在三种不同的利益（私人利益、公共利益、国家利益）需求，这就容易使律师陷入角色困境。

面对律师在证券法律服务中的角色困境，有观点认为，我国证券服务律师的迫切任务是回归代理人角色，获取基于职业独立性的职业声誉。对于证券服务律师而言，尽职查验、准备披露文件、作出信息披露，首先是一个合同项下的行为，其应为此承担责任。将证券服务律师从满足监管需求拉回到满足市场结构性需求、内生于客户需求，这才是我国证券服务律师定位中的根本课题。[1]还有观点认为，证券服务律师作为资本市场"守门人"的职能应受到强调，对委托人和公众投资者的义务面临着再平衡。我国证券服务律师应在资本市场诚信与法制建设中均衡成长，发挥更大的积极作用，其发展出路在于准入市场化、职责明晰化、执业规范化、功能专业化，同时离不开监管部门的正确定位与引导。[2]

二、律师证券法律服务的规范

（一）律师证券法律服务的规范性文件

1993年，国务院发布了《股票发行与交易管理暂行条例》，其中第12条将律师事务所与会计师事务所、资产评估机构等确定为专业性机构，律师作为专业人员参与证券业务，为证券发行和交易提供法律服务。2003年4月，中华全国律师协会制定了《律师从事证券法律业务规范（试行）》，为律师和律师事务所从事证券法律业务的执业行为提供了规范指南。2007年3月，中国证券监督管理委员会和司法部发布了《律师事务所从事证券法律业务管理办法》，其目的是加强对律师事务所从事证券法律业务活动的监督管理，规范律师在证券发行、上市和交易等活动中的执业行为，完善法律风险防范机制，维护证券市场

---

[1] 参见张守鑫、李政辉：《论证券律师的职能定位——以美国为范例》，载《法治研究》2012年第4期。

[2] 参见郭雳：《中国证券律师业的职责与前景》，载《证券法苑》2012年第2期。

秩序，保护投资者的合法权益。2010年10月，中国证券监督管理委员会和司法部发布了《律师事务所证券法律业务执业规则（试行）》，其目的是规范律师事务所及其指派的律师从事证券法律业务，保障执业质量，维护投资者的合法权益。2018年3月，中国证券监督管理委员会发布了《证券期货市场诚信监督管理办法》，将律师及律师事务所纳入调控范围。2019年12月，全国人大常委会对《证券法》进行修订，旨在规范证券发行和交易行为，保护投资者的合法权益，维护社会经济秩序和社会公共利益，促进社会主义市场经济的发展。这些规范促进了律师证券法律服务逐步走向规范化、法治化。

（二）律师证券法律服务的基本原则和具体规则

根据《律师事务所从事证券法律业务管理办法》《律师事务所证券法律业务执业规则（试行）》《律师从事证券法律业务规范（试行）》的规定，律师证券法律服务中应该遵循如下基本原则：

第一，律师事务所及其指派的律师从事证券法律业务，应当遵守法律、行政法规及相关规定，遵循诚实、守信、独立、勤勉、尽责的原则，恪守律师职业道德和执业纪律，严格履行法定职责，保证其所出具文件的真实性、准确性、完整性。

第二，律师事务所应当建立健全风险控制制度，加强对律师从事证券法律业务的管理，提高律师证券法律业务水平。

根据《律师事务所从事证券法律业务管理办法》《律师事务所证券法律业务执业规则（试行）》《律师从事证券法律业务规范（试行）》的规定，律师证券法律服务中应该遵循如下具体规则：

第一，律师事务所及其指派的律师从事证券法律业务，应当按照依法制定的业务规则，勤勉尽责，审慎履行核查和验证义务。律师进行核查和验证，可以采用面谈、书面审查、实地调查、查询和函证、计算、复核等方法。

第二，律师事务所及其指派的律师从事证券法律业务，应当依法对所依据的文件资料内容的真实性、准确性、完整性进行核查和验证；在进行核查和验证前，应当编制核查和验证计划，明确需要核查和验证的事项，并根据业务的进展情况，对其予以适当调整。

第三，律师在出具法律意见时，对与法律相关的业务事项应当履行法律专业人士特别的注意义务，对其他业务事项履行普通人一般的注意义务，其制作、出具的文件不得有虚假记载、误导性陈述或者重大遗漏。

第四，律师进行核查和验证，需要会计师事务所、资产评估机构等证券服务机构作出判断的，应当直接委托或者要求委托人委托会计师事务所、资产评估机构等证券服务机构出具意见。

第五，律师在从事证券法律业务时，委托人应当向其提供真实、完整的有关材料，不得拒绝、隐匿、谎报。律师发现委托人提供的材料有虚假记载、误导性陈述、重大遗漏，或者委托人有重大违法行为的，应当要求委托人纠正、补充；委托人拒不纠正、补充的，律师可以拒绝继续接受委托，同时应当按照规定向有关方面履行报告义务。

第六，律师应当归类整理核查和验证中形成的工作记录和获取的材料，并对法律意见书等文件中各具体意见所依据的事实、国家相关规定以及律师的分析判断作出说明，形成记录清晰的工作底稿。工作底稿由出具法律意见的律师事务所保存，保存期限不得少于7年；中国证监会对保存期限另有规定的，从其规定。

三、律师证券法律服务的监督

证券监督是指证券监督管理部门根据《证券法》对证券发行和交易实施的监督管理。证券监督管理的目的是确保证券市场公正、透明、有序地运行，保护投资者的利益。我国证券监管的主要内容是对上市公司、证券公司、会计师事务所、律师事务所、资产评估事务所等中介机构以及对特殊交易进行的监管。[①]根据《证券法》第7条、第8条的规定，国务院证券监督管理机构依法对全国证券市场实行集中统一监督管理。国务院证券监督管理机构根据需要可以设立派出机构，按照授权履行监督管理职责。

（一）证券监督管理机构的职责和措施

根据《证券法》第168条的规定，国务院证券监督管理机构依法对证券市场实行监督管理，维护证券市场公开、公平、公正，防范系统性风险，维护投资者合法权益，促进证券市场健康发展。根据《证券法》第169条的规定，国务院证券监督管理机构在对证券市场实施监督管理中履行下列职责：（1）依法制定有关证券市场监督管理的规章、规则，并依法进行审批、核准、注册，办理备案；（2）依法对证券的发行、上市、交易、登记、存管、结算等行为，进行监督管理；（3）依法对证券发行人、证券公司、证券服务机构、证券交易场所、证券登记结算机构的证券业务活动，进行监督管理；（4）依法制定从事证券业务人员的行为准则，并监督实施；（5）依法监督检查证券发行、上市、交易的信息披露；（6）依法对证券业协会的自律管理活动进行指导和监督；（7）依法监测并防范、处置证券市场风险；（8）依法开展投资者教育；（9）依法对证券违法行为进行查处；（10）法律、行政法规规定的其他职责。

根据《证券法》第170条的规定，国务院证券监督管理机构依法履行职责，有权采取下列措施：（1）对证券发行人、证券公司、证券服务机构、证券交易场所、证券登记结算机构进行现场检查；（2）进入涉嫌违法行为发生场所调查取证；（3）询问当事人和与被调查事件有关的单位和个人，要求其对与被调查事件有关的事项作出说明；或者要求其按照指定的方式报送与被调查事件有关的文件和资料；（4）查阅、复制与被调查事件有关的财产权登记、通讯记录等文件和资料；（5）查阅、复制当事人和与被调查事件有关的单位和个人的证券交易记录、登记过户记录、财务会计资料及其他相关文件和资料；对可能被转移、隐匿或者毁损的文件和资料，可以予以封存、扣押；（6）查询当事人和与被调查事件有关的单位和个人的资金账户、证券账户、银行账户以及其他具有支付、托管、结算等功能的账户信息，可以对有关文件和资料进行复制；对有证据证明已经或者可能转移或者隐匿违法资金、证券等涉案财产或者隐匿、伪造、毁损重要证据的，经国务院证券监督管

[①] 参见郝胜林主编：《经济法》，清华大学出版社2012年版，第277页。

理机构主要负责人或者其授权的其他负责人批准，可以冻结或者查封，期限为6个月；因特殊原因需要延长的，每次延长期限不得超过3个月，冻结、查封期限最长不得超过2年；（7）在调查操纵证券市场、内幕交易等重大证券违法行为时，经国务院证券监督管理机构主要负责人或者其授权的其他负责人批准，可以限制被调查的当事人的证券买卖，但限制的期限不得超过3个月；案情复杂的，可以延长3个月；（8）通知出境入境管理机关依法阻止涉嫌违法人员、涉嫌违法单位的主管人员和其他直接责任人员出境。为防范证券市场风险，维护市场秩序，国务院证券监督管理机构可以采取责令改正、监管谈话、出具警示函等措施。

根据《证券法》第173条的规定，国务院证券监督管理机构依法履行职责，被检查、调查的单位和个人应当配合，如实提供有关文件和资料，不得拒绝、阻碍和隐瞒。根据《证券法》第178条的规定，国务院证券监督管理机构依法履行职责，发现证券违法行为涉嫌犯罪的，应当将案件移送司法机关处理；发现公职人员涉嫌职务违法或者职务犯罪的，应当依法移送监察机关处理。

（二）证券监督管理机构对律师的监督

根据《证券法》第213条第3款的规定，证券服务机构违反该法第163条的规定[1]，未勤勉尽责，所制作、出具的文件有虚假记载、误导性陈述或者重大遗漏的，责令改正，没收业务收入，并处以业务收入1倍以上10倍以下的罚款，没有业务收入或者业务收入不足50万元的，处以50万元以上500万元以下的罚款；情节严重的，并处暂停或者禁止从事证券服务业务。对直接负责的主管人员和其他直接责任人员给予警告，并处以20万元以上200万元以下的罚款。由此可知，律师及律师事务所在从事证券法律业务过程中，如果出现了《证券法》第213条规定的情形，是要受到证券监督管理机构的处罚的。

有学者专门对证券监督管理机构处罚决定书中的具体理由进行了研究，发现基本都会出现"律师事务所及其承办律师未勤勉尽责"的表述，但勤勉尽责如何界定，一直没有明确。从证券监督管理机构的角度看，律师事务所及其律师未勤勉尽责主要表现在以下七个方面：（1）未依照规定编制检查和验证计划；（2）未合理运用查验方法，查验程序履行不完整；（3）未充分履行特别注意义务；（4）未充分履行一般注意义务；（5）法律意见书存在实质瑕疵；（6）法律意见书存在形式瑕疵；（7）未有效实施质量控制程序。[2]

对于证券监督管理机构对律师的监督，有学者认为，中国证券监督管理委员会对"勤勉尽责"以及相关问题的认真阐释，呈现出对证券服务律师处罚的"准司法化"趋势，这是值得高度肯定的制度发展，是中国证券市场走向依法治理的重大进步。但该委员会在一

---

[1]　《证券法》第163条规定："证券服务机构为证券的发行、上市、交易等证券业务活动制作、出具审计报告及其他鉴证报告、资产评估报告、财务顾问报告、资信评级报告或者法律意见书等文件，应当勤勉尽责，对所依据的文件资料内容的真实性、准确性、完整性进行核查和验证。其制作、出具的文件有虚假记载、误导性陈述或者重大遗漏，给他人造成损失的，应当与委托人承担连带赔偿责任，但是能够证明自己没有过错的除外。"

[2]　参见王倩：《证券律师勤勉尽责之实务分析——基于我国证券律师违法违规案例的思考》，载《证券法苑》2017年第3期。

些案件中的行政处罚举措及其所依赖的归责逻辑存在争议，其合理性有待考察。[①]还有学者认为，中国证券监督管理委员会对证券服务律师未"勤勉尽责"的认定依据本身存在很多不确定性。例如，《律师事务所从事证券法律业务管理办法》第21条规定，法律意见不得使用"基本符合""未发现"等含糊措辞。这一规定的本意是防止律师不尽职、草率发表意见。然而要求律师对所有问题进行兜底，既不现实，也存在很大的问题。这种"一刀切"处理过于简单化，貌似严谨，实则会伤害法律意见的真实性和可信度，有可能误导投资者。从可操作性和科学的角度出发，不应机械地限定律师出具法律意见的用语，而应从实际出发，要求在律师工作报告中披露律师具体的核查过程，审查其是否在可能的情况下尽到了所有的核查义务。[②]

论题六　律师公益法律服务

公益法律服务最早产生于美国，2015年以后在美国申请律师执业的前提之一是给社区提供不少于50小时的公益法律服务。在欧洲，多国也成立了公民咨询机构为社会提供公益法律服务。我国从1980年开始恢复律师制度，在1996年《刑事诉讼法》中首次规定了法律援助，于1997年在北京成立司法部法律援助中心，2003年颁布《法律援助条例》；2015年开始推进一村一律师工作，之后逐渐推广到全国，同年实现了法律援助服务的窗口化；2017年法律援助刑事辩护全覆盖进行了试点工作，并于2019年向全国推广。2019年，司法部发布《关于促进律师参与公益法律服务的意见》，这是我国关于公益法律服务的第一份专门文件。本论题主要探讨律师公益法律服务的内涵、特征及其理论基础，以及律师公益法律服务的基本规范。

一、律师公益法律服务概述

（一）公益法律服务的基本内涵

简单地说，公益是一种行动，这种行动从性质上看是志愿行动，它以利他主义价值观为导向，其目的是促进公共利益。所谓"志愿行动"，是指不以物质利益回报为目的，为改进社会和推动社会进步而提供服务、贡献个人的时间及精力的行动。所谓"利他主义价值观"，是指把社会利益放在第一位，为了社会利益而牺牲个人利益的生活态度和行为原则。所谓"公共利益"，是指社会公共福祉的最大化。在公益的概念里，利他主义的最终指向不仅是他人和个体利益，而且是公共利益。与之相应，公益法律服务是具有公益性的法律服务活动。

在中国，理论界与实务界对公益法律服务的关注时间并不长，对于公益法律服务的确

---

① 参见程金华、叶乔：《中国证券律师行政处罚研究——以"勤勉尽责"为核心》，载《证券法苑》2017年第5期。

② 参见郭雳：《证券律师的职责规范与业务拓展》，载《证券市场导报》2011年第4期。

切内涵也未形成共识，主要有以下四种观点：

第一，"专业行为说"。有人认为，公益法律服务是指"在不特定多数人的民事权利受到侵害时，法律专业人士为纠正这种广泛的违法侵权行为，代表在经济地位上处于弱势的受害一方，阐明规范、表达主张、争取权利的专业行为"[①]。这种观点进一步指出，"公益"并不代表无偿，而是指多数人"在一个相对的地域里成为公共利益"。强调无偿，或许会产生一定的道德效应，却可能使公益法律服务事业缺乏经济基础、缺乏优秀人才。由此可知，这种观点强调公益法律服务的对象是"不特定多数人"，而且这些人均为"在经济地位上处于弱势的受害一方"，主体是"法律专业人士"，属性是"专业行为"。

第二，"公共产品说"。有人认为，公益法律服务属于公益法范畴，而公益法的起源是"为弱者而战"。因此，公益法律服务是"以维护社会公共利益为宗旨，面向困难群众的非营利性法律服务，是有偿法律服务的重要补充"[②]。这种观点还将公益法律服务的原则定位为"政府主导"，认为公益法律服务作为一项公共产品，也应当由政府来组织和提供。由此可知，这种观点除了强调公益法律服务的目的是"社会公共利益"，还强调公益法律服务的对象是"困难群众"，其属性是"非营利性"，而主导者则是"政府"。

第三，"公共利益说"。有人认为，界定公益法律服务必须先厘清"公益"的本质与内涵，而"公益"是社会利益与个人利益的结合，其核心内涵是"不确定多数人整体的而不是局部的利益"。因此，公益法律服务是指"法律专业人士为满足维护不特定多数人整体利益而提供的法律服务"[③]。由此可知，这种观点强调公益法律服务的目的是"维护不特定多数人的整体利益"，主体是"法律专业人士"，属性是"法律服务"。

第四，"法律服务说"。有人认为，公益法律服务是指"具备公益性的法律服务活动"，即"法律专业人员接受法人、公益组织或者自然人委托，为其提供非营利性的法律服务"[④]。公益性是公益法律服务的首要衡量标准。所谓"公益性"，指的是"社会公平和正义得到切实维护和实现""法律被有效地遵守""社会高效有序运转"。与此同时，这种观点也强调"非营利性"，所谓"非营利性"，并不是绝对的"无偿"，而是不收费或少收费。

在实践中，不同类型的律师事务所对公益法律服务也表现出不同的活动样态。对于中小型律师事务所而言，常见的公益法律服务包括以下几类：（1）无偿提供法律咨询，如开通免费法律咨询热线；（2）在特定时间开展法治宣传教育活动；（3）主动办理贫弱当事人的案件。而对于大型律师事务所而言，常见的公益法律服务则包括以下几类：（1）为慈善机构、公益组织等非营利性社会组织无偿提供法律服务；（2）积极参政议政，有效参与改进以弱势群体为主要受益群体的政策法律；（3）直接捐款或运用律师的个人影响力筹款并投入公益法律服务事业当中。

本书认为，公益法律服务是指法律专业人士主动给那些无法运用法律手段或没有能力支付费用的个人或非营利组织提供的无偿法律服务。因此，只有主动提供法律咨询、案件

---

① 罗燕：《建设公益性法律服务体系之我见》，载《法治论坛》2009年第4期。

② 赵文群：《关于制定公益法律服务条例的若干思考》，载《人民之声》2010年第8期。

③ 高晓莹：《论公益法律服务》，载《法学杂志》2011年第7期。

④ 王超莹、蔡俊敏：《公益法律服务体系构建》，载《中国司法》2009年第1期。

代理、普法宣传等与法律相关的免费服务才属于公益法律服务，捐资助学、设立奖助学金、慰问孤寡老人等，则不属于公益法律服务。而且，只有为社会贫弱群体、非营利组织等缺乏必要诉讼手段且经济上处于弱势地位的群体提供无偿法律服务才属于公益法律服务，一些律师事务所为自己的"付费客户"减免费用，也不属于公益法律服务。

（二）公益法律服务的基本特性

为了进一步厘清公益法律服务的概念，下文从伦理性、自觉性、无偿性、专业性四个方面，阐释公益法律服务的基本特性。

1. 公益法律服务的伦理性

按照崔西亚·德·菲利普斯（Tricia De Filipps）的观点，公益法律服务本身应当是一种伦理行为。不管伦理学的众多理论是如何论证律师具有参与公益法律服务的伦理责任这一问题的，其结果都是一致的：参与公益法律服务是"好的""正确的""道德的"事情。[①]对于公益法律服务这一职业责任，不能把它简单地理解为律师作为普通人所表现出来的慈悲心、怜悯心等情感共鸣，而应该把它理解为韦伯式的"天职"（calling）[②]和涂尔干意义上的"职业伦理"[③]。在中国的传统观念中，虽然没有"天职"这一概念，但是"在其位谋其政""分内之事""天降大任"等醒世箴言所传达的精神实质与"天职"是一致的。律师与医生、牧师等职业一样，具有神圣意味。这三种职业的发展源流均具有极强的伦理性及利他性。在此背景下，牧师的天职是"救赎世人"，医生的天职是"救死扶伤"，律师的天职则是"热忱公益"。[④]公益法律服务作为律师职业的基石，根植于律师职业的传统，集中体现了律师职业的伦理性，它是每一位律师的职业责任。

2. 公益法律服务的自觉性

公益法律服务的自觉性与伦理性密切相关。从整体层面来看，它源于涂尔干所称的"集体良知"（collective conscience），它是群体成员共同的道德信念和道德情感的总和，是一般的认知、规范和信仰的共同结构，是通过个体意识来实现的。它具有约束作用，可以进入个人人格的核心之中。[⑤]公益法律服务是律师职业"集体良知"的组成部分，其自觉性

---

① See Tricia De Filipps, "Attorneys Ethical Responsibility to Provide Pro Bono Legal Services to Those in Need", *Buffalo Public Interest Law Journal*, Vol.33（2014），pp.1–22.

② "天职"含有一个宗教的概念——"上帝安排的任务"。职业的概念中包含了人们对日常活动的肯定评价，在构成近代资本主义精神乃至整个近代文化精神的诸基本要素中，以职业概念为基础的理性行为这一要素，正是从基督教禁欲主义中产生出来的。参见［德］马克斯·韦伯：《新教伦理与资本主义精神》，于晓、陈维纲等译，生活·读书·新知三联书店1987年版，第142页。

③ 涂尔干说："企业家的义务与士兵的义务，士兵的义务与牧师的义务也迥然不同，如此等等在这样的联系中，我们可以说有多少种不同的天职，就有多少种道德形式，从理论上说，每个人都只能履行一种天职，于是，这些不同的道德形式便完全适合于个人所组成的不同群体。"参见［法］爱弥尔·涂尔干：《职业伦理与公民道德》，渠东、付德根译，上海人民出版社2006年版，第6页。

④ 参见季卫东：《法治秩序的建构》，中国政法大学出版社1999年版，第240页。

⑤ 参见［美］T.帕森斯：《社会行动的结构》，张明德、夏翼南、彭刚译，译林出版社2003年版，第375—376页。

是一种职业自觉性，融合了私人自觉性与公共自觉性。[①]公益法律服务要求律师主动作出行为选择，强调律师的自我意识。这种自觉性促使律师主动调整个人的行为方式，以使自己的行为符合职业群体的期待，符合社会行为规范的要求。从"集体良知"的实现来看，只有主动的提供无偿法律服务才体现职业自觉性，才符合公益法律服务的特征。

3. 公益法律服务的无偿性

简单地讲，公益法律服务的无偿性指的就是公益法律服务提供者为服务对象提供免费的法律服务。公益法律服务的对象主要是无法运用法律手段或没有能力支付费用的弱势群体或非营利性组织。在面对复杂的法律问题或者强势的对方当事人时，他们可能因为没钱委托律师而选择隐忍、沉默，或者选择采取极端的解决问题的方式。此时，强调公益法律服务的无偿性就十分重要。公益法律服务提供者与服务对象之间并不存在"你给我钱，我给你正义"这样的"消费关系"。公益法律服务的无偿性特征，正是对法律商业主义[②]的"对冲"和平衡，可以使法律服务避免经济活动化，让法律专业人士回归公共服务精神的传统。

4. 公益法律服务的专业性

公益法律服务的专业性与律师的职业属性密切相关。一般认为，律师职业的专业性是指师的执业活动是依靠专门的知识和技能进行的。[③]公益法律服务的专业性正是律师职业专业性的自然延伸和体现。公益法律服务不同于一般的社会责任，它承载了律师职业的"理性价值"，也最能体现律师职业的职业传统与精神。从西方对公益法律服务的最初定义来看，公益法律服务是指无偿自愿承担专业性工作（for professional work undertaken voluntarily and without payment）。因此，专业性是其原初特征，具体来说就是与法律相关。在一个高度法治化的社会，对个人尊严、自由的保护要求确保法律的可接近性，这就是所谓的"接近正义"。[④]公益法律服务并非无源之水，它根植于律师职业的传统，不仅体现了社会福利思想，也是职业主义理论与法律职业伦理适应社会变革的必然要求。[⑤]

（三）公益法律服务的区别性特征

廓清公益法律服务的特征，还需要探讨公益法律服务与相关概念的关系。在此，本书着重辨析公益法律服务与公共法律服务、律师社会责任、法律援助的关系，以明确公益法律服务区别于公共法律服务、律师社会责任、法律援助的特征。

1. 公益法律服务不同于公共法律服务

公益法律服务与公共法律服务容易发生概念上的混淆，实际上这是两个不同的概念。

---

① See Vered Kraus, E. O. Schild and Robert W. Hodge, "Occupational Prestige in the Collective Conscience", *Social Forces*, Vol.56, Issue 3（1977–1978）, pp.900–918.

② "法律商业主义"的基本思想是把法律人向委托人提供法律服务的活动理解为商业活动，把法律服务供给和消费的领域界定为法律市场，其基本观念包括经济人假设、法律市场观念、自由竞争观念、企业化经营观念。参见黄文艺、宋湘琦：《法律商业主义解析》，载《法商研究》2014年第1期。

③ 参见陈宜、王进喜主编：《律师公证制度与实务》（第二版），中国政法大学出版社2014年版，第19页。

④ 参见［美］德博拉·L.罗德：《为了司法/正义：法律职业改革》，张群、温珍奎、丁见民译，中国政法大学出版社2009年版，第87页。

⑤ 参见刘东华：《公益法律援助的职业理性——对话丹宁勋爵对法律援助的诟病》，载《时代法学》2013年第3期。

2019年中共中央办公厅、国务院办公厅印发的《关于加快推进公共法律服务体系建设的意见》导言部分指出，"公共法律服务是政府公共职能的重要组成部分，是保障和改善民生的重要举措，是全面依法治国的基础性、服务性和保障性工作。推进公共法律服务体系建设，对于更好满足广大人民群众日益增长的美好生活需要，提高国家治理体系和治理能力现代化水平具有重要意义"。可见，公共法律服务的提供者是政府，公共法律服务是政府职能的组成部分。公共法律服务体系目前主要体现为各地市区的公共法律服务中心，其整合了法律援助、公证、法律咨询、人民调解等法律资源，给人民群众提供一站式服务，并通过网络、电话、实体三大平台，实现人群最大限度覆盖。

公益法律服务与公共法律服务也有联系，二者相互促进和补充，在有些领域还存在交叉。公益法律服务往往首先在社会产生，然后由政府部门加以推广，纳入政府的管理，而政府的管理和经费的扶持，往往进一步促进公益法律服务的发展。公益法律服务弥补了公共法律服务范围过窄的不足。比如，法律援助一开始是个别律师和律师事务所自发进行的，后来被纳入政府管理。法律援助目前在我国既属于公共法律服务，又属于公益法律服务，其政策依据有二：一是《关于促进律师参与公益法律服务的意见》。虽然该意见第2条第4项规定的公益服务并不包括法律援助，但是第2条第6项明确规定了每名律师每年参与不少于50个小时的公益法律服务或者至少办理2件法律援助案件，这相当于把法律援助等同于公益法律服务。二是《关于加快推进公共法律服务体系建设的意见》。该意见对法律援助有很多论述，明确了法律援助是政府公共法律服务职能的一部分。

2. 公益法律服务不同于律师社会责任

关于"律师社会责任"的内涵，目前尚未形成权威且一致的意见，理论界与实务界均存在一定的争议。按照学者总结的观点，律师社会责任是指律师在追求自身利益之外为满足社会公众的期望或实现社会整体的公共利益而承担的法律上、伦理上或道义上的义务，是一种特殊的社会责任。[1]根据目前各级律师协会发布的《律师社会责任报告》，律师履行社会责任的方式大致包括法律援助、法律咨询、参与普法、公益诉讼、公益上书、捐资助学、慈善捐款等。美国学者威廉·瓦恩斯（William A.Wines）认为，随着法学教育的爆炸式扩张，律师职业越发走向所谓的"商业化发展"道路，很多律师只关注经济效益，而忽视社会效益，已经忘记了公益法律服务这一职业责任。既然如此，律师也应该遵守企业社会责任，因为企业社会责任是商业发展的根基。[2]

对此，有学者提出了不同的观点，认为律师社会责任必须具体化为律师特有的职业责任，因为社会的发展正是各个领域合力发展的结果，突出职业责任，既是对职业化发展规律的尊重，也是对职业价值的肯定。[3]还有学者认为，用律师社会责任取代公益法律服务，存在标准太低、范围过宽、缺乏限定条件等不确定的问题。此外，将一些"公益"之外的方式也纳入律师社会责任范围，导致律师的社会责任相对比升高，但是公益法律服务的绝

---

① 参见刘晓兵：《律师社会责任评价体系研究》，中国政法大学出版社2016年版，第11页。

② See William A. Wines, "Lawyer Proliferation and the Social Responsibility Model", *Journal of Legal Education*, Vol.39, Issue 2（1989）, pp.231–238.

③ 参见徐芳宁：《法律人的社会责任——从公益法律诊所的设立谈起》，载《环球法律评论》2005年第3期。

对比没有变，贫弱群体的法律服务需求并未得到实际解决。[①]本书赞同前述学者的观点：单纯讲律师社会责任，难以精准体现律师的职业价值与职业精神，而且有将律师商人化的倾向。根据公益法律服务的最初内涵——自愿提供无偿的专业性服务，本书认为公益法律服务不同于律师社会责任。

3. 公益法律服务不同于法律援助

在我国语境下讨论公益法律服务的概念，还必须和"法律援助"这一概念结合起来。公益法律服务在我国发展得比较晚，从制度发展的角度看，我国公益法律服务制度实际上脱胎于法律援助制度。然而，这并不意味着公益法律服务就是法律援助。事实上，二者有明显的区别。在我国，法律援助也是舶来品，现代意义上的法律援助制度是在三十多年的时间里建立的。对于法律援助的概念，目前我国法律并未进行明确规定。一般认为，法律援助有四个关键特征：（1）统筹机构是国家；（2）申请条件是经济困难或特殊情况；（3）援助方式是全免费或半免费;（4）援助内容是法律服务。[②]就法律援助的属性而言，我国《法律援助条例》将其界定为"国家责任，律师义务"，其载体是法律服务。有人认为，严格来说，法律援助是律师的一种收费服务。与企业或个人作为付费主体的一般收费服务相比，这种收费服务的付费主体是政府，付费标准低于市场标准。

目前，《法律援助条例》与《律师法》关于法律援助属性的相关条款存在很多模糊和现实困境。[③]法律援助提供的内容是法律服务，因此必须考虑法律服务本身的特点：一方面，法律服务是一种专业性、技能性的服务，由法律专业人士提供，它不是一种国家权力；另一方面，平等获得法律服务是公民的一种权利，是"法律面前人人平等"的必然要求。[④]既然法律援助是国家责任，法律援助服务作为一种公共产品向符合条件的社会公众提供，那么是否意味着国家应该尊重法律服务本身的特点，支付一定的对价以取得法律服务？从世界各国法律援助制度来看，法律援助主要采取的是政府购买服务的方式。[⑤]我国通过法律和行政手段强制性要求律师提供无偿法律援助的做法，从当前的社会需求来看，具有一定的合理性，但是仍然面临一些现实问题，如社会观念问题、财产资金问题、社会参与度问题等。[⑥]相比之下，我国公益法律服务不会产生如法律援助那般的现实困境。一方面，公益法律服务强调的是律师职业的群体自愿利他行为，它是律师的一种职业责任；另一方面，职业主导的公益法律服务，作为律师职业精神和职业伦理的组成部分，更能体现律师的职业价值，可以通过律师的职业认同来获得发展。

二、律师公益法律服务的理论基础

伴随着公益法律服务的兴起和发展，学术界从不同的视角（结构功能主义视角、市场

---

① 参见许身健：《提升律师公益法律服务》，载《检察日报》2013年3月13日，第7版。

② 参见宫晓冰主编：《中国法律援助立法研究》，中国方正出版社2001年版，第37页。

③ 参见王芳：《律师志愿公益法律服务指南》，法律出版社2014年版，前言第3页。

④ 参见宫晓冰主编：《中国法律援助立法研究》，中国方正出版社2001年版，第20—21页。

⑤ 参见桑宁：《论中国法律援助的创新与发展》，载《中国司法》2013年第10期。

⑥ 参见贺海仁：《法律援助：政府责任与律师义务》，载《环球法律评论》2005年第6期。

控制视角、制度主义视角等）出发对其展开理论研究，构建了律师公益法律服务的理论基础。

（一）结构功能主义：公益法律服务是一种角色责任

结构功能主义（structural functionalism）被认为是第一个用来研究职业与社会秩序关系的社会学理论，该理论为理解法律职业的兴起、发展与变革提供了一个分析框架。在结构功能主义的所有理论主张中，塔尔科特·帕森斯（Talcott Parsons）的理论主张一直处于核心地位。[①]帕森斯在《社会行动的结构》（The Structure of Social Action）一书中建构了关于社会组织的功能理论，在《社会系统》（The Social System）一书中更加广泛地考虑了个体行动者所处的情境条件，同时更加重视稳定社会系统中各种因素之间的互动。帕森斯认为，在研究社会系统时，首先应该明确社会系统的单位，这个单位从最基本的意义上说就是"行动"（act）。然而，对于大多数社会系统的宏观分析来说，帕森斯认为适用"地位—角色"（status-role）比"行动"更方便。在行动模式化的互动关系中，每一位行动者的参与（participation）都是社会系统最重要的单位。这种参与又包括两个方面：一是位置方面（positional aspect），即在社会系统中，相对于其他行动者，某个行动者"位于"（located）何处，这就是帕森斯所说的"地位"（status）。二是过程方面（processual aspect），即在对社会系统的功能性意义背景下，行动者在与他人的关系中所起的作用，这就是帕森斯所说的"角色"。[②]在帕森斯看来，"地位"与"角色"在本质上是有区别的，但在互动关系中又是密切相关的，当"角色"是社会对某个"地位"的行为期待时，这个角色在社会系统中一定承担着某种功能。

在职业问题上，结构功能主义的一个重要理论主张是，如果职业能避免外部干预，它们会利用其专业技术为大众的普遍利益服务，独立的职业人员实际上追求的是客户利益而不是个人利益，并且把公共利益置于二者之上。[③]帕森斯认为，律师是知识渊博的群体，他们利用其法律专长提供服务，是法律服务智力资源的阶层垄断者与控制者。虽然他们与其他行业有某些共同的特点，如为客户提供服务以获取个人利益，但也不能将他们视为委托人或自利团体的仆人。[④]按照帕森斯的"地位—角色"理论，律师职业是律师之间以及律师与其他行动者之间互动形成的一个系统，它是总体社会系统的组成部分。个体行动者成为律师职业的一员，获得了它在社会系统中的"地位"，而律师这一"角色"又必须体现社会对他的行为期待，因此以大众普遍利益为基础的公益法律服务就应该是一种角色责任。从对社会系统的功能性意义的角度看，这也是律师对社会的功能。在过去的几十年里，这种社会学理论一直为美国律师职业的行为提供指引，其结果就是，公益法律服务成为法律职

[①]　参见周怡：《社会结构：由"形构"到"解构"——结构功能主义、结构主义和后结构主义理论之走向》，载《社会学研究》2000年第3期。

[②]　See Talcott Parsons, *The Social System*, Free Press, 1951, p.25.

[③]　参见［美］理查德·L.埃贝尔：《美国律师》，张元元、张国峰译，中国政法大学出版社2009年版，第43页。

[④]　参见［英］帕特里克·贝尔特、［葡］菲利佩·卡雷拉·达·席尔瓦：《二十世纪以来的社会理论》，瞿铁鹏译，商务印书馆2014年版，第80—88页。

业主义的核心特征。①1986年，美国律师协会发布了《公共服务精神：推动律师职业主义蓝皮书》，该报告再次指出法律职业不同于商业，其不是以追求利润为宗旨的，公共服务精神是法律职业的首要原则。②

（二）市场控制：公益法律服务是市场垄断的一种对价

马克斯·韦伯（Max Weber）等学者提出的"社会封闭"（social closure）理论和市场控制理论，为解读公益法律服务提供了另一种视角。在对"欧洲资本主义"这一特定事件进行解释的过程中，韦伯分析了导致西方理性崛起的各种因素，并考察了一些体现理性的结构，包括市场、官僚和职业。在此基础上，韦伯对职业以及职业化、官僚化和合理化之间的关系进行了深入研究。加尔文主义（calvinism）和它所产生的禁欲主义（asceticism），在西方理性的发展中起着至关重要的作用。韦伯认为，职业与禁欲主义密切相关：禁欲主义明确而统一的目标是纪律和有条理的组织行为，它的典型代表是"职业人"（man of a vocation）或"专业人士"（professional），其独特的结果是社会关系的理性组织。③韦伯进一步对职业的特征进行分析，他认为职业具有以下几个基本特征：一是权力（power）；二是学说，或一般的系统知识（doctrine, or general systematic knowledge）；三是理性培训（rational training）；四是职业资格（vocational qualifications）。④

职业人士如何继续维持自己的身份认同呢？对此，韦伯提出了"社会封闭"理论，认为要成为一个职业，就必须寻求社会封闭。韦伯认为，社会封闭发生在任何一种有关谋生的竞争中，这种竞争产生了对减少竞争感兴趣的群体。这些群体试图通过封闭他们定义为劣等或不合格的外部人的机会，来垄断优势并最大化他们的回报。⑤因此，在"社会封闭"理论看来，职业和职业主义的概念并不能自然地对社会体制产生功能性；相反，一种职业的兴起强化了社会控制，并进一步确定了该职业群体的市场垄断地位。韦伯描述了一些封闭的排列组合方式："对外部人而言，规制和封闭的程度及方法可能是极为不同的，因此，从一种开放状态过渡到一种管制和封闭的状态是一个渐进的过程。各种参与条件都可能会被停止使用：资格考试、见习期、对占有在某种条件下可购买到的股份达到一定份额的要求、通过投票选出新成员、根据出生或者根据对所有人开放的依后天成就而获得成员资格或条件资格。"⑥随后，韦伯的"社会封闭"理论被主要用来解释法律专业人员在社会中的地位。

---

① See Scott L. Cummngs, "The Politics of Pro Bono", *UCLA Law Review*, Vol.52, Issue 1（2004），pp.1–150.

② See Robert W. Gordon, "The Independence of Lawyers", *Boston University Law Review*, Vol.68, Issue 1（1988），pp.1–84.

③ See Debra Lyn Bassett, "Redefining the Public Profession", *Rutgers Law Journal*, Vol.36, Issue 3（2005），pp.721–774.

④ See George Ritzer, "Professionalization, Bureacuratization and Rationalization: The Views of Max Weber", *Social Forces*, Vol.53, Issue 4（1974–1975），pp.627–634.

⑤ See Kim A. Weeden, "Why Do Some Occupations Pay More than Others? Social Closure and Earnings Inequality in the United States", *American Journal of Sociology*, Vol.108, No.1（2002），pp.55–101.

⑥ See Max Weber, *The Theory of Social and Economic Organization*, Free Press, 1992, p.142.

作为韦伯的"社会封闭"理论的追随者，马加利·拉尔森（Magali Larsen）在其著作《职业主义的兴起：一种社会学分析》中开宗明义地指出："我的意图是在这里考察我们所谓的职业是如何组织起来以获得市场力量的。我认为职业化是特殊服务的生产者试图建立和控制专门知识市场的过程。因为市场化的专业知识是现代不平等社会结构的一个关键因素，职业化的出现也是作为一种特殊社会地位的集体主张，是一种集体的向上的社会流动过程。换言之，职业市场的构成开始于19世纪，开创了一种新的结构性不平等的形式：它不同于早期的贵族保护，也不同于基于财产和资本主义精神的社会不平等。"[①]拉尔森的观点得到了很多理论学者的支持，理查德·埃贝尔通过对英国与美国律师职业的研究认为，职业人士为证明他们控制市场的合理性，主张他们是唯一有资格在一个专门知识领域提供意见或服务的。这种所谓"专属职权"（exclusive competence）的吹嘘来源于"许可成为正式会员……经过理论与实践训练后，必须通过专门的考试"。埃贝尔进一步认为，这种职业化基础面临着"垮台"的危险：第一，它不但没有安抚社会公众的情绪，反而点燃了他们的怒火，社会公众对律师充满敌意，因为律师被视为只为自己工作的群体。第二，律师们并不真正愿意去满足正在由他们创造的大众服务需求，尤其是在国家不提供补助的情况下，因为这类工作相对而言无利可图、没有趣味，而且把律师置于整个职业等级的底部。[②]

在市场控制理论看来，职业活动常常是受"职业利己主义"（professional self-interest）指导的。[③]因此，以市场为导向的学者认为，从事公益法律服务是律师基于利己主义或迫于职业竞争压力而作出的选择。例如，丹尼尔斯（Stephen Daniels）和马丁（J. Martin）认为，大型律师事务所的公益法律服务工作常常带有一些战略性意义；换言之，大型律师事务所的律师并不仅仅把公益法律服务理解成一种职业责任，还把它们与律师事务所的商业战略挂钩，公益法律服务常常成为律师事务所招募法学院精英学生和寻找好的客户的策略。[④]丽贝卡·桑迪弗（Rebecca L. Sandefur）通过对美国20世纪90年代末公开的数据进行交叉截面（cross-sectional）分析，发现在律师收入较高的州，公益法律服务的水平也高，与此同时，该州律师职业面临非法职业者或其他职业的威胁也高。此外，对比结构功能主义的观点，桑迪弗发现没有任何证据证明美国进行的职业责任劝诫实际上增加了公益法律服务。正如桑迪弗所言："在律师行业内部或职业自我代表性讨论中，试图激活潜在价值或对公共服务的承诺或许只是一种重要的象征作用。因为，现有的证据并不支持它们作为鼓励律师提供服务的有效战略。"[⑤]因此，桑迪弗从市场导向的视角来理解职业化和公益法律服务，认为以律师自律或职业责任观念为基础的结构功能主义视角忽视了市场的影响。

---

①　Richard L. Abel，"The Rise of Professionalism"，*British Journal of Law and Society*，Vol.6，Issue 1（1979），pp.82-98.

②　See Richard L. Abel，"Toward a Political Economy of Lawyers"，*Wisconsin Law Review*，Vol.1981，Issue 5（1981），pp.1117-1188.

③　参见［美］理查德·L.埃贝尔：《美国律师》，张元元、张国峰译，中国政法大学出版社2009年版，第56页。

④　See Stephen Daniels and J. Martin，"Legal Services for the Poor：Access，Self-Interest，and Pro Bono"，*Sociology of Crime Law and Deviance*，Vol.12（2009），pp.145-166.

⑤　Rebecca L. Sandefur，"Lawyers Pro Bono Service and American-Style Civil Legal Assistance"，*Law & Society Review*，Vol.41，Issue 1（2007），pp.79-112.

相反，市场控制理论为理解职业与更广阔的经济市场之间的关系提供了一种更好的解释方式。然而，这种理论视角虽然为我们理解律师公益法律服务提供了新的角度，但是对于理解近年来公益法律服务的兴起也不是一个令人满意的角度。

（三）制度主义：公益法律服务是以个人为中心的一种制度

无论是结构功能主义视角还是市场控制视角，都没有给学术界提供一个完善的理论框架，来解释在法律职业组织内公益法律服务到底是如何运作的，个人与公益法律服务之间到底是如何联系的。[①]在过去几十年里，新制度主义（new institutionalism）逐渐引起了法学家、社会学家的关注。美国学者彼得·霍尔（Peter Hall）和罗斯玛丽·泰勒（Rosemary Taylor）认为，新制度主义至少包括三种分析路径：一是历史制度主义（historical institutionalism），把制度定义为嵌入在政治或政治经济的组织结构中的正式或非正式的程序、惯例、规范与习俗，强调制度的"路径依赖"和"意外后果"；二是理性选择制度主义（rational choice institutionalism），把"理性的人"（rational people）作为分析的起点，认为人都具有一定的偏好，而制度则是偏好最大化的工具；三是社会学制度主义（sociological institutionalism），把制度放在一个更加广泛的范畴中去分析，主张制度不仅包括正式的规则、程序或规范，还包括为人类行为提供"意义框架"（frames of meaning）的符号系统、认知脚本（cognitive scripts）和道德模板，强调制度与文化之间的相互投射。[②]因此，这种社会学的内在逻辑性激发了社会学家对社会学制度主义的发展与完善。

与其他传统理论不同，社会学制度主义强调文化对决策和形式结构的影响。它认为，组织及其组成人员被定格在价值观、规范、规则、信仰和理所当然的假设之中，这些假设至少部分是由他们自己制造的。这些文化元素决定了世界是怎样的以及应该是怎样的。因此，制度与行为的关系问题成为社会学制度主义的重要内容。在具体研究这一问题之前，也需要对制度的定义进行界定。一个具有启发意义的概念能够让研究者洞悉制度在产生、发展、变革等流变过程中的样态。因此，社会学家汤姆·伯恩斯（Tom Burns）认为，应以制度作为共同的规则与类型来确定社会行动者的类别及其适当的活动或关系。[③]在此基础上，伯恩斯认为，行动者既是社会规范的执行者，也是社会规范的形成者；单个行动者可以改变行动环境，并重建社会规范与社会制度。[④]

伯恩斯的"制度"概念与社会学家安东尼·吉登斯（Anthony Giddens）的"结构"

---

① See Robert Granfield, "Institutionalizing Public Service in Law School: Results on the Impact of Mandatory Pro Bono Programs", *Buffalo Law Review*, Vol.54, Issue 5（2007）, pp.1355–1412.

② See Peter A. Hall and Rosemary C. R. Taylor, "Political Science and the Three New Institutionalisms", *Political Science*, Vol.44, Issue 5（1996）, pp.936–957.

③ See Stephen R. Barley and Pamela S.Tolbert, "Institutionalization and Structuration: Studying the Links between Action and Institution", *Organization Studies*, Vol.18, Issue 1（1997）, pp.93–117.

④ See W. Richard Scott, "The Adolescence of Institutional Theory", *Administrative Science Quarterly*, Vol.32, No.4（1987）, pp.493–511.

概念有很多相似之处，但吉登斯强调了制度的规范性力量及其对行为的影响程度。①吉登斯关于结构化的研究试图阐明以过程为导向的理论，将结构（制度）视为人类行动的产物和约束。在功能主义和现象学的影响下，吉登斯试图弥合确定性、客观和静态结构概念之间的鸿沟。按照吉登斯的理论，制度领域代表了现有的规则和典型框架，这些规则和框架来源于行动累积和互动历史。制度秩序由一般原则组成，这些原则构成了意义、支配和合法化的体系。相反，行动领域是指社会生活中不断流动的人、事物和事件的实际安排。制度领域与行动领域是密切相关的，二者处于一种互动状态中。制度被不断融入行动者自身的实践知识中，影响人们如何沟通、执行权力以及确定奖励和制裁行为的标准。②社会学制度主义之所以重视个人与制度的关系，是因为把"社会人"（social man）作为分析的起点，强调行为人的角色身份产生的引导作用。"社会人"不同于纯粹的"理性人"或"经济人"，它强调行为人与周围环境的关系，重视行为人的责任和义务，也考虑行为人的主观理解。③制度与"角色"密切相关，制度赋予角色"行为规范"，行为人在社会化的过程中内化了与角色有关的制度规范。制度并不是行为人个人偏好的产物，相反，行为人的个人偏好并不是既定的，制度可以影响和塑造行为人的态度、动机、行为方式等。

社会学制度主义还强调制度化对个人产生的影响。在制度化的过程中，行为人既受到"规范性"指引作出行为选择，也要受到"规制性"指引的限制与约束。帕梅拉·托尔伯特（Pamela S. Tolbert）和林恩·朱克尔（Lynn G. Zucker）在其著作《制度理论的制度化》（The Institutionalization of Institutional Theory）中提出了一个制度化过程的多阶段模型，包括创新、习惯化、客观化、沉淀。其中，创新与习惯化是两个比较关键的阶段。在一个组织环境中，为了应对一个特定的组织问题或一系列问题，如各种政治、技术、市场力量等，而产生一种新的结构安排，这就是创新阶段。在组织中建立新的结构在很大程度上是一项独立的活动，组织决策者若能共享共同的知识和理念核心，则会使得创新具有可行性和吸引力，所以采纳一项特定创新可能并且常常与其他组织的采纳过程密切相关，这就是习惯化阶段。④

正是基于上述理论优势，社会学制度主义已经被广泛用于法律职业与公益法律服务的研究。法律职业被放在一种制度化环境中来观察，能够为正式组织、规章制度、规范、期待等结构性要素所解释。⑤约翰·海因茨（John R. Heinz）和爱德华·劳曼（Edward O. Laumann）在《芝加哥律师：律师的社会结构》（Chicago Lawyers：The Social Structure of the

① See Anthony Giddens, "Action, Subjectivity, and the Constitution of Meaning", *Social Research*, Vol.53, No.3（1986）, pp.529–545.

② See Stephen R. Barley and Pamela S. Tolbert, "Institutionalization and Structuration：Studying the Links between Action and Institution", *Organization Studies*, Vol.18, Issue 1（1997）, pp.93–117.

③ 参见马雪松、周云逸：《社会学制度主义的发生路径、内在逻辑及意义评析》，载《南京师大学报（社会科学版）》2011年第3期。

④ See Pamela S. Tolber and Lynn G. Zucker, "The institutionalization of institutional theory［Electronic version］", In S. Clegg, C. Hardy and W. Nord, eds., *Handbook of Organization Studies*, Sage Press, 1996, pp.175–190.

⑤ 参见［美］约翰·迈耶、［美］布利安·罗恩：《制度化的组织：作为神话与仪式的正式结构》，载［美］沃尔特·W. 鲍威尔、［美］保罗·J. 迪马吉奥主编：《组织分析的新制度主义》，姚伟译，上海人民出版社2008年版，第49页。

Bar）一书中发现了律师职业中的"两个半球"（two hemispheres）：根据律师的客户类型的不同，芝加哥的律师分化成两个缺乏关联的"半球"，即为大型企业服务的律师与为个人服务的律师。他们进一步指出，这种"二异状态"（bifurcation）的负面结果是：最终出现了两种不同的司法体系，"隔离且不平等"（separate and unequal）。此外，他们发现，职业的分割塑造了律师与他们特定客户之间的利害关系。[1]

斯科特·卡明斯（Scott L. Cumming）和德博拉·罗德通过对大型律师事务所公益法律服务制度化的实证研究，探讨了公益法律服务的发展现状。他们发现，越来越多的律师事务所通过专门人员来协调、监督以实现公益法律服务的职业化。这种制度性的基础服务作为对抗日益式微的职业精神的重要堡垒，也为那些计费工作机会不足的律师提供了便捷和制度上的合法性保障。[2]莱斯利·莱文（Leslie C. Levin）则对个人和小型律师事务所的公益法律服务进行了检视。研究发现，个人和小型律师事务所的律师与大型律师事务所的律师有一个共同之处，即他们都把公益法律服务作为一种职业价值；不同之处是律师协会与国家政策对"两个半球"的律师事务所影响不一样，个人和小型律师事务所更加注重公益法律服务所产生的经济成本和负担。[3]尽管前述学者的研究对象与研究结果有所差异，但是他们的研究成果都共同证明了公益法律服务并不单纯是内在的职业责任驱动的结果，也并不仅仅是因为市场垄断而不得已付出的代价，相反，公益法律服务是受很多制度性因素和非制度性因素影响的，包括政治、工作场所、教育和文化等。

上述理论视角不仅揭示了影响公益法律服务发展的因素，也初步回答了一个重要问题——为什么律师要承担公益法律服务责任？美国学者德博拉·罗德也对前述问题进行了总结回答，她认为原因有三：一是法律界垄断了基本法律服务的供应，律师享有特殊的权利，需要承担特殊的义务；二是律师在社会治理结构中具有特殊作用（special role）；三是公益法律服务对律师个人和集体都是有益的。[4]

三、律师公益法律服务的基本规范

2016年6月，中共中央办公厅、国务院办公厅印发《关于深化律师制度改革的意见》，强调要充分发挥律师在全面依法治国中的重要作用，积极开展公益法律服务活动，发展公益法律服务机构和公益律师队伍。2019年，中共中央办公厅、国务院办公厅印发《关于加快推进公共法律服务体系建设的意见》，强调引导律师、公证员、司法鉴定人、基层法律服务工作者自觉履行社会责任，积极参与公益性法律服务。2019年10月，司法部发布《关于促进律师参与公益法律服务的意见》（以下简称《意见》），这是我国关

---

① See Edward O. Laumann and John P. Heinz, "Specializition and Prestige in the Legal Profession: The Structure of Deference", *American Bar Foundation Research Journal*, Vol.1977, Issue 1（1977）, pp.155–216.

② See Scott L. Cummings and Deborah L. Rhode, "Managing Pro Bono: Doing Well by Doing Better", *Fordham Law Review*, Vol.78, Issue 5（2010）, pp.2357–2442.

③ See Leslie C. Levin, "Pro Bono Publico in a Parallel Universe: The Meaning of Pro Bono in Solo and Small Law Firms", *Hofstra Law Review*, Vol.37, Issue 3（2009）, pp.699–736.

④ See Deborah L. Rhode, "The Pro Bono Responsibilities of Lawyers and Law Students", *William Mitchell Law Review*, Vol.27, Issue 2（2000）, pp.1201–1216.

于律师公益法律服务的第一份专门性文件，必将对我国公益法律服务事业做大做强做优产生积极影响。

（一）《意见》对促进律师参与公益法律服务的总体思路

《意见》提出，要以习近平新时代中国特色社会主义思想为指导，全面贯彻落实党的十九大和十九届二中、三中全会精神，认真贯彻落实习近平总书记全面依法治国新理念新思想新战略，组织、引导、支持广大律师积极参与公益法律服务，大力发展公益法律服务事业，推动律师公益法律服务制度化、规范化，构建覆盖城乡、高效便捷、均等普惠的公共法律服务体系和全业务、全时空的法律服务网络，增强人民群众在全面依法治国中的获得感、幸福感、安全感。要通过努力，使广大律师参与公益法律服务的积极性、主动性不断增强，公益法律服务覆盖面持续扩大，服务质量和水平逐步提升，体制机制更加健全，激励保障措施更加完善，在满足人民群众法律服务需求，推进全面依法治国中的作用更加凸显，促进律师队伍亲民、爱民、为民的良好形象进一步树立，律师职业社会认可度、满意度、美誉度进一步提升。

（二）《意见》在促进律师参与公益法律服务方面的具体工作措施

《意见》从六个方面规定了促进律师参与公益法律服务的主要措施：一是拓展服务领域。鼓励、引导律师担任村（居）法律顾问、参与普法宣传、参与法治帮扶、调解矛盾纠纷、协助党政机关做好信访接待、涉法涉诉案件化解工作等。二是增强服务实效。突出服务重点，围绕群众基本法律需求，优先为城乡困难群众和特殊群体提供公益法律服务，强化劳动、就业、社保、教育、医疗等民生领域法律服务，主动为国家重大发展战略服务。加强与社会力量合作，创新服务形式，探索"互联网＋"公益法律服务模式。三是明确服务要求。倡导每名律师每年参与不少于50个小时的公益法律服务或者至少办理2件法律援助案件。律师从事公益法律服务应当依法依规，勤勉尽责，保障服务质量。四是提升服务能力。发展公益法律服务机构和公益律师队伍，积极开展形式多样的公益法律服务业务技能培训和研讨交流活动，做优做强律师公益法律服务品牌，提高公益法律服务专业化、职业化水平。五是注重示范引领。积极培养和选树律师公益法律服务先进典型，总结推广有益经验和做法，鼓励、支持青年律师、实习律师参与公益法律服务，中共党员律师等应当在公益法律服务中发挥表率作用。六是开展考核评价。将公益法律服务情况作为律师执业年度考核和律师事务所年度检查考核的重要内容。完善公益法律服务评价机制，将评价结果与律师事务所、律师评先评优挂钩。

（三）《意见》在调动律师参与公益法律服务的积极性方面的工作保障措施

为增强律师参与公益法律服务的获得感、荣誉感，更好调动律师工作积极性，《意见》专设一章规定了工作保障措施，主要包括四个方面内容：一是强化组织领导。各地司法行政机关、律师协会负责指导、推动本地区律师公益法律服务工作，协调解决工作中遇到的困难，促进律师公益法律服务深入开展。鼓励各地根据当地发展状况和群众实际需要，探索符合本地实际的公益法律服务工作模式、组织形式、运作方式。积极建立健全司法行政机关、律师协会与法院、检察院、公安、宣传、民政、工会、妇联、残联、工商联等有关单位和社会组织的沟通协调机制，搭建合作平台。完善跨区域协作和对口支援机制，组织、支持律师到欠发达地区和律师资源匮乏地区提供公益法律服务。二是加强经费支持。各地司法行动机关要推动将符合条件的律师公益法律服务事项纳入各级基本公共服务体系，争取财政预算和资金支持。有关单位组织律师无偿服务时，一般应协调相应的工作经费，为律师提供适当的交通、食宿等工作补贴。充分利用中央彩票专项公益金等资金开展公益法律服务活动，引导社会力量通过慈善捐赠、项目合作等形式支持公益法律服务。三是完善激励措施。各地推荐党代表、人大代表、政协委员和选举律师协会负责人，以及选派律师参加国内外交流培训等活动时，应当在同等条件下优先考虑在公益法律服务中表现突出的律师。有条件的地方律师协会可以根据需要对在公益法律服务中表现突出的律师、律师事务所酌情减免个人会费、团体会费。指导、推动党政机关、企事业单位选聘法律顾问时，在同等条件下优先选聘在公益法律服务中表现突出的律师和律师事务所。四是大力表彰宣传。对在公益法律服务中表现突出的律师和律师事务所，各地司法行政机关、律师协会要在本系统评先评优活动中优先考虑，并积极推荐其参加劳动模范、道德模范或者其他形式的评选表彰。组织各类媒体大力宣传律师参与公益法律服务的做法成效，深入报道律师服务为民的感人事迹，生动展示律师队伍的高尚道德品质和良好精神风貌，增强律师参与公益法律服务的荣誉感、自豪感。

思考题：

1. 律师保密义务的界限是什么？
2. 律师在执业中发生利益冲突应如何处理？
3. 律师对法庭的真实义务主要体现在哪些方面？
4. 律师与法官交往中应遵循什么样的庭外社交规范？
5. 司法行政机关对律师和律师事务所的管理体现在哪些方面？

专题六　其他法律职业伦理

根据中共中央办公厅、国务院办公厅印发的《关于完善国家统一法律职业资格制度的意见》的规定，法律职业人员是指具有共同的政治素质、业务能力、职业伦理和从业资格要求，专门从事立法、执法、司法、法律服务和法律教育研究等工作的职业群体。担任法官、检察官、律师、公证员、法律顾问、仲裁员（法律类）及政府部门中从事行政处罚决定审核、行政复议、行政裁决的人员，应当取得国家统一法律职业资格。这是本书将法官、检察官、律师、公证员、仲裁员和相关行政人员等列为法律职业人员的基本制度依据。本专题重点介绍公证员、仲裁员和相关行政执法人员的法律职业伦理。

论题一　公证员职业伦理

公证员职业伦理，是指公证员在办理公证事务、履行公证职责的过程中或者从事与之相关的活动时所应遵守的职业伦理规范。加强公证员的职业伦理建设，是贯彻党中央"坚持依法治国和以德治国相结合"和《公民道德建设实施纲要》的要求、建设高素质公证员队伍的重要措施，是进一步深化公证改革、推进公证事业发展的重要环节。本论题的主要内容包括公证员职业概述、公证员职业伦理概述、以及公证员职业责任与惩戒。

一、公证员职业概述

（一）公证概述

1. 公证的含义

在词义上，"公证"（notary）一词源于拉丁语 *nota*，意为抄写文书并取其要领、备案存查。[①]《中国大百科全书·法学》将"公证"解释为："国家公证机关按照公民、机关、团体、企事业单位的申请，对法律行为或者有法律意义的文书、事实，证明它的真实性与合法性的非诉活动。公证是国家司法制度的组成部分，是国家预防纠纷、维护法制、巩固法律秩序的一种司法行政手段。"[②]

在理论上，有观点认为，公证是指公证组织根据当事人的申请，依法证明法律行为、

---

① 参见吕乔松：《公证法释论》，三民书局1984年版，第1页。
② 参见中国大百科全书总编辑委员会《法学》编辑委员会、中国大百科全书出版社编辑部编：《中国大百科全书·法学》，中国大百科全书出版社1984年版，第168页。

具有法律意义的文书和法律事实的真实性、合法性的一种非诉活动。[①]也有观点认为，公证是同时含有静态证明和申证、认证、出证和拒证的一系列动态证明体系的一种公立证明活动。[②]还有观点认为，公证是公证机构根据自然人、法人或者其他组织的申请，依照法定程序对民事法律行为、有法律意义的事实和文书的真实性、合法性予以证明，并依法赋予其证明力、执行力以及使法律行为成立等的活动。[③]

在立法上，国务院于1982年4月发布的《公证暂行条例》将"公证"定义为"国家公证机关根据当事人的申请，依法证明法律行为、有法律意义的文书和事实的真实性、合法性，以保护公共财产，保护公民身份上、财产上的权利和合法权益"。全国人大常委会于2005年8月通过的《公证法》则将"公证"定义为"公证机构根据自然人、法人或者其他组织的申请，依照法定程序对民事法律行为、有法律意义的事实和文书的真实性、合法性予以证明的活动"。

以上可见，主流观点对"公证"的界定都集中在功能、证明对象、证明程序等方面，其中，核心是证明活动和非诉讼行为。对具体行为的理解，一般离不开主体、客体、内容等方面。具体到公证行为，一般认为，公证行为的主体包括公证机构和申请公证的当事人，公证行为的客体（对象）主要是法律行为、法律事实和有法律意义的文书，公证的内容是证明客体的真实性与合法性。[④]因此，也可以将公证简单概括为"提供真实性、合法性证明的一种非诉程序"。

2. 公证的特征

对于公证的特征，不同学者根据不同的定义给出了不同的表述。总体来说，大都认为公证是一种非诉活动，是一种特殊的证明活动。本书认为，公证具有专属性、独立性、特殊性、公益性以及专业性。

第一，专属性。主要体现为：（1）公证证明主体的专属性，即公证机构是唯一专职行使公证证明的机构；（2）公证效力的专属性，即公证书是唯一具有法律效力的证明。

第二，独立性。主要体现为：（1）公证机构按照法律规定独立行使职权，不受行政机关、社会团体和个人的干涉；（2）公证机构以自己的财产对外承担责任。

第三，特殊性。主要体现为：（1）公证对象必须是没有争议的法律行为和有法律意义的事实、文书；（2）公证证明活动具有特定的程序和规则；（3）公证证明结果具有特定的法律效力。

第四，公益性。主要体现为：公证机构从事公证业务不以营利为目的，这区别于社会上一般的商业服务。[⑤]

第五，专业性。主要体现为：（1）公证员（公证人）需要具备专业的法律知识和处理公证事宜的特殊技能，为此不仅要通过国家统一法律职业资格考试，还要在公证机构进行长时间的实习。（2）公证员（公证人）通过法学教育和实践形成了独特的思维方式，通过

[①]　参见江伟主编：《公证法学》，法律出版社1996年版，第1页。

[②]　参见齐树洁主编：《民事程序法》，厦门大学出版社2003年版，第581页。

[③]　参见马宏俊主编：《公证法学》，北京大学出版社2013年版，第2页。

[④]　参见江伟主编：《公证法学》，法律出版社1996年版，第1—2页。

[⑤]　参见马宏俊主编：《公证法学》，北京大学出版社2013年版，第4—5页。

将抽象的、普遍性的法律规范与当事人申办的公证事项进行结合，作出审慎的判断，最终形成公证结果。

（二）公证员概述

1. 公证员的概念及性质定位

公证员在国际上一般被称为"公证人"。由于法律文化传统不同，各国对于公证员的概念界定、性质定位也不同。目前，国外对公证员的性质定位主要包括三种类型：

一是公证员是公职人员。采用这种立法例的主要是德国、法国、西班牙、韩国等。根据《德国公证人法》第1条的规定，公证人是各州为了对法律事实予以证明以及对纠纷进行预防所任命的独立的公职人员。此外，《德国公证人法》还规定，公证人持有公章并具有公证人头衔，公证人执业为非营利性质，专职公证人职务为终身制。根据《法国公证机关条例》的规定，公证人是为从事辅助性司法活动而设立的公务员，即赋予当事人必须或者愿意使真实性得到确认的一切文件和合同公证效力。根据《西班牙公证员职业法》第1条的规定，公证员应当是能够根据法律法规对契约及裁判外的其他文书行使公证职权的国家公务员。具有公证职权的公证员职业在全西班牙王国境内具有唯一性。根据《韩国公证人法》第2条的规定，公证人根据当事人或者其他关系人的委托处理公证事务，公证人在职务方面具有相当于公务员的地位。

二是公证员是自由职业者。采用这种立法例的主要是英国（英格兰与威尔士）、美国（大部分州）等。根据英国《2011年公证人行为与纪律规则》的规定，"公证人"是指登记在由法院维护的公证人名册中的人员。根据美国《模范公证法》的规定，公证人是指被任命依据《模范公证法》从事公证行为的人。在这种情况下，申请人只要按照任命条件提出申请，经过考核或宣誓，就可取得公证人资格，其业务也可以是营利性的。

三是公职人员与自由职业者并存。一些国家或地区并未采用单一立法例，而是允许两种身份的公证员同时存在。例如，在美国的阿拉斯加州，公证人分为两类：一类是无限制公证人，其经授权可基于一切法律目的使用公证人印章；另一类是有限制政府公证人，其作为州、市或联邦政府雇员，被授权将公证人印章用于官方政府业务。在俄罗斯，公证人分为国有公证处公证人与私人执业公证人。其中，国有公证处公证人类似于公务员，私人执业公证人类似于自由职业者。不过，与阿拉斯加州不同的是，俄罗斯明确要求，无论是哪种公证人，都无权从事商业性或其他有报酬的活动，但教学、科研或其他创造性活动除外。

在我国，《公证法》第16条规定，"公证员是符合本法规定的条件，在公证机构从事公证业务的执业人员"。由此可知，公证员必须符合《公证法》规定的条件，并在公证机构从事公证业务。这从法律上明确了公证员的职业化，即公证员是从事公证业务的法律职业人员。[①]从实践来看，由于目前我国公证机构多元性质并存，公证员的身份也是多元的，在不同性质的公证机构执业的公证员身份并不相同。在行政性质的公证机构中，公证员的身份类似于公务员；在事业法人性质的公证机构中，公证员的身份又因机构存在全额拨

---

① 参见关今华主编：《律师与公证》（第二版），厦门大学出版社2008年版，第370页。

款、自收自支之分而存在差别；在合作制的公证机构中，公证员的身份则类似于私营企业职工。①

2. 公证员的任职条件

由于各国对公证员的性质定位不尽相同，在公证员的任职条件上也存在差异。在美国，根据《模范公证法》的规定，符合公证人任职资格的人员应具备以下条件：（1）年满18周岁；（2）居住在本州或者在本州有符合规定的经常工作地或主要营业场所；（3）合法居住在美国；（4）能够阅读和书写英语；（5）通过有笔试要求的培训课程；（6）提交指纹以备刑事犯罪背景审查。

在巴西，根据《巴西公证及登记法》第14条的规定，从事公证或登记工作须具备以下条件：（1）通过相关考试并获得相应文凭；（2）具有巴西国籍；（3）具有民事行为能力；（4）完成相应的选举义务和兵役义务；（5）获得法学本科学位；（6）能证明具有履行该职业的能力。此外，该法第15条第1款规定，相关考试应当由相应的司法机关组织举行，整个过程应有巴西律师协会、公共部相关人员以及一位公证员和一位登记员参加。

在德国，根据《德国公证人法》第5条的规定，只有具备《德国法官法》规定的法官资质的人才能被任命为公证人。第6条进一步规定，只有在人品和能力上适合公证人职务的人，才能被任命为公证人。在申请公证人职位期间，已满60岁的申请人不能被任命为公证人。律师申请被任命为公证人，需要提供以下证明：（1）从事了至少5年的律师工作，并且其间曾为不同的委托人辩护；（2）在从事律师工作期间，至少连续3年没有间断；（3）通过公证职业资格考试；（4）在通过公证职业资格考试后，至少每年参加15个学时的由公证人协会或职业机构举办的公证继续教育课程。在众多合格的申请人中挑选公证人时，优先考虑个人专业能力佳，所受法律教育程度高，并通过了国家司法考试，以及对公证工作有充分准备的申请者。

在西班牙，根据《西班牙公证员职业法》第10条的规定，立志通过选拔考试进入公证员行业的申请者在申请参加考试截止之日，应同时具备以下条件：（1）具有西班牙或欧盟任一成员国的国籍；（2）已经成年；（3）不存在任何不适合或无法履行公证员职务的法定事由；（4）获得法学博士或学士学位，或已经完成法学本科阶段的学习。

在日本，《日本公证人法》虽然没有从正面对公证员的任职条件作出规定，但是从反面进行了详细规定。根据《日本公证人法》第12条的规定，不具备下列条件的，不得被任命为公证人：（1）成年的日本国民；（2）经一定的考试合格后，实地进行6个月以上的公证人实习。此外，《日本公证人法》第14条规定，下列人员不得被任命为公证人：（1）被判处监禁以上刑罚的，但被判处2年以下监禁且刑期已满，或未被执行的除外；（2）被宣告破产程序开始尚未复权的；（3）受到罢免裁判，因惩戒处分被免官、免职，或者根据律师法被除名，其被罢免、免官、免职或除名后不满2年的。

在我国，根据《公证法》第18条的规定，担任公证员，应当具备下列条件：（1）具有中华人民共和国国籍；（2）年龄25周岁以上65周岁以下；（3）公道正派，遵纪守法，品行良好；（4）通过国家统一法律职业资格考试取得法律职业资格；（5）在公证机构实习2年以上或者具有3年以上其他法律职业经历并在公证机构实习1年以上，经考核合格。

---

① 参见马宏俊主编：《公证法学》，北京大学出版社2013年版，第38—39页。

此外，根据《公证法》第19条的规定，从事法学教学、研究工作，具有高级职称的人员，或者具有本科以上学历，从事审判、检察、法制工作、法律服务满10年的公务员、律师，已经离开原工作岗位，经考核合格的，可以担任公证员。《公证法》第20条规定，有下列情形之一的，不得担任公证员：（1）无民事行为能力或者限制民事行为能力的；（2）因故意犯罪或者职务过失犯罪受过刑事处罚的；（3）被开除公职的；（4）被吊销公证员、律师执业证书的。

3. 公证员的任职宣誓

虽然各国在公证员任职条件上存在差异，但在公证员的任命程序中基本都强调了任职宣誓的重要性，我国也不例外。

在美国，根据《模范公证法》的规定，公证任命申请人须在本州公证人见证下签署以下声明："我，×××（申请人姓名），以神的名义郑重起誓或我郑重发誓，如所言不实甘受伪证罪之罚，我提交的个人申请信息真实、完整、正确；我明白本州公证人的义务和责任，正如我参加的培训课程所述；我将全心全意依法从事公证行为。"

在德国，根据《德国公证人法》第13条的规定，在接受任命书后，公证员应当宣誓："我向全知全能的上帝发誓：我将遵守基于宪法制定的法律，并根据良心公正地履行公证人的义务。"法律允许宗教成员以其他宣誓方式代替上述誓词时，身为宗教成员的公证人，可以依这种方式进行宣誓。宣誓也可以不以宗教的形式进行。公证人应在其办公所在地的州法院院长面前宣誓。

在俄罗斯，根据《俄罗斯联邦公证立法纲要》第14条的规定，首次被任命的公证人应当宣誓："我庄严宣誓，我将依照法律和良心履行公证人的义务，保守职业秘密，以人道主义和以人为本的原则为行为指导。"俄罗斯联邦主体的立法可以规定其他文本的公证人誓词。

在西班牙，根据《西班牙公证员职业法》第15条的规定，公证员在开始从事公证职业之前，应到所在地区的高等法院宣誓其对国王的效忠、对宪法和法律的拥护，以及其将会勤勉忠实地履行职务。

在我国，司法部于2017年7月发布《关于建立公证员宣誓制度的决定》，目的是切实提高公证员队伍思想政治素质、职业道德素质和专业素质，不断增强公证员的职业使命感、荣誉感和社会责任感。该决定明确要求，经省、自治区、直辖市司法行政机关许可，首次取得或者重新取得公证员执业证书的人员，应当进行公证员宣誓。公证员宣誓誓词为："我是中华人民共和国公证员。我宣誓：忠于祖国，忠于人民，忠于宪法和法律，拥护中国共产党的领导，拥护社会主义法治，依法履行职责，客观公正执业，遵守职业道德，勤勉敬业，廉洁自律，为全面依法治国、建设社会主义法治国家努力奋斗！"

二、公证员职业伦理概述

公证员职业伦理是公证员在公证活动中应遵守的行为规范和基本准则。就适用对象而言，既包括依法取得资格的执业公证员，也包括办理公证的辅助人员和其他工作人员；就调整的内容而言，既包括办理公证业务的行为，也包括办证人员的思想意识。公证员职业伦理建设对公证业的发展具有重大意义，是公证员提供高效优质法律服务并赢得社会信赖的根本保障，也是发展高素质公证员队伍的重要途径。

（一）公证员职业伦理的基本要求

我国《公证法》第22条第1款规定，公证员应当遵纪守法，恪守职业道德，依法履行公证职责，保守执业秘密。中国公证协会专门制定了《公证员职业道德基本准则》，对公证员的职业伦理提出了基本要求。一般认为，公证员的职业伦理主要包括以下内容：（1）坚定的政治方向和远大的奋斗目标；（2）高度的事业心和强烈的责任感；（3）勤奋好学的作风与苦干实干的精神；（4）忠于事实真相，忠于宪法和法律；（5）主持公道，伸张正义；（6）忠于职守，严守职务秘密；（7）率先垂范，严于律己；（8）清正廉洁，一尘不染；（9）严肃认真，一丝不苟；（10）勇于同各种违法违纪行为作斗争。

作为法律职业共同体的组成部分，公证员应当在职业伦理的基本要求上具有和法官、检察官、律师一样的标准，忠于宪法和法律，坚持以事实为根据，以法律为准绳，按照真实合法的原则和法定的程序办理公证业务。[①]公证员的核心任务就是通过对法律行为、有法律意义的事实或文书的真实性、合法性的证明，维护当事人的合法权益，稳定市场经济秩序和社会秩序，实现公平正义。从行使国家证明权的角度来说，公证员的业务活动具有国家属性，公证员属于公证人员，其证明的法律效力高于一般的私证，受到法律的特殊保护。

公证员必须按照法定程序办理公证业务，依据法律的要求衡量申办事项是否达到真实、合法的标准。现代社会的发展使得表面上看起来简单的事务，在内部关系上具有复杂性和隐蔽性，正因为如此，市场经济条件下的社会公众才对公证活动寄予厚望，希望公证能够成为识别真假的锐利武器，成为维护公民合法权益的一道重要防线。在对真实性、合法性进行判定时，公证员必须和法官一样，保持中立和公正，恪守独立、公正、客观的原则，不受非客观事实和法律之外因素的影响，忠实地维护法律的尊严，切实保障法律的正确实施以及公民合法权益的实现。[②]

关于公证费用的承担问题，公证一般使申办公证的当事人受益，与国家及社会公共利益没有直接的联系，所以公证活动的成本不应由国家来承担。如果国家因为公证的国家属性而支付公证费用，就意味着直接受益的当事人没有因其受益而支付对价，反而以国家支出的方式将公证费用分摊给所有的纳税人，这显然是不公平的。世界各国在确立公证法律制度时，一般都规定公证费用由当事人来承担，因为这是私权的范畴。这同时反映出公证员自由职业的属性：公证员办理公证事项，完全凭借其个人的知识和技能，并非国家意志的体现。这一点虽与律师的职业特点相似，但关键的不同在于：公证员办理公证业务时，并不是站在公证当事人的立场上来维护其合法权益，而是以中立的第三人身份作出证明，并非当事人的代理人，即使收费也不能改变中立的立场。这使得公证员的职业伦理规范，既有与法官、检察官的共性，又有与律师的共性，也有自己的固有特点。

---

① 参见李本森主编：《法律职业伦理》，北京大学出版社2005年版，第198页。
② 参见马宏俊：《法律人的职业行为规则》，中国法制出版社2004年版，第99页。

（二）公证员职业伦理的具体要求

1. 公证员与委托人的关系规范

第一，公证员的保密义务。《公证员职业道德基本准则》第5条规定，"公证员应当自觉履行执业保密义务，不得泄露在执业中知悉的国家秘密、商业秘密或个人隐私，更不得利用知悉的秘密为自己或他人谋取利益"。公证员在办理公证业务时，不可避免地会涉及当事人不愿让他人知道的消息，如遗嘱、收养、婚前财产公证等事项中涉及的一些内容，公证员对此负有保密义务，不得向公证业务之外的任何人泄露。这种保密义务还意味着，公证员及其亲属、同事不得利用该公证员通过办理公证事项所知晓的秘密为自己或他人谋取利益。随着公证业务范围的不断拓展，公证员在办理一些公证业务时，如开奖公证、拍卖公证、合同公证、证据保全公证等，会接触到许多有可能给自己或亲友带来利益的信息，公证员必须牢记职业伦理规范，不得利用公证员的职务为自己或他人谋取利益，不能为一己私利而影响整个公证行业的信誉。

公证员的保密义务不仅体现在不能随便跟他人谈及上述秘密，还表现在其他形式上。比如，公证员在著书立说及进行科学研讨时，难免会以自己办理的公证事项进行举例说明，此时必须对所引事项进行加工处理，不能让相关人士对号入座，利用其中的某些内容牟利或损害当事人的利益；在一些会议及宣传活动中，公证员也要注意对相关信息予以保密；在涉及公证书的内容需要出庭作证时，可就有关情况先向法官通报说明，在公开审判的场合应当注意表达方式。总之，公证员保守职务秘密既是法律规定的义务，也是职业伦理的要求。

第二，公证员的告知义务。《公证员职业道德基本准则》第8条规定，"公证员在履行职责时，应当告知当事人、代理人和参与人的权利和义务，并就权利和义务的真实意思和可能产生的法律后果作出明确解释，避免形式上的简单告知"。公证员是法律职业人员，精通法律规定，而其所接触的当事人可能对相关法律一无所知。公证员不仅应当不厌其烦地告知有关规定和当事人依法应享有的权利和义务，还应当清楚讲解有关的法律概念和法律后果，使得当事人在办理公证的过程中能够很好地行使权利、承担义务，配合公证员顺利办理公证事项。

对于不同民族、种族、国籍和宗教信仰的当事人，公证员应当注意语言和宗教信仰的差异，选择适当的语言和表达方式，使其真正了解依法享有的权利和承担的义务；对于年老及健康状况较差的当事人，公证员不仅应当明确告知法律的相关规定，还应当用通俗的语言作出解释，使其了解法律规定的内涵，并在理解法律的基础上真实地反映自己的思想意识；对于行动不便的当事人，公证员应当到当事人的住所办理公证事项，讲解有关法律。总之，在办理公证业务时，公证员应当体现出服务意识，要特别注意自己的语言、语气、表达方法和态度，避免在思想交流上产生误解，切实办好公证事项。

第三，公证员的职业礼仪。《公证员职业道德基本准则》第11条规定，"公证员应当注重礼仪，做到着装规范、举止文明，维护职业形象。现场宣读公证词时，应当语言规范、吐字清晰，避免使用可能引起他人反感的语言表达方式"。作为法律职业人员，公证员行使的是国家证明权，必须树立良好的职业形象，维护公证行业的声誉。在执行职务时，公证员应当注重礼仪，着装整洁规范，举止文明大方。在接待会谈，调查访问，查阅材料及制作笔录时，公证员应当表现出法律职业人员的儒雅风范。在现场宣读公证词时，公证员应当保持庄重、严肃，用清晰的、有节奏、规范性的语言表达公证词的内容，使现场人员感受到法律的神圣与威严，有一种庄重而不疏远、亲切而又有距离的感觉，从而充分发挥现场公证的作用。

第四，公证员的勤勉义务。《公证员职业道德基本准则》第7条规定，"公证员应当珍惜职业荣誉，强化服务意识，勤勉敬业、恪尽职守，为当事人提供优质高效的公证法律服务"；第10条规定，"公证员应当严格按照规定的程序和期限办理公证事项，注重提高办证质量和效率，杜绝疏忽大意、敷衍塞责和延误办证的行为"；第15条规定，"公证员应当道德高尚、诚实信用、谦虚谨慎，具有良好的个人修养和品行"；第18条规定，"公证员应当不断提高自身的业务能力和职业素养，保证自己的执业品质和专业技能满足正确履行职责的需要"。公证是预防纠纷、减少诉讼的一项系统工程，其作用的充分发挥，需要公证员恪尽勤勉义务。

公证员应当树立为当事人服务的良好意识，使个人利益服从于当事人的公证需要，按照规定的程序和期限办理公证事项。对于紧急事项，要及时受理、审查、公证，不能因为公证员的个人原因和其他主观因素拖延推诿，使当事人的利益受损。需要注意的是，不能为提高工作效率而在审查工作上打折扣，不能以损失真实性、合法性为代价来换取效率的提高，既要提高工作效率，又要保证不出错证。

同时，公证员是在用自己的良知和品行开展工作，高尚的道德情操和高超的法律专业技能是公证员办理好公证业务的基本条件。应当看到，很多公证事项不仅需要公证员进行理性思考，而且要把思考判断的过程反映在公证书上，让人看完公证书后能够接受其结论。这就需要公证员在执业过程中去粗取精、去伪存真，积极收集相关证据材料，在此基础上认真分析、独立思考、自主判断，不仅要做到服从和忠诚于法律，更要敢于坚持正确意见，排除一切干扰。

第五，公证员的清正廉洁。《公证员职业道德基本准则》第20条规定，"公证员应当树立廉洁自律意识，遵守职业道德和执业纪律，不得从事有报酬的其他职业和与公证员职务、身份不相符的活动"；第21条规定，"公证员应当妥善处理个人事务，不得利用公证员的身份和职务为自己、亲属或他人谋取利益"；第22条规定，"公证员不得索取或接受当事人及其代理人、利害关系人的答谢款待、馈赠财物或其他利益"。公证员是法律职业人员，其执业活动产生的公证书，可以在诉讼活动中被作为证据来使用，如果没有足以推翻的相关证据，人民法院就会将公证书直接作为定案依据；公证书也可以被作为法院强制执行的根据，不经审判而直接进入执行程序，与生效裁判产生同样的法律后果；公证书还可以引导社会行为，在市场经济条件下帮助人们识别真假。所以，公证员虽然不是国家机关工作人员，但其对国家证明权的行使及其在司法活动和社会活动中的地位，使公证员具有社会公共管理的职能属性。

公证员中立公正的职业行为特点也进一步印证了公证员具有社会公共管理的职能属性。因此，公证员必须保持清正廉洁，不被物质利益所诱惑，不接受当事人及其代理人、利害关系人的请客送礼，不拿法律做交易，而应严格按照法律规定审查申办事项，维护公证书的权威性，维护公证员的良好声誉。由于行使的是国家证明权，公证员也不得从事其他与公证员职务、身份不相符的活动。例如，公证员不得担任法官、检察官，因为审判职能、法律监督职能与证明职能在诉讼活动中不能集于一身来行使。又如，理论上，公证员也不得担任行政职务。尽管在某些特殊情况下，行政官员可以行使一部分公证职能，但这是公证活动的特例，并不意味着公证员可以兼作行政官员。再如，公证员不得从事其他商业活动。

公证员办理的公证事项渗透到社会生活的各个方面，尤其是经济领域，绝大部分都涉及财产权益。公证员在办理公证事项时，必须妥善处理好个人事务，不能利用公证员的身份和职务为自己、家属或他人谋取私人利益。对此，我国相关公证法律制度尚不完善，主要靠公证员的职业伦理规范来调整。例如，在房地产及金融法律服务方面，有些公证员承接了一些必须公证的事项，与相关当事人结识，后转行成为律师，原有的公证事项当事人也就成了律师的客户，对其他律师则构成了不正当竞争，公证法律制度及职业伦理规范都缺乏对这方面的规制，应予以完善。

2. 公证员之间的关系规范

我国的公证处之间没有隶属关系，公证员都是平等的，所出具的公证书也具有同等的法律效力。所以，公证处与公证处之间、公证员与公证员之间都是公平竞争的平等关系。在市场经济条件下，特别是在没有国家财政支持的情况下，维护公证员之间的关系需要遵从一定的原则。

第一，不干涉他人办证原则。《公证员职业道德基本准则》第24条规定，"公证员不得以不正当方式或途径对其他公证员正在办理的公证事项进行干预或施加影响"。同一公证处的公证员，应当互相尊重，各自对依法受理的公证事项认真履行职责，不得干涉他人的正常工作，不得为当事人说情送礼，也不得将公证员的住宅电话和其他私人信息披露给当事人，不得向正在办理公证事务的公证人员打听办证情况，也不得了解相关内容。对于其他公证员正在办理的公证事项或者处理结果，除非在正常的讨论程序或审批程序中，不得发表有可能影响公证员独立自主判断的不同意见。对于有充分理由的不同意见，可以按管理权限向公证处的相关负责人汇报，并充分阐述不同意见之理由，通过审批程序来维护正常的办证秩序。

第二，维护公证书权威的原则。《公证员职业道德基本准则》第12条、第13条分别规定，"公证员如果发现已生效的公证文书存在问题或其他公证员有违法、违规行为，应当及时向有关部门反映"；"公证员不得利用媒体或采用其他方式，对正在办理或已办结的公证事项发表不当评论，更不得发表有损公证严肃性和权威性的言论"。任何一个公证员都要自觉地维护每一份公证书的严肃性和权威性，对于办理公证事项的不同看法，允许各自保留，但在出具公证书时，要尊重主办公证员和审批者的意见；如果确认是错证，可以按照法定程序予以纠正，依法向公证处领导和司法行政机关反映。对于学术上的争议，要选择适当的场合及方式进行探讨，不得干涉他人依法出具公证书，更不得出于泄私愤的目的，不负责任地发表言论，甚至在公众场合或新闻媒体上发表不适当的言论，使公证书的严肃性和权威性受到影响。学术上的不同观点以及对办理公证事项的不同意见都有可能存在，没有被别人接受，也是正常的，科学本身就是不断探讨、不断论争的过程。作为有较高水准的法律职业人员，公证员因此而产生私愤是极不应该的，这也是职业伦理所不能允许的。在公开场合发表不适当言论，则更有损公证员的形象，与其身份极不相称，不仅破坏了公证书的权威性和严肃性，也会导致对公证业的不良评价。

第三，尊重同行，公平竞争。《公证员职业道德基本准则》第23条规定，"公证员应当互相尊重，与同行保持良好的合作关系，公平竞争，同业互助，共谋发展"。公证是充满竞争的行业。公证员都是受过良好法律教育的人，对于这样一个职业群体来说，尊重同行、公平竞争的职业伦理要求是不言而喻的。只有互相尊重，公平竞争，才能找到差距，提高水平，才能携手并进，共谋发展。尊重是最基本的道德水准，公平是竞争的规则，互助是良好的风尚，发展是最终的目的。公证业的发展取决于公证员这支队伍的建设，不懂得尊重同行、公平竞争，公证员的队伍建设就无法推进。公证员的威信和名誉要靠自己来维护。

具体而言，在尊重同行、公平竞争方面，应当注意：（1）公证员不得利用新闻媒体或其他手段炫耀自己，贬低他人，排斥同行，为自己招揽业务。对于公证业的广告宣传，目前还缺乏相应的规范，公证业的特点决定公证员不适宜宣传自己。（2）不得违反公证管辖规定。对于公证管辖，法律已经划出了各自的业务领域，但在直辖市、省辖市和设区的市，仍存在个别公证处之间的业务竞争，对此可以通过调整公证辖区和整合公证处来解决。（3）公证员不得利用与行政机关、社会团体、经济组织的特殊关系进行业务垄断。公证员的业务垄断极有可能与腐败联系在一起，并有可能导致公证员队伍的两极分化、畸形发展，对公证员素质的提高形成巨大的障碍。有了基于特殊关系的业务垄断，公证员就控制了一定领域的业务，其他公证员则失去了这一市场，特别是有关房地产、金融、产权交易等公证收费高、专业性强的业务，而控制市场的公证员未必就是在该领域业务较好的公证员，这样就会形成水平高、能力强、专业素质好的公证员手中没有案件、无事可做，而一些水平不高、能力不强、专业素质不好的公证员，基于特殊关系垄断了这部分业务却办不好公证的局面。这不仅损害了其他公证员的利益，也损害了公证当事人的利益，破坏了公证法律服务秩序，对公证行业的声誉及整个社会的良性循环造成极坏的影响。

3. 公证员与公证机构的关系规范

根据我国《公证法》第6条的规定，公证机构是依法设立，不以营利为目的，依法独立行使公证职能、承担民事责任的证明机构。关于公证机构的设立条件，《公证法》第8条规定，设立公证机构应当具备下列条件：（1）有自己的名称；（2）有固定的场所；（3）有2名以上公证员；（4）有开展公证业务所必需的资金。关于公证机构的业务范围，《公证法》第11条规定，根据自然人、法人或者其他组织的申请，公证机构办理下列公证事项：（1）合同；（2）继承；（3）委托、声明、赠与、遗嘱；（4）财产分割；（5）招标投标、拍卖；（6）婚姻状况、亲属关系、收养关系；（7）出生、生存、死亡、身份、经历、学历、学位、职务、职称、有无违法犯罪记录；（8）公司章程；（9）保全证据；（10）文书上的签名、印鉴、日期，文书的副本、影印本与原本相符；（11）自然人、法人或者其他组织自愿申请办理的其他公证事项。法律、行政法规规定应当公证的事项，有关自然人、法人或者其他组织应当向公证机构申请办理公证。

4. 公证员与司法行政机关的关系规范

我国《公证法》第5条规定："司法行政部门依照本法规定对公证机构、公证员和公证协会进行监督、指导。"司法行政机关是人民政府负责司法行政事务的部门，代表国家实施对司法行政事务的行政管理权。司法部制定的《公证员执业管理办法》进一步规定了司法行政机关与公证员之间的关系规范。

第一，公证员任职程序管理。根据《公证员执业管理办法》第10条的规定，符合《公证员执业管理办法》第7条规定条件的人员，由本人提出申请，经需要选配公证员的公证机构推荐，由所在地司法行政机关出具审查意见，逐级报请省、自治区、直辖市司法行政机关审核。报请审核，应当提交下列材料：（1）担任公证员申请书；（2）公证机构推荐书；（3）申请人的居民身份证复印件和个人简历，具有3年以上其他法律职业经历的，应当同时提交相应的经历证明；（4）申请人的法律职业资格证书复印件；（5）公证机构出具的申请人实习鉴定和所在地司法行政机关出具的实习考核合格意见；（6）所在地司法行政机关对申请人的审查意见；（7）其他需要提交的材料。

根据《公证员执业管理办法》第11条的规定，符合《公证员执业管理办法》第8条规定条件的人员，由本人提出申请，经需要选配公证员的公证机构推荐，由所在地司法行政机关出具考核意见，逐级报请省、自治区、直辖市司法行政机关审核。报请审核，应当提交下列材料：（1）担任公证员申请书；（2）公证机构推荐书；（3）申请人的居民身份证复印件和个人简历；（4）从事法学教学、研究工作并具有高级职称的证明，或者具有本科以上学历的证明和从事审判、检察、法制工作、法律服务满10年的经历及职务证明；（5）申请人已经离开原工作岗位的证明；（6）所在地司法行政机关对申请人的考核意见；（7）其他需要提交的材料。

根据《公证员执业管理办法》第12条、第13条和第14条的规定，省、自治区、直辖市司法行政机关应当自收到报审材料之日起20日内完成审核。对符合规定条件和公证员配备方案的，作出同意申请人担任公证员的审核意见，填制公证员任职报审表，报请司法部任命；对不符合规定条件或者公证员配备方案的，作出不同意申请人担任公证员的决定，并书面通知申请人和所在地司法行政机关。司法部应当自收到省、自治区、直辖市司法行政机关报请任命公证员的材料之日起20日内，制作并下达公证员任命决定。司法部认为报请任命材料有疑义或者收到相关投诉、举报的，可以要求报请任命机关重新审核。省、自治区、直辖市司法行政机关应当自收到司法部下达的公证员任命决定之日起10日内，向申请人颁发公证员执业证书，并书面通知其所在地司法行政机关。

此外，根据《公证员执业管理办法》第15条的规定，公证员变更执业机构，应当经所在公证机构同意和拟任用该公证员的公证机构推荐，报所在地司法行政机关同意后，报省、自治区、直辖市司法行政机关办理变更核准手续。公证员跨省、自治区、直辖市变更执业机构的，经所在的省、自治区、直辖市司法行政机关核准后，由拟任用该公证员的公证机构所在的省、自治区、直辖市司法行政机关办理变更核准手续。

第二，公证员执业证书管理。根据《公证员执业管理办法》第18条、第19条和第20条的规定，公证员执业证书是公证员履行法定任职程序后在公证机构从事公证执业活动的有效证件。公证员执业证书由司法部统一制作。证书编号办法由司法部制定。公证员执业证书由公证员本人持有和使用，不得涂改、抵押、出借或者转让。公证员执业证书损毁或者遗失的，由本人提出申请，所在公证机构予以证明，提请所在地司法行政机关报省、自治区、直辖市司法行政机关申请换发或者补发。执业证书遗失的，由所在公证机构在省级报刊上声明作废。公证员变更执业机构的，经省、自治区、直辖市司法行政机关核准，予以换发公证员执业证书。公证员受到停止执业处罚的，停止执业期间，应当将其公证员执业证书缴存所在地司法行政机关。公证员受到吊销公证员执业证书处罚或者因其他法定事由予以免职的，应当收缴其公证员执业证书，由省、自治区、直辖市司法行政机关予以注销。

第三，公证员执业监督检查。根据《公证员执业管理办法》第21条和第26条的规定，司法行政机关应当依法建立健全行政监督管理制度，公证协会应当依据章程建立健全行业自律制度，加强对公证员执业活动的监督，依法维护公证员的执业权利。司法行政机关实施监督检查，可以对公证员办理公证业务的情况进行检查，要求公证员及其所在公证机构说明有关情况，调阅相关材料和公证档案，向相关单位和人员调查、核实有关情况。公证员及其所在公证机构不得拒绝司法行政机关依法实施的监督检查，不得谎报、隐匿、伪造、销毁相关证据材料。

根据《公证员执业管理办法》第30条的规定，司法行政机关对公证员实施行政处罚，应当根据有关法律、法规和司法部有关行政处罚程序的规定进行。司法行政机关查处公证员的违法行为，可以委托公证协会对公证员的违法行为进行调查、核实。

5. 公证员与公证协会的关系规范

我国《公证法》第4条规定，全国设立中国公证协会，省、自治区、直辖市设立地方公证协会。中国公证协会和地方公证协会是社会团体法人。中国公证协会章程由会员代表大会制定，报国务院司法行政部门备案。公证协会是公证业的自律性组织，依据章程开展活动，对公证机构、公证员的执业活动进行监督。

根据《中国公证协会章程》第6条的规定，中国公证协会的职责包括以下内容：（1）协助司法部管理、指导全国公证工作，依照本章程对公证机构和公证员的执业活动进行监督；（2）指导地方公证协会工作；（3）制定行业规范；（4）维护会员的合法权益，保障会员依法履行职责；（5）举办会员福利事业；（6）对会员进行职业道德、执业纪律教育，对会员的违纪行为实施行业处分，协助司法行政机关查处会员的违纪行为；（7）负责会员的培训，组织会员开展学术研讨和工作经验交流，根据有关规定对公证机构、公证员实施奖励；（8）组织开展公证行业信息化建设；（9）负责全国公证赔偿基金的使用管理工作，对地方公证协会管理使用的公证赔偿基金进行指导和监督；（10）负责公证宣传工作，主办公证刊物，对外提供公证法律咨询等服务；（11）负责与国外和港、澳、台地区开展有关公证事宜的研讨、交流与合作活动；（12）负责海峡两岸公证书的查证和公证书副本的寄送工作；（13）负责公证专用水印纸的联系生产、调配，协助司法部做好管理工作；（14）履行法律法规规定的其他职责，完成司法部委托的事务。由此可知，作为全国性公证行业组织，中国公证协会对整个公证职业的发展具有重要的管理指导作用。公证员个人应该遵守中国公证协会制定的职业伦理、行业纪律。《公证员执业管理办法》第21条也规定，公证协会应当依据章程建立健全行业自律制度，加强对公证员执业活动的监督，依法维护公证员的执业权利。

6. 公证员与律师的关系规范

在我国，公证机构、律师事务所都被界定为市场中介组织，这是它们最大的共性。公证业与律师业同属法律服务业；公证员和律师都凭借自身的法律知识和技能为委托人提供法律服务，并从委托人那里收取费用；公证机构和律师事务所都经历了从国家机构中分离出来的过程，由司法行政机关管理。但公证员和律师又有所不同：（1）公证员行使的是国家证明权，通过法律的授权或确认而取得该权，以出具公证书的形式实现法律预期的功能。律师的执业特点是，站在委托人的立场上为其提供法律服务，将委托人的合法权益放在第一位，通过辩护、代理（含非诉讼法律事务的代理）、法律咨询和代书来完成法律赋予的任务。（2）公证是为了预防纠纷、减少诉讼，追求的是真实、合法。律师的法律服务则主要是为了解决纠纷（一部分非诉讼法律服务是为了避免纠纷），追求的是维护委托人的合法权益。（3）公证员出席法庭，仅仅是为了说明出具公证书的理由，维护的是公证书的权威性、合法性、真实性。律师出庭，则要积极地运用一切合法手段说服法官，使其接受自己的意见，实现诉讼的目的。（4）公证业务量比较固定，一般不会有太大的波动，公证员的数量与公证管辖区域的人口数量往往保持一定的比例，公证员队伍很少突破比例盲目发展。律师的业务量则波动较大，一般来说，法律越细化，人们往往就越依赖律师，律师队伍的发展很大程度上取决于市场需求。

近年来，中国公证业出现了迅速发展的势头，公证法律制度也进行了较大幅度的改革：改变了公证处的体制，使其从行政机构转变为事业法人组织；改变了公证员的国家干部身份，使公证员队伍在数量和质量上都有了很大的发展；等等。与此同时，也存在一些问题要进一步研究。较突出的是公证业务与律师业务的划分，这不仅是一个法律问题，也是需要从职业伦理层面加以解决的问题。此外，公证员的发展、公证处的设置及合作制公证处的问题也应引起重视。

7. 公证员与法官的关系规范

公证员与法官的关系主要体现在公证员以证人的身份出席法庭审判，履行作证的职责上。在法庭上，公证员主要对其所出具公证书的真实性、合法性作出解释和说明，回答法官、检察官及其他诉讼参与人就其所出具的公证书提出的有关问题。当公证处被公证当事人因公证事项起诉到法院时，公证员可以作为公证处的诉讼代理人出席法庭，参加诉讼，依法就原告的指控进行答辩，陈述办理公证的程序事实，运用相关法律与原告辩论，维护公证处的合法权益，行使当事人的权利并承担诉讼义务。公证员对于司法行政机关的行政处罚不服而向人民法院起诉时，公证员是行政诉讼的原告，通过庭审活动，请求法官支持自己的诉讼请求，依法撤销行政处罚决定书。

8. 公证员与检察官的关系规范

在我国《关于深化公证工作改革的方案》实施前，公证处是国家行政机关，公证员是国家干部，必须接受检察官对其履行职务的法律监督。该方案实施后，公证处和公证员在性质上都发生了变化。公证处和公证员的身份发生变化后应否继续接受检察监督，在法律上没有明确的规定，理论上有继续研究的必要，特别是还在全国试点的合作制公证处，使这个问题更加复杂化。从公证员具有社会公共管理的职能属性和行使国家证明权的职业特点来看，检察官对公证员的法律监督还是必要的，但应和对国家机关工作人员的监督略有不同：某些基于国家机关工作人员身份的罪名，公证员因不具备主体要件而不能受到相应的指控，而公证员履行职务的行为应当与公务员一样受到检察官的法律监督，在审判监督程序中，公证员也有权以当事人身份请求检察官抗诉。

三、公证员职业责任与惩戒

（一）公证员职业责任

公证员职业责任，一般是指公证员在公证活动过程中违反有关法律、法规和规章等规定，依法应当承担的法律责任。①随着《公证法》的颁布实施，我国的公证法律体系不断完善，对公证员职业责任的规定也越来越规范。一般认为，公证员职业责任包括民事责任、行政责任和刑事责任。

1. 公证员的民事责任

公证员的民事责任，也称公证机构的民事赔偿责任，是指公证机构及其公证员故意或过失致使公证文书发生错误，给当事人、公证事项的利害关系人造成损失时，公证机构依据过错的程度，向当事人、公证事项的利害关系人承担的民事赔偿责任。根据我国《公证法》第43条的规定，公证机构及其公证员因过错给当事人、公证事项的利害关系人造成损失的，由公证机构承担相应的赔偿责任；公证机构赔偿后，可以向有故意或者重大过失的公证员追偿。当事人、公证事项的利害关系人与公证机构因赔偿发生争议的，可以向人民法院提起民事诉讼。

公证员的民事责任必须符合以下条件：（1）必须有公证机构或公证员的过错行为。出错证如果不是由于公证机构或公证员存在过错，而是由于当事人存在过错，公证机构就不应当对此承担责任。如果出错证既有当事人的过错，又有公证机构或公证员的过错，责任应由双方分担。（2）公证机构或公证员的过错属违法行为。即出错证是由于公证机构或公证员违反法律、法规或其他规范的规定，未按照有关规定行事。有违法的行为才承担责任，如果根据法律其行为无过错，则公证机构不承担法律责任。（3）当事人或公证事项的利害关系人遭受损失。公证机构承担法律责任，必须以当事人或公证事项的利害关系人确有损失为前提。如果仅有公证机构或公证员的违法行为，而无损害后果发生，则公证机构不承担民事赔偿责任。（4）公证机构或公证员的过错与当事人或公证事项的利害关系人遭受的损失有必然联系。公证机构承担赔偿责任还应当具备这样的前提，即公证机构或公证员的过错是造成当事人或公证事项的利害关系人的损失的原因，这一原因与后果之间有直接的必然的联系。

2. 公证员的行政责任

公证员的行政责任，是指公证员在公证活动过程中违反行政法律、法规，依法应当承担的法律责任。根据我国《公证法》第41条的规定，公证机构及其公证员有下列行为之一的，由省、自治区、直辖市或者设区的市人民政府司法行政部门给予警告；情节严重的，对公证机构处1万元以上5万元以下罚款，对公证员处1 000元以上5 000元以下罚款，并可以给予3个月以上6个月以下停止执业的处罚；有违法所得的，没收违法所得：（1）以诋毁其他公证机构、公证员或者支付回扣、佣金等不正当手段争揽公证业务的；（2）违反规定的收费标准收取公证费的；（3）同时在2个以上公证机构执业的；（4）从事有报酬的其他职业的；（5）为本人及近亲属办理公证或者办理与本人及近亲属有利害关系的公证的；（6）依照法律、行政法规的规定，应当给予处罚的其他行为。

此外，根据我国《公证法》第42条第1款的规定，公证机构及其公证员有下列行为之一的，由省、自治区、直辖市或者设区的市人民政府司法行政部门对公证机构给予警告，并处2万元以上10万元以下罚款，并可以给予1个月以上3个月以下停业整顿的处

---

① 参见李本森主编：《法律职业道德概论》，高等教育出版社2003年版，第226页。

罚；对公证员给予警告，并处2 000元以上1万元以下罚款，并可以给予3个月以上12个月以下停止执业的处罚；有违法所得的，没收违法所得；情节严重的，由省、自治区、直辖市人民政府司法行政部门吊销公证员执业证书：（1）私自出具公证书的；（2）为不真实、不合法的事项出具公证书的；（3）侵占、挪用公证费或者侵占、盗窃公证专用物品的；（4）毁损、篡改公证文书或者公证档案的；（5）泄露在执业活动中知悉的国家秘密、商业秘密或者个人隐私的；（6）依照法律、行政法规的规定，应当给予处罚的其他行为。

司法行政机关在对公证员作出行政处罚时必须遵守正当法律程序。根据我国《公证员执业管理办法》第30条的规定，司法行政机关对公证员实施行政处罚，应当根据有关法律、法规和司法部有关行政处罚程序的规定进行。司法行政机关查处公证员的违法行为，可以委托公证协会对公证员的违法行为进行调查、核实。在司法行政机关作出行政处罚的过程中，公证员也享有一定的权利，如果对于行政处罚结果不服，也可以获得救济。根据我国《公证员执业管理办法》第31条的规定，司法行政机关在对公证员作出行政处罚决定之前，应当告知查明的违法行为事实、处罚的理由及依据，并告知其依法享有的权利。口头告知的，应当制作笔录。公证员有权进行陈述和申辩，有权依法申请听证。公证员对行政处罚决定不服的，可以依法申请行政复议或者提起行政诉讼。

3.公证员的刑事责任

公证员的刑事责任，是指公证员在公证活动过程中违反刑事法律，依法应当承担的法律责任。根据我国《公证法》第42条的规定，公证员有下列行为之一，构成犯罪的，依法追究刑事责任：（1）私自出具公证书的；（2）为不真实、不合法的事项出具公证书的；（3）侵占、挪用公证费或者侵占、盗窃公证专用物品的；（4）毁损、篡改公证文书或者公证档案的；（5）泄露在执业活动中知悉的国家秘密、商业秘密或者个人隐私的；（6）依照法律、行政法规的规定，应当给予处罚的其他行为。因故意犯罪或者职务过失犯罪受刑事处罚的，应当吊销公证员执业证书。被吊销公证员执业证书的，不得担任辩护人、诉讼代理人，但系刑事诉讼、民事诉讼、行政诉讼当事人的监护人、近亲属的除外。

（二）公证员惩戒制度

公证员惩戒制度，是指公证协会对违反执业纪律和职业伦理的成员作出对其不利处分的制度。中国公证协会作为公证员职业的自律组织，负有对公证员职业伦理的监督与引导之责任。根据《公证员执业管理办法》第32条的规定，公证协会依据章程和有关行业规范，对公证员违反职业道德和执业纪律的行为，视其情节轻重，给予相应的行业处分。公证协会在查处公证员违反职业道德和执业纪律行为的过程中，发现有依据《公证法》的规定应当

国外公证员
惩戒制度概
述

给予行政处罚情形的，应当提交有管辖权的司法行政机关处理。中国公证员协会于2003年12月审议通过的《公证员惩戒规则（试行）》，对于发挥行业自律的作用，规范对公证员的惩戒工作，维护公证行业执业秩序，具有非常重要的意义。根据《公证员惩戒规则（试行）》第2条、第3条和第4条的规定，依法取得中华人民共和国公证员执业证书

的公证员，违反法律、法规、规章、执业纪律和职业道德的，应根据《公证员惩戒规则（试行）》给予惩戒。对公证员的惩戒必须以事实为根据，以法律为准绳，坚持惩戒与教育相结合，遵循客观、公正、公开的原则。公证机构和公证员有义务执行惩戒委员会作出的惩戒决定。

1. 惩戒委员会

根据《公证员惩戒规则（试行）》第5条、第6条和第7条的规定，中国公证员协会和省、自治区、直辖市公证员协会设立惩戒委员会，惩戒委员会是对公证员实施惩戒的专门机构。惩戒委员会由同级公证员协会领导，接受同级司法行政机关的指导和监督。惩戒委员会设主任委员1人、副主任委员2至3人，委员若干人。委员会由公证员协会负责人、资深执业公证员和其他法律专业人士组成。惩戒委员会主任委员、副主任委员由协会常务理事会选聘，其他委员由主任委员选聘。

根据《公证员惩戒规则（试行）》第8条的规定，惩戒委员会负责以下工作：（1）受理投诉案件和有关部门移送的案件；（2）审查当事人提交的有关证明材料；（3）对违规行为进行调查核实；（4）制作惩戒委员会会议记录和惩戒决定书；（5）检查惩戒决定的执行情况。

2. 惩戒措施与惩戒事由

根据《公证员惩戒规则（试行）》第11条的规定，对公证员的惩戒种类有：（1）警告；（2）严重警告；（3）罚款；（4）记过；（5）暂停会员资格；（6）取消会员资格。暂停会员资格期限为3个月至12个月。公证员有违反《公证员惩戒规则（试行）》第12条至第16条规定的，根据违反行业规范行为的性质，可以并处50元至5000元的罚款。

根据《公证员惩戒规则（试行）》第12条的规定，公证员有下列行为之一的，予以警告：（1）无正当理由，不接受指定的公益性公证事项的；（2）无正当理由，不按期出具公证书的；（3）在媒体上或者利用其他手段提供虚假信息，对本公证机构或者本公证机构的公证员进行夸大、虚假宣传，误导当事人、公众或者社会舆论的；（4）违反规定减免公证收费的；（5）在公证员名片上印有曾担任过的行政职务、荣誉职务、专业技术职务或者其他头衔的；（6）采用不正当方式垄断公证业务的；（7）公证书经常出现质量问题的；（8）其他损害公证行业利益的行为，但后果尚不严重的。

根据《公证员惩戒规则（试行）》第13条的规定，公证员有下列行为之一的，予以严重警告：（1）刁难当事人，服务态度恶劣，造成不良影响的；（2）对应当受理的公证事项，无故推诿不予受理的；（3）故意诋毁、贬损其他公证机构或公证人员声誉的；（4）利用非法手段诱使公证当事人，干扰其他公证机构或者公证人员正常的公证业务的；（5）给付公证当事人回扣或者其他利益的；（6）违反回避规定的；（7）违反公证程序，降低受理、出证标准的；（8）违反职业道德和执业纪律的；（9）1年内连续出现2件以内错误公证文书的；（10）受到警告惩戒后，6个月内又有《公证员惩戒规则（试行）》第12条所列行为的。

根据《公证员惩戒规则（试行）》第14条的规定，公证员有下列行为之一的，予以记过：（1）1年内连续出现3件以上5件以下错误公证文书的；（2）违反公证法规、规章规定的；（3）违反公证管辖办理公证的；（4）违反职业道德和执业纪律，拒不改正的；（5）受到严重警告惩戒后，6个月内又有《公证员惩戒规则（试行）》第13条所列行为的；（6）其他损害公证行业利益的行为，后果较为严重的。

根据《公证员惩戒规则（试行）》第15条的规定，公证员有下列行为之一的，予以暂停公证员协会会员资格，并建议司法行政机关给予暂停执业的行政处罚：（1）利用职务之便牟取或收受不当利益的；（2）违反职业道德和执业纪律，情节严重的；（3）1年内连续出现6件以上错误公证文书的；（4）受到记过惩戒后，6个月内又有《公证员惩戒规则（试行）》第14条所列行为的；（5）其他损害公证行业利益的行为，后果严重的。

根据《公证员惩戒规则（试行）》第16条的规定，公证员有下列行为之一的，予以取消公证员协会会员资格，并建议司法行政机关给予吊销执业证的行政处罚：（1）泄露国家机密、商业秘密和个人隐私给国家或者公证当事人造成重大损失或者产生恶劣社会影响的；（2）故意出具错误公证书的；（3）制作假公证书的；（4）受刑事处罚的，但非职务的过失犯罪除外；（5）违反公证法规、规章规定，后果严重的；（6）对投诉人、举报人、证人等有关人员打击报复的；（7）案发后订立攻守同盟或隐匿、销毁证据，阻挠调查的；（8）违反职业道德和执业纪律，情节特别严重的；（9）受到暂停会员资格惩戒，恢复会员资格12个月内，又有《公证员惩戒规则（试行）》第15条所列行为的；（10）其他违法违纪或者损害公证行业利益的行为，后果特别严重的。

根据《公证员惩戒规则（试行）》第17条至第19条的规定，受到严重警告、记过惩戒的，当年不得晋升职务、级别，不得参加外事考察活动；受到暂停会员资格惩戒的，3年内不得晋升职务、级别，不得参加各级公证员协会组织的外事及具有福利性质的活动；有办理涉外公证业务资格的公证员受到记过和暂停会员资格惩戒的，暂停办理涉外公证业务。对于受到惩戒处理的公证员，将通过适当的方式予以通报。

3. 惩戒程序

根据《公证员惩戒规则（试行）》的规定，对公证员的不当行为进行惩戒主要包括投诉与受理、调查、作出决定、申请复核等程序。

一是投诉与受理。根据《公证员惩戒规则（试行）》第20条至第23条的规定，中国公证员协会和省级公证员协会应当向社会公布惩戒委员会的投诉电话及投诉方式，惩戒委员会应当指定专人负责受理。投诉人可以直接投诉，也可以委托他人投诉，受理投诉的惩戒委员会有权要求投诉人提出具体的事实和有关证据材料。司法行政机关建议给予惩戒的，惩戒委员会应该受理。对于投诉的案件，惩戒委员会应当填写登记表，进行初步审查，按下列不同情况作出处理：（1）投诉材料事实不清的，通知投诉人补充材料。投诉人无法补充的，可不予受理；（2）认为违法、违纪的事实不存在，不予审理；（3）有违纪事实，但情节显著轻微，依照规定不需要实施惩戒，应予以结案，并通知投诉人或其代理人；对于需要批评教育的，将情况告知被投诉人所在的公证机构；（4）认为有违法、违纪的事实，应当予以审理的。惩戒委员会受理后，应当在15日内通知投诉人、被投诉人及其所在公证机构负责人，并告知被投诉人及其所在公证机构负责人到惩戒委员会说明情况或者提供书面答辩材料。

二是调查。根据《公证员惩戒规则（试行）》第24条的规定，投诉人、被投诉人及有关人员应当如实回答调查人员的询问，并协助调查，不得阻挠。调查应当制作笔录，接受调查的人应当在调查笔录上签字或盖章。

三是作出决定。根据《公证员惩戒规则（试行）》第25条至第27条的规定，调查终结，惩戒委员会应当对调查结果进行审查，根据不同情况，分别作出如下决定：（1）举证不足的，终止审理；（2）情节显著轻微的，予以批评教育，不作惩戒处理；（3）投诉属实的，予以惩戒处理；（4）应当由司法行政机关予以行政处罚的，书面建议司法行政机关予以行政处罚。对可能给予暂停会员资格或者取消会员资格的案件，惩戒委员会应告知当事人本人及其所在公证机构负责人有陈述、申辩的权利，当事人放弃陈述或者申辩权利的，不影响作出决定。惩戒决定由3名以上单数惩戒委员会委员共同作出。给予记过以上惩戒的，由5名以上单数惩戒委员会委员共同作出。惩戒案件审理过程应当制作审理记录，参与审理的委员应当在记录上签名。审理记录应当存入惩戒卷宗。

根据《公证员惩戒规则（试行）》第28条、第29条的规定，惩戒决定采用惩戒决定书形式作出。决定书应当载明下列事项：（1）被惩戒人的姓名、性别、年龄、住所和其所在公证机构；（2）有关的事实和证据；（3）惩戒决定；（4）不服惩戒决定申请复核的途径和期限；（5）作出惩戒决定的公证员协会惩戒委员会名称和作出决定的日期。惩戒决定书应当加盖惩戒委员会印章。惩戒决定书应当在15日内送达被惩戒人及其所在的公证机构。惩戒决定应当报同级司法行政机关备案，省级公证员协会惩戒委员会作出的惩戒决定应当报中国公证员协会备案。除直接送达外，惩戒决定书可以委托被惩戒人所在公证机构或所属司法行政机关送达，也可以邮寄送达。

四是申请复核。根据《公证员惩戒规则（试行）》第30条至第33条的规定，被惩戒的公证员对惩戒决定不服的，可以自收到决定书10日内，书面向作出惩戒决定的惩戒委员会申请复核。复核由惩戒委员会主任委员主持，由5名以上未参与作出该惩戒决定的委员集体作出复核决定，参与复核的委员人数应当为单数。复核决定应当于收到复核申请后2个月内作出。复核所发生的费用，经复核后，维持惩戒决定的，由申请人承担；撤销或变更惩戒决定的，由作出决定的公证员协会承担。对于中国公证员协会督办的案件，省级公证员协会应及时进行调查核实，并在1个月内将核实的情况和结果上报。对无故拖延不予办理，且不向中国公证员协会报告的，中国公证员协会有权进行通报批评。

案例研习

论题二　仲裁员职业伦理

仲裁员是最直接地行使仲裁权的主体。当事人提交仲裁的争议能否得到公正裁决，与仲裁员的职业伦理素质有着直接关系。仲裁员不论是当事人选定的，还是仲裁委员会指定的，只要从事仲裁活动，就应当完全地保持中立与公正，平等地对待双方当事人，超脱各种利益和人情关系，忠实于事实和法律，维护双方当事人的合法权益。加强仲裁员职业伦理建设，是仲裁实践的迫切要求。本论题的主要内容包括仲裁员职业概述，仲裁员职业伦理概述，以及仲裁员职业责任与惩戒。

▶▶ 一、仲裁员职业概述

（一）仲裁概述

1. 仲裁的含义和特征

从辞源来看，古代中国无"仲裁"词组，历史上相应的汉语词组为"公断"。从字面含义讲，"公断"一词不能恰如其分地涵盖仲裁之意。现代通用的"仲裁"一词来自日语。[①] 在英语中，仲裁对应的词是"arbitration"，基本含义也是"居中裁决"。《元照英美法词典》将"仲裁"解释为"争议双方当事人将其争议提交给中立的第三方（即仲裁员）来审理并作出裁决的争议解决方法。它不同于到法院通过诉讼途径来解决争议，且与之相比，仲裁程序更为简便、迅速、费用较低"。在理论上，不同学者对"仲裁"作出了不同的界定。有观点认为，仲裁是指纠纷当事人在自愿的基础上达成协议，将纠纷提交非司法机构的第三者审理，第三者就纠纷居中评判是非，并作出对争议各方均有拘束力的裁决的一种解决纠纷的制度、方法或方式。[②] 也有观点认为，仲裁是指发生争议的双方当事人，根据其在争议发生之前或争议发生之后所达成的协议，自愿将该争议提交中立的第三者进行裁判的争议解决制度和方式。[③] 基于上述定义，一般认为，仲裁具有如下要素：（1）双方当事人自愿采用仲裁方式解决相互间的争议；（2）当事人选择解决争议的第三者是非司法机构；（3）第三者为解决争议所作出的裁决，对双方当事人都具有法律上的拘束力。[④]

仲裁作为一种解决争议的重要方式，与其他争议解决方式（特别是司法诉讼）相比具有十分鲜明的特征，主要包括：

第一，自愿性。自愿性是仲裁最突出的特点。当事人可以自愿决定是否采用仲裁方式解决纠纷，自愿决定以仲裁方式解决他们之间的哪些纠纷，以及自愿决定由哪个仲裁机构、哪些仲裁员仲裁他们之间的纠纷，甚至自愿决定仲裁适用的法律。我国《仲裁法》第4条规定，当事人采用仲裁方式解决纠纷，应当双方自愿，达成仲裁协议。没有仲裁协议，一方申请仲裁的，仲裁委员会不予受理。

第二，专业性。仲裁的专业性主要体现在两个方面：一方面，仲裁所处理的事务都是比较复杂的经济、法律事务，涉及很多专业知识与技能。我国《仲裁法》第2条规定，平等主体的公民、法人和其他组织之间发生的合同纠纷和其他财产权益纠纷，可以仲裁。另一方面，参与仲裁的仲裁员必须经过系统的专业学习，并取得一定的职业资格。我国《仲裁法》第13条第2款规定，仲裁员应当符合下列条件之一：（1）通过国家统一法律职业资格考试取得法律职业资格，从事仲裁工作满8年的；（2）从事律师工作满8年的；（3）曾任法官满8年的；（4）从事法律研究、教学工作并具有高级职称的；（5）具有法律知识、从事经济贸易等专业工作并具有高级职称或者具有同等专业水平的。

第三，保密性。仲裁的保密性主要体现在两个方面：（1）仲裁程序以不公开审理为原

---

① 参见王斐弘：《仲裁概念考》，载《中国对外贸易》2002年第12期。

② 参见黄进、宋连斌、徐前权：《仲裁法学》，中国政法大学出版社2008年版，第1—2页。

③ 参见江伟主编：《仲裁法》（第二版），中国人民大学出版社2012年版，第12页。

④ 参见黄进、宋连斌、徐前权：《仲裁法学》，中国政法大学出版社2008年版，第2页。

则。对于诉讼而言，公开是原则，不公开才是例外。仲裁与之不同，它以不公开审理为原则。我国《仲裁法》第40条规定，仲裁不公开进行。当事人协议公开的，可以公开进行，但涉及国家秘密的除外。（2）任何一方当事人及仲裁参与人均负有保密义务，不得泄露涉及仲裁程序、仲裁裁决等的事项。

第四，独立性。仲裁的独立性主要体现在两个方面：（1）仲裁过程的独立性。即仲裁员在仲裁过程中不受行政机关、社会团体和个人的干涉，依据法律和事实，凭借自己的良心独立进行职业判断。我国《仲裁法》第8条规定，仲裁依法独立进行，不受行政机关、社会团体和个人的干涉。（2）仲裁机构的独立性。即仲裁机构作为中立第三方对当事人的争议进行处理，不受其他因素的干涉。我国《仲裁法》第14条规定，仲裁委员会独立于行政机关，与行政机关没有隶属关系。仲裁委员会之间也没有隶属关系。

2.仲裁的分类

对仲裁进行分类，对于当事人双方正确选择仲裁机构以及仲裁机构正确运用法律和仲裁规则，具有重要意义。根据不同的分类标准，可以将仲裁分为以下几种类型：①

第一，国内仲裁与涉外仲裁。根据当事人提交仲裁的纠纷是否含有涉外因素，可以将仲裁分为国内仲裁与涉外仲裁。所谓国内仲裁，是指本国仲裁机构对不含有涉外因素的国内民商事纠纷的仲裁。例如，北京仲裁委员会对当事人双方均为中国公民且发生在国内的合同纠纷的仲裁。所谓涉外仲裁，是指对含有涉外因素的民商事纠纷的仲裁。例如，中国国际经济贸易仲裁委员会对一方当事人为中国公司、另一方当事人为外国公司的合同纠纷的仲裁。

第二，机构仲裁与临时仲裁。根据当事人是否选择常设的仲裁机构，可以将仲裁分为机构仲裁和临时仲裁。所谓机构仲裁，是指当事人协商一致选择常设的仲裁机构解决其民商事纠纷的仲裁。所谓临时仲裁，是指不由任何已经设立的仲裁机构进行程序管理，而由当事人双方将他们之间的争议提交给他们选定的仲裁员，根据他们自己设计的或选定的仲裁规则，由仲裁员进行审理并作出裁决的仲裁。

第三，依法仲裁与友好仲裁。根据仲裁裁决是否严格依据法律规范，可以将仲裁分为依法仲裁和友好仲裁。所谓依法仲裁，是指在民商事仲裁中，仲裁庭严格依据一定的法律规范对当事人之间的纠纷进行裁决。所谓友好仲裁，是指依据双方当事人的授权，仲裁庭不以严格的法律规范为依据，而是以其所认为的公平的标准作出对当事人具有拘束力的裁决。

实践中，我国现有的仲裁主要可以分为国内仲裁和涉外仲裁两大类。我国《仲裁法》第七章专门对涉外仲裁进行了规定。国内仲裁主要以合同仲裁为主，以侵权性涉及财产权益纠纷的仲裁为辅。

（二）仲裁员概述

仲裁员在整个仲裁过程中居于核心地位。我国《仲裁法》并未对仲裁员的概念进行明确界定。在理论上，一般认为仲裁员有广义和狭义之分。广义的仲裁员是指符合法定任职

---

① 参见江伟主编：《仲裁法》（第二版），中国人民大学出版社2012年版，第21—24页。

资格，为仲裁机构聘任，并列入仲裁员名册的人。狭义的仲裁员是指被当事人选定或被依法指定，对具体案件进行审理并作出裁决的人。

1. 仲裁员的资格条件

根据我国《仲裁法》的规定，仲裁员的资格条件主要体现在两个方面：

一是道德条件。我国《仲裁法》第13条第1款规定，"仲裁委员会应当从公道正派的人员中聘任仲裁员"。仲裁作为一种纠纷解决方式，其所具有的公信力一般就体现在仲裁员的仲裁行为上。如果由一个不诚信、不公道、不正派的人参与仲裁，人们势必会对仲裁裁决的公正性产生怀疑。因此，社会对于仲裁员提出了高于一般人的道德标准，要求仲裁员既具有良好的公共道德素养，又具有严谨的职业伦理素养。

二是专业条件。如前所述，我国《仲裁法》第13条第2款对仲裁员应当符合的条件作出了规定。仲裁之所以成为让人信服的纠纷解决方式之一，不仅在于其具有保密性、灵活性、自愿性、经济性，更重要的是其具有权威性，这种权威性更多地体现为专业性。仲裁的专业性在很大程度上是由仲裁员自身的专业素养来保障实现的。

2. 仲裁员的法律地位

仲裁员的权利来自当事人的授权，明确仲裁员与当事人之间的法律关系，有助于确定仲裁员责任。关于仲裁员与当事人之间的法律关系，存在以下三种学说。[①] 这些学说反映出，仲裁人与申请仲裁的当事人之间的法律关系，是确定仲裁人在仲裁活动中权利和义务关系的基本依据，也是仲裁职业伦理的依据。

一是准契约关系说（quasi contract）。准契约关系说认为，虽然仲裁人与当事人之间因无要约、承诺等成立要件而无正式契约关系存在，但当事人选任仲裁人时，无论是自己选任第一仲裁人，或由第一仲裁人推选第三仲裁人，还是申请仲裁机构或法院代为选任，均明示要求仲裁人能够提供仲裁服务，而仲裁人接受仲裁职务时，亦预期该服务将受有报酬，其享有准契约之"偿还请求权"（restitutory remedies）。因此，应该以准契约关系规范仲裁人与当事人之间的权利义务。

二是契约关系说。契约关系说认为，仲裁人与当事人之间存在合同关系。仲裁人接受当事人之选定，提供专业知识解决争端，并于作出仲裁裁决后接受报酬，系一种劳务契约。若当事人不给付报酬，仲裁人可依法向当事人请求；若仲裁人怠于执行职务或有侵害当事人之不当行为，则当事人可依契约不履行或侵权行为诉请仲裁人赔偿。

三是特定身份关系说（status approach）。英国学者主张，仲裁人一旦接受选任，即立于"准司法官"之地位行使职权，影响当事人甚巨，非经依法撤换、回避，其仲裁人身份将持续至程序终结，且当事人选任仲裁人系基于对该仲裁人专业能力、人格操守之信任，故该职权除被选任仲裁人本人外，不得由他人代为行使，此与委任契约中有关复委任的规定亦有不同。故学者主张，仲裁人与当事人之间的法律关系，乃基于一种特殊"既定身份"（permanent status），易言之，二者之间的法律关系是一种特定身份之法律关系。当事人在选定仲裁人后即负有依仲裁人指示进行仲裁程序与遵守仲裁人仲裁判断之义务，且不得以当事人身份指挥、影响仲裁人执行职务；仲裁人接受委任后，即享有此特定身份，有权独立（independently）进行仲裁程序，无须像委任契约中受任人那样负有遵循委任人指

---

① 参见郭寿康、赵秀文主编：《国际经济贸易仲裁法》，中国法制出版社1999年版，第193页。

示之义务。

二、仲裁员职业伦理概述

仲裁员职业伦理是仲裁员在长期的仲裁实践过程中所形成的职业认知与行为规范。目前各国基本都已经形成了自己独有的仲裁规则，对于仲裁员的资格条件、行为规范提出了特定的要求。仲裁员一般分为专任仲裁员与兼任仲裁员。兼任仲裁员主要是为了应对各种复杂的仲裁事务从其他各个领域选择的专业性人士，但并不能据此认定仲裁员不属于一种专门的职业。正如法院在审判中也引入了陪审员制度，陪审员虽不是专门的法官，但依然要遵守法官职业伦理。此外，根据《国家统一法律职业资格考试实施办法》的规定，国家统一法律职业资格考试是国家统一组织的选拔合格法律职业人才的国家考试。初次担任法律类仲裁员应当通过国家统一法律职业资格考试，取得法律职业资格。这些都说明，仲裁员具备作为一种专门职业的现实基础，因而也需要专门的职业伦理规范。

目前，我国有关仲裁员的职业伦理规范主要包括两大类：一类是全国性仲裁委员会制定的仲裁员职业伦理规范，如《中国国际经济贸易仲裁委员会、中国海事仲裁员委员会仲裁员守则》；另一类是地方仲裁委员会制定的仲裁员职业伦理规范，如《北京仲裁委员会仲裁员守则》《上海仲裁委员会仲裁员守则》《珠海仲裁委员会仲裁员守则》等。由于我国目前尚未形成全国统一的仲裁员职业伦理规范，这里仅以中国国际经济贸易仲裁委员会《仲裁员行为考察规定》与《北京仲裁委员会仲裁员守则》为蓝本进行分析，对其基本规则进行概述。

（一）《仲裁员行为考察规定》的主要内容

1. 基本原则

根据《仲裁员行为考察规定》第2条至第5条的规定，仲裁员应当遵纪守法，公道正派，廉洁自律，严格遵守仲裁员守则。仲裁员应该认真学习仲裁理论，精通仲裁业务，同时注重知识更新，自觉培养明察善断的能力，保持高水平的专业、法律水准，不断提高办案技巧。仲裁员应当根据事实，依照法律，参考国际惯例，并遵循公平合理原则独立公正地审理案件。仲裁员应当独立、公正、勤勉、审慎地处理案件，不代表任何一方当事人利益，平等地对待双方当事人。

2. 诚信义务

根据《仲裁员行为考察规定》第6条的规定，有下列情形之一的，仲裁员应当不接受选定或指定：（1）存在依法应当回避的情形的；（2）在接受选定或指定后2个月内不能参加开庭审理的；（3）因自身工作任务较重，不能保证有充足时间和精力处理案件，难以悉心完成案件审理工作的；（4）因健康原因难以参加案件审理工作的；（5）对案件涉及的专业不熟悉，无法胜任审理工作的；（6）时任仲裁委员会主任、副主任，仲裁委员会、分会秘书局（处）及仲裁委员会办事处工作人员被当事人选定的；（7）其他原因致使不宜接受选定或指定的。

3. 披露义务

根据《仲裁员行为考察规定》第7条的规定，仲裁员在正式接受选定或指定时，应当如实填写接受指定的声明书，有下列情形的，仲裁员应自行向仲裁委员会书面披露：（1）仲裁员个人或所在工作单位与案件有关联或与当事人有过业务往来的；（2）与同案仲裁员同在一个单位工作的；（3）仲裁员与当事人、当事人的主要管理人员或代理人在同一社会组织担任专职工作，有经常性的工作接触的；（4）近亲属在当事人单位工作或者在当事人的代理人单位工作的；（5）仲裁员在与案件有关联的机构担任职务的；（6）仲裁员或其近亲属对胜诉或败诉一方存在可能的追索权的；（7）与当事人或代理人有较为密切的私人关系的；（8）与当事人或代理人为共同权利人、共同义务人或有其他生意或财产关系的；（9）其他可能致使当事人对仲裁员的公正性和独立性产生合理怀疑的情形。仲裁员在正式接受选定或指定后知悉应予披露情形的，应立即披露。

4. 回避义务

根据《仲裁员行为考察规定》第8条的规定，有下列情形之一的，仲裁员应当向仲裁委员会主动请求回避，当事人和仲裁庭其他成员也可以向仲裁委员会主任提出回避的书面请求，但应说明具体理由。是否回避，由仲裁委员会主任决定。仲裁委员会主任也可以主动决定其回避：（1）是本案当事人或者当事人、代理人的近亲属；（2）与本案有利害关系；（3）与本案当事人、代理人有其他关系，可能影响公正仲裁的；（4）私自会见当事人、代理人，或者接受当事人代理人的请客送礼的。

（二）《北京仲裁委员会仲裁员守则》的主要内容

1. 基本原则

根据《北京仲裁委员会仲裁员守则》第2条的规定，仲裁员应当公正、公平、勤勉、高效地为当事人解决争议。

2. 确保诚信

根据《北京仲裁委员会仲裁员守则》第3条的规定，仲裁员应诚实守信，只有确信自己具备下列条件，方可接受当事人的选定或北京仲裁委员会主任的指定：（1）能够毫不偏袒地履行职责。只有不偏袒地处理案件，案件才能得到公正的审理。仲裁员无论是由哪一方当事人选任的，都不代表任何一方当事人的利益，而要在双方当事人之间保持中立，平等地对待双方当事人。（2）具有解决案件所需的知识、经验和能力。仲裁是专业性、实践性很强的工作，仲裁员需要具备解决争议所需的知识、经验和能力。被选定的仲裁员若不具备某方面的学识与经验，不能为了面子而勉强办理自己不能胜任的案件。仲裁员必须确实相信自己具有解决该案的丰富知识和经验，才能接受选定或指定，否则就不能在仲裁中正常发挥作用，影响仲裁的质量。拒绝接受自己不熟悉专业领域的案件，也是对当事人、对仲裁委员会负责的表现。（3）能够付出相应的时间、精力，并按照有关法律法规要求的期限审理案件。仲裁员在接受指定或选定时，应首先考虑自己是否有足够的时间和精力办理案件。仲裁员都是兼职，工作忙或个人事务多，可以不接受选定或指定，一旦接受选定或指定，就不能再以工作忙为由耽误案件审理。否则，不仅拖延了审理，也使自己和仲裁庭的信誉受损。（4）参与审理且尚未审结的案件不满10件。人的精力有限，手中案件太多难免顾此失彼，影响办案质量。而且，仲裁员办案不仅涉及自己的时间，也牵扯其他仲裁员的时间，手中的案件多了，会与其他仲裁员在时间安排上发生冲突，因此，仲裁员正在审理的案件太多，就应拒绝选任或指定。

3. 保持公正

公正是指仲裁员审理案件时要公平合理，不徇私偏袒。公正是仲裁的灵魂和生命。为了保证公正地审理案件，仲裁员要做到以下几点：

一是保持廉洁性。廉洁是公正的保证。根据《北京仲裁委员会仲裁员守则》第7条的规定，仲裁员不得以任何直接或间接方式接受当事人或其代理人的请客、馈赠或提供的其他利益。对仲裁员提出这样的要求，也是国际商事仲裁的通例。例如，英国皇家御准仲裁员学会制定的《仲裁员道德行为规范》规定，"非有另一方仲裁当事人在场或经双方同意，仲裁员不得以直接或间接方式接受任一方礼物或实质性款待"。美国仲裁协会与美国律师协会制定的《商事争议中仲裁员的行为道德规范》规定，仲裁员在"接受指定后或担任仲裁员期间，人们应当避免建立金钱、商业、职业、家庭或社交联系，或谋求金钱或私利……在案件裁决后的相当一段时间，担任仲裁员的人们应当避免建立上述关系"。仲裁员要有良好的道德修养，自觉抵制金钱、物质的诱惑，不吃请，不受礼，不利用仲裁权谋取个人私利，贪取钱财。

二是保持独立性。独立与廉洁都是公正的保障。《北京仲裁委员会仲裁员守则》第11条规定，仲裁员应当独立地审理案件，不因任何私利、外界压力而影响裁决的公正性。没有独立性的仲裁，就不是真正的仲裁。仲裁员在法律和仲裁规则的范围内，依其特有的专业知识、经验依法独立地审理案件。具体而言，其独立性表现为：（1）不受仲裁委员会的干预。仲裁委员会依照法律规定的条件并结合实际情况聘任仲裁员，依法对违法的仲裁员予以除名，依法决定是否受理案件，根据当事人的委托或者依法指定仲裁员，以及从事其他有关仲裁的管理和实务性工作。一旦仲裁庭成立，仲裁委员会即不再介入案件审理与裁决的实质性工作，案件的审理与裁决完全由仲裁庭独立进行。（2）不受行政机关、社会团体和个人的干涉，尤其是行政机关不得对案件的审理与裁决施加消极的影响。此外，仲裁庭还要独立于法院，虽然法律授予法院对裁决必要的监督权，但这并不意味着仲裁附属于审判。只有这样，才能为仲裁的公正性、权威性创造良好的外部环境与条件。

三是履行披露义务。仲裁员披露是一项被普遍接受的保证仲裁权主体公正性的原则，是指仲裁员主动披露其与当事人或代理人之间的某种关系，以便当事人和仲裁机构考虑此种关系是否影响该仲裁员的独立性和公正性。仲裁员应当与当事人保持足够远的距离，在履行职责期间避免与当事人产生金钱、商业、职业、家庭、社会、个人的关系，以免这些关系导致仲裁员的不公正或偏见。由于仲裁员一般不是专职人员，其来源也呈现多元性，所以通常仲裁员与当事人的关系远比法官同当事人的关系来得复杂，这就需要仲裁员履行披露义务。

《北京仲裁委员会仲裁员守则》第5条第1款规定，仲裁员接受选定或指定时，有义务书面披露可能引起当事人对其公正性或独立性产生合理怀疑的任何事由，包括但不限于：（1）是本案的当事人、代理人或当事人、代理人的近亲属的；（2）与本案结果有利害关系的；（3）对于本案事先提供过咨询的；（4）私自与当事人、代理人讨论案件情况，或者接受当事人、代理人请客、馈赠或提供的其他利益的；（5）在本案为当事人推荐、介绍代理人的；（6）担任过本案或与本案有关联的案件的证人、鉴定人、勘验人、辩护人、代理人的；（7）与当事人或代理人有同事、代理、雇佣、顾问关系的；（8）与当事人或代理人为共同权利人、共同义务人或有其他共同利益的；（9）与当事人或代理人在同时期审理的其他仲裁案件中同为仲裁庭里的仲裁员，或者首席仲裁员2年内曾在其他仲裁案件中被一方当事人指定为仲裁员的；（10）与当事人或代理人有较为密切的友谊或嫌怨关系的；（11）其他可能影响公正仲裁的情形。

《北京仲裁委员会仲裁员守则》第5条第2款规定，在仲裁过程中，如果发生可能引起此类怀疑的新情况，仲裁员应继续履行披露义务；未履行披露义务，将视为该仲裁员违反本守则，即使未予披露的事由本身并不构成不宜担任仲裁员的情形。这就明确了持续披露义务，该规定使仲裁员披露制度与国际商事仲裁的普遍实践比较接近。

仲裁员披露不仅被规定在仲裁员行为规范中，在仲裁法及仲裁规则中也有明确规定。例如，《北京仲裁委员会仲裁规则》就采用了国际通行的仲裁员信息披露制度，明确信息披露是仲裁员的重要义务。根据该规则第21条的规定，仲裁员知悉与案件当事人或者代理人存在可能导致当事人对其独立性、公正性产生合理怀疑的情形时，应当书面披露；仲裁员的披露将由仲裁机构转交双方当事人并允许当事人就是否申请回避提出书面意见。这一规定既增强了对仲裁员的约束力，也为当事人申请回避提供了必要的信息，保障了当事人的知情权。

四是不得代理本会的案件。《北京仲裁委员会仲裁员守则》第9条规定，仲裁员不得在本会的仲裁案件中担任代理人。这主要是考虑到我国实行的是机构仲裁，当事人只能从机构的仲裁员名册中选择仲裁员，而仲裁机构的仲裁人数有限、范围较窄，加上仲裁员之间合作共事、经验交流频繁，因而很可能产生在此案中担任代理人、在他案中又与此案仲裁员共为仲裁庭组成人员的情况。仲裁员"既坐台上又坐台下"（即既担任仲裁员又代理本会案件）的特殊身份，难免会导致当事人对仲裁公正性产生疑虑。虽然多年的实践经验表明，仲裁庭能否公正审理取决于仲裁庭成员的自身素质，而非代理人是不是仲裁员。而且，随着仲裁员披露制度的施行，这种情况可通过仲裁员回避等措施来避免。但是，因仲裁员担任代理人而产生的仲裁庭组成人员的回避，延缓了案件审理进程，这对回避的仲裁员以及当事人来说很不公平，也在一定程度上降低了当事人对仲裁程序与仲裁裁决的认同。因此，从维护当事人的合法权益出发，应当明确禁止仲裁员代理本会的仲裁案件（包括代理执行与撤销本会仲裁裁决的案件）。此外，牺牲自身利益，对容易引发当事人合理怀疑的行为进行规避，对于维护仲裁委员会的公信力和仲裁员队伍的整体形象也具有重要的意义。

五是保持公平性。仲裁员必须站在客观公正的立场，考虑案件的全部情况，查清事实，分清是非，合法、公正地作出裁决，维护当事人双方的合法权益。这要求仲裁员超脱各种利益和人情关系，本着自己的良知和对法律的理解进行裁决，绝不能偏袒任何一方当事人，更不得作为任何一方代理人行事。例如，在发表意见时，应当注意表达意见的方式，不得出现倾向性；在提问时，应当本着查证事实的目的，避免偏向或诱导性的提问；在审理时，应当给予双方同等的辩论机会。仲裁员如果将自己视作当事人一方的代表，只考虑当事人一方的情况，只维护当事人一方的利益，就难免产生倾向性，出现歧视或偏袒，影响裁决的公正性。

六是遵守与当事人的接触准则。《北京仲裁委员会仲裁员守则》第4条规定："仲裁员为谋求选定而与当事人接触的，属于不符合仲裁员道德规范的行为。"仲裁员为谋求选定而与当事人进行接触的行为，使仲裁员处于"有求于人"的境地，有违仲裁员的独立性和公平性。

《北京仲裁委员会仲裁员守则》第8条规定，仲裁员在仲裁期间不得私自会见一方当事人、代理人，接受其提供的证据材料；不得以任何直接或间接方式（包括谈话、电话、信件、传真、电传、电子邮件等方式）单独同一方当事人、代理人谈论有关仲裁案件的情况。在调解过程中，仲裁庭应慎重决定由1名仲裁员单独会见一方当事人或其代理人；如果仲裁庭决定委派1名仲裁员单独会见一方当事人或其代理人，应当有秘书人员在场，并告知对方当事人。此外，有的仲裁机构要求仲裁员不仅在仲裁期间，而且在仲裁案件结束后也应避嫌。例如，美国仲裁员协会颁布的《仲裁员守则》规定，仲裁员在仲裁案件完成之后的一段合理时间内，同样应当避免与当事人产生上述关系，否则人们可能会认为在仲裁过程中仲裁员已经受到这些关系的影响。

4. 勤勉义务

仲裁员要有高度的责任感，认认真真地对待每一起案件，一丝不苟地核实证据、查明事实，正确地适用法律，公平、公正地解决争议，不辜负当事人的信任与期望。

仲裁员不仅应勤勉，还要守时。仲裁的一大优势是简便与快捷，当事人对仲裁最大的要求，就是公正、及时地解决争议。如果仲裁员不严格遵守时间，不积极地推进仲裁、尽快结案，就会加重当事人在时间、精力、财力上的负担，甚至会使仲裁失去意义。"迟来的正义非正义。"仲裁员通常都有自己的职业，往往工作繁忙，这是实际情况。但是，当事人选择了仲裁，有偿请求仲裁员尽快解决他们之间的纠纷，仲裁员接受指定后若不积极作为，实际上便给当事人利益造成了损害。对此，一些国家的法律有严格的规定。例如，当发现仲裁员不适当地拖延履行职责时，当事人可以据此提出仲裁员回避请求；仲裁庭超出法律规定或当事人约定的期限作出裁决，造成裁决书被宣告无效的，仲裁庭应负赔偿责任。虽然英美法系国家通常持"仲裁员责任豁免理论"，但是美国法院仍有判例判定仲裁员应对没有及时裁决负民事责任，认为不公正的延迟裁决不是司法行为，仲裁员如果不能迅速处理纠纷，则应该在开始就拒绝接受案件。《北京仲裁委员会仲裁员守则》第10条规定，仲裁员应认真勤勉地履行自己的全部职责，在规定的期限内尽可能迅速审结案件。《北京仲裁委员会关于提高仲裁效率的若干规定》（以下简称《若干规定》）从提高仲裁效率着眼，作了如下规定：

一是明确无法保证办案时间的仲裁员应拒绝接受选定或指定，或者退出案件审理。《若干规定》第3条规定："仲裁员在组庭后连续满20天不能参加案件审理的，应及时告知本会，并视情况决定是否接受选定或指定，或者退出案件审理；仲裁员在审理期限内连续满60天不能参加案件审理的，应拒绝接受选定或指定，或者退出案件审理。"这样规定可以有效防止某些仲裁员因无法保证办案时间而导致审理超期限。

二是明确开庭审理与裁决书制作时间，要求每一个环节均按时间要求进行，以保证整个程序高效、顺畅地开展。《若干规定》从仲裁程序各阶段入手，对仲裁庭每个仲裁阶段的审理时间（包括首次开庭时间、两次开庭之间的时间间隔以及裁决书制作时间等）均作出了详细的规定，还规定了仲裁庭未经合议或经合议对裁决未达成基本共识时拟定裁决书的方法以及时间要求。这样规定的目的是在保证审理质量与裁决质量的前提下，使每一步骤连接紧凑、避免延迟，从而保证仲裁庭在规定期限内尽快结案，确保仲裁制度优越性的发挥。

三是明确仲裁员应在规定期限内提出制作裁决的书面意见。《若干规定》第9条第2款规定："……仲裁庭未经合议或经合议对裁决未达成基本共识的，仲裁员应自审理终结之日起或合议之日起5日内就案件事实、证据、定性、责任、适用法律、裁决意见和理由等提出制作裁决的书面意见，由首席仲裁员或其指定的仲裁员进行汇总，拟定裁决书草稿。……"制作裁决是仲裁庭成员的共同责任和义务，在国际上，仲裁裁决都是由仲裁员制作的，除了负责起草裁决的仲裁员，其他仲裁员也会将自己对案件事实、证据、定性、责任、适用法律、裁决意见和理由的意见，通过书面形式提供给负责起草裁决的仲裁员。《若干规定》提出这样的要求，是为了增强仲裁员的责任感，制约不阅卷、不制作裁决的不负责任行为。而且，仲裁员提出制作裁决的意见（首席仲裁员指定其他仲裁员起草仲裁裁决时，亦应提出自己的制作裁决的意见），有利于仲裁员集思广益、研究案情，提高裁决质量与效率。

四是明确在迟延情况下对仲裁员予以更换的权利。根据《若干规定》第12条第4项的规定，仲裁员迟延致使案件超审限，情节严重的，北京仲裁委员会有权在征得当事人同意后予以更换。这样规定，一方面可以保证当事人获得及时的救济；另一方面也可以增加仲裁员的危机意识，有利于督促仲裁员按照规定的时间要求推进仲裁程序。

5. 保密义务

仲裁员应当有保密意识，忠实地履行保密义务。根据《北京仲裁委员会仲裁员守则》第12条的规定，保密义务包括两个方面：（1）仲裁员不得向当事人或外界透露本人的看法和合议庭合议的情况，对涉及仲裁程序、仲裁裁决的事项应保守秘密。（2）仲裁员要为当事人保密，尤其是要保护当事人的商业秘密不被泄露。仲裁员泄露仲裁秘密，不论有意还是无意，都是违反仲裁员职业道德的行为，不仅不利于仲裁裁决的作出，而且会给当事人造成重大损失，影响其商业前景。

域外仲裁员职业伦理的基本规则

三、仲裁员职业责任与惩戒

（一）仲裁员职业责任

广义上的仲裁员职业责任是仲裁员因违反有关法律和道德规范而应承担的责任，包括法律责任和道德责任。狭义上的仲裁员职业责任则限于法律责任，包括刑事责任、行政责任、民事责任等。法律责任具有明确的规范形式；而道德责任是抽象意义上的责任，以非规范形式反映出来，如舆论的谴责、同事的谴责、良心的谴责等。仲裁员职业责任针对的范围比较广泛，既包括职务内的活动，也包括职务外的活动。一般而言，在职务外的活动中道德责任更为明显。

仲裁员是仲裁案件的裁决者，尽管各国对仲裁员资格的规定不尽相同，但对仲裁员的根本要求都是一样的，即仲裁员必须公道正派，在审理案件过程中要保持公正与独立。根据我国《仲裁法》第38条的规定，仲裁员私自会见当事人、代理人或者接受当事人、代理人的请客送礼，情节严重的，或者仲裁员在仲裁该案时有索贿受贿、徇私舞弊、枉法裁决行为的，应当依法承担法律责任，仲裁委员会应当将其除名。从这一规定中仲裁员应承担法律责任的两种情形的性质来看，仲裁员应承担的法律责任主要是刑事责任。关于仲裁员是否应当承担民事责任，理论界尚存分歧，各国立法规定也各不相同。一些国家，如奥地利和荷兰，规定在特定条件下，仲裁员可能因其行为不当而对当事人遭受的损失承担责任。[①]但另外一些国家，尤其是英国和美国，则认为应当免除仲裁员的民事责任。目前，我国尚未在仲裁立法中规定仲裁员的民事责任。

此外，还需要注意仲裁员的更替责任。仲裁员的更替，是指组成仲裁庭的仲裁员因回避或者其他原因不能履行其职责时，由当事人重新选定仲裁员或者由仲裁机构重新指定仲裁员，组成仲裁庭负责案件的审理。许多国家的仲裁立法都规定，仲裁员因回避或者其他原因，不能继续履行其职责时，得依法更替仲裁员，重新组成仲裁庭审理有关争议。例如，瑞士联邦《仲裁协约》第23条规定，仲裁员死亡、回避、解职或辞职时，应当按照选定或任命该仲裁员的程序予以替换。我国《仲裁法》第37条第1款规定，仲裁员因回避或者其他原因不能履行职责的，应当依照该法规定重新选定或者指定仲裁员。可见，在以下两种情况下会发生仲裁员的更替：（1）仲裁员的回避。即符合法定回避情形的仲裁员自行退出案件的审理或由当事人申请其退出案件的审理。（2）其他原因。通常指仲裁员死亡、辞职或成为无行为能力人等情况。一般来说，选定或指定新仲裁员的方式与选定或指定原仲裁员的方式相同。各国仲裁立法对此的规定大体相同。我国《仲裁法》只规定应当依照该法重新选定或指定仲裁员，但是否与选择原仲裁员的程序相同，法律没有明确的要求。关于仲裁员发生更替后，仲裁程序是否重新进行，各国规定不大一致。《联合国国际贸易法委员会仲裁规则》规定，如果独任仲裁员或者首席仲裁员被更替，则以前进行的任何程序都应当重新进行；如果其他仲裁员被更替，则程序是否重新进行，由仲裁庭自行决定。

（二）仲裁员惩戒制度

1. 仲裁员惩戒的内涵

仲裁员惩戒是指当仲裁员违反职业伦理规范时，由监管机构对仲裁员的不当行为作出不利处分。根据我国《仲裁法》第15条的规定，中国仲裁协会是社会团体法人。仲裁委员会是中国仲裁协会的会员。中国仲裁协会的章程由全国会员大会制定。中国仲裁协会是仲裁委员会的自律性组织，根据章程对仲裁委员会及其组成人员、仲裁员的违纪行为进行监督。由此可知，从《仲裁法》的规定来看，中国仲裁协会对仲裁员的违纪行为享有监督权。然而，中国仲裁协会目前尚未成立，统一的仲裁员职业伦理规范（执业纪律）也尚未制定，因此监督权的内容并不明晰。从这个意义上说，我国尚未建立起成熟的仲裁员惩戒制度。

目前，我国理论界与实务界均未就仲裁员惩戒进行深入讨论，也未产生太多研究成

---

① 参见张立平：《论首席仲裁员之职业道德》，载《北京仲裁》2006年第4期。

果。不过，在理论界有关中国仲裁协会的研究中，一些学者在讨论中国仲裁协会的职能构建时提到了仲裁员惩戒这一问题。对于这一问题，存在以下分歧：

第一，仲裁员是不是仲裁协会的会员？有观点认为，中国仲裁协会的会员是仲裁委员会，换言之，仲裁员不是仲裁协会的会员。仲裁协会的监督对象应当是其会员，对属于第三人的仲裁员进行监督是没有理论依据的。同时，仲裁委员会的组成人员包括行政秘书、办公室主任等，对这些人员的赏罚应当由仲裁委员会自身决定，而按照仲裁法的精神，仲裁协会同样享有监督权。[①] 也有观点认为，将仲裁协会的会员扩大到个人会员是十分必要的，这对于维护仲裁员的合法权益、促进仲裁制度的发展具有重要意义。[②]

第二，谁来惩戒仲裁员？有观点认为，从仲裁委员会的职能来看，仲裁委员会有权决定仲裁员的聘任、解聘和除名。因此，对仲裁员的惩戒，仲裁委员会具有天然的优势，只需要推进相应制度建设，如制定仲裁惩戒规制、设立仲裁员惩戒机构。随着案件的增多，加上社会上一些不良习气的影响，仲裁员不能秉公办案甚至枉法裁决的可能性就增大，仲裁员惩戒机构的设立就有其必要性。[③] 也有观点认为，就仲裁协会与仲裁机构的关系而言，二者不是隶属关系，而是一种指导与被指导、服务与接受服务、监督与被监督的关系。就仲裁协会的职能而言，其大致可包括如下几项：（1）根据协会章程依法对各仲裁委员会、各仲裁委员会的组成人员、各仲裁委员会的仲裁员进行监督、保护、管理、服务；（2）协调仲裁工作，总结仲裁经验，开展仲裁国际与国内交流，培训仲裁员队伍，奖励优秀仲裁员和惩戒违纪仲裁员，组织仲裁活动的区域协作，推动仲裁理论与实践研讨；（3）制定并公布仲裁规则的示范文本，供各仲裁机构根据自己的实际情况酌情采用；（4）维护仲裁机构及仲裁员的合法权益。[④]

从外观上看，仲裁员与律师、公证员等职业群体类似，但能否由职业协会对仲裁员进行惩戒，这值得进一步思考。仲裁员惩戒的主体问题，涉及仲裁协会的性质、职能以及其与仲裁机构、仲裁员之间的关系问题。可以确定的是，在各国的立法例中很少看到关于仲裁员惩戒的规定，仲裁员惩戒基本都由仲裁规则予以规定。换言之，仲裁员惩戒制度具有很强的自律性。因此，无论由仲裁委员会行使惩戒权，还是由仲裁协会行使惩戒权，都需要制定明确的惩戒规范、具体的惩戒程序，既要保证当事人的合法权益，也要保证仲裁员应该享有的权利，维护仲裁制度的公信力。如果确实需要在二者之间进行选择，可以考虑由仲裁机构进行具体的监督管理，而对于仲裁员的惩戒则由仲裁协会负责。这样既可以避免仲裁机构的"内部寻租"行为，也有利于统一仲裁员职业行为标准，加强仲裁员的职业认同。

2. 仲裁员惩戒的现状

目前，我国尚未建立完善的仲裁员惩戒制度，但实践中对于仲裁员的违纪行为，也有一些具体的应对办法。根据中国国际经济贸易仲裁委员会《仲裁员行为考察规定》第9条的规定，该委员会认为仲裁员存在下列违反仲裁员守则和仲裁员办案规范的情形，影响当事

---

① 参见詹礼愿：《中国内地与中国港澳台地区仲裁制度比较研究》，武汉大学出版社2006年版，第80页。

② 参见江伟主编：《仲裁法》（第二版），中国人民大学出版社2012年版，第123页。

③ 参见任永安、卢显洋：《中国特色司法行政制度新论》，中国政法大学出版社2014年版，第435页。

④ 参见周江：《也谈仲裁机构的民间性》，载《北京仲裁》2007年第2期。

人对该委员会的信任或损害该委员会形象，但不宜回避、更换、取消仲裁员资格的，可根据情节严重程度予以提醒、提出建议、警告：（1）借故拖延办案时间的；（2）无正当理由不到庭审理案件的；（3）无正当理由不参加合议、调查或者开庭迟到的；（4）无正当理由随意变更开庭时间，或者未预留足够开庭时间，导致案件不得不再次开庭的；（5）庭审中接打电话、收发短信微信、随意离庭，或者着装不得体的；（6）办案过程中表现出偏袒倾向，包括代替或变相代替一方向另一方质证、辩论、提出请求或明显具有诱导性问题的；（7）未经本委员会同意，擅自对外发表案件有关信息的；（8）其他可能导致当事人对仲裁员产生合理怀疑的情形。

根据中国国际经济贸易仲裁委员会《仲裁员行为考察规定》第10条的规定，仲裁员在聘期内有下列情形之一的，该委员会有权取消其仲裁员资格：（1）对该委员会《章程》《仲裁规则》认同度不高，公开反对或消极抵制该委员会《章程》《仲裁规则》实施，或者故意做出有损该委员会声誉行为的；（2）受到刑事处罚的，或者因违法行为受到严重行政处罚的，或者近5年受到严重警告级别以上（不含）党纪政务处分的；（3）故意隐瞒应当回避的事实，导致严重后果的；（4）在案件审理中，违背仲裁员公正立场，多次受到该委员会警告的；（5）对案件审理严重迟延负有主要责任的；（6）向当事人透露仲裁员看法或仲裁庭合议情况的；（7）违反仲裁员勤勉审慎义务，不认真阅卷，不熟悉案情，严重不负责任的；（8）徇私舞弊，枉法裁决的；（9）私自会见当事人或其代理人，接受当事人或其代理人请客、馈赠或提供的其他不当利益的；（10）代人打听案件情况、请客送礼、提供好处和不当利益的；（11）故意曲解事实和法律的，或执意支持或坚决反对一方当事人的请求和主张，且不能说明理由的；（12）私下联络同案仲裁员，不顾事实和法律，人为制造多数意见，为当事人谋求不当利益的；（13）该委员会仲裁员评价和反馈机制反映问题比较集中的，或者办案能力明显不足、不能胜任仲裁员工作的；（14）未按照仲裁员培训规定参加培训的；（15）存在故意或者重大过失行为，导致仲裁裁决被撤销或者不予执行的；（16）被其他仲裁机构解聘，经核实确实存在不宜续聘情形的；（17）近5年以来，从未与仲裁委员会有过工作联系的，包括但不限于：未参加仲裁员业务培训，也未在《仲裁与法律》等指定刊物上发表文章，且未按要求宣传推广该委员会等；（18）其他不宜继续担任仲裁员的情形。

事实上，目前国际上对仲裁员的惩戒基本上都由仲裁机构依自治、自律原则，视情节自行规定。但是各国国情不同，应该根据自己的国情建立与之相符的仲裁制度。本书认为，从我国仲裁制度的长远发展来看，由行业自治组织建立一套严谨周密的仲裁员惩戒制度，不仅有助于督促仲裁员公正与独立处理仲裁事务，以建立当事人对仲裁员的信赖，而且有助于吸引国际商务双方当事人在仲裁协议中约定中国为仲裁地。

论题三 行政执法人员职业伦理

对于"行政执法"的概念，目前理论界和实务界在不同的场合针对不同的事务有不同的界定。根据《国家统一法律职业资格考试实施办法》第2条的规定，行政机关中初次从事行政处罚决定审核、行政复议、行政裁决、法律顾问的公务员，应当通过国家统一法律职业资格考试，取得法律职业资格。可见，"初次从事行政处罚决定审核、行政复议、行政裁决、法律顾问的公务员"应当被纳入"法律职业人员"的范畴。本书主要讨论法律职业人员的职业伦理问题，因此在使用"行政执法"这一概念时更倾向于实务中的界定方法，将行政执法界定为行政机关依据法律、法规和规章，作出的行政许可、行政处罚、行政强制、行政给付、行政征收、行政确认等影响公民、法人或其他组织权利、义务的行政行为。与之相称，本书用"行政执法人员"代指行政机关中初次从事行政处罚决定审核、行政复议、行政裁决的公务员。本论题主要探讨行政执法人员的职业伦理规范要求、职业责任和惩戒制度。

一、行政执法人员职业伦理的基本要求

（一）行政执法人员职业伦理的概念

行政执法人员职业伦理是指行政执法人员在行政处罚决定审核、行政复议、行政裁决等过程中应该遵守的行为准则。由于行政执法人员的职业行为主要是行政处罚决定审核、行政复议、行政裁决等行政行为，所以，行政执法人员职业伦理包含了行政执法的基本原则。此外，由于行政执法人员的身份是国家公务员，所以，行政执法人员职业伦理也包含了公务员伦理的基本规则。

（二）行政执法人员职业伦理的主要内容

1. 行政执法的基本原则

一般来说，行政执法的基本原则是指行政执法人员在行政执法过程中必须遵守的，贯穿于行政执法全过程，对行政执法活动具有普遍指导意义的根本性准则。本书认为，作为行政执法人员职业伦理的基础，行政执法的基本原则主要包括如下三个：

一是合法原则。合法原则是指行政执法应该有法可依，严格按照法律的规定进行，不得与法律相抵触。具体而言，合法原则主要包括三个方面的要求：（1）任何行政执法权都必须基于法律的授权才能存在。（2）任何行政执法权的行使应依据法律、遵守法律，不得与法律相抵触。（3）任何行政执法权的授予和委托及其运用都必须具有法律依据，符合法律宗旨。根据我国《行政处罚法》第4条的规定，公民、法人、其他组织违反行政管理秩序的行为，应当给予行政处罚的，依照《行政处罚法》由法律、法规、规章规定，并由行政机关依照《行政处罚法》规定的程序实施。没有法定依据或者不遵守法定程序的，行政处罚无效。

二是合理原则。合理原则是指行政执法不仅要符合法律的规定，还要符合法律的意图和精神，符合公平正义等法律理性。具体而言，合理原则主要包括四个方面的要求：（1）行政裁量行为的动机应当符合法律目的和社会公共利益。（2）行政裁量行为必须建立在正当的基础上。（3）行政裁量行为的内容要符合情理。（4）行政执法程序要正当，遵循公平、公开、公正原则。根据我国《行政处罚法》第5条的规定，行政处罚遵循公

正、公开的原则。设定和实施行政处罚必须以事实为依据，与违法行为的事实、性质、情节以及社会危害程度相当。对违法行为给予行政处罚的规定必须公布；未经公布的，不得作为行政处罚的依据。

三是高效原则。高效原则是指行政执法要做到迅速、准确、有效。具体而言，高效原则主要包括三个方面的要求：（1）行政执法人员要依法独立行使行政执法权，把外部环境对执法的干扰减少到最低程度。（2）行政执法必须符合最广大人民利益。（3）坚持时效性与及时性，确保行政执法行为的有效性。根据我国《行政复议法》第4条的规定，行政复议机关履行行政复议职责，应当遵循合法、公正、公开、及时、便民的原则，坚持有错必纠，保障法律、法规的正确实施。

2. 公务员伦理的基本规则

公务员伦理，也称为行政伦理，是伦理在公共行政关系与公共行政活动中的具体体现。一般认为，研究公务员伦理是分析行政人员作为道德主体的可能性、必要性，探究行政人员的道德品质及其价值选择与伦理责任等问题的理论，它是以"责、权、利"的统一为基础，以协调个人、组织与社会的关系为核心的行政行为准则和规范系统。[①]有观点认为，公务员伦理是一种复合型伦理，包括组织伦理、体制伦理、行为伦理以及政策伦理等。根据国家公务员局于2011年发布的《公务员职业道德培训大纲》，公务员伦理的基本规则包括以下内容：

一是忠于国家。忠于国家是公务员的天职，具体而言，主要包括三个方面的内容：（1）忠于中国特色社会主义事业，坚决拥护中国共产党的领导，坚定理想信念，在思想上、政治上、行动上与党中央保持高度一致。（2）忠于国家利益，维护党和政府形象、权威，维护国家统一和民族团结，严守国家秘密，同一切危害国家利益的言行作斗争。（3）忠于国家宪法，模范遵守法律法规，按照法定的权限、程序和方式执行公务，知法守法、依法办事，维护法律尊严。

二是服务人民。服务人民是公务员的根本宗旨，具体而言，主要包括四个方面的内容：（1）树立和坚持马克思主义群众观点，尊重人民群众历史主体地位，坚持以人为本、执政为民，对人民负责，为人民服务，受人民监督，让人民满意，永做人民公仆。（2）增强对人民群众的深厚感情，保持同人民群众的血肉联系，把实现好、维护好、发展好最广大人民根本利益作为工作的出发点和落脚点。（3）坚持群众路线，尊重群众首创精神，深入调查研究，问政于民、问需于民、问计于民，积极回应人民群众要求。（4）提高为人民服务本领，善于做群众工作，努力提供均等、高效、廉价、优质公共服务，促进科学发展和社会和谐。

三是恪尽职守。恪尽职守是公务员的立身之本，具体而言，主要包括四个方面的内容：（1）增强职业使命感和责任意识，树立正确的世界观、权力观、事业观，把个人价值的实现融入为党和人民事业的不懈奋斗之中。（2）弘扬职业精神，勇于创造、敢于担当，顾全大局、甘于奉献，在完成急难险重任务、应对突发事件等考验面前冲锋在前。（3）发扬职业作风，求真务实、勤于任事，艰苦奋斗、淡泊名利，兢兢业业做好本职工作。（4）严守职业纪律，严于律己、谨言慎行，不玩忽职守、敷衍塞责，不滥用职权、徇私枉法。

---

① 参见谭功荣编著：《公务员制度比较研究》，重庆出版社2007年版，第357页。

四是公正廉洁。公正廉洁是公务员的基本品质，具体而言，主要包括三个方面的内容：（1）崇尚公平，履职为公，办事出于公心，努力维护和促进社会公平正义；（2）正气在身，坚持真理、崇尚科学，诚实守信、为人正派，不以私情废公事，不拿原则做交易；（3）为政以廉，坚守信念防线、道德防线、法纪防线，不以权谋私，勇于同腐败现象作斗争，弘扬传统美德，模范遵守社会公德和家庭美德。

二、行政执法人员的职业责任

（一）行政执法人员职业责任的概念

行政执法人员职业责任，也称行政执法人员法律责任，主要是指行政执法人员在行政执法过程中违反了法律的规定而必须承担的不利法律后果。这种责任具有如下特点：（1）行政执法人员职业责任是以行政执法人员特定身份为基础的，责任主体特定。（2）行政执法人员职业责任以行政执法人员行为构成违法为前提。也就是说，行政执法人员职业责任必须是行政执法人员因实施了某种违法的作为或不作为而产生的不利法律后果。（3）行政执法人员职业责任与行政执法人员职务行为有关联，是一种连带责任的体现。（4）行政执法人员职业责任具体形式多样化，有民事责任、行政责任、刑事责任。

（二）行政执法人员职业责任的主要内容

1. 民事责任

行政执法人员的民事责任，是指行政执法人员在行政执法过程中因违法行为给公民、法人或其他组织造成损害，依法应当承担的民事赔偿责任。根据我国《国家赔偿法》第16条第1款的规定，赔偿义务机关赔偿损失后，应当责令有故意或者重大过失的工作人员或者受委托的组织或者个人承担部分或者全部赔偿费用。

2. 行政责任

行政执法人员的行政责任，也称行政执法人员的行政处分，是指行政执法人员在行政执法过程中违反行政法律、法规，依法应当承担的法律责任。行政执法人员的行政责任在具体制度上主要体现为行政执法人员惩戒制度，本论题第三部分将详细阐述。根据我国《行政复议法》第35条的规定，行政复议机关工作人员在行政复议活动中，徇私舞弊或者有其他渎职、失职行为的，依法给予警告、记过、记大过的行政处分；情节严重的，依法给予降级、撤职、开除的行政处分。根据我国《行政处罚法》第83条的规定，行政机关对应当予以制止和处罚的违法行为不予制止、处罚，致使公民、法人或者其他组织的合法权益、公共利益和社会秩序遭受损害的，对直接负责的主管人员和其他直接责任人员依法给予行政处分。

3. 刑事责任

行政执法人员的刑事责任，是指行政执法人员在行政执法过程中违反刑事法律，依法应当承担的法律责任。根据我国《行政复议法》第35条的规定，行政复议机关工作人员在行政复议活动中，徇私舞弊或者有其他渎职、失职行为，构成犯罪的，依法追究刑事责任。根据我国《行政处罚法》第83条的规定，行政机关对应当予以制止和处罚的违法行为不予制止、处罚，致使公民、法人或者其他组织的合法权益、公共利益和社会秩序遭受损害，情节严重构成犯罪的，依法追究刑事责任。

三、行政执法人员惩戒制度

我国《公务员法》及《行政机关公务员处分条例》确立了公务员惩戒制度。行政执法人员本身具有公务员身份，因此其也适用公务员惩戒制度的一般性规定。

（一）惩戒事由

根据我国《公务员法》第59条的规定，公务员应当遵纪守法，不得有下列行为：（1）散布有损宪法权威、中国共产党和国家声誉的言论，组织或者参加旨在反对宪法、中国共产党领导和国家的集会、游行、示威等活动；（2）组织或者参加非法组织，组织或者参加罢工；（3）挑拨、破坏民族关系，参加民族分裂活动或者组织、利用宗教活动破坏民族团结和社会稳定；（4）不担当，不作为，玩忽职守，贻误工作；（5）拒绝执行上级依法作出的决定和命令；（6）对批评、申诉、控告、检举进行压制或者打击报复；（7）弄虚作假，误导、欺骗领导和公众；（8）贪污贿赂，利用职务之便为自己或者他人谋取私利；（9）违反财经纪律，浪费国家资财；（10）滥用职权，侵害公民、法人或者其他组织的合法权益；（11）泄露国家秘密或者工作秘密；（12）在对外交往中损害国家荣誉和利益；（13）参与或者支持色情、吸毒、赌博、迷信等活动；（14）违反职业道德、社会公德和家庭美德；（15）违反有关规定参与禁止的网络传播行为或者网络活动；（16）违反有关规定从事或者参与营利性活动，在企业或者其他营利性组织中兼任职务；（17）旷工或者因公外出、请假期满无正当理由逾期不归；（18）违纪违法的其他行为。

（二）惩戒方式

根据《公务员法》及《行政机关公务员处分条例》的规定，行政机关公务员处分的方式分为警告、记过、记大过、降级、撤职、开除。行政机关公务员受警告处分的期间为6个月，受记过处分的期间为12个月，受记大过处分的期间为18个月，受降级、撤职处分的期间为24个月。行政机关公务员在受处分期间不得晋升职务、职级和级别，其中，受记过、记大过、降级、撤职处分的，不得晋升工资档次；受撤职处分的，应当按照规定降低级别。行政机关公务员受开除处分的，自处分决定生效之日起，解除其与单位的人事关系，不得再担任公务员职务。

（三）惩戒标准

1. 违反政治纪律的惩戒标准
根据《行政机关公务员处分条例》第18条第1款的规定，有下列行为之一的，给予记大过处分；情节较重的，给予降级或者撤职处分；情节严重的，给予开除处分：（1）散布有损国家声誉的言论，组织或者参加旨在反对国家的集会、游行、示威等活动的；（2）组织或者参加非法组织，组织或者参加罢工的；（3）违反国家的民族宗教政策，造成不良后果的；（4）以暴力、威胁、贿赂、欺骗等手段，破坏选举的；（5）在对外交往中损害国家荣誉和利益的；（6）非法出境，或者违反规定滞留境外不归的；（7）未经批准获取境外永久居留资格，或者取得外国国籍的；（8）其他违反政治纪律的行为。

2. 违反组织纪律的惩戒标准

根据《行政机关公务员处分条例》第19条的规定，有下列行为之一的，给予警告、记过或者记大过处分；情节较重的，给予降级或者撤职处分；情节严重的，给予开除处分：（1）负有领导责任的公务员违反议事规则，个人或者少数人决定重大事项，或者改变集体作出的重大决定的；（2）拒绝执行上级依法作出的决定、命令的；（3）拒不执行机关的交流决定的；（4）拒不执行人民法院对行政案件的判决、裁定或者监察机关、审计机关、行政复议机关作出的决定的；（5）违反规定应当回避而不回避，影响公正执行公务，造成不良后果的；（6）离任、辞职或者被辞退时，拒不办理公务交接手续或者拒不接受审计的；（7）旷工或者因公外出、请假期满无正当理由逾期不归，造成不良影响的；（8）其他违反组织纪律的行为。

3. 玩忽职守、贻误工作行为的惩戒标准

根据《行政机关公务员处分条例》第20条的规定，有下列行为之一的，给予记过、记大过处分；情节较重的，给予降级或者撤职处分；情节严重的，给予开除处分：（1）不依法履行职责，致使可以避免的爆炸、火灾、传染病传播流行、严重环境污染、严重人员伤亡等重大事故或者群体性事件发生的；（2）发生重大事故、灾害、事件或者重大刑事案件、治安案件，不按规定报告、处理的；（3）对救灾、抢险、防汛、防疫、优抚、扶贫、移民、救济、社会保险、征地补偿等专项款物疏于管理，致使款物被贪污、挪用，或者毁损、灭失的；（4）其他玩忽职守、贻误工作的行为。

4. 违法行政行为的惩戒标准

根据《行政机关公务员处分条例》第21条的规定，有下列行为之一的，给予警告或者记过处分；情节较重的，给予记大过或者降级处分；情节严重的，给予撤职处分：（1）在行政许可工作中违反法定权限、条件和程序设定或者实施行政许可的；（2）违法设定或者实施行政强制措施的；（3）违法设定或者实施行政处罚的；（4）违反法律、法规规定进行行政委托的；（5）对需要政府、政府部门决定的招标投标、征收征用、城市房屋拆迁、拍卖等事项违反规定办理的。

5. 违反诚实信用原则的惩戒标准

根据《行政机关公务员处分条例》第22条的规定，弄虚作假，误导、欺骗领导和公众，造成不良后果的，给予警告、记过或者记大过处分；情节较重的，给予降级或者撤职处分；情节严重的，给予开除处分。

6. 违反廉洁纪律的惩戒标准

根据《行政机关公务员处分条例》第23条的规定，有贪污、索贿、受贿、行贿、介绍贿赂、挪用公款、利用职务之便为自己或者他人谋取私利、巨额财产来源不明等违反廉政纪律行为的，给予记过或者记大过处分；情节较重的，给予降级或者撤职处分；情节严重的，给予开除处分。

7. 违反财经纪律的惩戒标准

根据《行政机关公务员处分条例》第24条的规定，违反财经纪律，挥霍浪费国家资财的，给予警告处分；情节较重的，给予记过或者记大过处分；情节严重的，给予降级或者撤职处分。

8. 滥用职权行为的惩戒标准

根据《行政机关公务员处分条例》第25条的规定，有下列行为之一的，给予记过或者记大过处分；情节较重的，给予降级或者撤职处分；情节严重的，给予开除处分：（1）以殴打、体罚、非法拘禁等方式侵犯公民人身权利的；（2）压制批评，打击报复，扣压、销毁举报信件，或者向被举报人透露举报情况的；（3）违反规定向公民、法人或者其他组织摊派或者收取财物的；（4）妨碍执行公务或者违反规定干预执行公务的；（5）其他滥用职权，侵害公民、法人或者其他组织合法权益的行为。

9. 违反保密义务的惩戒标准

根据《行政机关公务员处分条例》第26条的规定，泄露国家秘密、工作秘密，或者泄露因履行职责掌握的商业秘密、个人隐私，造成不良后果的，给予警告、记过或者记大过处分；情节较重的，给予降级或者撤职处分；情节严重的，给予开除处分。

10. 违反社会公德的惩戒标准

根据《行政机关公务员处分条例》第29条的规定，有下列行为之一的，给予警告、记过或者记大过处分；情节较重的，给予降级或者撤职处分；情节严重的，给予开除处分：（1）拒不承担赡养、抚养、扶养义务的；（2）虐待、遗弃家庭成员的；（3）包养情人的；（4）严重违反社会公德的行为。

（四）惩戒程序

我国《公务员法》对公务员惩戒程序进行了原则性规定。根据《公务员法》第63条的规定，对公务员的处分，应当事实清楚、证据确凿、定性准确、处理恰当、程序合法、手续完备。公务员违纪违法的，应当由处分决定机关决定对公务员违纪违法的情况进行调查，并将调查认定的事实以及拟给予处分的依据告知公务员本人。公务员有权进行陈述和申辩；处分决定机关不得因公务员申辩而加重处分。处分决定机关认为对公务员应当给予处分的，应当在规定的期限内，按照管理权限和规定的程序作出处分决定。处分决定应当以书面形式通知公务员本人。《行政机关公务员处分条例》在此基础上，对公务员惩戒程序进行了细化。

根据《行政机关公务员处分条例》第39条的规定，任免机关对涉嫌违法违纪的行政机关公务员的调查、处理，按照下列程序办理：（1）经任免机关负责人同意，由任免机关有关部门对需要调查处理的事项进行初步调查。（2）任免机关有关部门经初步调查认为该公务员涉嫌违法违纪，需要进一步查证的，报任免机关负责人批准后立案。（3）任免机关有关部门负责对该公务员违法违纪事实做进一步调查，包括收集、查证有关证据材料，听取被调查的公务员所在单位的领导成员、有关工作人员以及所在单位监察机构的意见，向其他有关单位和人员了解情况，并形成书面调查材料，向任免机关负责人报告。（4）任免机关有关部门将调查认定的事实及拟给予处分的依据告知被调查的公务员本人，听取其陈述和申辩，并对其所提出的事实、理由和证据进行复核，记录在案。被调查的公务员提出的事实、理由和证据成立的，应予采信。（5）经任免机关领导成员集体讨论，作出对该公务员给予处分、免予处分或者撤销案件的决定。（6）任免机关应当将处分决定以书面形式通知受处分的公务员本人，并在一定范围内宣布。（7）任免机关有关部门应当将处分决定归入受处分的公务员本人档案，同时汇集有关材料形成该处分案件的工作档案。

根据《行政机关公务员处分条例》第48条的规定，受到处分的行政机关公务员对处分决定不服的，依照《公务员法》和《监察法》的有关规定，可以申请复核或者申诉。复核、申诉期间不停止处分的执行。行政机关公务员不因提出复核、申诉而被加重处分。

思考题：

1. 请谈谈公证员、仲裁员和行政执法人员的职业角色定位。
2. 公证员在处理与委托人关系时应遵守哪些职业伦理规范？
3. 国际仲裁员应遵守哪些职业伦理规范？
4. 请谈谈公证员惩戒的措施、事由和程序。
5. 请谈谈行政执法人员惩戒的事由、标准和程序。

参 考 文 献

中文论文类：

1. 尧新瑜：《"伦理"与"道德"概念的三重比较义》，载《伦理学研究》2006年第4期。

2. 王冬桦：《为伦理与道德的概念及其关系正本清源》，载《首都师范大学学报（社会科学版）》2011年第2期。

3. 张志铭、徐媛媛：《对我国检察官职业伦理的初步认识》，载《国家检察官学院学报》2013年第5期。

4. 李宁：《论职业道德对提升职业伦理境界的功能》，载刘邦凡、万长松主编：《中国社会科学研究论丛》（2013卷第2辑），世界图书出版公司2014年版。

5. 孙笑侠、李学尧：《论法律职业共同体自治的条件》，载《法学》2004年第4期。

6. 季卫东：《法律职业的定位——日本改造权力结构的实践》，载《中国社会科学》1994年第2期。

7. 霍宪丹：《法律职业与法律人才培养》，载《法学研究》2003年第4期。

8. 张文显、卢学英：《法律职业共同体引论》，载《法制与社会发展》2002年第6期。

9. 夏锦文：《法律职业化：一种怎样的法律职业样式——以司法现代化为视角的考察》，载《法学家》2006年第6期。

10. 徐卉：《重新认识法律职业：律师与社会公益》，载《中国司法》2008年第3期。

11. 裴索：《WTO体制下日本律师业的变化》，载《政治与法律》2000年第3期。

12. 刘作翔、刘振宇：《对法律职业共同体的认识和理解——兼论中国式法律职业共同体的角色隐喻及其现状》，载《法学杂志》2013年第4期。

13. 徐显明：《对构建具有中国特色的法律职业共同体的思考》，载《中国法律评论》2014年第3期。

14. 叶强、徐汉明：《中国法律职业共同体行为规范——以伦理规范为视角》，载《哈尔滨工业大学学报（社会科学版）》2018年第2期。

15. 孙笑侠：《法律家的技能与伦理》，载《法学研究》2001年第4期。

16. 常艳、温辉：《法律职业共同体伦理问题研究》，载《河南社会科学》2012年第2期。

17. 唐永春：《法律职业伦理的几个基本问题》，载《求是学刊》2003年第5期。

18. 李本森：《关于法律职业伦理若干基本范畴的探讨》，载许身健主编：《法律职业伦理论丛》（第1卷），知识产权出版社2013年版。

19. 余其营：《法律职业伦理塑造的体系构建》，载《山东社会科学》2009年第S1期。

20. 陈景辉：《忠诚于法律的职业伦理——破解法律人道德困境的基本方案》，载《法制与社会发展》2016年第4期。

21. 陈羽：《法律职业伦理：从意识形态角度的考察》，载《理论学刊》2008年第4期。

22. 李学尧：《非道德性：现代法律职业伦理的困境》，载《中国法学》2010年第1期。

23. 董静姝：《论法律职业伦理的现代困境》，载《新疆大学学报（哲学·人文社会科学版）》2016年第4期。

24. ［美］大卫·鲁班、［美］布拉德利·温戴尔：《美国法律职业伦理哲学：温情的历程》，尹超译，载《法律与伦理》2019年第2期。

25. 宁洁、胡旭晟：《比较法视野中的中国台湾法律伦理学》，载《比较法研究》2011年第2期。

26. 王晨光：《法官职业化和法官职业道德建设》，载《江苏社会科学》2007年第1期。

27. 郭念华：《中美法官行为规范比较》，载《人民法院报》2011年4月29日，第5版。

28. 宋远升：《论检察官职业伦理的构成及建构》，载《法学评论》2014年第3期。

29. 张柳、李美福：《我国检察官职业伦理规范的反思与重构——以伦理规范的多层次划分为视角》，载《湖北警官学院学报》2014年第12期。

30. 吴洪淇：《律师职业伦理规范建设的回顾与前瞻》，载《交大法学》2018年第2期。

31. 王葆莳：《德国法官惩戒制度研究》，载《时代法学》2017年第3期。

32. 许身健：《欧美律师职业伦理比较研究》，载《国家检察官学院学报》2014年第1期。

33. 黎晓露：《论我国法官的角色定位》，载《法商研究》2016年第3期。

34. 张朝华：《法官的角色定位和职业特性》，载《人民法院报》2001年1月28日，第3版。

35. 施玮：《法官制度近代化研究》，载《武汉科技大学学报（社会科学版）》2014年第2期。

36. 周道鸾、王泽农、赵震江、谷春德：《美国的法官制度（上）》，载《法学杂志》1989年第6期。

37. 周道鸾、王泽农、赵震江、谷春德：《美国的法官制度（下）》，载《法学杂志》1989年第7期。

38. 王申：《法官德性是法治之力量》，载《东方法学》2016年第2期。

39. 王蔚：《浅析法官司法官职业伦理教育》，载曹义孙主编：《中国政法大学教育文选（第18辑）》，中国政法大学出版社2015年版。

40. 曾哲、索肖娟：《美国法官惩戒事由之考察与借鉴》，载《河南财经政法大学学报》2018年第2期。

41. 郑曦：《司法责任制背景下英国法官薪酬和惩戒制度及其启示》，载《法律适用》2016年第7期。

42. 向雪宁：《德国法官惩戒制度的理论基础与制度特征》，载《中南民族大学学报（人文社会科学版）》2018年第2期。

43. 林钰雄：《谈检察官之双重定位》，载《刑事法杂志》1998年第12期。

44. 龙宗智：《试论检察官的定位——兼评主诉检察官制度》，载《人民检察》1999年第7期。

45. 刘万丽、黄在国：《我国检察官角色定位问题研究》，载《中州学刊》2013年第11期。

46. 夏菲：《美国特别检察官制度的前世今生》，载《检察日报》2018年5月29日，第

3 版。

47. 陈丽莉：《从英国的律师培训制度谈检察官岗位培训之构想》，载《国家检察官学院学报》1999 年第 3 期。

48. 吕泽华：《英国检察官培养制度及其启示》，载《国家检察官学院学报》2017 年第 5 期。

49. 万毅：《德国检察官"与法官一样独立"》，载《检察日报》2015 年 6 月 23 日，第 3 版。

50. 张永进：《德国检察官办案责任制及其启示》，载《德国研究》2015 年第 3 期。

51. 万毅：《法国检察官的身份之谜》，载《检察日报》2015 年 8 月 4 日，第 3 版。

52. 施鹏鹏、谢鹏程：《法国检察官选任和晋升制度较为完善》，载《检察日报》2015 年 1 月 27 日，第 3 版。

53. 李洪阳、雷池：《论日本检察制度特点及对我国的启示》，载《中国检察官》2014 年第 13 期。

54. 顾军、温军：《论日本、韩国检察制度及其启示》，载《江汉论坛》2014 年第 12 期。

55. 万毅：《检察官职业伦理的划分》，载《国家检察官学院学报》2014 年第 1 期。

56. 任者春：《敬业：从道德规范到精神信仰》，载《山东师范大学学报（人文社会科学版）》2009 年第 5 期。

57. ［日］松本一郎：《检察官的客观义务》，郭布、罗润麒译，载《环球法律评论》1980 年第 2 期。

58. 邓辉、谢小剑：《责任与独立：检察官纪律惩戒的双重维度》，载《环球法律评论》2010 年第 5 期。

59. 刘林呐：《法国：严格过错责任促检察官履职尽责》，载《检察日报》2018 年 1 月 9 日，第 3 版。

60. 郭春涛：《律师性质初论》，载《中国司法》2008 年第 11 期。

61. 熊选国等：《英国德国法律服务制度考察报告》，载《中国司法》2017 年第 10 期。

62. 高思博：《法律伦理作为角色伦理？》，载《世新法学》2013 年第 1 期。

63. 袁钢：《国外律师管理体制的类型研究（上）》，载《中国律师》2017 年第 9 期。

64. 袁钢：《国外律师管理体制的类型研究（下）》，载《中国律师》2017 年第 10 期。

65. 李昌超：《德国律师公司制度窥探——从律师职业特性出发》，载《河北法学》2013 年第 12 期。

66. 许春镇：《德国专门职业及技术人员管理法制》，载《台湾海洋法学报》2008 年 7 卷第 2 期。

67. 吴晨：《律师业务推广行为规则剖析》，载《中国司法》2018 年第 3 期。

68. 司莉：《律师保密义务有关理论问题探讨》，载《河南财经政法大学学报》2015 年第 2 期。

69. 李本森：《关于刑事辩护中律师保守职业秘密问题的探讨》，载《中国司法》2006 年第 4 期。

70. 李本森：《律师管理路在何方？——律师执业中的利益冲突立法及完善》，载《中国律师》2001 年第 4 期。

71. 万大强：《论我国律师执业利益冲突》，载北京市律师协会编：《律师利益冲突管理与公益法律服务》，北京大学出版社 2010 年版。

72. 黄翔宇：《我国律师执业的利益冲突规则——对我国现行制度的分析》，载《黑龙江省政法管理干部学院学报》2011 年第 4 期。

73. 曹建明：《构建检察官与律师良性互动关系，共同推进中国特色社会主义法治建设》，载《中国律师》2014 年第 3 期。

74. 陈瑞华：《司法行政机关的职能定位》，载《东方法学》2018 年第 1 期。

75. 周章金：《论律师执业的行政法律责任》，载《福建师范大学学报（哲学社会科学版）》2010 年第 2 期。

76. 张守鑫、李政辉：《论证券律师的职能定位——以美国为范例》，载《法治研究》2012 年第 4 期。

77. 郭雳：《中国证券律师业的职责与前景》，载《证券法苑》2012 年第 2 期。

78. 王倩：《证券律师勤勉尽责之实务分析——基于我国证券律师违法违规案例的思考》，载《证券法苑》2017 年第 3 期。

79. 程金华、叶乔：《中国证券律师行政处罚研究——以"勤勉尽责"为核心》，载《证券法苑》2017 年第 5 期。

80. 郭雳：《证券律师的职责规范与业务拓展》，载《证券市场导报》2011 年第 4 期。

81. 罗燕：《建设公益性法律服务体系之我见》，载《法治论坛》2009 年第 4 期。

82. 赵文群：《关于制定公益法律服务条例的若干思考》，载《人民之声》2010 年第 8 期。

83. 高晓莹：《论公益法律服务》，载《法学杂志》2011 年第 7 期。

84. 王超莹、蔡俊敏：《公益法律服务体系构建》，载《中国司法》2009 年第 1 期。

85. 黄文艺、宋湘琦：《法律商业主义解析》，载《法商研究》2014 年第 1 期。

86. 刘东华：《公益法律援助的职业理性——对话丹宁勋爵对法律援助的诟病》，载《时代法学》2013 年第 3 期。

87. 徐芳宁：《法律人的社会责任——从公益法律诊所的设立谈起》，载《环球法律评论》2005 年第 3 期。

88. 许身健：《提升律师公益法律服务》，载《检察日报》2013 年 3 月 13 日，第 7 版。

89. 桑宁：《论中国法律援助的创新与发展》，载《中国司法》2013 年第 10 期。

90. 贺海仁：《法律援助：政府责任与律师义务》，载《环球法律评论》2005 年第 6 期。

91. 周怡：《社会结构：由"形构"到"解构"——结构功能主义、结构主义和后结构主义理论之走向》，载《社会学研究》2000 年第 3 期。

92. 马雪松、周云逸：《社会学制度主义的发生路径、内在逻辑及意义评析》，载《南京师大学报（社会科学版）》2011 年第 3 期。

93. ［美］约翰·迈耶、［美］布利安·罗恩：《制度化的组织：作为神话与仪式的正式结构》，载［美］沃尔特·W. 鲍威尔、［美］保罗·J. 迪马吉奥主编：《组织分析的新制度主义》，姚伟译，上海人民出版社 2008 年版。

94. 王斐弘：《仲裁概念考》，载《中国对外贸易》2002 年第 12 期。

95. 姜秋菊：《美国仲裁协会新修订之仲裁员行为规范评介》，载《北京仲裁》2004 年第 1 期。

96. 张立平：《论首席仲裁员之职业道德》，载《北京仲裁》2006年第4期。

97. 周江：《也谈仲裁机构的民间性》，载《北京仲裁》2007年第2期。

98. 李建华、周灵方：《法律伦理学研究的时代使命——国内法律伦理学30年研究综述及展望》，载《中南大学学报（社会科学版）》2009年第5期。

99. 何勤华：《法学伦理学》，载《文汇报》1984年7月20日，第3版。

100. 何勤华：《法律伦理学体系总论》，载《中州学刊》1993年第3期。

101. 文正邦：《法伦理学研究的战略意义》，载《探索》1988年第5期。

102. 李建华：《法律伦理学论纲》，载《江西社会科学》1995年第9期。

103. 曹刚、徐新：《法伦理学研究论纲》，载《伦理学研究》2008年第3期。

104. 曹刚：《伦理学、应用伦理学和法伦理学》，载《学习与探索》2007年第3期。

105. 刘树选、王雄飞：《关于中西检察权本源和属性的探讨》，载《国家检察官学院学报》2002年第4期。

中文著作类：

1. 林火旺：《伦理学》，五南图书出版股份有限公司2004年版。

2. 李建华等：《法律伦理学》，湖南人民出版社2006年版。

3. 张传友：《伦理学引论》，人民出版社2006年版。

4. 中国社会科学院语言研究所词典编辑室编：《现代汉语词典》（第六版），商务印书馆2012年版。

5. 王海明：《新伦理学》（修订版）（上册），商务印书馆2008年版。

6. 张康之：《公共管理伦理学》（修订版），中国人民大学出版社2009年版。

7. 余仕麟：《伦理学要义》，巴蜀书社2010年版。

8. 龚群：《社会伦理十讲》（修订版），西南交通大学出版社2014年版。

9. 杨柳、沈楚：《现代职业文化简论》，浙江大学出版社2014年版。

10. 杜宴林主编：《法理学》，清华大学出版社2014版。

11. 王建东、陈林林主编：《法理学》，浙江大学出版社2008年版。

12. 孙笑侠主编：《法理学》，浙江大学出版社2011年版。

13. 孙晓楼：《法律教育》，中国政法大学出版社1997年版。

14. 郑津津：《法律伦理学》，五南图书出版股份有限公司2017年版。

15. 王惠光：《法律伦理学讲义》，元照出版有限公司2012年版。

16. 李建华、曹刚等：《法律伦理学》，中南大学出版社2002年版。

17. 林火旺：《伦理学》，五南图书出版公司1999年版。

18. 胡康生主编：《中华人民共和国法官法释义》，法律出版社2001年版。

19. 吴凤友主编：《中华人民共和国公证法释义》，中国法制出版社2005年版．

20. 齐树洁主编：《美国司法制度》，厦门大学出版社2006年版。

21. 张凌、于秀峰编译：《日本司法制度法律规范总览》，人民法院出版社2017年版。

22. 北京市律师协会组编：《境外律师行业规范汇编》，中国政法大学出版社2012年版。

23. 谭世贵等：《中国法官制度研究》，法律出版社2009年版。

24. 牛淑贤：《英国近现代司法改革研究》，山东人民出版社2013年版。

25. 丁启明译：《德国民事诉讼法》，厦门大学出版社2016年版。

26. 金邦贵主编：《法国司法制度》，法律出版社2008年版。

27. 王申：《法官的道德理性论》，法律出版社2017年版。

28. 万鄂湘、李克主编：《法官综合培训教程》，中国政法大学出版社2006年版。

29. 怀效锋主编：《法官行为与职业伦理》，法律出版社2006年版。

30. 史尚宽：《宪法论丛》，荣泰印书馆1973年版。

31. 朱曾汶译：《美国宪法及其修正案》，商务印书馆2014年版。

32. 李瑜青等：《法律社会学理论与应用》，上海大学出版社2007年版。

33. 胡尹庐、胡卫列主编：《检察官职业素养教程》，中国检察出版社2015年版。

34. 段明学：《检察改革论略》，中国检察出版社2016年版。

35. 孙谦主编：《中国特色社会主义检察制度》（修订版），中国检察出版社2015年版。

36. 张思卿主编：《中华人民共和国检察业务全书》，吉林人民出版社1991年版。

37. 傅宽芝：《论检察》，中国检察出版社2013年版。

38. 魏武：《法德检察制度》，中国检察出版社2008年版。

39. 董璠舆主编：《日本司法制度》，中国检察出版社1992年版。

40. 刘林呐：《法国检察制度研究》，中国检察出版社2015年版。

41. 陈新汉：《核心价值体系论导论》，上海大学出版社2016年版。

42. 胡康生主编：《中华人民共和国检察官法释义》，法律出版社2001年版。

43. 张耕主编：《检察文化初论》，中国检察出版社2014年版。

44. 最高人民检察院政治部编：《检察官职业道德读本》，中国检察出版社2010年版。

45. 张坤明主编：《人民检察礼仪引论》，中国检察出版社2014年版。

46. 何家弘主编：《检察制度比较研究》，中国检察出版社2008年版。

47. 王中华：《当代中国律师政治参与研究》，南京大学出版社2012年版。

48. 程汉大、李培锋：《英国司法制度史》，清华大学出版社2007年版。

49. 齐树洁主编：《英国司法制度》（第二版），厦门大学出版社2007年版。

50. 徐美君：《比较司法制度——以英、美、德三国为主要考察对象》，中国人民公安大学出版社2010年版。

51. 石毅主编：《中外律师制度综观》，群众出版社2000年版。

52. 邵建东主编：《德国司法制度》，厦门大学出版社2010年版。

53. 台北律师公会主编：《法律伦理》，五南图书出版股份有限公司2011年版。

54. 刘友江主编：《司法行政工作概论》（第二版），中国政法大学出版社2017年版。

55. 李本森：《中国律师业发展问题研究》，吉林人民出版社2001年版。

56. 李峰等：《律师制度改革热点问题研究》，人民法院出版社2004年版。

57. 肖胜方、李进一：《律师服务营销策略的实战演绎——从"太阳"到"胜伦"》，中国法制出版社2012年版。

58. 王荣利：《揭开律师神秘的面纱——教你如何聘请合适的律师》，中国政法大学出版社2011年版。

59. 毕竞悦、赵玮玮：《法治美国》，中国法制出版社2016年版。

60. 李晓郢主编：《数据下的美国法治人才培养研究》，知识产权出版社2017年版。

61. 周塞军:《发达国家律师管理制度》,时事出版社2001年版。

62. 邓建民主编:《律师法学与公证法学》,四川大学出版社2004年版。

63. 陈业宏、唐鸣:《中外司法制度比较》(下册),商务印书馆2015年版。

64. 长沙市天心区人民法院编:《诉讼指南与办案规程》,湖南人民出版社2005年版。

65. 王进喜:《美国律师职业行为规则理论与实践》,中国人民公安大学出版社2005年版。

66. 姜世明:《法律伦理学》(修订四版),元照出版有限公司2015年版。

67. 李礼仲、谢良骏:《法律伦理学新论》,元照出版有限公司2012年版。

68. 徐进主编:《诉讼法学词典》,中国检察出版社1992年版。

69. 王运声、易孟林主编:《中国法治文化概论》,群众出版社2015年版。

70. 齐延安主编:《当代中国律师管理概论》,山东大学出版社2014年版。

71. 韩松:《证券法学》,中国经济出版社1995年版。

72. 郝胜林主编:《经济法》,清华大学出版社2012年版。

73. 季卫东:《法治秩序的建构》,中国政法大学出版社1999年版。

74. 陈宜、王进喜主编:《律师公证制度与实务》(第二版),中国政法大学出版社2014年版。

75. 刘晓兵:《律师社会责任评价体系研究》,中国政法大学出版社2016年版。

76. 宫晓冰主编:《中国法律援助立法研究》,中国方正出版社2001年版。

77. 王芳:《律师志愿公益法律服务指南》,法律出版社2014年版。

78. 吕乔松:《公证法释论》,三民书局1984年版。

79. 中国大百科全书总编辑委员会《法学》编辑委员会、中国大百科全书出版社编辑部编:《中国大百科全书·法学》,中国大百科全书出版社1984年版。

80. 江伟主编:《公证法学》,法律出版社1996年版。

81. 齐树洁主编:《民事程序法》,厦门大学出版社2003年版。

82. 马宏俊主编:《公证法学》,北京大学出版社2013年版。

83. 关今华主编:《律师与公证》(第二版),厦门大学出版社2008年版。

84. 马宏俊:《法律人的职业行为规则》,中国法制出版社2004年版。

85. 李本森主编:《法律职业伦理》,北京大学出版社2005年版。

86. 黄进、宋连斌、徐前权:《仲裁法学》,中国政法大学出版社2008年版。

87. 江伟主编:《仲裁法》(第二版),中国人民大学出版社2012年版。

88. 郭寿康、赵秀文主编:《国际经济贸易仲裁法》,中国法制出版社1999年版。

89. 詹礼愿:《中国内地与中国港澳台地区仲裁制度比较研究》,武汉大学出版社2006年版。

90. 任永安、卢显洋:《中国特色司法行政制度新论》,中国政法大学出版社2014年版。

91. 谭功荣编著:《公务员制度比较研究》,重庆出版社2007年版。

92. 胡建淼主编:《公权力研究——立法权·行政权·司法权》,浙江大学出版社2005年版。

93. 熊先觉:《中国司法制度新论》,中国法制出版社1999年版。

94. 章武生、左卫民主编:《中国司法制度导论》,法律出版社1994年版。

95. 余其营、吴云才:《法律伦理学研究》, 西南交通大学出版社 2009 年版。

96. [美] 小杰弗里·哈扎德、安吉洛·唐迪:《比较法律伦理学》, 李礼仲译, 财团法人民间司法改革基金会 2011 年版。

97. [美] 德博拉·罗德、[美] 戴维·鲁本:《法律伦理》(上下册), 林利芝译, 台北民间司法改革基金会 2018 年版。

98. [美] 约翰·亨利·梅利曼:《大陆法系》, 顾培东、禄正平译, 法律出版社 2004 年版。

99. [美] 布拉德利·温德尔:《法律人与法律忠诚》, 尹超译, 中国人民大学出版社 2014 年版。

100. [美] 德博拉·L. 罗德、[美] 小杰弗瑞·C. 海泽德:《律师职业伦理与行业管理》(第二版), 许身健等译, 知识产权出版社 2015 年版。

101. [美] T. 帕森斯:《社会行动的结构》, 张明德、夏翼南、彭刚译, 译林出版社 2003 年版。

102. [美] 理查德·L. 埃贝尔:《美国律师》, 张元元、张国峰译, 中国政法大学出版社 2009 年版。

103. [美] 门罗·弗里德曼:《对抗制下的法律职业伦理》, 吴洪淇译, 中国人民大学出版社 2017 年版。

104. [美] 戴维·鲁本:《律师与正义——一个伦理学研究》, 戴锐译, 中国政法大学出版社 2010 年版。

105. [美] 詹姆斯·J. 汤姆科维兹:《美国宪法上的律师帮助权》, 李伟译, 中国政法大学出版社 2016 年版。

106. [英] 保罗·布兰德:《英格兰律师职业的起源》, 李红海译, 北京大学出版社 2009 年版。

107. [英] 帕特里克·贝尔特、[葡] 菲利佩·卡雷拉·达·席尔瓦:《二十世纪以来的社会理论》, 瞿铁鹏译, 商务印书馆 2014 年版。

108. [法] 皮埃尔·特鲁仕主编:《法国司法制度》, 丁伟译, 北京大学出版社 2012 年版。

109. [法] 爱弥尔·涂尔干:《职业伦理与公民道德》, 渠东、付德根译, 上海人民出版社 2006 年版。

110. [法] 利奥拉·伊斯雷尔:《法律武器的运用》, 钟震宇译, 社会科学文献出版社 2015 年版。

111. [法] 涂尔干:《职业伦理与公民道德》, 渠敬东译, 商务印书馆 2015 年版。

112. [德] 马克斯·韦伯:《新教伦理与资本主义精神》, 于晓、陈维纲等译, 生活·读书·新知三联书店 1987 年版。

113. [德] 黑格尔:《法哲学原理》, 范扬、张企泰译, 商务印书馆 2009 年版。

114. [加] 麦克尔·崔贝尔考克、[美]罗纳德·丹尼尔斯:《法治与发展》, 冯川、郭安康、沈志平译, 南京大学出版社 2014 年版。

115. [古希腊] 亚里士多德:《尼各马科伦理学》, 中国社会科学出版社 1990 年版。

116. [日] 森际康友编:《司法伦理》, 于晓琪、沈军译, 商务印书馆 2010 年版。

外文类：

1. Arthur Engelmann, *A History of Continental Civil Procedure*, Robert Millar trans., Little, Brown, 1927.

2. Jonathan Rose, "The Legal Profession in Medieval England: A History of Regulation", *Syracuse L. Rev.*, 48（1998）.

3. Jonathan Herring, *Legal Ethics*, Second edition, Oxford University Press, 2017.

4. Gorgias, W. D. Woodhead trans., in Edith Hamilton and Huntington Cairns, eds., *The Collected Dialogues of Plato*, Princeton University Press, 1961.

5. Richard Wasserstrom, "Lawyers as Professionals: Some Moral", *Human Rights*, 5（1975）.

6. William H. Simon, "The Ideology of Advocacy: Procedural Justice and Professional Ethics", *Wis. L. Rev*, 29（1978）.

7. Charles Fried, "The Lawyer as Friend: The Moral Foundations of the Lawyer-Client Relation", *Yale L. J.*, 85（1976）.

8. Monroe H. Freedman, *Lawyer's Ethics in an Adversary System*, The Bobbs-Merrill Company, 1975.

9. Abbe Smith, "Defending Defending: The Case for Unmitigated Zeal on Behalf of People Who Do Terrible Things", *Hofstra L. Rev.*, 28（2000）.

10. Yashomati Ghosh, *Legal Ethics and the Profession of Law*, LexisNexis, 2014.

11. Stephen L. Pepper, "The Lawyers Amoral Ethical Role: A Defense, A Problem, and Some Possibilities", *American Bar Foundation Research* Journal, Vol.1986, Issue 4（1986）.

12. Yashomati Ghosh, *Legal Ethics and the Profession of Law*, LexisNexis, 2014.

13. Rebecca Roiphe, "The Decline of Professionalism", *Georgetown Journal of Legal Ethics*, Vol.29, Issue 3（2016）.

14. Thomas D. Morgan, "The Evolving Concept of Professional Responsibility", *Harvard Law Review*, Vol.90, Issue 4（February 1977）.

15. David Pannick, *Advocates*, Oxford University Press, 1993.

16. Charles P. Curtis, "The Ethics of Advocacy", *Stanford Law Review*, Vol.4, Issue 1（1951）.

17. Gerald J. Postema, "Moral Responsibility in Professional Ethics", *New York University Law Review*, Vol.55, Issue 1（1980）.

18. Russell Pearce, Noel Semple and Renee Newman Knake, "A Taxonomy of Lawyer Regulation: How Contrasting Theories of Regulation Explain the Divergent Regulatory Regimes in Australia, England and Wales, and North America", *Legal Ethics*, Vol.16, Issue 2（2013）.

19. George J. Stigler, "The Theory of Economic Regulation", *The Bell Journal of Economics and Management Science*, Vol.2, No.1（1971）.

20. W. Bradley Wendel, "In Search of Core Values", *Legal Ethics*, Vol.16, Issue 2（2013）.

21. Edward S. Adams, "Rethinking the Law Firm Organizational Form and Capitalization Structure", *Missouri Law Review*, Vol.78, Issue 3（2013）.

22. Bruce MacEwen, Milton C. Regan, Jr. and Larry Ribstein, "Law Firms, Ethics, and

Equity Capital: A Conversation", *Georgetown Journal of Legal Ethics*, Vol.21, No.1（2008）.

23. Edward S. Adams and John H. Matheson, "Law Firms on the Big Board: A Proposal for Nonlawyer Investment in Law Firms", *California Law Review*, Vol.86, Issue 1（1998）.

24. Justin D. Petzold, "Firm Offers: Are Publicly Traded Law Firms Abroad Indicative of the Future of the United States Legal Sector", *Wisconsin Law Review*, Vol.2009, Issue 1（2009）.

25. Judith A. McMorrow, "UK Alternative Business Structures for Legal Practice: Emerging Models and Lessons for the US", *Georgetown Journal of International Law*, Vol.47, Issue 2（2016）.

26. Herbert Harley, "A Lawyer's Trust", *Journal of the American Judicature Society*, Vol.29, Issue 2（1945）.

27. Kent D. Kauffman, *Legal Ethics*, Third edition, Delmar Cengage Learning, 2014.

28. Susan P. Shapiro, *Tangled Loyalties: Conflict of Interest in Legal Practice*, 3（2002）.

29. Marc I. Steinberg and Timothy U. Sharpe, "Attorney Conflicts of Interest: The Need for a Coherent Framework", *Notre Dame Law Review*, Vol.66, Issue 1（1990–1991）.

30. Tricia De Filipps, "Attorneys Ethical Responsibility to Provide Pro Bono Legal Services to Those in Need", *Buffalo Public Interest Law Journal*, Vol.33.

31. Vered Kraus, E. O. Schild and Robert W. Hodge, "Occupational Prestige in the Collective Conscience", *Social Forces*, Vol.56, Issue 3（1977–1978）.

32. William A. Wines, "Lawyer Proliferation and the Social Responsibility Model", *Journal of Legal Education*, Vol.39, Issue 2（1989）.

33. Talcott Parsons, *The Social System*, Free Press, 1951.

34. Scott L. Cummngs, "The Politics of Pro Bono", *UCLA Law Review*, Vol.52, Issue 1（2004）.

35. Robert W. Gordon, "The Independence of Lawyers", *Boston University Law Review*, Vol.68, Issue 1（1988）.

36. Debra Lyn Bassett, "Redefining the Public Profession", *Rutgers Law Journal*, Vol.36, Issue 3（2005）.

37. George Ritzer, "Professionalization, Bureacuratization and Rationalization: The Views of Max Weber", *Social Forces*, Vol.53, Issue 4（1974–1975）.

38. Kim A. Weeden, "Why Do Some Occupations Pay More than Others? Social Closure and Earnings Inequality in the United States", *American Journal of Sociology*, Vol.108, No.1（2002）.

39. Max Weber, *The Theory of Social and Economic Organization*, Free Press, 1992.

40. Richard L. Abel, "The Rise of Professionalism", *British Journal of Law and Society*, Vol.6, Issue 1（1979）.

41. Richard L. Abel, "Toward a Political Economy of Lawyers", *Wisconsin Law Review*, Vol.1981, Issue 5（1981）.

42. Stephen Daniels and J. Martin, "Legal Services for the Poor: Access, Self-Interest, and Pro Bono", *Sociology of Crime Law and Deviance*, Vol.12（2009）.

43. Rebecca L. Sandefur, "Lawyers Pro Bono Service and American–Style Civil Legal Assistance", *Law & Society Review*, Vol.41, Issue 1（2007）.

44. Robert Granfield, "Institutionalizing Public Service in Law School: Results on the Impact of Mandatory Pro Bono Programs", *Buffalo Law Review*, Vol.54, Issue 5（2007）.

45. Peter A. Hall and Rosemary C. R. Taylor, "Political Science and the Three New Institutionalisms", *Political Science*, Vol.44, Issue 5（1996）.

46. Stephen R. Barley and Pamela S. Tolbert, "Institutionalization and Structuration: Studying the Links between Action and Institution", *Organization Studies*, Vol.18, Issue 1（1997）.

47. W. Richard Scott, "The Adolescence of Institutional Theory", *Administrative Science Quarterly*, Vol.32, No.4（1987）.

48. Anthony Giddens, "Action, Subjectivity, and the Constitution of Meaning", *Social Research*, Vol.53, No. 3（1986）.

49. Pamela S. Tolber and Lynn G. Zucker, "The institutionalization of institutional theory [Electronic version]", In S. Clegg, C. Hardy and W. Nord, eds., *Handbook of Organization Studies*, Sage Press, 1996.

50. Edward O. Laumann and John P. Heinz, "Specializition and Prestige in the Legal Profession: The Structure of Deference", *American Bar Foundation Research Journal*, Vol.1977, Issue 1（1977）.

51. Scott L. Cummings and Deborah L. Rhode, "Managing Pro Bono: Doing Well by Doing Better", *Fordham Law Review*, Vol.78, Issue 5（2010）.

52. Leslie C. Levin, "Pro Bono Publico in a Parallel Universe: The Meaning of Pro Bono in Solo and Small Law Firms", *Hofstra Law Review*, Vol.37, Issue 3（2009）.

53. Deborah L. Rhode, "The Pro Bono Responsibilities of Lawyers and Law Students", *William Mitchell Law Review*, Vol.27, Issue 2（2000）.